거의
모든것을
망친
자본주의

PROFIT:AN ENVIRONMENTAL HISTORY
Copyright©Mark Stoll 2023
All rights reserved.

Korean language edition © 2024 by Seon Sun Hwan
This edition is published by arrangement with Polity Press Ltd., Cambridge through CHEXXA Co., Seoul, Republic of Korea

이 책의 한국어판 저작권은 책사 에이전시를 통한 저작권사와의 독점계약으로 선순환이 소유합니다. 저작권법에 의하여 한국 내에서 보호를 받는 저작물이므로 무단전재와 무단복제를 금합니다.

거의 모든것을 망친 자본주의

역사학자가 파헤친 환경 파괴의 시작과 끝

마크 스톨 지음
이은정 옮김

선순환

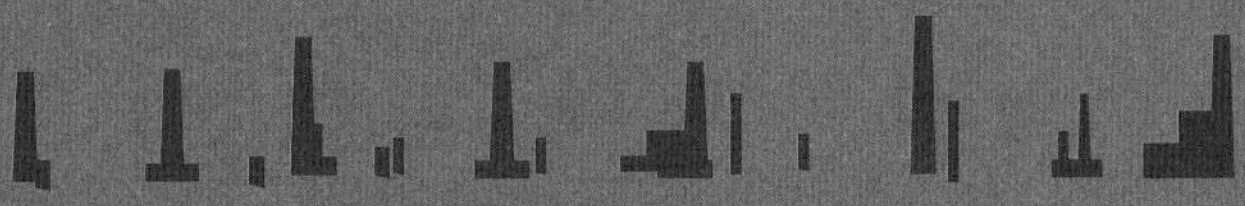

감사의 말

이 책을 쓰며 학문적으로 개인적으로 많은 빚을 졌다. 먼저, 집필을 권하고 모든 과정에서 애를 써 준 폴리티 출판사의 편집자 파스칼 포셰론 Pascal Porcheron에게 감사의 말을 전한다. 책을 만들며 함께 일했던 폴리티의 여러 직원분께도 감사드린다.

초고를 읽고 도움이 되는 조언을 해 준 스베르커 쉴린 Sverker Sörlin에게도 감사드린다. 존 R. 맥닐 John R. McNeill도 여러 단계에서 통찰력 있는 의견을 공유해 주었다. 제안서와 초안을 읽은 몇몇 익명의 독자들이 보내준 반응에도 감사드린다.

2019년 가을, 독일 뮌헨에 있는 레이첼 카슨 센터에서 크리스토프 마우흐 Christof Mauch의 지도 아래 진행된 펠로우십 프로그램에 참여하던 중 책의 일부를 집필하며 전 세계에서 온 여러 동료의 도움을 받았다. 특히 세션 중에 초창기 원고를 읽고 함께 이야기를 나누며 의견을 준 펠로우들, 리즈 들러그리 Liz DeLoughrey, 켈리 도나티 Kelly Donati, 레이첼 S. 그로스 Rachel S. Gross, 로버트 그로스 Robert Gross, 마커스 헐 Marcus Hall, 세브기 시라코바 무틀루Sevgi Sirakova Mutlu, 유니스 노다리Eunice Nodari, 루벤스 노다리Rubens Nodari, 애나 필즈Anna Pilz, 제인 레이건Jayne Regan, 샤오핑 선Xiaoping Sun, 애나 바르가Anna Varga, 모니카 바실Monica Vasile, 케이트 라이트Kate Wright에게 감사드린다. 레이첼 카슨 센터 펠로우십 프로그램은 학문적 창의성을 고양하고 동료들을 만날 수 있는 훌륭한 기회였다.

2019년 오스트리아 빈의 환경역사센터ZUG에서 개최된 미니심포지엄에서 이 책의 논문 버전을 발표할 수 있도록 초대해 준 페레나 비니바르터Verena Winiwarter에게 진심으로 감사하다는 말씀을 드리고 싶다. 캘리포니아 리버사이드에서 열린 2018년 미국 환경사학회 콘퍼런스에서 소비자본주의 및 환경과 관련한 나의 논문에 질문을 던지고 의견을 주셨던 청중께도 감사드린다. 2021년 ASEH 환경사주간의 일환으로 중국런민대학교 생태사연구소 선 허우Shen Hou와 도널드 워스터Donald Worster가 주관한 세션에서도 이 책의 논문 버전을 발표한 바 있다.

중요한 순간에 강의를 쉴 수 있게 해 준 텍사스공과대학교 사학과와 션 커닝햄Sean Cunningham 학과장님께도 감사하다는 말씀드린다. 텍사스공대 인문과학센터Humanities Center의 교수 펠로우 프로그램에서 한 학기 강의를 줄일 수 있도록 자금을 지원해 주었다. 내 전공과는 먼 분야에 뛰어들었을 때 기꺼이 조언해 주고 참고서적을 추천해 준 사학과 동료들, 스테파노 다미코Stefano D'Amico, 애비게일 스윙겐Abigail Swingen, 바버라 한Barbara Hahn에게 고마움을 전한다.

마지막으로, 많은 동료들에게 받은 서신과 조언에서 큰 도움을 얻었다. 칼 애펀Karl Appuhn, 브루스 클라크Bruce Clarke, 크레이그 콜튼Craig Colton, 스티브 엡스타인Steve Epstein, 데이비드 페드먼David Fedman, 마리아 마르가리타 페르난데스 미에르Maria Margarita Fernandez Mier, 앨런 로브Alan Loeb, 그레그 매덕스Greg Maddox, 제네비에브 마사드-귀보Geneviève Massard-Guilbaud, 짐 맥칸Jim McCann, 마누엘 곤살레스 데 몰리나 나바로Manuel Gonzalez de Molina Navarro, 폴 워드Paul Warde, 존 윙John Wing께 감사드린다.

텍사스공대 도서관의 이노센트 아푸^Innocent Afuh와 신시아 헨리^Cynthia Henry는 조사 과정에서 까다로운 조사 내용과 관련하여 답을 구할 때 도움을 주었다. 도서관의 참고자료 직원도 종종 자료를 찾을 때 이들에게 도움을 구하곤 했다. 도서관 상호대차 사무실의 케이티 데벳^Katie DeVet과 다른 직원분들이 나 때문에 매우 바빴을 거다. 늘 밝은 얼굴로 자료를 찾아 주신 모든 분께 감사하다.

이 책은 이 모든 분 덕분에 세상에 나온 것이지만, 책 속의 해석과 혹시 있을 오류는 전적으로 나의 책임이다.

무엇보다, 5년 동안 무시무시한 이 책의 주제와 씨름하는 동안 끊임없이 지지하고 격려해 준 나의 아내 린^Lyn에게 큰 빚을 졌다. 린, 당신을 위한 책이야.

들어가며

스마트폰이라는 범죄

지금 당장 주머니나 가방에 손을 넣어 스마트폰을 집어 보자. 거의 누구나 바로 꺼낼 수 있을 것이다. 지금 이 책을 스마트폰으로 읽고 있는지도 모르겠다. 이 손바닥만 한 기술의 집약체는 수십억 명의 사람과 나를 서로 이어준다. 현재 내 위치를 알려주고 목적지로 향하는 경로도 알려준다. 음악이나 온갖 영상, 영화도 보여주고, 모로코의 와타시드 왕조는 물론 최신 할리우드 소식까지 다양한 언어로 원하는 거의 모든 정보를 찾아준다. 손끝으로 '구매' 버튼만 터치하면 타국의 공장에서 생산된 소비재부터 장인이 제작한 물건까지 살 수 있다. 이 조그마한 기기는 아주 서서히 우리 일상 깊은 곳까지 침투해 들어왔고, 이제는 없으면 불안해지는 지경에 이르렀다.

스마트폰은 거의 모두가 지니고 있다. 저렴하기 때문이다. 얼마나 저렴한지, 제조사는 오래된 모델을 거의 거저 주기도 한다. 그러나 경이로운 능력을 보이는 이 기발한 물건이 요구하는 대가는 대중이 아는 것보다 훨씬 더 비싸다. 스마트폰의 터치스크린과 겉면에는 환경적 재앙을 품은 판도라의 상자가 감추어져 있다. 겉면의 소재에 포함된 플라스틱은 석유나 천연가스로 만들어진다. 이 자원은 다국적 기업이 지하에서 뽑아 올리는 과정에서 생태계와 강 유역을 훼손하며, 파이프라인이나 대형 유조선, 트럭, 기차를 통해 운송되는 과정에서 누출되기도 하며, 온실가스인 메탄과 이산화탄소를 다량 발생시킨다. 동아시아나 남아시아에 위치한 공장의 저임금 노동자들은 유해한 화학물질을 이용해 스마트폰의 플라스틱 외피를 만들고 성형한다. 전화기기는 내부에 한데 모인 희토류, 알루미늄, 금, 코발트, 주석, 리튬 등의 금속으로 작동한다. 희토류는 세계 매장량의 95퍼센트를 보유한 중국에서 오는데, 채굴 과정에서 어마어마한 양의 에너지와 자원이 투입되며 방사성 폐기물과 플루오린화 수소, 산성 폐수를 발생시킨다. 화석 연료를 태워 움직이는 선박들은 동남아시아와 아프리카, 남아메리카, 태평양권에 있는 광산에서 채취한 여러 금속을 실어 나른다. 광산은 지역 주민을 내쫓고 갈등을 조장해 그 과정에 폭력이 따르기도 하며, 농경지를 파괴하고 물을 오염시키고, 광부들의 건강을 해친다. 노동자 중에는 아이들도 있다. 우리가 사용하는 휴대전화를 제조하고 그 배터리를 충전하는 데 들어가는 에너지는 (일반 전화기와 인터넷 서비스, 서버 팜$^{server\ farm*}$에 공급되는 전기는 물론이고) 대개 석탄이나 천연가스를 자원으로 사용하는 화력 발전소에서 생산되며, 유황 및 수은 공해를 유발하고 더 많은 온실가스를 배출한다. 기업들은 2년마다 스마트폰을 교체해야만 하게끔 기기를 설계하며, 대부분의 사용자는 전에 사용하던 기기를 쓰레기로 버린다. 버려진 기기는 쓰레기 매립지에 묻혀 독성 화학물질을 천천히 땅으로 뱉어낸다. 간혹 기기를 재활용하는 이들도 있으나 작은 부품들이 복잡하게 얽힌 기기를 재활용하는 일은

---

* 데이터 관리를 위해 컴퓨터 서버와 운영 시설을 모아 놓은 곳.

까다롭거나 지저분하며, 이 과정에는 위험 물질을 부산물로 만들어 내는 유해한 화학물질이 필요하다.[1]

어떻게 '스마트폰이라는 환경 범죄'가 그 결과 발생하는 환경적 비용은 거의 모르는 수십억 인구의 손에 의해 벌어지게 된 걸까? 답은 간단하지 않다. 사람들은 편리한 소통이나 에스엔에스[SNS], 오락 서비스, 카메라나 알람 등의 기능 이용, 인터넷 활용 등을 이유로 스마트폰을 원한다. 사회적 압박이 있거나 직장에서 필요하기 때문에 사용할 수도 있다. 이유야 어떻든 스마트폰은 현대인의 필수품이 되었다. 그러나 그 이면에는 이해관계자의 이익을 위해 제품을 판매하는 거대 기업들이 있다. 콘텐츠와 애플리케이션 프로그램, SNS 웹사이트로 교묘하게 사용자의 관심을 종일 휴대전화에 붙들어 놓는 기업들도 있다. 이뿐만 아니라 음지에 있어서 거의 눈에 보이지 않지만 아주 막강한 역할을 하는 플레이어들도 있다. 우호적인 법안과 규제를 위해 정부에 로비를 하는 기업, 그리고 기기 자체 또는 기기로 이용할 서비스와 앱을 사라며 사람들을 현혹하는 마케팅을 펼치는 기업이 바로 그들이다. 비단 얼마 전까지만 해도 필요하다는 생각조차 하지 않았던 물건을 사도록 만드는 데 이들은 기가 막힐 정도로 대단한 성공을 이루었다. 2007년 전까지만 해도 지금 우리가 아는 형태의 스마트폰은 존재하지도 않았다. 그러나 머지않아 전 세계 인구의 70퍼센트가 스마트폰을 소유하게 될 것이다. 스마트폰은 그렇게 자본주의의 화신이 되었다.

그렇다면 스마트폰이라는 환경 범죄의 범인은 누구일까? 이 사건을 담당하는 형사라면 아마 《오리엔트 특급살인》의 결말을 떠올릴 것이다. 범인은 '우리 모두'다. 우리는 어떠한 강요도 없지만 각기 다른 사정으로 생각 없이 스마트폰을 사고 버린다. 반면 에르퀼 푸아로*

---

* 애거서 크리스티가 창조한 추리소설 세계관에 등장하는 명탐정. 앞서 언급된 《오리엔트 특급살인》에도 등장한다.

는 환경적 대가의 막후에서 가장 큰 이득을 본 자를 범인으로 지목할 것이다. 바로 기기에 수반되는 서비스를 제작하고 판매하며 이익을 보는 기업들이다. 스마트폰과 그 친척들, 즉 개인용 컴퓨터, 태블릿 PC, 노트북은 수익성이 아주 높은 제품들이다. 이 수익이 2021년 4월 시가 총액 기준 세계 6대 기업인 애플, 마이크로소프트, 아마존, 알파벳(구글의 모기업), 페이스북*, 텐센트의 매출을 책임진다. 이 중 가장 나이가 많은 기업은 1975년 설립되었고, 네 개 기업은 1994년에 세워졌다. 여섯 개 기업 중 대다수가 스마트폰보다 아주 조금 나이가 많은 편이며, 모두 개인용 컴퓨터가 생긴 뒤 설립되었다.[2]

용의자는 한둘이 아니다. 그렇다면 판결을 어떻게 내려야 할까? 배심원단은 아직 의견을 모으지 못했다. 일부 배심원은 이 환경 범죄를 '인류세[Anthropocene]'의 결과라며 인류 전체를 뭉뚱그려 비난한다. 빌 맥키번[Bill McKibben]이나 E. O. 윌슨[E. O. Wilson], 엘리자베스 콜버트[Elizabeth Kolbert] 같은 환경 사상가들은 개인의 선택에 비난의 화살을 돌린다.[3] 모든 이가 책임감을 갖고 더 도덕적으로 행동하고, 신념을 갖고 구매하고 투표한다면 세상을 구할 수 있을 것이라 주장한다. 제이슨 W. 무어[Jason W. Moore], 안드레아스 말름[Andreas Malm], 나오미 클라인[Naomi Klein] 같은 나머지 배심원은 '자본세[Capitalocene]'라는 용어에 무게를 두어 비난의 화살을 자본주의자와 기업에 돌린다.[4] 범행 시기에 관해서도 배심원 사이에 의견이 분분한데, 한쪽은 제2차 세계대전 이후 대가속기[Great Acceleration]라고 주장하며 다른 한쪽은 1800년대 산업혁명 초기부터 시작되었다고 말한다. 세 번째 무리는 인간이 온 환경에 남긴 흔적의 역사가 훨씬 더 오래되었다며 약 10,000년 전 농업이 시작된 시기까지 거슬러 올라가야 한다고 주장한다.

---

* 현재는 메타[Meta]로 사명을 변경했다.

잘못은 우리에게도 있다. 의식주부터 연료, 교통, 직업, 여가 생활에 이르기까지 현대 인류의 생활에서 지구를 대상으로 한 유사 범죄에 연루되지 않은 활동을 찾기는 어렵다. 이러한 증거들은 배심원에 따라 다르게 받아들여진다. 누군가는 가난한 자보다 소비 수준이 높은 부자들에게 더 큰 책임이 있다고 주장할 것이다. 산업을 이끌어 온 자들의 손에 묻은 죄는 그 어떤 것으로도 씻어 낼 수 없다. 그건 인정한다. 그러나 우리 중 누구도 소비자본주의의 영향권 밖에서 사는 사람은 없다. 지구 행성에 대한 지속적인 약탈로, 우리는 수명을 연장하고, 안락하고 질 좋은 삶을 누리며, 사실상 그 덕분에 존재하고 있다. 인간이라는 종은 어떤 네발 동물도, 두발 동물도 지금껏 경험한 적 없는 번영을 누리고 있다. 수렵·채집 시절의 우리 조상들도, 근대 이전 농업사회를 살던 조상들도, 80억 명 이상의 인구에게 음식, 옷, 거처를 제공하는 등의 풍요를 제공하지 못했다. 그러나 글로벌 자본주의 시스템은 그것이 가능하다.

인류 역사를 통틀어 모든 인간과 동물의 총무게만 봐도 이것이 얼마나 기적적인지 알 수 있다. 한 연구에 따르면, 플라이스토세* 후기 육상 포유류의 총 무게가 약 1억 7,500만 톤이었던 반면, 인간의 총 무게는 미미할 정도로 적었다.[5] 농업혁명과 산업혁명을 거치면서 인간의 총 무게가 비약적으로 늘었는데, 에너지사학자 바츨라프 스밀$^{Vaclav\ Smil}$에 따르면, 산업혁명을 거친 1900년경에 인간의 총무게는 7,000만 톤으로 늘고, 야생 동물은 5,000만 톤으로 줄었다. 과거 야생에서 서식했으나 이제는 인간 통제하에 사는 소, 말, 당나귀, 물소, 돼지, 양, 염소, 낙타, 가금류 등 가축의 총무게는 1억 7,500만 톤에 달하는데 이는 수만 년 전 모든 야생 동물의 총무게와 같다. 달리 말하면, 인간이 동

---

* 약 258만 년 전부터 12,000년 전까지의 지질 시대를 일컬으며, 빙하기 또는 홍적세라고도 부른다.

일한 환경 자원으로 1억 2,000만 톤의 몸무게를 추가로 지탱할 방법을 발견했다는 뜻이다.

소비자본주의가 등장하고 지구의 생물량은 폭증했다. 스밀의 추산에 따르면, 2000년까지 인간의 생물량은 3억 톤 이상인데, 이는 호모 사피엔스가 등장하기 전 모든 동물을 합친 것의 3분의 2를 넘는 무게다. 가축화된 동물의 생물량은 6억 톤(개, 고양이, 기타 반려동물 등의 200만 톤 포함)에 달하는데, 인간과 가축화된 동물을 합치면 플라이스토세 총생물량의 500% 이상에 달한다. 그러는 와중에 1900년 이후 야생 동물의 생물량은 약 2,500만 톤으로 50퍼센트나 감소했으며, 이는 플라이스토세 전성기에 비해 7배 감소한 양이다. 이 수치는 가축 생물량의 약 4퍼센트, 인간과 인간이 키우는 전체 동물 생물량의 단 2.7퍼센트에 불과하다.[6]

야생 동물을 위한 자원을 어떻게든 남겨놓은 데 감사해야 하는 걸까. 그러나 80억에 달하는 사람이 생존할 수 있는 까닭은 지구 자원을 인간을 위해 집중적으로 사용했기 때문이다.

이 책 《거의 모든 것을 망친 자본주의》는 어떤 흐름을 거쳐 지금의 세계가 되었는지에 대한 이야기를 들려줄 것이다. 원제목인 '이익profit'이라는 단어에는 여러 의미가 있다. 오늘날에는 우리가 자본주의라 부르는 시스템과 결부되어 금전적 '이익'이라는 뜻으로 흔히 사용된다. 다른 의미로는 '경험을 통해 도움을 얻다'라고 할 때의 '도움'이라는 뜻도 있다. 금전적인 측면에서 보면, 자본주의를 통해 창출되는 이익의 대부분은 세계 인구 중에서도 극히 일부에게만 축적된다. 관점을 넓혀 자본주의가 수많은 이를 먹여 살리고 편안한 삶을 살게 한다는 점을 고려하면, 자본주의가 주는 혜택의 영역 밖에 있는 사람은 없다. 《거의 모든 것을 망친 자본주의》는 자본주의의 역사를 여러 개인들의 이야기를 통해 전한다. 그들 중 누군가는 자본주의의 새롭고 중요한 국면을 열었고, 누군가는 자본주의가 환경에 끼치는 영향을 통제하기 위해 노력했다. 전자는(모두는 아니지만) 자신의 행동이 사회와 자신에게 동시에 이익이 된다고 믿었다. 반면에 후자는 세계의 이익을 우선으로 추구했다. 자신의 이익을 돌보지 않은 채 말이다.

   자본주의는 역사를 통틀어 여러 시대에 변화를 불러왔다. 가장 기본적인 수준에서 보자면, 자본주의는 (대개) 부나 자본을 소유한 개인이, 다른 기업들과의 (이상적으로는) 자유 경쟁으로 가격이 책정되고 (그럭저럭) 규제를 받고 있는 시장에서, 원자재를 추출·분배하거나 재화를 생산·분배하는 기업들에, 자기 자본을 투자하여 이익을 얻는 경제 시스템이다. 괄호 안에 넣은 수식어에 주목하길 바란다. '순수한' 자본주의를 찾기가 얼마나 어려운지, 그리고 장소별, 시대별 차이가 어떻게 자본주의의 변종들을 낳았는지 이해하는 데 도움이 된다. 자본주의 시스템은 편리한 교통과 풍부한 에너지원과 천연자원, 다루기 쉬우며 잘 훈련된 노동력, 추출자-생산자-판매자 사이에 신뢰 가능한 소통 수단이 있을 때 더 효과적으로 기능한다.[7] 그 규모는 열대 지방 어떤 마을의 시장에서 소농이 파파야를 파는 일처럼 일상적인 것부터, 뉴욕, 런던 등 세계 자본의 중심지에서 거대한 기업이 난해한 금융 상품을 판매하는 일처럼 거대한 것에 이르기까지 폭넓다. 지역 수준과 세계 수준 사이에는 이해하기 어려울 정도로 복잡게 얽힌 수많은 계층이 존재하며, 이 계층들은 언제나 서로에 반응하며 변화한다. 농부들이 파파야 같은 상품에서 얻는 대가는 세계 자본주의에도 영향을 미치며, 열대 지방 농부들도 국제 금융 메커니즘의 영향을 받는다.[8]

   자본주의의 발전은 변화무쌍했다. 자본주의는 시스템을 구성하는 각 계층이 끊임없이 움직이고 변화하고 상호작용하며 초기 단계부터 근대까지 발달해 왔다. 그 역사는 독립적이지 않으며, 문화의 영향 아래 있고, 환경적 가능성과 한계 사이를 계속해서 오간다. 자본주의 시스템은 서구 유럽뿐만 아니라 전 세계에서 발달했다. 그러나 기업과 가정의 분리, 합리적인 장부 작성과 노동력 조직을 특징으로 하는 근대 자본주의는 서구에서만 자리잡았다. 노예제 기반의 대농장(플랜테이션)과 기계화된 공장이라는 두 가지 주요한 자본주의 조직 유형은 근대 자본주의를 대표하는 독보적인 형태였다. 서구 자본주의는 부의 창출을 위해 전례 없이 자원을 소비하고 있다. 산업자본주의와 소비자본주의는 서유럽과 북미에서 발전하여 오늘날 전 세계 곳곳에 영향을 미치고 있기 때문에 이 역사는 주로 이 지역으로 들어오고, 이 지역을 통과하고, 이 지역을 벗어나는 경로에 초점을 맞추고 있다.[9]

자본주의의 기원을 특정지을 수 있는 하나의 시기나 장소는 없다. 모든 형태의 자본주의에는 수 세기 전 이미 존재했던 전신이 있다. 현대의 소비자본주의는 유럽과 미국의 산업혁명 당시의 전신들을 기반으로 주로 미국에서 발달했다. 대부분의 영국 산업자본주의 요소는 한 세기 전 네덜란드에서 발생한 여러 혁신에서 유래했다. 네덜란드는 이베리아 반도를 거점으로 하는 세계 제국을 참고했는데, 더 거슬러 올라가면 결국 중세 이탈리아의 무역 제국에서 발달한 상업자본주의 모델에 기반을 둔다. 이탈리아인들은 이슬람권과 고대 그리스·로마에서 창안한 원형을 차용했다. 그렇다. 자본주의의 흔적은 고대 그리스·로마까지 거슬러 올라간다. 오늘날 우리를 옭아매고 있는 소비자본주의라는 범세계적인 그물의 흔적을 찾을 수 있는 최초의 실마리는 수천 년 전에 형성되었으며, 인류 초기 조상들 사이에도 그 흔적은 남아 있다. 자본주의 역사라는 실은 수없이 꼬이고 끊겼다가 다시 이어지고, 버려졌다가 다른 것으로 교체되었으며, 길이가 늘었다가 증식되기를 반복했다. 그리고 결국 오늘날 지구와 그 위에 사는 우리 모두의 손을 묶었다.

돌을 갈아 무기를 만들던 시대부터 스마트폰이 지배하는 지금에 이르기까지 변치 않는 요소도 있다. 지구에 처음 등장했을 때부터 인류는 다른 동물에 비해 주변 환경에서 생명 유지에 필요한 자원을 뽑아내는 데 탁월한 능력을 보였고, 덕분에 더 많은 인구, 더 많은 생물량을 유지할 수 있었다. 또한 다른 어떤 동물보다 소통 능력과 협동심이 뛰어났다. 광물과 흙을 채취해 이를 직접 사용하여 물건을 만들고, 에너지원을 발굴해 유용하고 가치 있는 물건을 생산했다. 그리고 인간은 상품을 옮기거나 자신이 이동할 운송 수단을 고안하고, 동족을 지배하고 착취하고 그들과 싸우고, 상품과 자원, 기술, 지식을 서로 교환하며 초기 경제를 발전시켰다.

자본주의는 자연과 긴밀히 엮여 있다. 한편으로는 특정한 환경적 상황 덕분에 현대 자본주의가 구현되고 성장할 수 있었던 측면도 있다. 더 광범위해진 기후 변화가 중요한 역할을 한 적도 있었다. 반면, 경제 활동은 늘 환경을 파괴했다. 경제 발전의 매 단계에서 인간은 천연자원을 더 효율적으로 개발하기 위해 부단히 애썼다. 이 과정은 생태계를 해치고 지형을 바꿨다. 오늘날의 소비자본주의 아래에서 인간이 환경에 미치는 영향력은 막대하다. 여러 동식물이 멸종했고, 생태계는 교란되었으며, 습지는 말랐고, 댐이 세워지면서 강의 흐름이 바뀌었고, 숲은 벌거숭이가 되었으며, 토양은 고갈되었다. 자본주의 시스템은 자원을 채굴하여 써먹은 다음 무서운 속도로 버린다. 지구의 모든 대륙과 바다에, 어느 곳 하나 빼놓지 않고 화학물질을 퍼뜨린다. 대기의 구성을 바꾸고 지구를 뜨겁게 달군다. 인간 행위와 활동에 영향을 받지 않는 장소나 생물 종은 거의 없다. 심지어 가장 깊은 해구 바닥에서도 위험한 독성 화학물질이 생물들을 중독시키고 있으며, 창백한 얼굴의 유령처럼 비닐봉지가 둥둥 떠다니고 있다.[10]

《거의 모든 것을 망친 자본주의》는 과학 기술, 운송, 에너지, 통신,

무역, 금융 부문의 발달이 어떻게 현대 소비자본주의로 이어졌는지 추적한다. 자원을 더 집약적으로 사용하려는 인간 노력의 역사를 바탕으로 초기자본주의, 상업자본주의, 농장자본주의, 산업자본주의, 소비자본주의를 단계별로 살핀다. 각 장에서는 자본주의의 진화 단계 그리고 환경적 영향을 탐구한다.

1장 '인류와 자본의 시작'은 초기 호미닌 사이에서 발견되는 자본주의의 전조와 패턴을 설명한다. 더불어 고대 그리스·로마의 상업자본주의, 화폐 제도와 노예 제도, 상품 농업, 무역, 제국, 그리고 환경 변화와의 운명적인 연결 고리를 살핀다.

2장 '무역과 제국'은 중세 이탈리아의 도시 국가들이 은행, 기업 제도, 제국, 상품 농업 부문에서 이룬 괄목할 만한 발전들을 탐구한다. 이탈리아인은 이베리아인과 북서부 유럽인이 세계 무역과 플랜테이션 농장 제국의 형태로 따라 하게 될 본보기 체계를 구축했다. 이 장은 크리스토퍼 콜럼버스의 여정을 따라가면서 이탈리아 모델의 이동과 유럽의 제정帝政, 경제를 구축한 마구잡이식 기회주의 체계를 설명한다. 유럽의 발전에 연료로 쓰인 것은 전 세계를 무대로 한 노동력과 자연의 착취였다.

3장 '석탄과 기계라는 경이'와 4장 '증기와 철강의 시대'는 흔히 1차, 2차 산업혁명이라 불리는 산업자본주의의 발전기와 성숙기를 추적한다. 이 시대는 앞으로의 운명을 결정짓는 엄청난 기술적, 사회적, 환경적 변화를 이끌었다. 여기에는 재생 가능 에너지에서 화석 에너지로의 전환도 포함되어 있다. 제임스 와트와 앤드루 카네기의 업적들은 기술 발전에서 과학의 역할, 경제·사회적 변화의 속도와 방향에 문화가 미친 영향, 유럽에서 미국으로의 산업적 주권의 이동 등 여러 중요한 주제를 보여준다.

5장 '자원보존 운동의 시작'은 산업화로 인한 환경 문제를 통제하기 위한 자원보존 운동 및 녹지 조성 운동의 부상을 탐구한다. 미국의 조지 퍼킨스 마시^{George Perkins Marsh}와 영국의 윌리엄 스탠리 제번스^{William Stanley Jevons}는 자원과 에너지 기반을 파괴하는 산업화를 기민하게 분석해 영향력을 행사했다.

6장 '구매 먼저, 결제는 나중에', 7장 '발아래 검은 황금, 석유', 8장 '세상의 모든 것을 팝니다'는 미국을 주 무대로 20세기부터 21세기까지 소비자본주의가 진화한 역사를 탐구한다. 이 시기의 자본주의는 그 어떤 것보다 오늘날의 환경 위기에 더 큰 책임이 있다. 공업 기술의 발달은 수요를 넘어선 생산을 유도했다. 소비 촉진을 위해 기업들은 광고, 금융 유인책, 상품 대체 부문에서 새로운 기법들을 고안해 냈다. 석탄에서 석유와 천연가스로의 두 번째 에너지 전환은 생산과 소비 모두를 증대시켰다. 공급과 수요는 점차 더 빠르게 서로를 쫓았다. 모든 집은 물건으로 가득 찼다. 세계의 부도 늘었다. 소비자 중심주의 성향인 알프레드 슬론^{Alfred Sloan}의 제너럴모터스^{General Motors, GM}가 생산자 중심주의 성향을 보였던 헨리 포드^{Henry Ford}의 포드^{Fort Motor Company}를 앞지른 자동차 산업만큼 이 시대를 잘 보여주는 예도 없다. 제2차 세계대전 이후에는 자본주의를 대표하는 새로운 유형의 인물로 레이 크록^{Ray Kroc}이 등장했다. 그는 부의 소유에 거부감이 적은 문화적 배경을 두고 자란 인물이었다. 크록은 맥도날드라는 패스트푸드 체인 모델이 전 세계로 확산하는 것을 진두지휘했다. 마지막으로, 1970년대 이후 소비자본주의 시대를 대표하는 기업으로 제프 베이조스^{Jeff Bezos}의 아마존닷컴이 등장한다. 물품 생산보다 소비자를 대상으로 하는 판매가 더 큰 이윤을 남기는 시대가 온 것이다. 소비 수준이 상승하며 생산자들은 제품을 끊임없이 만들어냈고, 환경에서 더 많은 자원을 끌어다 쓰고, 그 어느 때보다 많은 쓰레기와 온실가스를 배출하고 있다.

9장 '환경 보호주의의 부상과 세계화'는 소비자본주의의 끔찍한 생태적 영향을 억제하려는 세계적 움직임을 탐구한다. 미국 작가 레이첼 카슨의《침묵의 봄》은 전후 환경보호주의 운동에서 가장 중요한 책으로 꼽힌다. 영국의 바버라 워드$^{Barbara\ Ward}$가 쓴《하나뿐인 지구》(르네 뒤보$^{René\ Dubos}$ 공저)와 전 세계를 무대로 지칠 줄 모르고 이어진 그녀의 업적은 환경보호주의가 세계화되는 과정에서 중요한 주제들을 던졌다. 두 권의 책은 환경보호주의에 내재한 주요 우려점과 한계점을 보여준다. 환경보호주의는 소비자본주의가 생태계에 끼치는 영향에 대응하고자 노력하고 있지만, 여전히 소비자본주의와 연결되어 있다. '마치며'는 자연에서 자원을 추출하는 과정에서 우리가 추구한 효율성이 어떤 식으로 환경 영향을 제어하는 인간의 능력과 의지를 마비시키는지 성찰한다.

자본주의가 환경사학자들의 관심을 끌어온 지는 오래되었지만, 이를 논문의 주제나 주요 서적의 핵심 주제로 삼은 이는 없었다. 도널드 워스터$^{Donald\ Worster}$가 쓴《더스트 볼$^{Dust\ Bowl}$》(1979년 출간)이나, 윌리엄 크로넌$^{William\ Cronon}$의《땅에 불어온 변화의 바람$^{Changes\ in\ the\ Land}$》(1983년 출간)과 같은 기초적인 도서들이 자본주의의 힘을 강조하며 "자본주의 문화", "상품화"와 같은 표현을 썼지만, 이들도 자본주의 시스템 자체를 분석하지는 않았다. 2008년 금융위기가 발발하고 토마 피케티의《21세기 자본》(2015년 출간), 스벤 베커트$^{Sven\ Beckert}$의《면화의 제국》(2018년 출간)처럼 많은 사람의 입에 오르내리는 책이 등장하며 자본주의와 그 영향을 주제로 한 논의가 다시 시작되었다. 이후 나오미 클라인$^{Naomi\ Klein}$, 제이슨 무어$^{Jason\ Moore}$, 안드레아스 말름$^{Andreas\ Malm}$의 주요 작들을 비롯하여 이를 주제로 다루는 책이 쏟아져 나오고 있다.

《거의 모든 것을 망친 자본주의》는 다른 노선을 걷는다. 이 책은 자본주의가 어떤 식으로 자연을 바꿔 놓았는지, 그리고 환경은 어떻게 자본주의를 형성했는지, 양방향에서 자본주의의 역사를 다룰 것이다. 자본주의는 인간과 함께 성장했고 어느 곳에나 존재하므로 우리는 이것을 피할 수 없다. 자본주의는 뱀처럼 움직여 보이지 않게 영향력을 행사하고 그것을 통제하거나 파괴하기 위해 인간이 고안한 모든 시스템을 전복시켰다. 《거의 모든 것을 망친 자본주의》는 어쩌다가 '인간은 자본주의와 함께 살 수 없지만, 그것이 없어도 살 수 없다.'라는 자본주의의 난제와 마주하게 되었는지 이야기한다. 인간은 기껏 해 봐야 자본주의가 미치는 최악의 영향을 차악으로 완화시킬 수 있을 뿐이다.

분량을 고려해야 했으므로 더 다루고 싶던 주제들을 생략할 수밖에 없었다. 페르낭 브로델*이 그랬던 것처럼 세 권 정도 낼 수 있는 여유가 있다면 (그럼에도 브로델은 주로 15세기에서 18세기 사이 몇몇 유럽 국가를 기반으로 하는 자본주의만을 다뤘을 뿐이다) 가령 중국과 인도를 비롯한 다른 문명에서의 자본주의 시스템에도 주목했을 것이다. 더불어, 이 책은 서구의 환경적 사상을 다루지만 애덤 스미스나 카를 마르크스, 조지프 슘페터, 칼 폴라니, 밀턴 프리드먼과 같은 저명한 이들의 경제사상은 거의 다루지 않는다. 환경을 둘러싼 경제학자들 간의 논쟁은 지난 세기 동안 너무 방대해진 나머지 그 내용 자체로도 책 한 권을 쓸 수 있을 정도다. 마지막으로, 노동자와 서발턴subaltern**, 원주민이 겪은 바를 다루지만 그들 집단 자체에는 주목하지 못했다. 역시 별도의 책에서 다룰 만한 주제이기 때문이다. 덕분에 앞으로도 쓸 책은 아주 많겠다.

---

* 프랑스 사학자로, 《지중해: 펠리페 2세 시대의 지중해 세계》를 총 세 권(국내 역서 기준 네 권)에 걸쳐 출간했다.
** 하층민 또는 하층계급이라고도 하며, 제국 식민지의 계층 구조와 제국 본토로부터 사회적, 정치적, 지리적으로 배제된 식민지 거주민을 지칭하는 용어.

들어가며

목차

감사의 말　05
들어가며　09
그림목록　24

제1부　자본주의의 시작

1장 인류가 자본을 만났을 때　　　　　　　29
2장 무역과 제국　　　　　　　　　　　　　56
3장 석탄과 기계라는 경이　　　　　　　　　94
4장 증기와 철강의 시대　　　　　　　　　137

제2부   자본주의의 대가

5장 자원보존 운동의 시작   181
6장 구매 먼저, 결제는 나중에   216
7장 발아래 검은 황금, 석유   253

제3부   자본주의의 끝

8장 세상의 모든 것을 팝니다   289
9장 환경보호주의의 부상과 세계화   327

마치며   363
후주   372

그림 목록

1. 안티메네스 화공, 암포라 The Antimenes Painter, Amphora, 기원전 520년. 노예로 추정되는 두 남성과 두 소년이 올리브를 수확하고 있는 모습.
2. 스테파노 델라 벨라 Stefano della Bella, 리보르노 항의 전경 Views of the Port of Livorno (1654~1655년), 갤리선에 짐 싣는 모습.
3. 피터르 브뤼헐 Pieter Bruegel the Elder 작, 항해하는 선박들 The Sailing Vessels (1561~1565년), 휘몰아치는 돌풍 속 돌고래를 탄 아리온과 세 척의 카라벨선.
4. 윌리엄 클라크 William Clark, 안티과 섬의 열 가지 풍경 Ten Views of the Island of Antigua - 런던, 1823년, '수수 구멍내기'.
5. 윌리엄 클라크, 안티과 섬의 열 가지 풍경 - 설탕 제조 과정, 1833년, 수수 끓이는 방 내부.
6. 우타가와 쿠니테루 Utagawa Kuniteru, 삽화(1873년) 도쿄의 다카나와 철도를 달리는 증기기관차.
7. 커리어 앤드 아이브스 Currier & Ives, 세기의 진보 The Progress of the Century (1876년).
8. 존 배컨 John Vachon, 사진(1941년), 세계 최대 노천 광산 미네소타주 히빙 인근의 헐-러스트-머호닝 광산.
9. 1900년경, 시카고 스테이트 앤드 워싱턴 스트리트에 위치한 마셜 필드 백화점 Marshall Field & Company 의 내부 모습.
10. '남편이 당신과 다시 결혼할까요?'(1921년).
11. 1950년대, 한 가족이 텔레비전 앞에 모여 있다.
12. 토리캐니언 호, 1967년 중동에서 원유를 가득 싣고 출발한 배가 영국 콘월 앞바다의 암초에 좌초됐다.

13. 알바로 이바녜스$^{Álvaro\ Ibáñez}$, 마드리드 산 페르난도 데 에나레스$^{San\ Fernando\ de\ Henares}$에 있는 거대한 아마존 물류센터 방문(2013년).
14. 노르웨이 포르네부에 있는 모바일 결제 단말기. 노르웨이 통신 대기업 텔레노르의 근거리 통신 기술로 작동한다(2011년).
15. 브루나 프라도$^{Bruna\ Prado}$. 2019년 8월 23일 브라질 리우데자네이루, 브라질 사람들이 아마존을 지키기 위해 모여 삼림 벌채와 산불에 반대하는 시위를 벌이고 있다.

제1부

자본주의의 시작

1장
인류가 자본을 만났을 때

인간 생태학 오디세이

1968년 개봉한 영화 〈2001: 스페이스 오디세이〉는 300만에서 400만 년 전, 유인원 모습을 한 인류의 조상들이 생존해 가는 모습으로 시작한다. 어느 날, 외계인들이 유인원 무리 한가운데 검은색의 커다란 모노리스^{monolith}*를 놓고 사라진다. 모노리스의 신비한 힘에 영향을 받은 호미닌^{hominin}** 은 도구 사용법을 배운다. 이들은 먼저 먹잇감과 포식자를 상대로 무기를 휘둘러 생존 확률을 높였고, 이내 동족의 목숨을 위협하며 영토와 자원을 빼앗는다. 첫 번째 모노리스가 사라진다. 그러나 달 내부에는 또 다른 모노리스가 묻혀 있었다. 이것을 발견하여 태양 빛에 노출할 정도로 인간 문명과 기술이 발전했다는 신호

---

* 영화에 등장하는 기둥 모양의 기다란 직육면체.
** 인류의 조상 종족.

를 보내는 것이 두 번째 모노리스가 존재하는 목적이었다. 생존한 승무원인 주인공은 우주선을 타고 신호가 전송되는 방향을 따라가고 목성 궤도를 돌고 있는 세 번째 모노리스를 발견한다. 실은 스타게이트 Star Gate였던 더 거대한 세 번째 모노리스는 주인공을 은하계 너머 머나먼 행성에 데려다 놓는다. 그곳에 있던 네 번째 모노리스는 주인공을 스타차일드 Star Child 로 만든다. 주인공의 진화는 완성되었다. 전쟁을 치르고 있는 지구에 평화를 불러오기 위해 스타차일드는 고향으로 돌아온다.[1]

이처럼 친절한 외계 종족의 도움을 조금이라도 받고 싶다 해도, 안타깝지만 인간은 지난한 오늘에서 탈피하여 유토피아적인 미래로 향하게 도와줄, 달 표면 아래 영겁의 세월 동안 묻혀 있던 모노리스 같은 물체를 발견하지는 못했다. 하지만 작가 아서 C. 클라크와 스탠리 큐브릭 감독이 각각 소설과 각본을 집필하고 수십 년이 지난 지금, 인류 역사가 현재의 궤도에 안착하는 데 외계인이 개입할 필요는 없었음을 이제 우리는 안다. 다양한 종의 유인원과 원숭이, 조류도 도구를 사용할 줄 안다. 고고학자들은 호모, 즉 사람속屬 이전의 유인원 역시 석기를 사용했으며 스스로 도구 제작법을 터득한 것으로 보이는 증거를 발견했다. (여담이지만, 유토피아적인 미래가 오려면 여전히 외계의 도움이 필요할 것 같기는 하다.) 인간의 고대 조상들은 하나하나 돌을 쌓아 가며 초기 자본주의가 부상하기 위한 기반을 다졌고, 환경을 바꿔 나갔다.

태초의 경제 및 생태 환경

260만 년 전 초기 사람속屬이 진화할 때 친절한 외계인들이 때맞춰 힌트를 던져 준 듯한 극적인 사건이 발생했다. 역사상 유래가 없는 발전은 우리 조상을 오늘날의 소비자본주의와 글로벌 환경 위기로 이어질, 우여곡절로 가득한 기나긴 역사의 길로 인도했다. 첫 번째 발전은 사소하지만 운명적이었다. 의사소통이라는 강력한 수단을 통해 적극적으로 상호 협동할 수 있게 된 것이다. 호기심 많은 우리 조상들은 생존을 위해 서로 모여 자원을 더 효율적으로 사용하고 차곡차곡 쌓은 문화와 기술 지식을 공동체와 후세에 전파했다. 손재주가 훨씬 발달한 뒤에는 침팬지와 오스트랄로피테쿠스 시절에 사용하던 기본적인 형태의 창과 석기를 개량했다. 대화와 협업이 가능해진 호미닌은 이제 식탁 위에 자기보다 큰 동물을 올려놓을 수 있게 되었다. 사냥한 동물을 독수리, 하이에나 같은 청소 동물과 이를 훔쳐 가려는 이들로부터 지키기 위해 호미닌은 먹이 피라미드의 꼭대기에 올라섰다. 육식으로 풍부한 단백질을 섭취하면서 우리 조상들의 몸집은 커졌고 지능도 높아졌다.

초기 인류는 첫 번째 에너지 전환에 성공하고 주변의 천연자원에서 에너지를 더 많이 얻는 법을 학습하며 운명을 다시 한번 바꿨다. 식물에 저장된 열에너지를 이용하는 법을 배웠고, 생명 유지에 필수적인 에너지원을 섭취해 근력을 보충했다. 인류는 190만 년 전, 어쩌면 79만 년 전, 적어도 20~30만 년 전에는 불 다루는 법을 익혔다. 불은 덤불을 태웠고 숲은 땅을 드러냈다. 인간의 사냥감에 해당하는 종이 번성했고, 더불어 인류도 번성했다. 생명의 역사에서 최초로 하나의 종이 동종의 영양분 획득을 위해 전체 생태계를 인위적으로 재편했다. 음식을 조리할 수 있게 되면서는 더 다양한 식재료를 섭취했고, 덕분에 날음식을 소화하는 데 들어가던 에너지를 아껴 크기가 커진 뇌에 필요한 에너지 수요를 충족시킨 것으로 추측된다.[2] 따뜻한 간빙기 동안 온대 지방으로 퍼져 나간 인류는 기온이 떨어져도 불을 피워 온기를 유지할 수 있었다.[3] 어느 시점이 되자 초기 인류는 창작열을 불태우며 토우를 구웠고 나중에는 도자기도 구웠다. 약 10,000년 전 초기 홀로세*에는 구리로도 장식물을 만들었는데, 모두 연소와 함께 방출된 나무에 저장돼 있던 에너지의 선물이었다.

물론 돌로 만든 도구를 사용하던 시기라 '석기시대'라는 이름이 붙었지만, 초기 인류는 그 외에도 다양한 기술과 여러 간단한 장비를 만들었다. 송곳과 바늘 같은 도구를 만들기에 뼈는 무척 훌륭한 재료였다. 힘줄처럼 언젠가 썩는 신체의 일부를 활용했던 건 말할 것도 없다. 약 70,000년 전, 한때는 온난했던 위도의 지역이 추워지자 그곳을 방랑하던 호미닌은 가죽으로 옷과 가방 등 여러 물건을 만드는 기술을 발달시켰다.[4] 홀로세 이전인 약 11,700년 전, 인류는 활과 화살, 낚싯바늘, 그리고 짧은 화살과 창, 작살 등 던지는 용도의 막대기를 만들었다. 65,000년 전, 바다에서 낚시를 하기 위해 만들어졌을 배는 약 80킬로미터 너머에 있는 호주로 사람들을 실어 날랐다.[5] 인간은 염색한 섬유를 엮어 면직물을 만들었고 적어도 30,000년 전에는 화려하고 나름의 스타일도 있는 옷을 입고 다녔다.[6] 손으로 엮어 만든 바구니는 20,000년 전 수분과 해충으로부터 내용물을 보호하는 다목적 용기로서 구워 만든 점토 항아리가 등장할 때까지 저장 용기 역할을 했다.[7]

이렇듯 초기 인류는 기술과 여러 단순한 장비를 개발했고, 저장된 에너지를 활용했고 이는 훗날 산업혁명으로 자라날 작은 발전의 씨앗이었다. 그러나 기술과 에너지만으로는 충분치 않았다. 영유아기와 아동기가 예외적으로 긴 덕분에 인간은 어린 개체를 교육하고 훈련할 수 있었다. 무리를 조직해 더 큰 사냥감을 획득했고, 요리를 하고 음식을 나누었으며, 의식을 치르는 등 다양한 활동을 했다. 더 치명적인 무기를 만들어 사냥했고, 항아리를 굽고, 불붙이는 기술을 발전시켰다. 기술의 발달과 더불어 상처를 봉합하고 병을 치료하는 법을 발견했으

---

* 약 10,000년 전부터 현재까지의 지질 시대.

며, 세상을 다스릴 신묘한 힘을 통제하려는 시도로서 주술과 제례를 활용할 줄도 알았다.[8]

오늘날 우리가 사용하는 휴대전화의 소재를 공급하는 환경 파괴적인 광산업은 고대부터 이어져 온 산업이다. 인류는 땅을 파며 진화해 온 종이다. 발밑에 널려 있는 돌들은 그다지 유용하지 않았다. 초기 인류는 얕은 노천 채굴을 통해 풍화되지 않은, 더 잘 쪼개지는 부싯돌을 구했다. 모든 채굴 활동은 대지에 상흔을 남기는데 고고학자들에게는 보물 상자나 다름없다. 모로코에는 130만 년 된 부싯돌 채석장의 흔적이 여전히 남아 있으며,[9] 아프리카 에스와티니에서는 이르면 43,000년 전부터 약 80,000년 전, 광부들이 대량의 경철석(석간주의 원료)을 채굴했다. 35,000년 전에는 폴란드와 헝가리에서 사람들이 땅을 팠으며, 종종 유색 광석을 캐기 위해 지하 광산도 팠다. 구석기 시대 이집트와 호주, 프랑스, 스페인, 벨기에, 폴란드 지역, 그리고 미국이 생긴 이후에는 텍사스 지역에서도 땅에서 부싯돌을 파냈다.[10]

광산을 관리하는 집단들은 자신이 경제적으로 유리한 위치에 있다는 사실을 깨달았다. 바로 이들이 현대 광산업, 제조업, 무역 기업들의 직계 조상이다. 고고학자들은 가장 근처의 노두˚에서 꽤 멀리 떨어진 지역에서도 흑요석과 석간주를 발견했고, 친족 관계, 사회 및 거래 관계망이 발달했을 것으로 추측했다.[11] 관리 집단은 캐낸 돌로 도구를 만들어 직접 사냥하거나 만들 필요가 없는 물건들과 교환했고, 추측건대 자신에게 더 유리한 거래를 했을 것이다(최초로 이윤을 남긴 것이다). 석간주 거래 시장은 실용의 목적이 아닌 소비재에 대한 최초의 수요를 의미한다. 여기저기 흩어져 있는 석간주를 재료로 만드는 구슬 세공과 색소, 그 외 가공품의 흔적은 30만 년 전 인류의 지

˚ 광맥에서 외부에 노출되어 있는 부분.

제1부 자본주의의 시작

위 표시, 상징적 사고, 그리고 아마도 종교의 발달을 암시한다. 선사시대 후기, 사람들이 원하던 이 특별한 돌은 무역로를 따라 채굴된 광산에서 수백 킬로미터 떨어진 곳까지 전파되었다.[12]

20~30만 년 전 처음 나타난 호모 사피엔스는 점차 번성하여 퍼져나가며 그 수를 늘렸다. 개체 수는 빠르게 불어서 약 40,000년 전 유럽에서 네안데르탈인이 호모 사피엔스로 전환될 때는 인구수가 10배나 폭증했다. 이러한 과정에서 호모 사피엔스는 자연이 수렵·채집인에게 제공하는 자원을 계속해서 과도하게 획득했다. 일부는 더 푸른 초목지의 유혹과 강한 경쟁자의 압박을 이기지 못하고 터를 옮기기도 했다. 120,000년 전부터 90,000년 전 사이, 기후가 습하고 서늘해지자 호모 사피엔스는 레반트 지역*과 아라비아 반도로 이동했다. 65,000년 전 기후가 건조해지자 호모 사피엔스는 온 지역을 누비며 지구를 덮쳤다.[13] 머지않아 호주에 도착했고, 적어도 15,000년에서 12,000년 전에는 아메리카 대륙 땅을 밟았다. 열대 지방부터 동토 지대에 이르기까지 거의 모든 유형의 생태계에서 성공적으로 살아남은 척추동물은 지금까지도 인류가 유일하다(그리고 인간은 이제 위로는 우주, 아래로는 해저까지 진출하려 하고 있다).[14]

인류세의 시작을 언제로 보든, 인류는 환경에 변화를 일으키며 가는 곳마다 화석 기록에 흔적을 남겼다. 음식을 조리하기 위해서가 아니라, 의도적으로 불을 지르기 시작하면서 이 새롭고 업그레이드된 영장류는 생태계를 급진적으로 바꿀 능력이 있음을 보여주었다.[15] 적어도 200만 년 전, 새로 등장한 최상위 포식자들과의 경쟁으로 인해 아프리카 대륙에 존재하던 다양한 대형 포식동물의 개체 수가 처음으로 감소했다.[16] 호미닌은 아프리카 대형 포유류의 종 다양성도 해쳤다.[17]

---

* 서아시아와 동지중해 사이.

호모 사피엔스는 전 세계의 여러 대륙으로 진출하며 지역의 생태계를 단순화했다(피폐하게 만들었다고 해야 할지도). 플라이스토세에는 매머드, 땅나무늘보, 검치호랑이, 하마 크기의 웜뱃(디프로토돈) 등 다양한 초거대 포유류가 얼지 않은 대륙에서 이례적으로 번성해 있었다. 기후 변화로 동물들이 받는 스트레스가 심해졌을 수는 있지만, 기후적 압박이라는 단일 요소가 대형 동물만 골라 사라지게 한 적은 없었다. 그리고 그들이 도착했다. 인간이 소통하며 협력하고, 무기를 만들고, 불을 지피고, 개체 수를 늘리면서 모든 곳의 거대동물은 멸종했다.[18]

호미닌은 종을 제거하며 생태계를 단순화하는 한편, 외래종을 들여오면서 환경을 재편성하기도 했다. 바로 오늘날 지구상의 거의 모든 생태계를 바꾸어 놓은 방식이다. 동남아시아에서 발견된 흔적을 보면 선사시대 수렵·채집인들이 여러 동식물을 기존의 서식지에서 타지역으로 이동시킨 것을 알 수 있다. 참마는 적어도 45,000년 전부터 아시아와 호주의 동식물 경계를 나누는 월리스선의 양쪽 모두에서 자라고 있었다. 인류는 이주와 함께 동식물을 퍼뜨렸고, 외래종을 대가로 지불하며 다른 이에게 정보나 물건을 얻기도 했다. 또한, 거주지 근처에 식량을 얻을 수 있는 나무가 자라도록 환경을 조성한 것으로도 보인다. 아마 견과류와 여러 씨앗을 심었을 것이다. 이러한 이식과 재배는 근동지역*에서 농업혁명이 일어나기 훨씬 전에 시작되었다.[19]

그러면서 인류는 〈2001: 스페이스 오디세이〉에 나오는 원시 호미닌과 마찬가지로, 그들의 공격적인 소통과 협동 능력의 창끝을 같은 사람속 경쟁자에게 돌렸다. 훗날 전쟁과 노예제로 진화할 관행들은 아주 이른 시기부터 시작되었다. 어느 시대든 호미닌은 동시에 여러 종이 존재했다. 그러나 호모 사피엔스가 이동하면 사람이든 동물이든

---

* 현재는 '중동'이라고 표현하는 지역에 포함되나, 과거에는 구체적으로 레반트 지역의 국가들을 의미했다.

제1부 자본주의의 시작

안전하지 못했다. 네안데르탈인, 데니소바인, 플로레스인 등 다른 모든 사람속은 그 친척인 호모 사피엔스가 도착하기만 하면 모두 자취를 감췄다. 그 수가 늘고 무기도 강력해짐에 따라 사피엔스의 폭력적인 성향은 더욱 커졌다.[20] 갖가지 구실로 사람들을 도륙한 행위는 인간이 지닌 부족주의의 힘, 그리고 나와 다른 존재에 대한 적개심을 시사한다. 최근 반복적으로 드러나는 증거에 따르면, 중요 자원을 관리하던 무리들은 특히 기후로 인한 스트레스와 그 외 위기를 겪는 동안 자원을 시기하는 다른 무리와의 갈등을 일으켰다.

인류 역사 초기, 사람들은 포로를 어떻게 처리해야 할지 고민했을 것이다. 미국의 콜럼버스 이전 시대 사람들의 관행을 보면, 각 집단은 포로를 부족에 수용하거나 노예로 부리거나 고문하거나 죽여 제물로 바치는 등 각기 다른 방식으로 처리했다. 현대인에게 다른 사람속의 DNA가 소량 잔재해 있음을 밝힌 최근의 발견은 호모 사피엔스 무리에서도 마찬가지로 완패한 적을 포획하여 일부는 부족원이나 노예의 형태로 무리에 편입시켰음을 암시한다.[21]

빙하기가 끝날 무렵, 들판과 숲에 살던 한때는 온순하던 인간들이 지구를 장악했다. 사람속은 생태계를 바꾸고 다양성을 파괴했으며, 이들로 인해 다른 종들의 신체 크기가 줄었다. 대양을 건너 마다가스카르와 태평양의 여러 섬까지 도달한 인간은 가는 곳마다 생태계를 뒤바꾸고 여러 종을 지구에서 사라지게 만들었다. 그저 사나운 이웃이던 인간은 욕심 많은 건물주가 되어 있었다. 중요한 건, 인간이 기술, 기계, 집중적인 에너지 사용, 효율적인 자원 활용, 소비를 위한 광산업, 제조업, 교역, 경쟁, 갈등, 지배, 생태계 교란 등 현대 자본주의의 기본적인 요소들을 지구 방방곡곡, 거주할 수 있는 곳이라면 어디든 실어 날랐다는 점이다.

농업과 목축업, 자본을 탄생시키다

인류는 홀로세로 넘어가며 진정한 목축업과 농업을 시작했다. 이제 인류는 사회와 경제, 그리고 온 지구에 거대한 변화의 물결을 불러올 문을 열었고, 이는 불가역적인 것이었다. 농업은 잉여물을 남겼고 이것을 기반으로 마을과 도시가 세워졌다. 사람들은 글을 읽고 쓸 줄 알게 되었으며 문학이 발달했다. 부와 권력이 축적되었고 거래가 늘었다. 마을, 나아가 제국들은 서로 싸웠고 불평등과 노예가 확산됐다. 목축업과 농업은 인류의 이익을 위해 생태계를 극단적으로 단순화했다. 심지어 기후까지 바꿔 놓았다.

호모 사피엔스는 왜 홀로세가 돼서야 여러 지역에서 각자 농업을 발달시킨 걸까? 최초의 농사는 30,000년 전 열대 지역인 보르네오섬 고지대의 참마밭이라고 알려져 있다. 19,000년 전 지중해 동부 케바란^{Kebaran} 정착지의 갈릴리 호수에서 숫돌과 난로의 흔적이, 14,000년부터 11,000년 사이 레반트 전 지역에 걸쳐 존재했던 빵 굽는 나투피안 문화의 흔적이 발견되는 것은, 가공하지 않고서는 먹을 수 없었던 견과류와 야생 곡물이 있었음을 증명한다.[22] 이는 주목할 만큼 예외적인 사례다. 플라이스토세 후기는 불안정한 기후 때문에 농사가 수월하지 않았을 것이다. 날씨는 들쭉날쭉하고, 돌연 따뜻했다가 추워지고 습했다가 건조해졌을 테니 말이다. 그러나 홀로세가 시작되며 이례적으로 안정적인 기후가 이어졌고 농업이 발달할 여건이 형성되었다.

수렵·채집인을 숲 밖으로 끌어낸 것은 농사짓고 사는 생활이 아니었다. 그들의 등을 떠민 건 자원의 부족이었다. 수렵과 채집처럼 상대적으로 적은 투자로도 음식을 충분히 얻을 수 있다면, 창세기에도 쓰여 있듯 '얼굴에 땀을 흘려야 먹을 것을 먹을 수 있다'는 생활은 별로 매력적인 선택지가 아니었다. 땅을 일구고 작물을 심고 수확하고 빻는 일은 고된 노동이다.[23] 안정적인 홀로세의 기후 아래 인구는 더 빠르게 증가했다. 대형 포유류가 멸종하면서 단백질원이 점차 줄어들었다. 보이는 족족 사냥을 하다 보니 사냥감 자체가 귀해져 갔다. 이러한 상황에서 목축과 원예, 농사는 먹을 수 있는 혹은 유용한 몇 안 되는 동·식물종으로 구성된 작은 생태계에서 같은 자원 기반으로 더 많은 이에게 지급할 수 있는 많은 음식을 공급했다.

공간만 확보되어 있다면, 목축은 종일 일해야 하는 농사보다 적은 노동으로도 안정적인 식량 공급을 보장했다. 알프레드 크로스비[Alfred Crosby]는 인간이 먹거나 사용할 수 없는 풀, 줄기, 왕겨 같은 식물이 짐승들에 의해 어떻게 고기, 우유, 가죽으로 바뀌는지 설명한다.[24] 홀로세 초기, 메소포타미아 북부 지역에서 소가 가축화되었다. 이후 이집트인이 당나귀를, 인도인은 인도혹소를 가축화했다.[25] 우유와 요구르트, 치즈 같은 유제품을 먹으면 동물을 해치지 않고도 단백질을 섭취할 수 있었다. 한편 목축 생활은 사회와 권력 관계를 완전히 바꿔 놨다. 목축업으로 사람들은 부를 쌓았다. (영어에서 capital[자본], chattel[동산, 動産], cattle[소]는 라틴어 어근이 같다.) 그 즈음 여러 집단에서 자원을 사유화하기 시작했다. 성경에 나오는 족장들처럼, 목축업자들은 그들의 가축과 노예, 자식들을 자신의 자산에 포함했다. 예컨대 욥[Job]에게는 "양이 칠천 마리, 낙타 삼천 마리, 소 오백 겨리, 암나귀 오백 마리, 그리고 종도 많이 있"었고, 아들이 일곱, 딸은 셋이 있었다(욥기 1장 1~2절). 목축업자들이 가는 곳에는 탐욕과 시기, 도둑질과 폭력이 뒤따랐다. 사유 재산은 도둑질의 대상이 되기 마련이다. 파니스[Panis]에게서 소를 구한 인드라[Indra] 이야기부터, 헤라클레스가 게리온에게서 소를 훔쳐 오는 임무를 받은 이야기, 쿠얼릉거 소를 잡기 위한 메브 여왕의 전투 이야기, 다윗이 기습하여 블레셋인들을 몰살하고 가축을 약탈한 이야기(사무엘상 27장 9절) 등, 소도둑 이야기는 여러 목축 문화에서 아주 쉽게 찾을 수 있다.

인근에 넓은 초원이 없거나 인구가 많은 지역 사람들은 농업을 택했다. 그리고 자연과 인간 사이의 관계가 변했다. 자연은 인간이 의도적으로 단순화한 생태계에 순순히 응하지 않았다. 괭이질로 벌거벗고 거칠어진 땅은 가시덤불과 엉겅퀴를 냈고, 아담의 자손들은 탄식하며 그 땅에서 난 것을 먹었다. 단일 작물만 자라는 들판은 곤충과 새, 설치류의 연회장이 되었고, 식물은 병들었다. 농부들은 자연을 굴복시키기 위해 끊임없이 싸웠고, 결국 환경을 지배하게 되었다. 인간, 동물, 그리고 자연에 깃든 정령이 평등하게 존재하던 수렵·채집의 세상은 사라졌다. 농부들은 변덕스러운 하늘과 자연을 관장하는 신들에게 기도했다. 자식은 물론 농경생활의 풍요를 위한 제례 의식이 확산되었다.

초기 농부들은 식단을 풍성하게 구성하고 가축 유행병과 흉작에 대비하기 위해 다양한 곡물을 심었다. 가축도 그대로 키웠다. 약 8,500년 전 시작된 금석金石병용시대 동안 근동 지역 농부들이 최초의 과수원을 형성했다. 대부분은 올리브 나무를 심었다. 현대에 이르러 전 세계로 퍼지게 될 곡물과 가축으로 구성된 완전한 유라시아 농업 시스템도 머잖아 서남아시아와 중앙아시아, 남아시아 지역에서 동시에 발달했다.[26]

농경 생활을 하는 마을의 인구는 점차 늘어 수렵·채집을 할 때보다 더 많은 아이가 태어났고 먹을 것이 더 필요했다. 그러나 이들이 할 수 있는 건 더 넓은 땅을 갈아 더 많은 씨를 뿌려 더 많은 곡식을 수확하는 것뿐이었다. 노예의 노동력을 투입하면 수확물을 더 거둘 수 있었지만, 동시에 먹여야 할 식구도 늘었다. 그 고민을 잡초를 먹는 동물이 해결해 주었다. 7,000년 전 누군가 처음으로 황소에 멍에를 씌워 땅을 간 것이다. 최초의 쟁기질이었다. 이후 수백 년 동안 도시와 인구가 성장하고 필요한 것이 늘어나면서 인간은 역축을 이용해 곡물을 갈고

빻고 찧고, 무거운 수레를 끌고, 관개수를 끌어 올리는 등의 고되고 반복적인 작업을 해냈다(강이나 폭포, 자연력, 또는 원자력을 이용해 전기를 얻듯 말이다).[27]

역축이 마냥 이롭기만 한 건 아니었다. 사람들은 농사일에 동물을 적극적으로 이용해 쟁기질을 하고, 무거운 물건을 끌고, 타작하고, 거름을 주었다. 더불어 우유와 고기도 얻었다. 일의 효율성과 생산성이 높아졌고, 더 안정화되었다. 역축은 다양한 작업의 속도를 높였고 더 넓은 밭을 일굴 동력을 제공했다. 가축의 배설물은 땅을 비옥하게 했다. 그러나 인간보다 6~9배 더 넓은 땅을 가는 한 쌍의 소로 인해 잡초를 뽑고 수확을 하는 등 인간이 해야 할 일도 그만큼 늘었다. 밭에서 덜어낸 노동력은 대개 역축을 돌보고 먹이는 데 투입됐다. 경지 일부는 목초지로 할당해야만 했다. 겨울을 대비해 사료도 저장해야 했다. 곳간이나 외양간, 마구간, 집에는 반드시 역축을 위한 공간이 있어야 했다. 결국 농부와 동물은 서로 질병과 기생충을 교환하게 되었고, 이는 다시 주변에 전염되고 무역상들을 통해 더 먼 지역으로 퍼졌다.[28]

여섯 개 대륙에서 인간은 밀부터 파인애플, 개부터 오리까지, 각기 다양한 식물을 작물화하고 동물을 가축화했다. 이러한 동식물 중 원산지에 오래 머문 것은 거의 없었다. 재레드 다이아몬드^{Jared Diamond} 등이 언급한 바와 같이 유라시아는 북회귀선과 북극권 사이의 긴 동서 축 덕분에 다른 대륙들에 비해 유리한 환경을 누렸다.[29] 이 드넓은 온도대는 뉴기니부터 유럽에 이르기까지 가장 중요한 농업의 요람들을 품고 있었다. 아프리카와 아메리카 대륙의 남북 축은 여러 기후대를 가로질렀으며 편하게 통과할 이동 경로가 부족했던 반면, 동남아시아에서 시작해 인도, 근동, 아프리카, 지중해 분지에 이르는 동서로 길게 이어진 해안들은 인류가 배를 타고 문명과 문명 사이를 항해하기 쉬운 환경을 제공했다. 그리하여 초기 문명들은 서로 연락을 주고받았다. 무역선들은 하라파˚, 수메르, 추측건대 아프리카의 바다까지 정기적으로 오갔다.

한 지역에서 잘 자라는 동식물들은 대개 다른 지역에서도 잘 자랐다. 무역상과 식민지 정착민 들은 길들인 동식물을 타지로 퍼뜨렸다. 식민지 정착민들은 자신들이 길들인 동식물을 아나톨리아와 발칸 지역, 그리고 지중해 분지 근처로 싣고 갔고, 토착민들은 이를 곧잘 받아들였으며 때로는 현지의 토종 동식물도 작물화·가축화했다. 밖에서 들어온 동물들이 섬 토착종의 자리를 꿰찼다. 미국과 호주, 전 세계를 대상으로 한 유럽 '생태 제국주의'의 예행연습이었다.[30] 혁신 기술들도 빠르게 확산되었는데, 이 때문에 '신세계$^{New\ World}$'와 달리 '구세계$^{Old\ World}$'에서만 역축의 가축화가 빠르게 확산된 것일 수도 있다.

3,000년 전, 농업과 목축업이 뿌리를 내릴 수 있는 모든 땅에서 수렵·채집은 농경과 목축으로 대체되었고, 이로써 인간 활동에 의한 환경 변화의 첫 장이 막을 내렸다.[31] 농업과 목축업은 이전까지 호모 사피엔스가 해 온 어떤 활동보다 지구의 환경과 기후를 크게 바꿨다. 목축민들은 숲을 태워 목초지를 만들었다. 나머지 숲들은 잘 닦인 돌도끼에, 이후에는 잘 벼려진 쇠도끼에 잘려 나갔다. 노출된 토양은 바람에 날리고 비에 씻겨 내려갔다. 물을 끌어온 밭은 점점 더 짜고 황폐해져 갔다. 언덕에 너무 많은 동물을 풀어 놓은 탓에 밖으로 드러난 토양은 점점 깎여 나갔다. 숲을 덮는 식물이 줄면서 8,000년 전부터는 나무둥치에 저장된 탄소가 온실가스인 이산화탄소의 형태로 대기로 빠져나가며 기후에도 영향을 미치기 시작했다. 윌리엄 F. 러디먼$^{William\ F.\ Ruddiman}$의 설명처럼 늘어난 소 떼는 훨씬 더 강력한 온실가스인 메탄을 방출했다. 그리고 5,000년 전, 동아시아인들이 제방을 쌓아 물을 채운

˚ 파키스탄 동부에 있는 인더스 문명에 속한 고대 유적 도시.

논에 쌀을 심기 시작했다. 잡초와 볏짚이 물에 잠겨 썩으며 다량의 메탄을 내뿜었다. 쌀 문화가 퍼지며 발생한 메탄은 빙하기에 접어들어야 했을 기후 변화 흐름을 바꿨다. 이 가벼운 지구온난화는 인류에게 긍정적으로 작용했다. 대기를 데우는 메탄은 기후를 안정시켰고 대부분의 육지를 따뜻하게 하여 얼음이 얼지 않도록 했다. 이로써 세계 문명이 부상할 환경이 조성됐다.[32]

문명, 교역과 초기 자본주의

농업은 인구와 도시, 무역망, 제국의 성장에 기여하며 단순한 식량 생산 수단 이상의 의미를 지니게 되었다. 이집트와 메소포타미아, 하라파 사람들은 매년 발생하는 홍수에 기대어 밭에 물을 대고 비료를 주었다. 메소포타미아와 이집트 사람들은 땅을 더 적극적으로 활용하기 위해 일부 지역의 관개 시스템을 더 큰 지역의 관개망으로 확대했다. 여기에는 행정 감독이 필요했는데, 이것이 기본 틀이 되어 훗날 정부로 발달한다. 하라파인들은 소규모 관개 시설만 이용하면서도 우기를 활용해 이모작을 했다.[33]

한편 7,000년 전, 초기 문명사회들과는 멀리 떨어진 오늘날의 불가리아 지역에 있는 수공업자들이 운명적인 발견을 한다. 도자기를 구우려 만든 가마에 발칸 지역과 스트란자^{Strandzhe} 산에서 채취한 어떤 돌을 넣고 가열하자 구리와 금을 만들 수 있었던 것이다.[34] 구리는 부싯돌보다 더 잘 깎였고, 훌륭한 도구와 무기를 만들어 주었다. 금은 결코 색이 변하지 않았으며 무른 탓에 실용성은 떨어졌지만 아름답게 빛났다. 두 금속에 대한 수요는 농부와 수공업자, 군인, 그리고 지위를 뽐내고 싶은 부자들 사이에서 빠르게 퍼졌다. 여러 지역의 금속 세공사들이 다른 금속을 제련하는 법을 익혔고 여러 금속을 섞어 보며 실험했다. 오래지 않아 청동이 등장했고 곧이어 철과 납이 나타났다. 금속 제품에 대한 수요는 4,000년에서 3,000년 전 사이 속도를 더하며 점차 증가했고 로마 제국이 몰락할 때까지도 꾸준히 늘었다.

고대의 무역 활동은 점점 더 자본주의화 되었고 더 많은 환경 자원을 착취하도록 이끌었다. 풀이 우거지고 비옥한 메소포타미아의 평원만으로는 인류 최초의 문명 수메르의 수요를 맞출 수 없었다. 넓은 지역을 기반으로 하는 무역만이 그 수요를 맞출 수 있었다. 그러기 위해 건축을 위한 벽돌을 굽고, 불을 때 세간살이를 만들고, 연료로 쓰고, 도구와 무기와 탈 것을 만들 나무가 필요했다. 성소와 신전에 세울 조각상과 구조물을 만들 재료도 필요했다. 옷을 만들 털실을 위한 양과 목초지가, 인도에서는 목화를 키울 들판이 필요했다. 수메르인들은 이 재료들을 수입했고, 부싯돌과 흑요석을 함께 들여와 다양한 도구는 물론, 청금석, 홍옥수, 녹니석과 같은 위풍재를 만들었다. 나중에는 구리와 주석, 금, 은도 들여왔다. 높은 가치의 금속들을 얻기 위해 도시의 무역상들은 자그로스산맥, 아나톨리아, 이란, 아프가니스탄, 페르시아만을 돌아다녔다.[35] 이집트와 하라파에도 비슷한 수요가 있었고 이곳 상인들도 물자를 찾아 먼 곳까지 여행했다.

이 시기, 오늘날 세계 경제의 토대가 되는 자본과 은행, 무역 시스템의 기초가 마련된다. 수메르의 도시 국가들은 지금의 아마존닷컴과 월마트의 부를 늘려 준 교훈을 그때 배웠다. 결국 이익은 중간상에게 돌아간다는 사실이었다. 주요 도시들은 경제 활동을 위한 공간, 즉 시장을 마련했다. 중간상들은 상품 간에 가격 차이를 두며 점점 부유해졌다. 예컨대 비블로스^{Byblos}는 구리와 은, 청금석, 와인, 기름, 삼나무를 싣고 이집트로 향하는 수입업자들이 반드시 거쳐야 하는 항구가 되면서 어마어마하게 부유한 도시가 되었다.[36] 상인 계급이 발달했고, 동업, 중개, 채무와 같은 기본적인 사업 형태가 형성됐다. 대형 신전 단지들이 주요 신들을 모시는 성소 근처에 세워졌다. 사제들은 종일 자리를 지키며 신에게 기도를 올렸고 공물이 쌓여 갔다. 신전과 은퇴한 무역상들은 은행 역할을 했고 무역상들에게 자금을 빌려주었다. 약 5,200년 전, 수메르에서 사용하던 회계 기호가 최초의 문자 체계로 발전했다.[37]

모든 문명이 눈부시게 빛났다. 티그리스강과 유프라테스강 사이의 축복받은 평야에 펼쳐진 금빛 곡물 물결 위로 인류 최초로 세워진 위대한 도시들의 성벽과 성문이 솟아올랐다. 서남아시아와 남아시아, 동아시아, 아프리카, 유럽, 아메리카 대륙의 모든 농경 사회에서 도시가 자라났다. 5,200년에서 4,200년 전 사이, 한 손에 꼽던 1만 명 이상 규모의 도시는 24곳 이상으로 늘었다.[38] 이 도시라는 것은 전에 없던 새로운 것이었다. 도시를 채운 수천 명의 사람들은 재료를 직접 기르지 않아도 음식을 먹을 수 있었다. 노예, 수공업자, 무역상, 상인, 사제, 군인, 통치자들이 길가에서 서로 어깨를 스치며 다녔다. 통치 계급과 사제, 상인은 예술가와 조각가를 후원했다. 글자가 발명된 후 메소포타미아의 도시들은 최초의 기록 보관소, 도서관, 교육 기관과 문학, 수학, 기하학, 천문학, 과학, 철학을 뽐냈다.

상업망은 인도와 메소포타미아, 이집트, 동부 지중해 연안, 그리고 동아시아와 동남아시아의 문명을 이어주었다. 수메르와 남부 메소포타미아의 도시 국가들은 어떤 것이 필요하거나 가치가 있기 때문이 아니라 상품의 공급원이나 그것이 거치는 경로를 통제하고자 지역을 점령하거나 식민지화했다. 외진 지역의 공동체들은 도시의 필요를 충족하기 위해 경제적인 특화 지구가 되었다. 금과 은의 가치가 표준화되었고 덕분에 교환 수단으로 기능할 수 있었다. 산과 사막을 가운데 두고 인도와 중동의 반대편에 고립돼 있던 중국은 중앙아시아의 무역로와 문화를 통해 야금술(그리고 아마 글자의 개념)을 습득했다.[39]

도시의 번영 이면에는 그림자가 있었다. 농업은 불평등을 낳았다.

땅과 가축에 대한 소유권을 마을 주민이나 자식들 사이에 완벽히 동등하게 또는 공정하게 분배하는 것은 불가능했다. 게다가 부의 한 형태로서 소라는 가축은 아메리카 대륙처럼 역축이 부족한 문명에서는 상상할 수 없을 정도로 사회적 격차를 벌렸다. 역축이 없는 농부는 가난해질 수밖에 없었다. 권력자들은 잉여 농작물을 불공평하게 나누거나 모두 가져가 버렸다. 군인들은 사실상 농부들의 수익을 갈취할 수 있었고, 농부들은 울며 겨자 먹기로 공들여 일군 밭이나 작물, 가축을 내놓거나, 관개 시설이나 집을 내어주었다.[40] 이때부터 지금까지, 사회적 차원에서 불평등 억제를 위한 해결책을 내놓지 않는 이상 부자와 권력자는 부와 권력을 자석처럼 끌어모았다.

잉여 농작물은 전쟁에 불을 지피고 노동을 예속시켰다. 공익사업을 위해 통치자들은 세금을 거뒀고 노동자들을 모아 관개 시설 공사와 유지보수 작업을 시켰다. 이뿐만 아니라, 자본과 공물, 자원, 그리고 더 많은 세금을 얻기 위해 주변국을 상대로 전쟁을 일으켰다. 더 넓은 땅을 차지하게 된 통치자와 신전은 수많은 농부로 구성된 노동력을 부렸다. 징집된 노동자와 노예 들은 공익사업을 위한 봉사에 더해 기념비와 궁전도 지어야 했다.

문명과 환경

성장과 무역은 환경에 비싼 청구서를 남겼다. 심지어 6,000년 전 청동기 직전에도 근동 지역의 숲들은 이미 위기에 처해 있었다. 농부와 목축민의 배를 불리기 위해 나무들이 쓰러졌다. 더 많은 이들이 집, 궁전, 신전을 짓기 위해 대들보가 필요했다.[41] 무역 범위가 넓어지니 더 많은 배를 만들기 위해 더 많은 목재가 필요했다. 노동자들은 레바논의 삼나무와 소나무를 베어 목재는 무덤, 배, 석관, 기둥, 문, 천장용으로, 송진은 미라 제작과 의료용으로 이집트에 보냈다. 금속의 추출과 제련은 기원전 3,000년 중엽 무역이 증가하며 가속되었다. 채굴장과 탄광은 광석이 집중적으로 묻힌 먼 지역의 산맥에 흉터를 남겼다. 필요한 광물을 추출하고 남은 돌가루는 수로에 비소와 유독성 화학물질을 배출했다. 제련과 금속 세공을 위해서는 대량의 나무를 태워 불을 때야 했는데, 이는 조리와 벽돌 제작 작업에 필요한 나무의 수요와 충돌했다. (당시 모헨조 다로Mohenjo-daro*라는 도시 한 곳에서만 500만 개의 벽돌이 필요했다.) 자유 광부와 노예 광부 모두 집을 짓거나 요리를 하거나 불을 때기 위해 나무가 필요했고, 가끔은 먼 지역에서 가져오기도 했다. 옛날의 비효율적인 제련 방식은 19세기 유럽의 모든 구리 제련자가 낸 것보다 훨씬 더 많은 오염 물질을 배출했다. 제련소 주변 토양에는 독성 금속과 화학물질이 쌓였다. 제련소에서 나온 연기는 전 세계로 날아갔고 수천 킬로미터 떨어진 북부 유럽의 늪지와 그린란드 빙하에 고유의 단층을 남겼다.[42] 과잉 채굴은 많은 지역에서 광석을 고갈시켰다.

인구가 증가함에 따라 농지로 적합하지 않은 땅에서도 농사를 지어야 했고, 관개 시설이 필요했다. 나무를 베고 가축을 지나치게 방목한 결과 산과 언덕이 깎여나갔고 무너진 토사로 인해 관개 작업이 중단되곤 했다. 기온이 높아져 끌어들인 물이 증발하자 땅 위에는 소금기가 남았고 이는 차츰 밭을 척박하게 만들었다. 매년 발생하는 홍수로도 땅이 척박해지자 작물은 거름으로 땅이 영양분을 보충하는 속도보다 더 빠르게 양분을 빨아들였다.[43]

번성한 도시들은 세력을 확대하려는 정복자들의 시선을 끌었다. 제국은 경제를 더 수월하게 운영했다. 장벽을 허물어뜨리고, 인프라와 도로를 구축했으며, 여행자들을 보호했고, 장사와 부의 축적을 장려했

---

* 고대 인더스강 유역 문명의 주요 도시 중 하나.

다. 제국에는 대도시가 형성되었다. 세금과 교역, 공물, 전리품을 통해 막대한 부를 쌓도록 한 무역과 행정의 집합체였다. 상인과 자본주의 무역상 사이에서나 이루어지던, 이문을 남기기 위한 물물 교환은 사회로 퍼져 나갔고 일상적인 삶에도 영향을 미쳤다.

기후가 안정적이던 시기에 제국들이 일어섰다. 맑은 날씨와 적당한 비는 제국의 번성을 도왔고 환경이 입은 상처를 가려주었다. 그러나 기온과 강우 패턴의 변화는 문명의 붕괴를 야기했다. 약 4,200년 전, 대기와 해양의 순환이 바뀌자 200년에 걸쳐 극심한 가뭄이 이어졌고 기온이 떨어졌다. 그리스와 이집트, 레반트, 메소포타미아, 인더스 문명, 양쯔강 유역에서 혼돈과 대란이 일어났다.[44] 염류화된 토양으로 뒤덮인 남부 메소포타미아의 수메르는 결국 과거의 명성을 되찾지 못했다. 약 1,400년 전의 냉각기와 건조기 역시 이후 동부 지중해 연안에 영향을 미쳤다. 고고학적 기록에 따르면 당시 많은 도시가 불에 탔다. 고대 그리스는 암흑기에 접어들었고, 히타이트와 카시트 왕조, 이집트 제국이 무너졌다.

화폐와 상품, 그리고 제국

거대 문명들의 중심지에서 멀리 떨어진 산악 지방에서는 금속의 혁신과 함께 새로운 경제와 환경의 시대가 시작되었다. 기원전 약 560년, 서부 아나톨리아에 있는 국가 리디아의 크로이소스 왕이 최초의 동전을 만든 것이다. 표준 가치를 지닌 정해진 교환 수단을 사용하자 거래가 원활해졌다. 반면 보리나 은, 금, 때로는 구리나 청동, 가축, 목화, 식량을 매개로 하는 거래에는 늘 어려움과 위험이 따랐다. 보리에 돌이 섞여 있다면? 금에 비금속이 섞여 있지는 않을까? 이 가축은 과연 건강할까? 이 지역에서 사용하는 셰켈(무게 측정 단위)의 가치가 우리 동네 셰켈과 다르면 어쩌란 말인가?

표준화된 주화의 유용함은 오늘날 우리에게는 너무나 당연하지만, 당시 사람들에게 그 가치가 분명해지기까지는 시간이 걸렸다. 수백 년의 시간이 걸리기는 했지만 결국 모든 고대 사회가 동일하고 신뢰할 수 있으며, 교환 가능하고, 쌓아둘 수 있고, 고유의 가치를 지니는 주화를 받아들였다. 이제 사람들은 금, 은, 동으로 만든 주화로 대부분을 지불했고 돈을 기준으로 거의 모든 비용을 생각하게 되었다. 가정에서 사용하는 물건부터 노동력, 에너지, 노예, 땅, 재산, 가축, 음식, 집, 건물, 경기, 여행, 세금, 서적, 교육까지 가격이 붙지 않은 게 대체 무엇이 있단 말인가? 오늘날에는 돈이 모든 것을 지배한다. 현대 자본주의와 우리 삶은 돈 없이는 상상할 수가 없다.

그리스인들은 돈을 통해 경제를 바꿔놓았다. 발칸 반도 끝자락, 이들은 고대의 거대 문명들이 지녔던 비옥하고 물이 잘 공급되는 토양도 없는 곳에 자리를 잡았다. 그러나 그 지역 산맥에는 은이 풍부한 광맥이 있었다. 그리스 도시들은 주화를 주조하기 시작했다. 돈이 많아진 도시 국가들은 금전적으로나 경제적으로나 크고 중심적인 역할을 하게 되었다. 통치자들은 발전을 위해 안정적인 금융 정책을 세워야 했다. 화폐 덕분에 세금 업무는 간소화되었고 군대를 키우고 유지하는 일이 더 쉬워졌다. 화폐는 신전과 종교에도 영향을 미쳤다. 상업을 더 윤활하게 해 주었고, 회계, 계약, 신용, 임금 분야에 변혁을 불러왔다. 주화는 농업을 기반으로 하지 않는 엘리트 계층도 부자가 되어 편히 살 수 있는 길을 열어 주었고 편하게 자본을 축적하거나 부를 가늠할 수 있는 수단이 되었다.[45]

비옥한 토양이 거의 없는 땅에서 이익을 얻기 위해 철기 시대의 그리스 도시 국가들은 2,000년 후 여러 유럽 제국이 운영하는 농장자본주의의 전신이 될 새로운 형태의 자본주의를 창조했다. 농부들은 고부가가치 작물을 길러 올리브 오일이나 와인으로 가공하여 수출했다. 모두 노동집약적인 작업이므로 농부들은 전쟁 포로로 잡히거나 집안 사정이 어려운 가정에서 사 온 외국인 노예들을 사는 데 돈을 냈다. 노예들은 은과 소금을 채취하는 힘들고 어려운 작업을 수행했다. 훗날의 대규모 농장과 거의 다를 바 없는 상품 농업은 상당한 자본 투자, 인간과 가축이 공급하는 집약적인 에너지, 그리고 가공 시설을 필요로 하는 새로운 시스템이었다. 그리스가 번성한 데는 바다를 통해 물건을 싼값으로 운송할 수 있다는 사실이 크게 작용했다. 바람의 동력으로 이동하는 상선들이 먼 곳의 시장까지 올리브 오일과 와인을 실어다 줄 수 있었기 때문이다. 이와 같은 초기 농장자본주의는 그리스 경제에 활기를 불어넣었고, 뛰어난 예술과 건축, 과학, 철학을 뒷받침했다.

<그림 1> 안티메네스 화공의 암포라(The Antimenes Painter, Amphora), 기원전 520년. 노예로 추정되는 두 남성과 두 소년이 올리브를 수확하고 있는 모습. 그리스와 로마 제국은 지중해를 대규모 토지에서 노예들이 생산한 올리브유와 와인, 농산물을 오가는 교역로로 이용했다. (영국 박물관 1837,0609.42)

그리스의 상인 자본가들은 정교한 단식부기를 개발했으나, 매번 항

해가 끝나면 파트너십을 끝냈던 전통적인 상인 자본가 모델을 뛰어넘어 발전하지는 못했다. 그리스의 농장자본주의도 산업자본주의로 전환하지 못했다. 아마도 지중해 지역에 목재와 석탄이 부족했던 탓에 ―천체의 위치를 계산하는 안티키테라 장치처럼 복잡한 정밀 장치를 개발했던 이들이― 산업자본주의의 필수인 증기기관을 고안하지 못한 것으로 보인다.

그리스가 번성하며 인구도 함께 늘었다. 기원전 6세기쯤이 되면 한정적인 지역 농업으로 점차 발전하는 도시 국가들을 먹여 살리는 것은 이미 역부족이었다. 일부 도시국가는 에게해와 지중해 근처에 식민지를 건설하여, 이집트를 비롯해 여러 지역에서 수입한 곡물로 사람들을 먹이고, 팔아서 수익을 남길 수 있는 작물을 재배할 토지를 확보했다. 그리스인들은 식량을 사고파는 무역을 통해 흉작이 야기하는 기근을 피할 수 있다는 중요한 사실을 발견했다. 그리고 그리스 자유 시민사회에선 불평등이 확산되지 않았다. 그리스의 도시 국가들이 비교적 규모가 작았던 까닭이었다. 독립 농부와 기능공 들이 끊임없이 전쟁을 치러야 하는 군대의 대열에 합류해야 했던 것도 상대적인 평등함을 유지하는 데 기여했다. 18세기 미국 버지니아의 백인 사회가 그랬던 것처럼, 그리스인의 자유와 상대적 평등은 노예 덕분에 가능한 것이었다.[46]

로마인은 그리스의 농장 자본주의를 기반으로 대규모 사유지인 라티푼디움을 설계했다. 그리고 19세기 전까지 역사상 가장 번성하고 도시화한 제국들을 이곳저곳에 세웠다. 로마 제국은 이집트에서 영국으로, 이베리아 반도에서 아르메니아로의 교역을 연결하고 보호함으로써 점차 배를 불렸다. 무역상 집단들은 아프리카와 인도양 주위를 오가면서 로마 경제의 영향권을 넓혔다. 제국 주변으로 부대를 이동시키기 위해 닦아 놓은 도로는 상거래를 위한 고속도로가 되었다.[47] 지중해의 모든 지역은 조수 간만의 차가 없고 비교적 폭풍우가 적게 몰아치는 바다와 인접해 있는 혜택을 톡톡히 보았다. 풍력을 이용해 항해했고 물고기도 잡아 올렸다. 이른 시기부터 화석 에너지를 사용했던 영국의 로마인들은 로마가 관할하는 영국 내 모든 주요 탄광에서 난석탄을 이용해 공중목욕탕을 데우고, 금속을 제련하고, 집을 따뜻하게 유지했으며, 그 외 여러 용도로 사용했다.[48]

제국과 환경

로마의 권력과 영광은 '로마 온난기'라 불리는 기이할 정도로 우호적인 환경 조건이 이어진 400년 동안 절정을 유지했다. 이 시기, 여름이 되면 지중해 지역에는 상당한 양의 비가 내렸다(이제는 더 이상 내리지 않지만). 로마 온난기가 절정에 있을 때 구세계에서는 로마 제국과 파르티아 제국, 중국 한漢나라, 마우리아 왕조가, 신세계에서는 멕시코의 테오티우아칸이 태양의 은총을 받았다. 인구가 10만 명 이상인 도시가 전 세계에 수십 곳이 있었다. 로마 제국의 거대 도시에는 최대 100만 명 이상의 인구가 거주했으며 당시 로마 제국의 인구는 약 7,000만 명이었다.[49]

풍족한 삶을 영위하는 막대한 수의 인간은 환경에 큰 부담을 안겼다. 수많은 사람이 요리하고 빵을 굽고, 램프를 켜고, 가마를 태우고, 금속을 세공하기 위해 불을 땠다. 대도시에서는 공중목욕탕을 데우려 용광로에 불을 지핀 탓에 시민들은 지속적으로 대기오염에 노출됐다. 깨끗한 물을 공급하기 위해 로마 제국은 수백 개의 송수로(로마 한 도시에만 11개가 있었다)를 만들었고, 일부는 그 길이가 상당했다(콘스탄티노플의 발렌스 송수로의 경우 길이가 약 258킬로미터에 달했다). 하천 유역도 새로 다졌다. 대중교통이 발달하기 전, 시민들은 서로 가까이 붙어 북적거리며 살았다. 수많은 사람과 동물에게서 배출되는 배설물과 쓰레기는 당국에 커다란 고민거리였다. 해충이 들끓었고 도시의 질병은 사람들의 건강을 해쳤다. 일상적으로 필요한 식량과 연료에 대한 수요 때문에 장거리 이동에 필요한 자원이 고갈되어 갔다. 농장과 목초지를 만들기 위해, 불을 때는 데 쓸 나무를 얻기 위해, 건축 재료를 얻기 위해, 제국의 함대와 상선을 만드는 데 들어갈 목재를 얻기 위해 모든 숲에서 도끼가 쉴 새 없이 나무를 찍었다. 로마의 영국인이 석탄을 이용하고 종종 먼 지역에서도 그것을 조달해 온 이유는 필시 석탄이 연료로서 더 훌륭했기 때문이 아니라 나무가 부족했기 때문일 것이다.[50]

로마 온난기는 서기 150년경 막을 내렸다. 지중해 연안의 광범위한 삼림 파괴가 강우 패턴 변화에 일조했거나 적어도 문제를 악화시켰던 건 분명하다. 무역과 농업은 안토니누스 역병과 함께 막을 내렸다. 최초의 주요 천연두 발병이었을 안토니누스 역병은 로마의 밀집한 도시들을 휩쓸며 수백만의 목숨을 앗아갔다. 라티푼디움, 즉 로마 제국의 첫 번째 농장자본주의 시스템은 사라졌다. 중국에서는 한나라가 몰락했다.

로마는 규모가 작아졌지만 명맥은 이어갔고, 4세기가 되자 그 세를 다소 회복했다. 그러나 6세기, 기후가 춥고 습해지자 재앙이 찾아왔다. 변화하는 날씨로 인해 훈족, 게르만족, 슬라브족이 남쪽과 서쪽으로 이동한 것이다. 서로마 제국은 쇠락했고 인구는 급감했다. 교역은 불안정해졌고 도시는 점차 사라졌다. 동로마 제국은 유스티니아누스 역병으로 고통을 겪고 있었다. 이는 당대 가장 큰 사망자 수를 기록한 역사적 사건으로, 이로 인해 동로마 제국은 쇠약해졌다. 삼림의 과도한 벌채 때문에 동부 지중해 연안에는 광범위한 침식이 발생했다. 전설적인 항구 에페수스와 다른 여러 지역에는 토사가 쓸려와 쌓였고, 말라리아를 옮기는 습지가 생기면서 대부분의 해안 지대 인구가 줄었다. 6세기 말, 로마에는 단 20,000명만이 거주한 것으로 추정된다.[51]

동쪽의 인도에서는 굽타 제국이 무너졌다.

　로마가 누린 힘과 영광을 생각하면 로마 제국과 문명의 멸망은 충격적이다. 사람들이 밀집해 살던 곳은 다시 숲이 되었고 9세기, 일부 경우에는 19세기가 될 때까지 그 상태가 유지됐다. 춥고 습한 기후가 이어지던 수백 년 동안 곡식은 잘 자라지 않았다. 밭은 다시 목초지가 되었다. 인구가 줄어든 초기 중세 시대의 주요 식량원은 농업에서 목축업으로 바뀌었다. 고대의 지형은 사라졌다. 로마 유적으로 둘러싸인 곳에서 중세의 지형이 새롭게 형성되었다.[52]

　한쪽에 재앙을 안겼던 기후 변화는 반대쪽에는 행운을 불러왔다. 중앙아시아에서 유목 생활을 하던 이들은 서기 1,000년이 되기 전쯤 시원하고 습한 날씨 덕분에 호황기를 누렸다. 이라크는 이례적으로 축축한 날씨 덕분에 번영을 누렸고, 새로 개종한 아랍 무슬림은 쇠약해진 비잔틴 제국을 밀어냈다. 8~11세기 사이, 이슬람에 기반을 둔 레반트 지역이 발전했다. 아랍의 중개상들은 무역을 통해 부유해졌고 현대 복식부기의 초기 버전과 같은 선진화된 사업 관행을 발달시켰다.[53]

　이 시기 유럽의 인구는 차츰 늘어 노는 땅을 찾기가 점점 어려워졌고 농부들은 독립성과 자유를 잃었다. 약하고 분열된 유럽 국가들의 중앙 정부는 지방 영주가 농부들을 소작농으로 강제 예속시키는 것을 막지 못했다. 노골적인 노예제는 줄어들었지만 농노제가 확산되었고 전쟁이 빈번하게 발발하면서 사람들은 성곽 근처나 그 안에 주로 모여 살게 되었다. 이후 유럽 문명은 분권화되고 불안정했으며 구속적이었고 상대적으로 빈곤했다.

　반대로 중국에서는 쌀 문화가 확산하며 인구가 빠르게 증가했다. 영주보다는 농민에게 세금을 거둬들이는 게 더 수월했으므로 황제들은 지역 토지 소유주들의 힘을 제한했다. 사회 불안을 미리 막기 위해 세율은 낮게 유지했다. 강력한 중앙 정부 덕분에 평화가 유지되었고 도시에 살지 않는 사람들도 농장과 촌락에서 안전하게 살 수 있었다. 수공업자와 기능공도 도시가 아닌 촌락에서 살았다. 힘 있는 상인 조합의 방해 없이 혁신과 발전이 제국 전체로 빠르게 확산했다.[54]

사람속은 이렇게나 길고 기묘한 여정을 거쳐 왔다. 진화가 (혹은 외계인이) 인간에게 소통하고 협업하고 조직하고 기술을 발전시킬 특별한 능력을 주자 지구는 비교적 짧은 시간이었지만 거의 알아볼 수 없을 정도로 바뀌었다. 인간은 스스로 최상위 포식자가 되어 가는 곳마다 멸종을 야기했다. 불을 다루게 되면서는 지형을 바꿨다. 식물을 옮겨 심었고 작물을 원하는 대로 다루었으며, 부싯돌과 석간주를 캐냈고 주변국과 그것을 거래했다. 영양분을 충분히 섭취하며 수를 불려 나갔고 전 세계로 퍼져 나갔다. 인간은 늘어나는 개체 수를 더 효율적으로 부양하기 위해 목축과 농사를 통해 생태계를 더욱더 교란했다. 인구는 늘었고, 마을은 도시가 되었으며, 자본이 쌓였고, 불평등이 늘고 자유가 박탈되었다. 그리고 경쟁과 폭력으로 왕국과 제국이 일어섰다.

그리스와 로마에서 태어난 혁신들은 경제를 더 빠르게 발전시켰다. 상인들은 풍력을 활용해 지중해를 누볐다. 화폐 덕분에 거래는 빨라지고 대중화되었으며, 노예와 상품을 사고파는 시장이 형성되었고, 과세 제도와 임금 노동, 전쟁이 촉발되었다. 대규모 토지를 소유한 지주의 이익을 위해 일하는 노예들은 와인과 올리브유를 생산했고, 이는 배를 타고 바다를 건너가 곡물이 되어 돌아왔다. 이처럼 초기 자본주의 시스템은 대규모의 번성한 도시 인구를 부양했다. 또한, 옛 선조들의 문명이 염류화와 토양 고갈을 야기한 것과 마찬가지로 삼림 파괴와 여러 동식물의 멸종, 물과 대기 오염, 침식, 기후 변화를 불러왔다. 금속에 대한 수요는 탄광과 제련소 주변에 환경적 '희생 지역'*을 만들었다. 역병과 변화한 기후는 로마 제국을 무너뜨렸다. 6세기, 자본주의에 대한 실험과 환경은 요란한 충격음과 함께 쓰러졌다.

농장자본주의는 500년도 더 지난 후 지중해 연안 국가들 사이에서 다시 슬금슬금 부상하기 시작한다. 그러나 이번에는 선박과 항해 기술이 발전한 덕분에 전 세계 해양이 유럽의 앞마당이 되어 버린다. 유럽 자본주의와 제국들은 전 세계 모든 대륙에 나타난다. 저항은 무력했다.

---

* 핵실험, 화학물질 유출 등 어떠한 이유로 인해 심각하게 오염되어 사람이 거주할 수 없는 지역.

2장
무역과 제국

콜럼버스의 우연한 발견

크리스토퍼 콜럼버스는 부풀려 말하는 경향이 있었다. 계급 사회에서 생긴 열등감이 이 제노바 출신 방직공의 아들에게 허세와 야심을 품게 했다. 그의 터무니 없는 주장들이 아메리카 대륙으로 이끈 사건들의 발단이 되었을 때도 그는 어떻게 하면 대박을 터뜨릴 수 있는지 허풍을 떨고 있었다. 그의 대담하고 허세 가득한 이야기는 유럽을 열광시켰고 뜻밖의 결과들을 낳기 시작했다. 야망과 욕심으로 가득 찬 수천 명의 사람들이 돈을 벌기 위해 무리를 지어 바다를 건너기 시작한 것이다. 대개 이들은 관습과 권위의 구속에서 벗어난 낯선 사람들과 낯선 국가들이 불러올 결과에 부주의하거나 무관심했다. 수백만 명이 병에 걸리거나 싸우다 죽었다. 수백만 명이 노동에 시달렸고, 고통받았으며, 포로로 잡혀 죽었다. 심각한 환경 변화가 끊임없이 무역과 정착 과정을 뒤따랐다. 상업자본주의와 농장자본주의 기반의 유럽 제국들은 전 세계를 돌며 이전에는 변방에 있던 국가들에 막대한 이익과 권력을 안겼다. 약 300년 후, 바로 이 제국들이 산업자본주의가 부상하는 데 기여하게 된다. 콜럼버스는 이런 미래가 오리라는 걸 전혀 몰랐지만, 이 모든 걸 가능케 한 이가 바로 그였다.

모든 건 콜럼버스가 중국으로 가는 더 수월한 경로를 찾아 성공과 명예를 얻고자 했기 때문이다. 스스로 이것저것 공부했던 콜럼버스는 새로운 계획을 떠올렸다. 그는 쿠빌라이 칸의 궁에 머물렀던 마르코 폴로Marco Polo의 여행기를 열독했다. 그리고 대서양을 가로질러 서쪽으로 항해하면 극동 지역에 닿을 수 있다는 이론을 지지했던 이탈리아 피렌체의 수학자 토스카넬리Paolo dal Pozzo Toscanelli와 편지를 주고받았다. 황금 지붕으로 덮인 칭기즈 칸의 궁 앞에 다시 서게 되는 자는 명예와 영광은 물론 막대한 부를 거머쥐게 될 것이었다. 콜럼버스는 바다를 건너 바로 그 첫 번째 인물이 되는 데 집착에 가까울 정도로 사로잡혀 있었다.

180센티미터가 넘는 큰 키에 금발과 흰 피부를 지녔으며 건강하고 자신이 넘치고 추진력도 있던 콜럼버스는 신대륙 개척에 회의적이던 군주들의 신뢰를 얻어 낼 수 있는 뛰어난 영업맨이었다. 운이 좋게도 그는 처가의 인맥을 활용해 1484년에는 포르투갈의 주앙 2세에게, 1486년에는 스페인 지역 아라곤 왕국의 페르난도 2세, 카스티야 왕국의 이사벨 여왕에게 자신의 계획을 제안했다. 영업에 성공하고자 하는 간절함에 그는 잠재적인 수익을 부풀려 설명했다. "모든 것이 풍족하며, 금과 은, 진주와 보석으로 가득하고, 사람들은 무한히 있는 위대한 땅"이라는 솔깃하고도 화려한 판타지를 상상하게 만들었다. 콜럼버스는 대담한 보상을 요구했다. 신대륙 발견에 성공할 시 귀족에 봉할 것, 동Dom이라는 작위를 수여할 것, 대양 제독으로 임명할 것, 그가 발견한 모든 땅에서 종신 총독이자 통치자로 임명할 것, "왕의 제해권에서 구입하거나 교환하거나 발견하거나 습득한 모든 물품" 중 왕의 몫에서 10분의 1을 나눠줄 것, 그리고 향후 탐험에서 8분의 1에 해당하는 투자 지분을 갖고 그 결과 발생한 이익의 8분의 1을 받을 권리를 부여할 것.[1]

콜럼버스의 프레젠테이션은 통했다. 그러나 효력이 즉시 나타나지는 않았다. 주앙 2세는 콜럼버스를 잠시 대기시키고 몰래 소규모 선단을 보내 그의 계획을 먼저 실행에 옮겨 봤다. 선단은 아소르스 제도에서 출발했는데, 해당 위도에서 부는 무역풍은 항해에 유리하지 않았기 때문에 배들은 결국 돌아왔다. 바르톨로메우 디아스Bartholomew Diaz가 희망봉을 지나 인도 제국으로 향하는 더 확실한 경로를 발견한 1488년, 왕은 서항西航이라는 위험한 모험에 흥미를 완전히 잃었다. 그러나 이사벨 여왕은 콜럼버스의 계획에 마음이 끌렸다. 여왕과 페르난도 2세는 그라나다를 정복하느라 빚더미에 올라앉아 있었기 때문에 추가 수입이 필요했다.[2] 여왕은 포르투갈과 평화조약을 체결하며 포르투갈에 카나리아 제도의 남쪽과 서쪽 땅에 대한 독점권을 내주었다. 아프리카산 금과 노예가 발견된, 수익성이 높은 지역이었다. 콜럼버스는 카나리아 제도에서 곧장 서쪽으로 향하며 조약의 허점을 파고들어 인도 제국과 그 모든 부를 향해 나아갔다.[3] 그의 제안을 라이벌 국가인 프랑스에 넘기겠다는 협박에 이사벨 여왕은 그의 출항을 허락했다. 드디어 1492년, 콜럼버스는 대양을 건넜다.

예상했던 바로 그 위치에서 군도를 발견한 콜럼버스는 무척 만족스러웠겠지만, 이내 실망했을 것이다. 황금빛 지붕으로 덮인 궁과 비단옷을 입은 신하로 가득한 부유한 문명은 없었으니 말이다. 옷도 입지 않은 원주민들에 정작 중요한 무역이나 재물도 없는 열대 지역의 섬들은 투자자들에게서 감탄을 이끌어 낼 수 없다. 이제 콜럼버스는 일본과 중국으로 향하는 탐험에 투자하도록 후원자들을 다시 설득해야 했다. 근처에 있을 것이 분명한 두 국가에는 콜럼버스가 인도 제국이라 부르는 곳에서 본 목화밭이 있을 것으로 예상됐다.[4] 이에 콜럼버스는 이번에도 페르난도 왕과 이사벨 여왕에게 자신이 발견한 것을 크게 부풀려 보고했다. 라 이슬라 에스파뇰라$^{La\ Isla\ Española}$(콜럼버스는 자신이 발견한 제도를 '스페인 섬' 또는 히스파니올라^{Hispaniola}라고 불렀다)에 있는 수많은 사람은 상냥하며 평화롭고 순수하고 꾸밈이 없으므로 노동에 투입하고 기독교인으로 만들기 좋다고 그는 주장했다. 토양의 비옥함은 "그 한계를 알 수 없을 정도"였으며, 항구들은 "비할 곳이 없"었다. 향신료, 목화, 유향나무, 침향나무와 노예가 풍부했다. 쿠바는 잉글랜드와 스코틀랜드보다 컸으며, 산들은 카나리아 제도에 있는 것보다 훨씬 높았다. 히스파니올라의 해안선은 스페인보다 길었고, 내륙에는 "금과 여러 금속이 있는 고품질의 광산"이 있었다. 콜럼버스는 "칭기즈 칸의 소유인…… 금을 캘 광산이 있고…… 본토와 (무역하기에) 좋은…… 최적의 위치에 있는" 라 나비다드$^{La\ Navidad}$라는 마을을 세웠다. 망상이 되었든 그저 거짓말이든 아니면 솜씨 좋은 영업맨의 허풍이든 무엇이 되었든 간에 콜럼버스의 보고에서 믿을 만한 내용은 거의 없었다. 대부분이 순 거짓말이었다.[5]

콜럼버스가 허풍을 떤 대가는 컸다. 그의 서신이 인쇄되면서 콜럼버스가 발견한 꿈의 섬에 대한 환상이 유럽 전역으로 확산됐다. 스페인 대중은 흥분했다. 아메리카 대륙으로 향한 그의 두 번째 항해는 수많은 투자자와 정착민을 끌어모았다. 콜럼버스는 17척의 선박으로 구성된 대규모 함대를 지휘했는데, 여기에는 1,200명의 식민지 정착민과 더불어 말, 소, 돼지, 염소, 양, 밀, 정원에 심을 씨앗, 과일나무가 실려 있었다. 진정한 생태적 침략이었다.[6] 콜럼버스는 제안한 것만큼 수월하게 달성하거나 큰 수익은 낼 수 없을지라도 히스파니올라를 효과적으로 식민지화할 수 있으리라고 진심으로 믿었다. 그러나 그는 이러한 대규모 탐험을 지휘한 경험도, 기술도 부족했다. 정착민은 모두 한탕을 노리고 일가친척을 뒤로한 채 따라온 남성들이었다(여성은 없었다). 히스파니올라에는 쓸만한 유순한 노동력도, 금도 거의 없다는 사실을 발견한 이들을 통제할 능력이 콜럼버스에게는 없었다. 이에 폭력과 잔학 행위, 공포라는 방식을 통해 정착민을 징계했고 원주민에게 금을 가져오도록 요구했다.

선박들이 물자를 싣고 스페인으로 귀국했다. 콜럼버스는 어떻게든 식민지의 수익성을 높여야 했다. 섬사람들은 세계의 다른 민족에 대해 그가 이해하고 있던 바에 맞아떨어지지 않았다. '기독교인들도 아니었으니, 노예로 삼을 수 있는 무슬림일 가능성은 없을까?' 콜럼버스는 500여 명의 섬 원주민을 모아 본국에 노예로 보냈고, 또 다른 650명은 식민지 정착민들에게 할당했다. 히스파니올라로 돌아오는 선박에는 포르투갈령 마데이라 제도에서 난 당밀과 사탕수수를 싣고 올 것을 요청했다. 세 번째 항해에서는 반항적인 정착민들이 엔코미엔다encomiendas를 허락하도록 그에게 요구했다. 주민들에게 공물과 주기적인 노동을 명령할 권리가 있는 봉건적 영토를 의미하는 것이었다. 정착민과 '인디언' 들을 통치하는 데 지친 콜럼버스는 곧 진정으로 하고 싶던 일을 하러 떠났다. 칭기즈 칸 치하에 있는 풍요의 땅을 찾아 떠난 것이다.[7]

콜럼버스의 과장된 영업 기술은 성공적으로 자금과 배를 모았지만, 기대치를 과도하게 높여 놓기도 했다. 화가 난 정착민들은 그를 사슬로 묶어 스페인으로 보내 버렸다. 신대륙 개척의 결과는 생각보다 훨씬 더 안 좋았다. 어느 유럽 국가가 먼저 대서양을 건넜든, 구대륙 질병의 유행은 결국 무수히 많은 아메리카 원주민을 죽였을 것이다. 그러나 유럽인의 잔혹함, 부와 이익을 좇는 과정에서 아메리카 원주민을 대상으로 한 학대는 콜럼버스, 스페인 정착민들과 함께 시작되었다. 귀금속을 향한 콜럼버스의 집착, 노예와 설탕의 도입을 시작으로 유럽 제국들은 아메리카 대륙을 기점으로 세계 역사를 바꾸게 될 것이었다. 결론적으로 스페인보다는 그 적국들이 더 많은 이득을 보게 되며, 스페인을 제외한 제국들에는 미래 자본주의를 위한 기반이 놓이게 된다. 그러나 어찌 되었든 막대한 환경 변화를 이끈 건 모든 유럽 제국이었다.

제국의 자본가, 제노바인

콜럼버스는 무능한 리더였지만, 당시 제노바의 상식에 따라 행동했다. 제노바와 그 외 북부 이탈리아의 해양 공화국들은 지중해 역사에 깊은 뿌리를 둔 관행들을 되살렸으며, 무역 제국과 식민지, 금, 설탕, 노예를 통해 부를 쌓았다. 콜럼버스 항해 훨씬 전에 시작된 이베리아 반도의 제국 조성에 제노바인이 참여한 것은 포르투갈, 스페인, 이후에는 독일, 네덜란드, 프랑스, 영국인들이 배우게 될 훌륭한 교훈들을 남겼다. 제노바의 제조업, 은행업, 직물업 역시 이후 네덜란드와 영국의 발달을 미리 보여주었다. 제노바는 로마의 초기 자본주의가 세계 대제국 시대의 제국, 농장자본주의로 이어지는 가교를 형성했다. 이탈리아인, 그리고 콜럼버스와 같은 제노바인들은 점차 성장하고 있는 세계 여러 제국에 낯선 이탈리아식 자본주의를 심었다.

제노바, 베네치아, 피렌체는 당대의 자본주의 초강대국이었다. 서로마 제국이 몰락했을 때도 도시화된 지역 중 북부 이탈리아의 도시 국가들만이 살아남았다. 다시금 일어난 십자군 전쟁으로 인해 지중해의 무역망이 위축되었고, 이는 이탈리아를 번영의 길 위에 올려놓았다. 오래지 않아 이탈리아 상인과 해군 함대가 지중해와 흑해의 패권을 거머쥐었다. 노를 젓는 인력과 무상으로 누리던 풍력은 향신료와 면직물, 비단을 가득 싣고 서구 유럽의 고객들을 위해 동양에서 이탈리아 항구들로 향하던 배에 추진력을 더했다. 중앙 유럽의 광산에서 캔 은과 플랑드르산 고급 면이 알프스 산맥을 건너 베네치아로 넘어갔고, 이탈리아 은행가들이 자금을 지원한 플랑드르와 프랑스의 면직물 상품이 제노바에 도착했다. 가나에서 채취한 사금은 북아프리카의 항구를 떠나 베네치아에서는 두카트^{ducat}로, 피렌체에서는 플로린^{florin}*으로 주조되었다. 이탈리아 선박들은 돈과 면직물, 그 외 상품들을 싣고 이탈리아 동부의 시장으로 귀환했다.

이탈리아인은 여러 중요한 혁신을 통해 고대 상인자본주의를 근대의 사업 관행으로 발전시켰다. 역사적으로 모든 무역 파트너십은 사업이 종료되면서 함께 끝나는 일회성 동업 관계였다. 오늘날 수많은 기업의 선조라고도 할 수 있는 영속적인 가족 기반 기업을 처음으로 세운 이들이 이탈리아인이다. 광범위하게 걸쳐 있는 무역망을 관리하려면 믿을 수 있는 중개상이 필요했는데, 가족 기업은 신뢰할 수 있는 친척들을 해외 항구에 배치했다. 이와 더불어 이탈리아인들은 복식부기, 채권 발행, 은행업을 비롯한 수많은 현대의 사업 관행을 개척했다.[8]

또한, 베네치아와 제노바 공화국은 해외 식민지화와 제국 확장의 본보기가 되었다. 두 국가는 베네치아 혹은 제노바 법률에 따라 관리되는 식민지와 도시 상인 거주지를 세웠다. 베네치아는 아드리아해, 중부 에게해, 동부 지중해 주변에 식민지를 건설했다. 제노바는 그들 제국을 사유화했다. 제국 최고 가문들은 북부 에게해와 흑해, 서부 지중해 주변에 식민지를 만들어 통치했다. 네덜란드, 영국, 프랑스 기업들의 식민지 사유화는 이와 같은 제노바의 선례를 따르게 된다.

이후 네덜란드와 영국은 북부 이탈리아가 제조업 지역으로 발전한

---

* 둘 다 해당 지역에서 사용되던 금화.

방식을 그대로 따른다. 단순히 수출입항 이상의 역할을 했던 이탈리아 도시 국가들은 원자재를 수입해 면직물, 유리, 기타 상품의 형태로 가공해 수출했다. 레반트 지역에서 수입한 면화는 염색하여 옷감으로 수출했으며, 레반트 지역 항구를 통해 들어온 중국산 비단은 피렌체, 루카, 밀라노, 제노바에서 마무리 손질되었다. 피렌체에서는 스페인, 북아프리카, 영국에서 들여온 양모로 유럽에서 손꼽히는 최고급 옷감을 생산했다.[9] 15세기 피렌체 인구 중 3분의 1이 모직 무역 분야에 종사했고, 100년 후 베네치아 인구의 3분의 1이 피렌체가 간 길을 그대로 따랐다. 제노바 노동자의 약 3분의 1이 비단, 모직물, 면직물 생산에 종사했다.[10] 콜럼버스의 부친을 비롯한 상인 기업가$^{\text{merchant-entrepreneur}}$들은 8~9명의 직원을 고용했고 그보다 더 많은 노동자에게 일을 맡기고 작업한 만큼 삯을 주었다. 노동자들은 상점이나 자신의 집에서 일을 했고 양모를 아름다운 색으로 물들여 고급 면으로 탈바꿈하는 여러 단계 중 하나를 담당했다. 애덤 스미스가 훗날 그토록 예찬할 핀^{pin} 제조 공장에서 이루어진 것과 무척 유사한 분업이었다.[11] 서양사에서 최초로 한 도시 국가의 인구 절반 이상이, 그리고 인근 마을의 주민 상당수가 임금을 받고 일하는 노동자, 즉 프롤레타리아트^{proletariat}가 되었다.[12] 산업은 기계화되었다. 영국 랭커셔의 면직 공장들이 쉴 새 없이 돌아가기 수 세기 전, 루카, 볼로냐, 밀라노의 기계공들은 물레방아로 돌아가는 공장을 고안했고 엄격한 규칙 아래 비단실을 감을 수백 명의 여성을 고용했다. 일부 대규모 공장을 비롯해 수백 곳의 공장이 북부 이탈리아의 언덕과 고원을 채우며 퍼져 나갔다.[13]

<그림 2> 스테파노 델라 벨라(Stefano della Bella) 작 리보르노항의 전경(Views of the Port of Livorno)(1654~1655년), 갤리선에 짐 싣는 모습. 리보르노항에서 노동자들이 갤리선에 무역품을 싣는 모습을 통해 르네상스 이탈리아식 자본주의의 모습을 묘사하고 있다. 이 동판화는 종교, 자본주의, 전쟁과 노예제 사이의 관계를 넌지시 보여준다. 가장 오른쪽에 있는 남자는 노예로 추정되며 채찍질을 당하고 있다. 왼쪽에는 토스카나의 페르디난도 1세가 오스만 제국에 승리한 것을 기념하는 '네 명의 무어인 기념비(Monument of the Four Moors)'의 일부가 그려져 있다. 기념비 받침대 주변으로 쇠사슬에 묶인 네 명의 노예가 있으며, 그중 한 명은 흑인 아프리카계의 특징을 보인다. (메트로폴리탄 미술관 1986.1180.574. 1985년 Grace M. Pugh 유증)

이탈리아인들은 사람도 사고팔았다. 특히 제노바와 그 외 이탈리아의 도시 국가들이 노예 매매에 적극적으로 참여했는데, 콜럼버스에게는 꽤 통상적인 행위로 보였을 것이다. 유럽에서는 지중해 지역만 제외하고 노예제도가 거의 모두 사라진 상태였다.[14] 로마 가톨릭 교회가 개종에 저항하는 비기독교인만 노예화하도록 제한했기 때문에, 노예 사냥꾼들은 이런저런 구실을 내세워 비기독교인을 끌고 왔다. 종교 간 전쟁에서 노예화는 흔한 일이었다. 기독교도 해적과 이슬람교도 해적이 서로의 해안 영역과 선박을 습격해 포로를 붙잡아 몸값을 요구

하거나 노예로 팔기도 했다. 1450년부터 1850년까지 지중해 연안에서 적어도 300만 명이 노예로 전락했다.[15] 1400년에는 노예가 제노바와 베네치아 인구의 약 10퍼센트를 차지했는데, 이는 유럽에서도 가장 높은 비율이었다. 대부분의 노예('노예^{slave}'라는 단어는 '슬라브인 ^{Slav}'에서 유래했다)는 흑해 연안의 이탈리아 식민지 출신이었다. 나머지는 이슬람교도와 몇 안 되는 사하라 사막 이남 아프리카 출신이었다. 노예를 대하는 방식은 가혹했고, 성적 학대도 만연했다. 반항하거나 도망치는 노예들 앞에는 잔인한 처벌이 기다리고 있었다. 한번 노예가 되면 아무리 아이라고 해도 평생 노예 신분에서 벗어날 수 없었지만, 노예를 풀어주는 일도 드물지는 않았다.[16]

설탕과 노예

한 가지 주목할 만한 이탈리아의 혁신은 설탕 대농장, 즉 설탕 플랜테이션^{plantation}이었다. 라티푼디움의 가까운 친척이자 고수익을 자랑한 미국 노예 플랜테이션의 흉악한 조상이라고 할 수 있다. 콜럼버스가 항해를 나서기 2~3세기 전까지 설탕은 유럽의 음식에 단 맛을 더하는 데만 쓰였다. 고대 로마인들은 설탕을 인도에서 나는 비싼 약재로 알고 있었다. 중세 초기 유럽인들은 설탕의 존재를 아예 모르고 있었다. 1220년, 이 고급 재료를 화물칸에 실은 최초의 배가 영국의 한 항구에 도착했다. 1277년, 설탕과 향료를 가득 실은 제노바 수송선이 대서양을 건너 영국 사우샘프턴과 벨기에의 브뤼헤를 정기적으로 오가기 시작했다.[17] 설탕은 높은 지위와 고급진 입맛을 의미했기 때문에 귀족 집안 요리사들은 거의 모든 요리에 설탕을 첨가했다.[18]

설탕은 이슬람교와 함께 지중해에 도착했다. 아라비아 반도를 필두로 이슬람교가 페르시아, 인도, 레반트, 북아프리카, 스페인으로 확산되면서 사실상 인도에서 대서양에 이르는 거대한 무역 지대가 형성되었다. 이슬람교도들은 중국과 인도에서 수수와 감귤류 과일, 쌀, 목화, 사탕수수를 들여왔고, 이 재료들은 지중해 이슬람권 지역의 음식 맛을 더 풍부하게 했다. 이와 더불어 관개 기술이 확산되었고 곡물 수확량과 인구가 늘었다. 그러나 여러 지역을 정복한 십자군이 자체적인 작물과 농업 기술을 가지고 도착하자 이슬람교도들은 지중해를 떠나거나 쫓겨났다. 그 결과 관개 시설의 상태가 악화되었고 이슬람교와 함께 새롭게 들여온 작물들은 점차 사라졌다. 하지만 사탕수수는 살아남았다.

자본, 엄격하게 통제되는 노동력, 국가 간 무역, 소비 문화. 이 모든 것이 결합하여 설탕을 만들어 냈다. 사탕수수는 대량의 물, 노동, 그리고 비용이 많이 드는 처리 과정을 통해서만 가치가 높은 당밀 또는 설탕으로 가공된다. 사탕수수는 덥고 습한 열대 지방에서 잘 자라며 그렇게 자란 수수가 가장 달다. 사탕수수 재배 범위의 북방 한계선인 지중해 지역은 여름에는 비가 내리지 않는다. 따라서 아라비아인들은 물을 댈 수 있는 강 근처의 가장 질 좋은 땅과 습지대에서 사탕수수를 키웠다.[19] 농부들은 제 키보다도 큰 사탕수수를 수확하고 잎을 쳐낸 뒤 작물이 상하기 전에 빠르게 압축기에 넣는 등 고된 노동을 했다. 그러고는 수수를 짧게 조각내 으깨어 거기서 나온 즙을 끓였다. 상품의 질을 높이기 위해 색을 더 연하게 만들고 상품성을 높이기 위해 계속해서 당즙이나 당 결정에 물을 첨가한 다음 다시 끓였다. 말과 소, 또는 수력이 사탕수수 압축기에 동력을 제공했다. 즙은 나무를 태운 열에너지로 끓였다. 그러나 그 외의 모든 일은 인간의 노동력으로 해결했다. 농부와 소작농은 처리 시설을 갖추고 성 근처에서 또는 원활한 선적을 위해 수로 근처에서 사탕수수를 부작물로 재배했다. 이슬람교도들은 농작물 생산에 노예를 부리지 않았다. 시간이 지나 이집트에서는 때에 따라 대형 사탕수수 밭에 소작농들을 불러 강제 노역을 시키거나, 모로코의 사탕수수 재배자들도 16세기까지는 사하라 사막 이남 지역의 노예들을 부렸을 것으로 추정된다.[20] 상류층이 소비하는 설탕은 생산량의 일부에 불과했다. 나머지는 아주 높은 값으로 이탈리아인이나 유대인 상인에게 팔렸고 유럽 대륙의 구매자들에게 향했다.[21]

기독교인들의 경우, 십자군 국가에서 11세기부터 사탕수수를 재배하기 시작했다. 설탕이 필요한 자금을 제공했기 때문이다. 1291년, 십자군 국가들이 몰락하자 예루살렘의 마지막 왕과 그의 기사들은 사탕수수를 싣고 키프로스로 달아났다. 그곳에서 그들은 유럽에서 운영하던 것을 바탕으로 봉건제 기반의 영지를 형성했다. 농노와 소작농이 사탕수수를 키웠고 이탈리아 상인들은 서유럽 고객들을 위해 설탕을 구매했다.[22]

이 방식은 오래 가지 못했다. 번성하던 전 세계 여러 문명은 14세기 들어 중세 온난기가 소빙하기로 전환되며 말 그대로 추위를 느끼기 시작했다. 따뜻하던 여름은 서늘하고 습해졌다. 작물들은 시들었다. 지구 반대편에서도 기후가 변하면서 북아메리카의 수준 높은 미시시피, 푸에블로 문화와 안데스의 티와나쿠 왕국이 멸망했다. 유럽에는 기근이 닥쳐 사회·정치·종교적 혼란이 곳곳에 만연했다. 중세 문명은 그렇게 비틀거리다 결국 무너졌다. 전염병은 동부 유럽을 휩쓸었다. 1347년, 흑사병이 이탈리아 상인의 배를 타고 지중해를 건너 유럽 연안에 내렸다. 죽음의 신은 낫을 휘둘러 4년 동안 유럽인들을 학살했다.[23]

키프로스의 인구는 급감했다. 노동력이 부족해진 지주들은 파산했다. 제노바 상인들은 텅 빈 마을에서 사업 기회를 발견했다. 이들의 배는 주로 제노바가 통치하던 흑해 식민지에서 데려온 그리스인, 불가리아인, 이슬람교도, 타타르인 노예들을 싣고 키프로스의 여러 항구에 도착했다. 키프로스의 지주들은 노예의 노동력으로 사탕수수 생산을 확대했고 부를 쌓았다. 키프로스산 설탕은 세계 최고의 평판을 얻었다. 14세기 말까지 제노바 기업들은 오로지 키프로스를 통치하기 위해 은행, 노예, 설탕 무역에 대한 통제권을 공격적으로 활용했다.[24] 제노바는 설탕과 노예 사업에 깊이 빠져 있었고, 대서양을 중심으로 한 비극이 펼쳐질 무대가 마련되고 있었다.

이탈리아 번영의 환경적 비용

르네상스의 영광이 절정에 달했을 때 세계에서 가장 부유한 도시인 이탈리아 해양 공화국들의 무역과 제조업은 사방으로 환경적 영향의 물결을 흘려보냈다. 식민지 시대의 제국 세계와 산업화가 미칠 환경적 영향의 맛보기였다. 숲은 점차 빈약해졌고 줄어들었다. 상업용 작물은 땅을 황폐화했다. 석재와 광물을 파내거나 캐내는 활동은 지표면이나 깊은 지하에 수많은 구멍을 남겼다. 채굴과 산업 공정은 땅과 물, 그리고 사람들을 오염시켰다.

가장 가까운 영향권에는 숲이 있었다. 고대 그리스·로마 시대와 마찬가지로 경제 성장에는 춥고 습한 북부 지방의 두꺼운 나무들이 아니라 얇은 나무로 빽빽한 지중해의 숲이 필요했다. 호수의 묽은 토양으로 인해 가라앉는 것을 막기 위해 베네치아 한 곳에서만 수천 개의 오크 나무 목재가 필요했다. 다른 경쟁국이나 적국과 마찬가지로 이탈리아 도시 국가에도 해군과 상선을 위한 어마어마한 양의 목재가 필요했다.

이탈리아의 대규모 면직물 산업도 숲에 압력을 가했다. 양모에 대한 수요가 늘어 양 떼의 규모도 늘려야 했다. 플랑드르와 이탈리아의 옷감 제작자들에게 보낼, 잉글랜드에서 가장 귀한 수출품인 양모를 생산하기 위해 기존에 방목식으로 양을 키우던 소작농 토지 사용 방식은 공유지에 울타리를 쳐 키우는 방식으로 대체되었다. 스페인에서는

1492년 기독교인들이 이슬람교도들로부터 이베리아 반도를 되찾았고, 울창하고 관개 시설도 구축되어 있던 경작용 계곡을 생산성 낮은 농장이나 대규모 양 떼와 소 떼를 키우기 위한 목장으로 바꾸어 이탈리아의 면직물·가죽 산업을 뒷받침했다.[25] 스페인 남서부는 소를 키우기 가장 적합한 지역이었지만, 나머지 지역은 온통 양 떼로 가득했다. 16세기에는 300만 마리가 넘는 양이 스페인의 목초지에서 풀을 뜯어 먹고 있었다. 양치기들은 목장 구축을 위해 숲을 깎거나 태웠고 삼림을 파괴했다. 양 떼가 한 번 지나가고 나면 풀은 모조리 사라졌다. 온화하고 건조한 기후의 스페인 땅은 거칠어졌고, 더이상 예전으로 돌아갈 수 없었다.[26]

나무는 당밀이나 설탕을 만들기 위해 사탕수수액을 끓이는 땔감으로 쓰였다. 사탕수수 생산에 참여하는 제일 큰 두 섬인 키프로스와 시칠리아 섬은 나무를 고갈시키지 않고도 연료를 공급할 정도로 충분히 컸다. 점진적인 사회의 번영과 토지 개발은 당연히 땅과 숲에 부담을 가했다. 사탕 처리 과정에는 다 자란 나무 대신 저급 장작만 있으면 되었기 때문에 키프로스 트루도스 산맥의 삼림은 울창하게 유지되었다. 그렇지만 연료 공급이 제한적인 탓에 공장에서는 설탕 제조 공정의 첫 단계부터 제약이 걸렸다. 비교적 수월하게 연료를 공급받는 베네치아와 제노바는 최상급 품질의 설탕을 만들어 내놓았다.[27]

장작이 필요한 제조업 공정은 설탕 외에도 많았다. 대표적으로 유리 제조업을 들 수 있는데, 여기에는 다양한 원자재가 필요했다. 베네치아와 베로나, 파도바 등 도시 국가들은 중국부터 아메리카, 아프리카에서도 찾는 세계 최고급 유리를 생산했다.[28] 유리 제조는 기술적으로 까다로웠고 과정이 복잡했으며 자본집약적이고 투입되는 재료도 많았다. 그런 만큼 유리는 고수익성 상품이었다. 자본가라면 당연히 눈독을 들였을 우수한 유리 제조 공장에는 시설과 원자재에 대한 막대한 투자가 필요했으며, 노동자도 20명가량 고용해야 했다. 여러 유리 제조업 중심지 중에서도 특히 베네치아는 모든 원자재를 수입해야 했다. 유리를 녹이기 위해 불의 온도를 섭씨 1,150~1,200도까지 올려야 했는데, 이를 위해 체르비냐노 인근 숲에서 벌목되어 해안을 따라 운반된 오리나무 또는 버드나무를 한 해에 약 2,200코드*(약 7,800 제곱미터 또는 2,360평)나 태워야 했다. 또한 베네치아는 용제로 시리아, 이집트, 리비아에서 식물을 태우고 남은 재를 매년 10,000포대씩 수입했으며, 유리를 투명하게 하는 데 필요한 망간은 밀라노 북서부의 피에몬테 광산에서 난 것을 가져다 썼다. 구리, 은, 납, 주석으로 유리에 색을 냈으며, 도가니를 만드는 점토는 밀라노 남부의 발렌차^{Valenza}와 콘스탄티노플에서 수입했다. 용광로와 굴뚝을 만들기 위한 석판은 약 72킬로미터 떨어진 비첸차에서 실어 왔다.[29]

 좀 더 떨어진 곳에서는 특히 금과 은 채굴업이 자연을 파괴하고 있었다. 반복되는 유럽 대륙의 무역 적자로 인해 화폐로 성한 대륙의 돈줄이 말라갔다. 동양에서 상품을 사 오기 위한 화폐를 주조하기 위해 이탈리아인들은 은과 금을 수입했다. 은은 티롤, 보헤미아, 실레시아 지역과 발칸 반도의 깊은 광산에서 난 것이었다. 비와 눈이 내리며 광석을 캐고 남은 자갈에 붙어 있던 독성 화학물질이 침출되었고 이는 다시 개울과 강으로 흘러 들어갔다. 빽빽이 들어선 튼튼한 수목이 다행히 갱도가 무너지는 것을 막아주었다. 광산이 침수되는 것을 방지하기 위해 광부들은 동물의 힘이나 수력으로 돌아가는 정교한 목제 장치를 만들었는데, 이를 위해서는 물길을 바꿔야 했다. 광석에서 은을 제련하는 용광로에 불을 때기 위해 나무와 숲이 타들어 갔다. 현지 목재가 대부분 벌채되면서 광산의 입구와, 용이한 운송 경로인 강 근처

---

* 장작의 체적 단위로, 1코드는 약 3.63제곱미터와 같다.

에 있는 숲이 차츰 사라졌다. 18세기가 되어서야 독일인들이 삼림 보호 대책을 강구하면서 많은 이가 중부 유럽 광산 인근의 삼림 파괴의 심각성에 놀랐다.[30]

금속에서 은을 분리하는 작업은 독성 물질을 다량 배출했다. 독일 광부들은 은을 분리하는 효과적인 기법을 두 가지 개발했다. 이들은 (혹은 일부 연금술사는) 15세기에 용출이라는 방법을 발견했다. 납과 함께 광석을 반복해서 녹여 구리에서 은을 분리하는 방식이다. 새롭게 등장한 이 기술이 빠르게 확산되면서 납에 대한 수요가 높아졌는데, 납은 위험한 독성 물질로 제련 과정에서 공기 중으로 방출되어 토양과 생명체에 흡수되었다. 한 세기 후에 독일인들은 은 추출을 위한 혼합물로서 독성이 강한 수은을 사용하기 시작했는데, 이 방법은 쉽고 간단했으나 목숨을 위협하는 위험한 기술이었다. 유럽과 아메리카 대륙의 은광에 수은을 공급하기 위해 스페인 알마덴과 오늘날 슬로베니아의 이드리야 지역에 대규모 수은 광산들이 생기기 시작했다. 수은으로 가득한 붉은 진사辰砂의 독성은 광부들과 인근 주민의 건강을 해치고 주변 환경을 오염시켰다. 수은 아말감을 활용하는 기법의 마지막 단계에서 노동자들은 수은을 끓여서 증발시키고 은만 남겼다. 수은 증기는 바람을 타고 날아가 주변의 사람과 자연을 중독시켰다. 수 세기가 지나 광산업이 쇠락한 지금도 제련소 근처에는 수은이 남아 있다.[31]

아프리카의 금광업은 환경에 더 큰 해를 입혔다. 여러 왕과 추장, 지역 상류층 사람들이 노예를 부려 강제 노역을 시키거나 인력을 고용해 금을 캐게 했다. 금광지에 모여든 지역 주민과 이주민 들도 채금 활동에 대한 고액의 사용료를 상류층 사람들에게 지불하며 금을 캤다. 노예도 독립 광부도 환경적 악영향을 걱정하지 않았다. 노동자들은 강바닥 또는 약 3~24미터 아래 노천 바닥에서 모래나 자갈을 파냈다. 패인 채로 내팽개쳐진 구멍을 복구하는 이는 거의 없었다. 채굴에는 무거운 금만 남기고 모래와 자갈을 씻어내기 위한 물이 대량으로 필요했고, 보통 기존에 있던 물길을 바꿔 물을 끌어왔다. 이로 인해 개울에 토사가 쌓여 물고기가 폐사하거나 터를 옮겼고, 하류에 사는 주민들은 물을 마실 수 없게 됐다. 관습과 종교적 금지 규정이 지역 공동체를 위해 토지와 수자원을 어느 정도는 보호했지만, 하류에 거주하는 주민들은 보호 대상에 속하지 못했다.[32]

향료 무역은 심지어 6,400킬로미터도 이상 떨어진 곳의 환경에도 영향을 미쳤다. 중국, 인도, 레반트, 유럽에서의 향료 수요는 높았으나, 정향, 계피, 육두구의 공급량은 정해져 있었다. 향료 원산지 주민들은 다 자라는 데 오랜 시간이 걸리는 야생 나무에서 열매들을 수확했다. 반면 검은 후추의 경우 농장을 쉽게 확장할 수 있어 수요를 충분히 맞출 수 있었다. 사람들은 검은 후추를 인도 남서부의 원산지 말라바르에서 가져와 인도 해안을 따라 있는 열대 우림 지역, 인도네시아 수마트라 섬과 자바 섬에 심었다. 이탈리아 상선에 실린 대부분의 상품과 마찬가지로 후추 역시 그것을 키우고 수확하느라 고생한 소작농과 노동자가 아닌 지주, 통치자, 중간 상인의 배만 불렸다.[33]

이베리아 반도 내 제노바인들의 활약

콜럼버스, 설탕, 노예는 1381년 키오자 전쟁이 발발하지 않았다면 히스파니올라에 오지 않았을지도 모른다. 제노바를 이긴 베네치아는 향료의 무역 경로를 독점했고 키프로스의 설탕 무역을 장악했으며, 1489년에는 키프로스 섬을 완전히 자국의 식민지로 만들었다. 1453년에는 오스만 제국이 옛 비잔틴 제국을 무너뜨리고 콘스탄티노플을 정복했으며, 기독교인의 보스포루스 해협 접근을 차단했다. 제노바는 더 이상 흑해에 있는 자국의 식민지에 접근할 수 없었다.

제노바는 역경에서 벗어나고자 부단히 움직였다. 서쪽으로 눈을 돌려 빼앗긴 무역권과 노예들의 자리를 채울 기회를 찾았다. 지중해 서쪽에 있는 강국들은 식민지로 만들 수가 없었다. 제노바는 다른 제국 안에서 살아남아야 했다. 서부 지중해의 제국들은 세비야와 리스본, 포르투, 라로셸, 사우샘프턴, 브뤼헤와 더불어 모로코의 살레와 사피에도 거래 공동체를 형성했다. 스페인인에게 제노바인은 공격적이며 기회주의자에 탐욕스러운 자들이었다.[34] 세비야의 시장이 왕에게, 자신은 "그들과 거래할 정도로 부도덕하지 않다"고 불평할 정도였다.[35] 그러나 제노바 기업과 은행은 서부 지중해와 서유럽 전역에 그들의 경제 체제를 확립해 놓은 상태였다.

제노바는 아라곤 왕국 치하의 시칠리아 섬과 코르시카 섬에서도 설탕을 얻었다.[36] 아라곤 왕국은 사탕수수를 시칠리아 섬에서 발렌시아로 (노예의 노동 없이) 가져왔고, 포르투갈은 알가르브 지방에 설탕 산업을 구축했으며, 동시에 제노바 상인들은 금융과 무역을 지배했다.[37] 제노바인들은 카나리아 제도와 아프리카 해안 지역에서 새 노예를 얻었고 이슬람교도, 베르베르인, 사하라 사막 이남 아프리카의 흑인들을 이베리아 반도에서 팔았다. 15세기 말까지 리스본과 세비야, 바르셀로나, 발렌시아 인구의 10퍼센트가 노예에 해당했으며 포르투갈과 스페인 남부 해안 지역에서는 1~2세기가 지나도록 그대로 유지됐다.[38]

젊은 콜럼버스는 해외에서 거주하며 기회를 엿보던 제노바인 중 한 명이었다. 1476년, 그가 탄 제노바발 수송선이 런던으로 향하던 중 적선의 공격으로 포르투갈 연안 근처에 가라앉았다. 노를 붙들고 해안가로 헤엄쳐 간 콜럼버스는 리스본으로 향했다. 그곳에서 제노바 귀족, 첸투리오네Centurione 가문이 그를 맞이하여 중개상으로 활동할 수 있도록 자리를 마련해 주었다. 얼마 지나지 않아 콜럼버스는 다시 런던과 플랑드르로 향하는 제노바 상선에 올랐다. 리스본에 새 터전을

제1부 자본주의의 시작

마련한 콜럼버스는 브리스틀과 아마 골웨이, 그리고 어쩌면 아이슬란드와 마데이라 제도, 기니까지도 오가며 항해했다.[39]

콜럼버스는 제노바인의 경험과 자본을 필요로 하는 이베리아의 군주들을 위해 많은 제노바인이 지났던 항로를 따랐다. 1312년, 제노바 출신 항해사 란체로토 말로첼로Lancelotto Malocello가 포르투갈 국왕 디니스 1세를 위해 카나리아 제도를 발견했다. 1317년에는 디니스 1세가 에마누엘레 페사뇨Emanuele Pessagno(마누엘 페사냐Manuel Pessanha)에게 제노바 상선을 몰던 선장 20명을 보내면 직위를 세습할 수 있는 해군 제독으로 만들어주겠다고 하면서 포르투갈의 해군이 창설됐다. 1341년, 디니스 1세의 아들 아폰수 4세는 피렌체 출신 안졸리노 델 테기아 데 코르비치Angiolino del Tegghia de Corbizzi와 제노바 출신 니콜로소 다 레코Nicoloso da Recco가 이끄는 지도 제작 원정대를 카나리아 제도로 보냈다. 1456년, 제노바 출신의 안토니오토 우소디마레Antoniotto Usodimare가 카보베르데 제도를 발견했다. 아시아로 향하는 서방 항로를 찾는 경쟁에 합류하기로 마음먹은 잉글랜드의 헨리 7세는 1496년과 1498년, 제노바 출신 조반니 카보토Giovanni Caboto(존 캐벗John Cabot)를 항로 개척을 위한 항해에 보냈다.[40]

스페인과 포르투갈에 있는 이탈리아인들은 뱃사람만 제공한 게 아니었다. 이베리아인들의 탐험과 제국에 상당한 자금도 지원했다(독일 은광 산업의 거물인 푸거가Fugger家도 또 다른 주요 자금원이었다). 이탈리아인들은 콜럼버스의 항해를 위한 자금 조달을 지원했다. 피렌체 출신 은행가 잔노토 베라르디Giannoto Berardi와 세비야에서 활동하는 제노바 상인들이 첫 항해에 필요한 자금을 콜럼버스에게 빌려주었다. 프란체스코 피넬리Francesco Pinelli와 프란체스코 리바롤리Francesco Rivaroli, 두 상인은 당시 스페인의 카나리아 제도 정복 활동에도 자금을 지원하고 있었다. 피넬리 가문은 콜럼버스의 첫 번째와 두 번째 항해에 투자했을 뿐만 아니라 배에도 직접 올랐으며 콜럼버스가 스페인으로 돌아간 뒤에도 히스파니올라에 남았다. 네 명의 제노바 상인이 두 번째 항해에 필요한 화물을 제공했다. 세 번째 항해에는 첸투리오네 가문이 현금을 선지급했다. 리바롤리는 콜럼버스의 네 번째와 마지막 항해에 자금을 빌려줬는데, 네 척의 배 중 한 척의 선장을 비롯해 8명의 제노바인이 여정에 올랐다.[41]

제노바인들은 대서양 노예 무역에 시동을 걸었다. 1494년 2월, 콜럼버스는 채권자 피넬리와 베라르디에게 아메리카 노예 12명을 보냈다. 피넬리와 베라르디, 리바롤리는 카나리아 제도에서 데려온 관체족^{Guanche} 노예와 (콜럼버스가 항복과 노예화를 목격했던) 1487년 말라가 공성전$^{siege\ of\ Málaga}$ 동안 획득한 이슬람교도 노예를 파는 노예 상인들이었다. 1494년, 콜럼버스의 남동생 바르톨로메오^{Bartolomeo}가 베라르디와 동업 관계를 맺고 아메리카 대륙 출신 노예를 팔았다. 얼마 지나지 않아 베라르디가 사망하자 그의 유언 집행자인 피렌체 출신 아메리고 베스푸치$^{Amerigo\ Vespucci}$가 1499년 세비야에서 배를 타고 와 200명의 아메리카 출신 노예를 데리고 돌아갔다. 그러나 1495년, 콜럼버스가 스페인으로 태우고 간 (출항 시에는 500명이었으나 결과적으로 생존한) 300명의 노예가 이사벨 여왕의 심기를 불편하게 만들었다. 여왕은 아메리카 원주민을 잠재적 기독교인이라고 여겼기 때문이다. 여왕은 그들을 노예로 들이는 것을 금지했다. 피넬리의 후손들은 아메리칸 노예 무역을 포기했으며 대신 아프리카 노예 무역에 투자했다.

아메리칸 원주민의 노예화 실패 등 여러 문제로 콜럼버스는 1500년 몰락했다. 그러나 뛰어난 영업맨답게 그는 아메리카 대륙으로 향하는 마지막 탐험 여정을 지휘할 수 있게 해달라 간청했고 그의 부탁은 받아들여졌다. 마침내 히스파니올라에서 금을 발견한 콜럼버스는 재기에 성공했고, 부유하게 살다가 세상을 떠났다.[42]

기술과 금을 향한 여정, 그리고 제국의 시작

아메리카와 아프리카, 아시아와 전 세계를 배경으로 한 유럽의 모든 영리 사업과 식민지 사업은 자본주의 발전의 역사에서 빼놓을 수 없는 수송기술의 발전 덕분에 가능했다. 콜럼버스는 제노바의 갤리선과 항해술만으로는 아메리카 대륙에 닿지 못했을 것이다. 갤리선은 바람의 방향에 맞춰 나아가는 방향을 바꾸지 못했다. 중세의 항해사들에게는 별을 보거나 추측 항법을 하는 것 외에는 경로를 조종할 수 있는 방법이 거의 없었다. 제노바인들은 지브롤터를 넘어 모로코, 잉글랜드보다 멀리 나가지 못했다. 선박의 설계와 항해술이 먼바다에 맞춰져 있었다면 더 멀리 나아갔을 수도 있다. 1291년, 비발도^{Vivaldo}가의 두 형제가 잘 구축된 갤리선 여러 척을 이끌고 제노바의 항구를 떠나 아프리카와 인도를 향했지만, 그 후로 둘의 소식은 들려오지 않았다. 만약 기니만까지 도달했다고 해도 아마 바람과 해류를 타고 항해하는 기술이나 먼바다를 항해할 능력이 없었기 때문에 탐험에서 돌아오지 못했을 것이다.

빠르고 안정적인 해양 운송을 향해 첫발을 내디딘 것은 이탈리아가 아닌 포르투갈이었다. 이베리아 반도 국가들은 기독교를 위해 이슬람교도들에게서 영토를, 여전히 이슬람 국가들이 차지하고 있는 스페인의 땅과 오스만의 위협적인 튀르크인들이 정복한 영토를 탈환하기를 갈망하고 있었다. 새로운 선박 설계의 필요성은 포르투갈이 금을 싣고 가나에서 출발한 대상^{隊商}을 위한 항구로 지브롤터 해협에 있는 모로코의 도시 세우타를 정복한 1415년 이후 추진력을 얻었다.[43] 그러나 실망스럽게도 대상들은 세우타 대신 탕헤르로 향했고, 포르투갈은 해로를 통해 금광 지역을 오가기로 결정했다.[44]

멀리 떨어진 금광으로 향하는 경로를 탐험하려면 대양에 맞는 배가 필요했다. 포르투갈인들은 첫 번째 해양 선박으로 바람을 아주 잘 타는 카라벨선을 만들었다. 그리고 오랜 여정을 위한 화물과 공급품을 싣기 위해 카라벨선을 널찍한 카라크선으로 개조했다. 카라크선에는 해적이나 적선으로부터 방어하거나 공격하기 위한 대포도 잔뜩 실려 있었다. 선체의 앞뒤로 높이 솟은 '선루^{castle}' 덕분에 선원들은 배에 오르려는 적군을 머스킷 총이나 대포로 공격할 수 있었다. 16세기가 되면서 카라크선은 더 강력한 갈레온선으로 발전했다. 다른 국가들도 곧 포르투갈을 따라 전함을 설계했고 기존의 전함도 개량했다. 첫 번째 항해를 나선 1492년, 콜럼버스는 카라크선 한 대와 카라벨선 두 대를 지휘했다.

<그림 3> 피터르 브뤼헐(Pieter Bruegel the Elder) 작 항해하는 선박들(The Sailing Vessels)(1561~1565년), 휘몰아치는 돌풍 속 돌고래를 탄 아리온과 세 척의 카라벨선. 카라벨선과 그보다 더 큰 카라크선은 원양 무역과 탐험의 판도를 뒤바꿨다. 카라벨의 용골, 사각돛과 대형 삼각돛은 기동성을 크게 높였다. 마치 성처럼 갑판 위로 높이 솟은 '선루' 덕분에 선박의 경계를 방어할 수 있었고 대포의 위력도 더 세졌다. (메트로폴리탄 미술관 59.534.24. 1958년 Alexandrine Sinsheimer 유증)

발달한 항해 기술 덕분에 포르투갈은 가장 유리한 바람과 해류를 타고 자신 있게 먼바다로 나아갔다. 건식 나침반, 항해사의 아스트롤라베, 사분의, 직각기, 그리고 (리스본에서 지도 제작일을 하던 콜럼버스의 남동생처럼 숙련된 지도 제작자 덕분에) 발달한 지도 제작술은 어떤 날씨에도 육지에서 보이는 시야에서 벗어나 적도 남쪽까지, 북극성이 보이지 않는 곳까지 항해할 수 있도록 해주었다.[45]

그 결과는 혁명적이었다. 포르투갈은 원양 항해에 나선 그 어떤 국가보다 더 빠르고 안정적으로 거의 어느 곳이든 항해해 갈 수 있었다. 포르투갈 선박들은 줄지어 아프리카 대륙 해안을 따라 모험에 나섰으며 참치와 정어리를 잡아 올려 탐험을 위한 비용을 충당했고, 사실상 아프리카인은 물론 다른 상인들도 항해하지 못한 사하라 사막 너머로 내려가 아프리카 해안 인근의 무역로를 개척했다.[46] 1471년, 탐험가들은 드디어 금광 지역에서 이어지는 강에 도착했고 사하라 사막의 대상들로부터 금 무역권을 탈취했다. 포르투갈의 주앙 2세는 커다란 이윤을 남기는 금 무역권을 해적과 경쟁국으로부터 지키기 위해 1481년, 엘미나 성으로 콜럼버스도 참여한 탐험대를 보냈다. 기니만에 최초로 세워진 유럽의 주둔지이자 교역소였다. 히스파니올라 사람들 사이에서 금빛으로 빛나는 물체를 발견했을 때 콜럼버스는 과거의 경험을 바탕으로 이곳 산맥에 또 다른 엘미나 성을 세우겠다는 희망을 품었던 것이다.[47]

포르투갈 국기를 달고 바다를 건너던 항해사들은 적도대에서 북동쪽으로 부는 무역풍을 이해하게 되면서 북서쪽 바다로 나아가 바람을 타고 고향으로 돌아오는 항해법인 볼타 두 마르$^{volta\ do\ mar}$를 개발했다. 본토에서 벗어나 포르투갈은 마데이라 제도와 아소르스 제도, 카보베르데 제도를 새로 발견하거나 재발견했다. 에게해와 지중해 동부의 섬들을 장악해 해상 교통로를 지키고 안전항 항구를 확보하고 경쟁국들의 사기를 꺾었던 이탈리아인들과 마찬가지로 포르투갈 역시 사람이 살지 않는 마데이라, 아소르스, 카보베르데 제도를 점령했다. 카나리아 제도는 스페인에 빼앗겼다.

노예와 사탕수수 플랜테이션

포르투갈이 점령한 제도에서는 인종 노예제를 바탕으로 한 서반구의 플랜테이션 사업에 영감을 준 체계가 발달했다. 점유권을 강화하기 위해 포르투갈은 제도들을 식민지화했다. 시행착오를 거치며 학습한 사실상 유례없는 사업이었다. 식민지를 개척하려는 다른 국가들은 포르투갈이 대서양 섬에 깔아 놓은 길만 따라가면 되었다. 이탈리아의 원조와 투자, 조언을 바탕으로 이베리아인들은 지중해 모델을 착실히 따랐다. 고립되어 사람이 살지 않는 섬을 식민지로 삼는 일은 이탈리아도 그러했듯 오랜 시간 사람이 살던 지역을 식민지화하는 것보다 더 힘들었다. 주앙 1세는 전염병의 창궐과 무어인들의 이탈 이후 인구가 줄어든 지역으로 사람들을 이주시키기 위해 이베리아인들이 만든 봉건 모델을 마데이라 제도에 적용했다. 왕은 두 개의 섬을 세 개의 세습 도독(都督)령으로 구분하여 섬에 인구를 늘리겠다는 조건 하에 그중 마데이라의 두 구역은 포르투갈인에게, 포르투산투의 나머지 한 구역은 이탈리아인(훗날 콜럼버스의 장인어른)에게 맡겼다. 토지는 사회계급에 따라 분배되었다. 대규모 단지는 정착하려는 소작농에게 계약을 통해 임대했다.

1420년과 1425년 사이, 최초의 정착민이 마데이라에 도착했다. 풍족한 목재와 수원, 양질의 흙은 정착민들이 고향에서 처했던 조건 이상의 환경을 누릴 기회를 주었다. 자연 그대로의 화산토로 비옥한 마데이라의 흙에서 자란 나무와 풍부한 곡물은 둘 다 부족한 포르투갈로 수출되어 수익을 남겼다. 그러나 섬에는 흙을 비옥하게 할 거름을

배출할 가축이 거의 없었기 때문에 초기의 풍족했던 수확량은 점차 줄어들었다.[48]

마데이라의 소농과 소작농 들에게는 대체 상품이 필요했다. 때마침 제노바 상인들이 사탕수수를 들여왔다.[49] 1450년경까지 설탕은 수익성이 높았기 때문에 마데이라 주민들은 섬에서 가장 비옥한 거의 모든 땅에 사탕수수를 심었으며 그 어느 때보다 많은 설탕을 유럽으로 실어 날랐다. 하지만 마데이라에는 수요를 맞출 노동력이 부족했다. 제노바인들은 무엇을 해야 할지 알았다. 제노바인을 비롯한 유럽인들은 관체인, 모로코인, 베르베르인, 아프리카 흑인 노예들을 마데이라로 데려왔다. 수수 농장은 몇 세기 후 아메리카에서 대규모로 운영될 플랜테이션보다는 키프로스와 시칠리아의 선조들이 운영하던 것과 비슷했고 비교적 작은 규모를 유지했다. 숲은 쓰러져 밭이 되었고 나무는 잘려 나가 사탕수수 당밀을 끓였다. 이베리아 반도에서 무어인들이 사용하던 시스템을 바탕으로 노예들이 파낸 수로로 구성된 광범위한 관개 시스템은 밭과 공장에 물을 공급했다.[50] 16세기 초가 되어 황폐해지고 고갈된 밭은 다시 가축 떼를 위한 목초지가 되었다. 장작도 부족해졌다. 설탕 생산은 내리막길을 걷기 시작했다. 마데이라인들은 더 잘 팔리는 와인을 생산하기 위해 수수밭을 갈아엎어 포도밭으로 바꾸었다. 그러나 토지의 비옥함을 되돌리지는 못했다. 노예 소유주들은 노예를 풀어주거나 외지에 팔았다. 1600년경, 마데이라는 거의 대부분의 다른 포르투갈 지역과 매우 비슷해져 있었다.[51]

마데이라의 경제를 장악한 건 외국인들이었다. 설탕 생산의 전성기 동안 제노바와 피렌체의 상인과 은행가 들은 직간접적으로 설탕 무역의 78퍼센트를 통제했다. 제노바인들은 지중해의 시장들로 설탕을 가져갔고, 포르투갈과 플랑드르, 프랑스 상인들은 벨기에의 항구도시 앤트워프로 설탕을 가져가 북유럽에 유통했다. 제노바인들은 마데이라에 정착해 그 지역 출신 여성과 결혼했고, 섬에서도 손꼽히는 대규모 부동산의 상당수를 손에 넣었다. 콜럼버스도 그중 하나였다. 그는 1478년, 첸투리오네 가문의 중개인으로서 제노바에 설탕을 수출하기 위해 처음으로 마데이라에 발을 디뎠다. 포르투산투 선장의 딸과 결혼한 콜럼버스는 포르투갈 궁과의 중요한 인맥을 얻었고 덕분에 그는 식민지의 최대 지주 중 한 명이 될 수 있었다.[52]

마데이라 설탕 산업의 수익성은 지중해에서 같은 업에 종사하던 이들의 수익성을 훨씬 뛰어넘었다. 현금이 부족했던 포르투갈 왕실은 이를 깨닫고 다른 식민지 섬에서도 사탕수수를 기르려 했지만, 아소르스는 너무 북쪽에 있었고 카보베르데는 건조했다. 스페인도 마찬가지로 설탕으로 수익을 얻고자 했다. 1490년대, 제노바와 마데이라인들은 스페인의 카나리아 제도에 사탕수수를 심고 노예를 들여왔다. 제노바인들은 카나리아 제도에 와서 다시 설탕 생산과 무역을 독점하려 했다. 1510년대, 금이 바닥난 뒤 설탕 산업을 키우기 위해 히스파니올라 정부는 공장 건설 전문가들을 카나리아 제도로 파견했고 제노바인들의 투자 자본을 구했다.[53]

1480년경, 포르투갈인들은 오늘날 가봉의 해안에서 적도를 따라 서쪽으로 떨어져 있는 상투메라는 또 다른 섬을 발견했다. 상투메는 모든 것을 바꿔 놓았다. 왕은 엘미나에서 출발해 유리한 바람을 타고 포르투갈로 돌아오는 항로상에서 이 섬이 지닌 전략적 가치를 깨달았다. 노예를 주로 데려오는 해안가와도 가까웠다. 식민지화만이 섬을 확실히 소유할 수 있는 방법이었다. 초기에 들어온 소식에 따르면 이 섬도 마데이라와 비슷한 곳이었다. 커다란 화산섬에 사람이 살지 않으며 땅은 비옥하고 물을 대기에도 좋았다. 수목도 울창했다. 시험 삼아 심어 본 수수는 유럽인들이 지금껏 본 적 없는 크기로 자랐다. 포르투갈은 그곳을 도독령으로 삼아 정착하여 사탕수수를 심고 정착민과 투

자자들을 불러 모을 계획을 세웠다.[54]

그러나 포르투갈은 곧 상투메가 마데이라와는 전혀 다르며 정착하려면 특별한 조치가 필요하다는 사실을 깨달았다. 6,000킬로미터 이상 떨어진 섬에 새로 터전을 잡으려는 정착민은 거의 없었다. 1485년에 입도한 최초의 정착민들은 거의 대부분이 열대지방 풍토병으로 사망했고, 섬 개간 사업은 중단됐다. 1493년, 포르투갈 왕실은 궁여지책으로 대부분이 1492년 카스티야에서 추방된 유대인 피난민 중 죄수와 아이로 구성된 탐험대와 함께 물자를 충분히 실어 섬으로 보냈다. 병을 이기고 살아남은 이들에겐 면역력이 생겼지만 공장을 지을 자본이 부족했기 때문에 사탕수수는 부수적인 상품에 머물렀다.[55] 1515년, 아프리카 연안에서 금이 넘쳐나자 왕은 공장에 투자했다. 소위 신교도라 불리는 개종한 포르투갈계 유대인들과 연결되어 있는 유대인 정착민들에게서 점점 더 많은 자본이 나오고 거래가 이루어졌다. 유대인들은 기독교도와 이슬람교도 사이에서 성사되는 거래에 난 작은 틈에서 수 세기를 살아남아 번성해 지중해 곳곳에 그들만의 공동체를 형성했다. 신교도들은 유럽의 모든 주요 교역의 중심지와 연결되는 혜택을 누렸다.[56]

상투메의 사탕수수 생산은 이내 후기 식민지 시대 미국의 모습과 비슷해졌다. 인근 본토에서 데려온 노예들이 설탕 플랜테이션에 투입되었고 부유한 소유주들은 리스본에 살았다. 특이하게도 상투메의 경우, 일부 투자자와 몇몇 부유한 농장주는 흑인 콩고인이었다. 콩고에도 유사한 노예 농업 시스템이 있었다. 다만 노예들은 수출용 설탕을 생산하는 게 아니라 식용 작물을 농작했다.[57] 서아프리카 해안 지역에는 사탕수수 재배에 맞는 토지가 부족했다. 그렇지 않았다면 아프리카인들이 먼저 설탕 생산을 시작했을 것이다.[58] 소유주와 투자자 들은 전문적인 관리자가 운영하고 수백 명의 노예를 투입하여 국제 시장에 팔 상품을 생산하기 위해 수수밭에서 공장에 이르기까지 대규모 산업시설을 지었다. 최초로 사탕수수 플랜테이션 사업은 재배는 물론 산업적인 생산 단계 모두 노예의 노동력에 의존하게 되었다. 그리고 또 최초로, 모든 노예가 아프리카계 흑인으로 구성되었다. 수적 열세인 유럽인들은 노예들이 섬 내륙의 숲이 우거진 산으로 도망치는 수밖에 없다는 점을 이용해 잔인한 방식으로 그들을 통제했다. 그러나 16세기가 끝날 무렵 몇 안 되는 유럽인들은 끊임없이 일어나는 폭력적이고 치명적인 반란에 직면해야 했고 그로 인해 상투메의 설탕 호황기는 끝이 났다. 이후 상투메의 주된 사업은 노예 무역이 되었다.[59]

상투메는 유럽의 식민지화 방식을 잘 보여준 사례다. 바버라 솔로우$^{Barbara\ Solow}$가 보여준 바와 같이, 모든 유럽 권력은 아메리카로 정착민을 불러모으는 데 무척 애를 먹었다. 아주 멀리 떨어진 본토의 부를 늘려 주기 위해 기꺼이 판매용 작물을 기르겠다는 이는 거의 없었다. 노예가 아닌 자유민의 노동이 주가 되는 식민지는 모두 큰 이익을 내지 못했고 대부분 완전히 망했다. 정착민들은 노예를 이용해 식민지 인구를 늘리고 그에 따른 결과도 노예들이 책임지게 했다. 이 때문에 1840년대까지 아메리카 대륙에는 유럽인보다 아프리카인이 훨씬 더 많았다.[60]

히스파니올라의 설탕 산업도 호황에서 불황으로 돌아서는 주기에 접어들었지만, 상황이 다소 달랐다. 콜럼버스는 히스파니올라에 설탕을 가져왔지만 공장을 세울 자본과 기술이 부족했다. 식민지 주민들은 어찌 되었든 관심이 없었다. 에르난도 코르테스 역시 1504년 히스파니올라에 도착해 이렇게 말했다. "나는 여기 금을 찾으러 왔지 땅을 갈러 온 것이 아니오."[61] 1510년대, 금이 바닥나자 유럽에선 사탕수수 사업을 시작했고, 많은 제노바인이 여기에 참여했다. 코르테스가 아즈텍 제국을 정복한 뒤 식민지 정착민들은 멕시코로 모여들었다. 히스파니올라의 타이노족 사람들은 학대와 유럽발 질병으로 죽었다. 사탕수수 재배를 위한 노동력을 얻기 위해 노예 상인들은 카리브의 섬들과 바하마를 급습했다. 멕시코와 파나마에 새롭게 선 여러 설탕 플랜테이션에도 노동력이 필요했다. 1527년부터 1548년까지 노예 상인들은 밭을 갈고 공장에서 일할 인력을 충원하기 위해 인근 국가의 주민들을 100만 명 이상 포획했다.[62] 그러나 죽음이 곳곳에서 원주민들을 쓸어가고 있었다. 1520년이 되자 아프리카에서 출발한 노예선이 도착하기 시작했다. 1535년 이후에는 포르투갈계와 안달루시아계 제노바 상인들이 노예선을 주기적으로 상투메에서 카리브해 지역으로 보냈다.[63]

그러나 스페인 왕실은 멕시코와 페루를 정복한 이후 설탕의 가치를 그리 중요하게 여기지 않았다. 히스파니올라는 변방으로 전락했다. 수 세기가 지나 본토의 은광이 쇠락한 뒤에야 설탕은 다시 주목을 받았다.[64]

브라질

스페인을 위한 콜럼버스의 항해는 포르투갈과 잠재적인 갈등을 유발했다. 자국의 이익을 보호하고 평화를 유지하기 위해 1494년 양국은 토르데시야스 조약을 체결했다. 해당 조약은 포르투갈령 카보베르데 제도와 스페인령 앤틸리스 제도 사이에 있는 자오선을 기준으로 두 제국을 분리했다. 1500년, 북동 무역을 위해 항해하던 포르투갈 함대가 인도를 향해 동쪽으로 방향을 틀기 전 자오선의 동쪽, 포르투갈 영역에서 브라질을 발견했다. 귀한 적색 염료를 위한 브라질 소방목^{蘇方木}을 비롯해 몇몇 열대 지역 상품을 제외하면, 브라질은 관심을 끌 만한 금이나 은 등의 시장성 있는 상품이 없는 곳이었기 때문에 당시 포르투갈은 브라질에 대한 소유권을 주장하지 않고 있었다. 그러던 중

1555년, 위그노(프랑스 칼뱅파교도)들이 오늘날의 리우데자네이루에 식민지를 건설하자 이에 놀란 포르투갈은 브라질이 자국의 식민지임을 주장했다. 왕실은 브라질을 다시 여러 도독령으로 나누었다. 섬에서 나누던 것과는 규모가 확연히 다른 브라질의 각 지역에서 도독령 체계는 성공적이지 못했고 왕실은 다시 통치권을 가져왔다.

브라질은 아메리카 대륙에 확산될 플랜테이션 식민지의 시작점이었다. 금과 은을 찾아 떠난 탐험에서 빈손으로 돌아온 후 이단심문^{*}을 피해 브라질로 도망친 신교도들을 비롯한 브라질 페르남부쿠주와 이후 바이아주의 개척자들은 수익성이 높은 설탕 산업을 시작했고, 덕분에 정착민의 수는 늘었으며 남는 수익은 식민지 개척 비용이라는 이름으로 리스본에 보냈다. 본국에서 불하한 무상 토지는 공장으로 둘러싸인 대규모 농장으로 변했고, 온난하고 습한 기후 속 비옥한 강가의 저지대에서 자란 수수는 고품질의 설탕이 되었다. 좀 더 작은 규모의 농장주와 소작인들도 사탕수수를 길렀으며 대규모 농장의 공장에서 이를 설탕으로 가공했다. 17세기 초, 공장들은 더 효율적인 기술을 도입했다. 노동자들은 수수를 짧은 길이로 잘라 으깨는 대신, 수수 하나를 통째로 세 개의 수직 롤러 사이에 넣어 앞뒤로 밀고 당겼다. 수수를 으스러뜨리는 방식을 채택한 덕분에 작업의 효율성이 높아졌다. 이에 따라 가공 과정의 효율성을 높여 버려지는 사탕수수 즙도 최소화해야 했다. 기존에는 거대한 하나의 가마솥만 사용했지만, 곧 비교적 크기는 작으나 더 뜨겁게 달굴 수 있는 여러 개의 가마솥을 활용하는 체계로 바뀌었다. 노동자들은 농축된 사탕수수 즙을 가마솥에서 가마솥으로 떠 담았다. 17세기까지 브라질의 설탕 생산량은 포르투갈 향료 무역이 창출하는 가치를 넘어섰다.[65]

---

* 중세 이후 로마 교황청에서 정통 기독교에 반하는 사람들을 재판하던 제도.

플랜테이션 노예제는 매우 생산적이었지만 끔찍할 정도로 잔혹했으며, 생태학적으로 지속 가능하지 않았다. 설탕 생산이 확대되면서 노동력 수요도 함께 늘었다. 노예제는 판매용 작물을 생산함에 있어서 자유민의 노동보다 훨씬 더 효율적이고 수익성이 높았다. 농장 소유주들은 그들의 일꾼들을 조직하고 훈련할 수 있었고, 더 많은 노예를 더 오래 일하게 했으며, 더 많은 설탕을 생산했다(이후에는 담배, 코코아, 커피, 목화, 쌀, 인디고*까지 생산했다). 맨땅에서 돈을 긁어모으는 데 이보다 더 효율적인 시스템은 없었다.[66]

그러한 수익을 내기 위해선 엄청난 인적 대가를 치러야 했다. 인디언 노예들은 반데이란테스(노예 사냥꾼)와 질병이 내륙에 있는 원주민의 뿌리를 거의 뽑아 버릴 때까지 노동력을 제공했다. 1570년대, 노예가 된 인디언들은 왕실과 교회에 적대적인 태도를 보였다. 토지 소유주들은 사람을 꽉꽉 채워 마데이라와 상투메에서 출발한 배를 타고 건너온 아프리카인 포로들을 사기 시작했다. 초기에는 데려오는 속도가 느렸지만, 이후에는 매년 수천 명이 도착하기 시작했다. 대서양을 건너는 위험한 여정에서 살아남은 아프리카인의 거의 절반이 브라질에 내려 노예가 되었다. 몇 되지 않는 유럽인 소유주와 감독관 들은 폭력과 공포를 활용해 노예 노동자에 대한 통제력을 유지했다. 노예 플랜테이션의 환경은 너무나도 참혹하고 혹독했기 때문에 대부분의 유럽 농장 식민지의 사망률은 출산율보다 높았다.[67]

설탕 생산이 지불해야 했던 또 다른 값비싼 대가는 환경이었다. 가장 직접적인 타격을 받은 것은 습하고 비옥한, 생태학적으로도 풍부한 대서양림이었다. 대서양림은 원래 브라질 해안을 따라 3,200킬로미터 넘게 뻗어 있고 내륙 깊은 곳까지 펼쳐진 숲이었다. 대서양림에서는

---

* 남색을 내는 천연염료.

수천 년 동안, 특히 포르투갈의 눈에 띄기 천년 전, (대부분의 역사 기록에 따르면) 공격성이 강한 식인 투피족이 대륙에 도착한 이래로 화전 농업이 지속되어 왔다. 그 결과 다양성과 생물량이 감소했다. 포르투갈은 어마어마한 수의 비토종 생물군을 들여왔다. 포르투갈에서는 기독교 의식을 위한 소, 감귤류 과일, 쌀, 밀, 포도가 함께 들어왔다. 아프리카에서는 참마, 바나나, 생강, 오크라 등의 열대 식물이 들어왔다. 투피족은 일부 작물을 꽤 좋아해, 바나나와 사탕수수는 유럽인을 전혀 본 적 없는 깊은 내륙 지방의 원주민에게도 퍼졌다.

<그림 4> 윌리엄 클라크(William Clark) 작 안티과 섬의 열 가지 풍경(Ten Views of the Island of Antigua) - 런던, 1823년, '수수 구멍내기'하는 모습. 위의 석판화에서 볼 수 있듯, 사탕수수 재배는 수많은 노동자를 필요로 하는 수익성 높은 사업이었다. 전경에 보이는 일하는 노동자 무리와 더불어 뒤편에 있는 풍차 근처에도 또 다른 무리가 일하고 있다. 전경의 노동자들은 길게 늘어뜨린 줄에 맞춰 박은 말뚝을 따라 사각형의 구멍을 내고 있다. 구멍에는 그림 좌측의 우리 속 동물의 분뇨를 채운 뒤 사탕수수를 심는다. 수수 으깨는 작업을 하는 풍차는 네덜란드 기술의 영향을 받았음을 시사한다. (존 카터 브라운 도서관 제공)

정착민도 노예도, 환경 파괴에는 주의를 기울이지 않았다. 열대림

은 비옥함이라는 환상을 심어주었지만, 농업은 빠르게 열대 토양을 고갈시켰다. 범람원과 강 인근의 토양은 빠르게 고갈된 고지대보다 훨씬 더 비옥했다. 포르투갈인들은 아메리카 원주민과 아프리카인이 활용하는 방식으로 개간지를 태우고 재가 섞인 비옥한 땅에 식물을 심었고, 땅이 황폐해지면 다른 지역으로 이동했다. 모든 나무는 왕실 소유였기 때문에 토지 소유주들은 나무를 베어 팔지 못하고 태울 수만 있었다. 설탕 생산량이 늘자 공장을 가동하는 데 필요한 연료 수요도 높아졌다. 해외로 설탕을 실어 나르는 상자를 만들기 위한 수만 그루의 나무에 대한 수요는 말할 것도 없었다. 갈수록 숲에서 얻을 수 있는 땔감은 줄어들었다. 그러나 숲은 거대하고, 다양한 생물로 가득하며, 오랜 세월을 살아 남아 왔다. 식민지 정착민들은 나무를 무자비하게 잘라냈다.[68]

라틴아메리카의 광산들

귀금속은 설탕을 제치고 아메리카 대륙 식민지의 가장 수익성 높은 수출품이 될 것이었다. 금과 은이 이탈리아 제국과 무역에 자금을 제공했기 때문에 이베리아 제국들에 큰 규모의 보조금을 지급했다. 아메리카 대륙에서 난 은과 금은 유럽인의 아메리카 대륙 정착 속도를 높였고, 동방과의 무역 대금을 지불했으며, 홍수처럼 쏟아지는 화폐로 세계 경제의 발전 속도를 높였고, 유럽을 산업자본주의로 이끌었다. 하지만 리스본과 세비야는 수익성 높은 지역 산업과 금융 기관이 있는 베네치아, 제노바와는 달랐다. 포르투갈과 스페인이 쌓은 부는 대부분 무역이나 자원 채취, 즉 땅이나 숲, 광물을 판 데서 온 것이었다. 이베리아 반도의 부와 권력, 영광은 제국과 함께 쇠락했다. 대신 금융과 제조업의 중심지가 앤트워프와 암스테르담, 런던으로 옮겨가기 시작했다. 그리고 이베리아 반도가 아닌 이 신흥 중심지에서 산업 혁명이라는 위대한 경제 변화가 일어나게 된다. 현재 라틴아메리카의 은과 금은 대부분 사라졌지만, 환경에 남은 흉터는 앞으로도 몇 세대 동안 그대로 남아 있을 것이다.

콜럼버스가 바랐던 신세계의 엘미나는 1506년 그가 죽기 전까지도 나타나지 않았다. 1545년, 스페인인들이 우연히 오늘날의 보고타에 해당하는 포토시^{Potosí}의 황량한 고원에서 은광맥이 있는 산을 발견했다. 2년이 지난 1547년, 이들은 멕시코 사카테카스^{Zacatecas}의 척박한 고원에서 '배꼽'처럼 튀어나와 있는 은광맥 언덕을 발견했다.[69] 이 두 지역은 곧 전 세계 은광의 총생산량보다 더 많은 은을 생산하게 된다. 거의 두 세기가 지난 뒤 포르투갈은 그렇게 찾던 그들만의 엘미나를, 풍부한 금 매장지를 브라질에서 발견한다. 아메리카 대륙은 1550년부터 1800년까지 전 세계 은의 80퍼센트, 금의 70퍼센트를 생산했다.[70]

포토시의 은은 스페인으로 쏟아져 들어왔다. 1570년쯤 양질의 은이 바닥나자 스페인인들은 수은 아말감법을 도입해 깨지고 바스러진 돌에서 은을 분리했다. 오늘날의 페루에 있는 우앙카벨리카의 노천광이 여기에 필요한 수은을 공급했다. 포토시와 우앙카벨리카의 지역 주민으로 구성된 노동력이 무급 노동자들과 함께 땅을 팠다. 아프리카 노예들은 귀한 노동력이라 광산에서는 부릴 수 없었다.

은빛 제단 앞에 인간의 목숨과 자연이 희생되었다. 수은 증기는 포토시와 우앙카벨리카의 대기를 오염시켰다. 건강 문제와 높은 사망자 수는 다른 곳에 비할 바가 못 되었고, 인디언들은 노동을 피해 지역을 떠났다. 해당 지역 주민들은 지금도 주변 환경과 토양, 대기에 스며들어 있는 수은으로 인한 수많은 신경학적 문제, 발달 문제를 비롯한 여러 건강 문제로 고통받고 있다. 1590년대, 우앙카벨리카의 노천광에서는 더 이상 작업을 할 수 없었다. 노동자들은 수은이 포함된 선홍색 광맥을 따라 마구잡이로 터널을 파고 들어갔다. 17세기 초, 알마덴에서 온 전문가들이 환기 통로를 뚫어주기 전까지 그들이 만든 환기도 되지 않는 미로에서는 광물을 캐기도 힘들었을뿐더러 작업 환경은 건강에 유해했다. 결국 수은이 부족해졌고, 이드리야의 새 광산에서 나는 수은을 베네치아를 경유해 수입해야 했다. 1630년대, 광물에서 수은을 추출하는 방법을 개선하고 나자 우앙카벨리카의 생산량이 증가했고 노동자의 건강도 나아졌다.[71] 하지만 그 결과 포토시와 우앙카벨리카 주변 수 킬로미터에 걸쳐 나무가 모두 베어져 용광로와 제련 작업에 투입되었고, 결국 벌거벗은 산만 남았다.[72]

멕시코 사카테카스의 거대한 광맥은 건조하고 사람이 살지 않는 평원에 솟아올라 있었다. 투입할 인근 지역의 노동력이 없었기 때문에 스페인은 인디언(보통 유목민족인 치치멕족이나 '일반 전쟁'에서 데려온 이들)을 노예로 부렸다. 곧 아프리카인이 인디언 노예의 자리로 들어와 일자리를 찾아 남쪽에서 온 무급 인디언 노동자와 함께 일하기 시작했다. 사카테카스에서는 아말감법이 광범위하게 사용되었다. 가열 중인 아말감 위에 달린 금속 종에 모인 수은은 응결되어 가장자리로 흘러 내려왔고, 다음 작업에 다시 사용되었다. 하천이 없어 수력을 활용할 수 없었던 탓에 노새를 활용하거나, 아니면 아프리카 노예들이 펌프질과 제련 작업에 동력을 공급해야 했다. 광부들은 광석과 암석 폐기물을 등에 짊어지고 긴 터널을 따라 지상까지 힘들게 운반했다.

광산업이 환경에 미친 영향은 거대했고 오래도록 지속됐다. 매해 수백 톤의 수은이 대기와 토양에 섞여 들어가거나 하천을 따라 흘러 내려가 상수도와 강둑을 따라 위치한 강가 인근 지역을 오염시켰다. 지금도 토양에는 수은과 은, 금이 남아 있어서 1920년대부터 기업들은 이를 추출해 오고 있다. 그리고 그 과정에서 더 많은 수은을 대기로 방출하고 있다.[73] 노동자들은 몇 없는 지역의 산비탈과 협곡의 나무를 베어 제련과 아말감 작업, 조리, 광산 장비, 건설에 사용했는데, 광산을 받치는 돌이 단단한 덕분에 버팀목 설치를 위한 목재의 필요성은 그나마 적었다. 아말감 처리에 들어가는 소금은 동부의 염전에 인력을 투입해 얻었다. 수은은 스페인 알마덴에 있는 광산에서 선박과 노새가 끄는 짐수레를 통해 들여왔지만, 늘 양이 충분치가 않아 일부는 우앙카벨리카에서 가져와야 했다.[74]

두 광산에서 난 어마어마한 양의 은이 세계 무역 시장으로 흘러 들어간 결과 세계 경제는 재편되었으며, 이는 현대 세계 자본주의의 기반을 다지는 데 일조했다. 스페인은 무수히 많은 페소를 찍어냈고 이 화폐는 19세기까지 국제 무역의 표준 통화로 통했다. 스페인은 그들의 보물 함대가 들여오는 은과 금을 그때그때 써버렸다. 페소는 유럽을 통과해 지중해를 거쳐 오스만 제국과 페르시아, 인도까지 퍼졌고, 대개 중국에서 녹아 은괴가 되면서 제 역할을 마무리했다. 고대 그리스의 드라크마나 중세 베네치아의 두카트처럼 통화는 그것을 주조한 국가에서 멀리 떨어진 곳과의 거래를 원활하고 빠르게 진행되도록 해 주었다. 페소는 설탕부터 고급 도자기에 이르기까지 다양한 상품의 생산을 촉진했고 일부 지역의 부와 자본을 점점 더 늘려주었다.

하지만 결과적으로 스페인은 큰 이득을 보지 못했다. 브라질을 제외한 중남미, 즉 스페인령 라틴아메리카 지역은 본국보다 더 상업적이고 덜 봉건적이었으나 스페인은 오로지 은만 원했고 다른 산업들은 무시했다.[75] 스페인 제국의 경제는 놀랄 만큼 자족적이었고 금속과 고가의 붉은 색소인 코치닐 같은 일부 상품을 제외하고는 수출품이 거의 없었다. 멕시코 들판의 풀을 휩쓸고 있는 양 떼로는 국내 소비만을 위한 양모를 생산했다.[76] 스페인 자체도 봉건적인 사고방식으로 인해 무역과 산업의 가치는 높게 평가하지 않았다. 스페인의 주요 상품인

메리노 양모는 타국의 방적기에 쓰였다. 스페인에는 회사나 전문업체, 은행, 금융기관, 계약을 집행할 상업용 법률 시스템과 같은 자본주의를 구성하는 구조가 부족했다.[77]

제노바가 스페인의 은행 역할을 담당했다. 스페인의 은은 제노바로 흘러 들어갔고 유럽 전체와 근동 지역의 상품 대금을 지불하는 데 쓰였다. 제노바가 발전한 것은 물건을 싣고 들어오는 함대보다는 은행 금고 덕분이었다. 그러나 제노바 은행업의 운명은 스페인의 발전과도 엮여 있었다. 계속된 전쟁으로 스페인은 1557년부터 1666년 사이 아홉 번이나 파산했다. 제노바는 그런 손실을 감당할 수 없었다. 스페인의 제일가는 상인 가문이 몰락했을 때 스페인이 기댈 무역 기업은 더 이상 없었다. 그렇게 제노바는 역사의 중심에서 변방으로 밀려났다.[78]

다음은 포르투갈의 차례였다. 1690년, 브라질 노예들이 오늘날 미나스제라이(일반 광산$^{General\ Mines}$)주에 있는 오루프레투$^{Ouro\ Preto}$(검은 금$^{Black\ Gold}$) 인근에서 남아메리카 최대 규모의 금 매장지를 발견했다. 머지않아 45만 명의 포르투갈 이민자들이 50만 명의 아프리카 노예들을 이끌고 이곳으로 모여들었다. 금은 하천의 겉흙과 자갈 사이에 묻혀 있었다. 금광 지역 출신 아프리카인들은 포르투갈인들에게 사금 채취법을 알려주었다. 뜨거운 열대지방의 태양 아래 차가운 물에 서 있는 건 다소 힘들었지만 은광 안에서 일하는 것보다는 건강에 좋았다.

토양은 이곳에서도 다시 한번 큰 환경적 대가를 치렀다. 미나스제라이에서 사금이 발견된 후 광부들은 하천 바닥을 샅샅이 훑었다. 댐을 세웠고 물길을 바꿔 겉흙을 씻어 내고 가벼운 자갈은 분리해 더 무거운 금만 남겼다. 다른 곳에서는 아프리카에서 그랬던 것처럼 노예들이 땅을 파 금이 포함된 자갈을 노출시켰다. 빽빽했던 숲은 마치 달 표면처럼 허허벌판이 되었고, 침식과 홍수로 몸살을 앓아 황량해진 땅 곳곳은 우묵하게 패였고 자갈산이 쌓였다. 수은 아말감 처리법은 품질

낮은 광석에 사용된 방식이었지만, 그것이 어떤 환경적 영향을 어느 정도 남겼는지는 아무도 모른다고 워런 딘$^{Warren\ Dean}$은 말한다. 더욱이 광부들은 식용 작물을 키울 밭을 만들기 위해 더 많은 대서양림을 불태웠다. 농업이 인근 토양을 황폐화하면서 노새는 더 먼 거리에서부터 식량을 짐수레에 싣고 왔다.[79]

포르투갈 경제 역시 겨우 스페인만큼 발달했을 뿐이었다. 노예제도와 무력에 의한 강압적인 권력이 수 세기간 포르투갈의 경제 활동에 큰 영향을 미쳤다. 경제 정책은 국민이 아닌 상인과 군부 고위직의 배만 불렸다. 금, 설탕, 향료는 리스본을 거쳐 다른 곳으로 떠났다. 국가 내에서 부를 창출하고 분배할 산업이나 은행업은 발달하지 못했다. 포르투갈의 농업은 정체 상태였다. 포르투갈은 1990년대까지 소작농의 국가로 남아 있었다.[80]

이탈리아 제국들은 무역상에 의해 세워졌고 이베리아 반도의 제국들은 십자군에 의해 세워졌다. 땅과 기계, 노예 노동에 자본을 투자하는 농장자본주의는 산업자본주의로 이어지지 못했다. 포르투갈의 사탕수수 재배자들은 복식부기를 작성하거나 이탈리아 사업가들처럼 행동하지 않았다. 브라질에서 난 금의 80퍼센트는 포르투갈의 동맹국이자 주요 거래국인 잉글랜드로 흘러 들어갔다. 포르투갈 산업이 자본에 목말라 허덕일 때, 잉글랜드에서 금은 무역과 은행업, 산업을 활성화했다.[81] 유럽 북부의 산업은 예기치 못한 방향으로 흘러가려 하고 있었다.

3장

석탄과 기계라는 경이

리스본에서 북으로 약 2,000킬로미터, 제노바에서는 약 1,600킬로미터 위에 있는 곳에는 서유럽의 최빈국, 스코틀랜드 글래스고가 있었다. 1492년에는 2,500명의 주민이 거주하던 서늘하고 습한 서쪽 해안가 동네였다. 제노바와 이베리아 탐험가와 상인 들은 배를 타고 전 세계를 누볐지만, 절인 청어를 수출하는 이 항구에만큼은 거의 정박하지 않았다.[1] 그런 곳에서 1765년, 제임스 와트라는 한 젊은 기구 제작자가 열에너지를 활용해 막대한 산업 동력을 얻는 방법을 발견했다. 이탈리아 자본주의의 중심인 피렌체나 베네치아에서 실험을 하던 갈릴레오도, 무역의 중심지인 세비야나 리스본의 제국에서 이런저런 발명을 하던 헤로니모 데 아얀스도, 암스테르담 또는 런던에서 발명을 하던 크리스티안 호이겐스Christiaan Huygens도 이루지 못한 업적이었다.

유럽 문명의 거의 끝자락에서 생각하고 실험하던 냉철하고 성실한 젊은 기술자 와트는 지구의 운명 자체를 뒤바꿀 에너지 혁명의 역사를 썼다. 노벨상을 수상한 네덜란드인 화학자 파울 크뤼첸[Paul Crutzen]과 미시간 대학교의 유진 스토머[Eugene Stoermer]가 2000년, 처음으로 인간이 '인류세[Anthropocene]'를 살고 있다고 주장했다. 이들은 인류세의 시작을 정확히 1784년으로 꼽았는데, 바로 와트가 증기기관을 완성한 해였다.[2] 1784년 이후 석탄은 산업혁명에 점점 더 큰 동력을 제공했고, 오늘날에 이르러서도 세계 경제의 상당 부분에 동력을 제공하고 있다. 그러면서 전 세계에 8,000억 톤의 이산화탄소를 방출해 왔다. 크뤼첸과 스토머는 이것이 충분히 지구 기온을 높일 만한 양이라고 주장했다.[3]

언뜻 보면 글래스고 같은 도시가 자본주의의 방향을 전환해 산업 시대로, 그리고 전 세계 환경 위기로 이어질 중대한 발견을 이끌어 냈다는 사실이 선뜻 와닿지 않는다. 안토니누스 방벽의 끝자락, 클라이드만에 있는 지역에 로마 문명은 개척자로서 아주 희미한 존재감만을 행사했다. 고대 그리스와 로마의 뿌리에서 중세 이탈리아의 공화국을 거쳐 위대한 이베리아 반도의 세계 제국에 이를 때까지 글래스고는 쭉 세계 경제의 변방에 있었다. 청어 무역을 제외하고 글래스고가 내세울 수 있는 것이라곤 대주교뿐이었고, 그나마 1451년이 되어서야 여기에 대학교(글래스고 대학교)가 추가되었다.[4]

글래스고가 와트의 화려한 성공과 부, 명성을 위한 발판으로 전환된 것은 농장자본주의와 제국주의, 무역, 광업, 제조업, 그리고 막 시작된 산업자본주의는 물론, 세계 역사에 새롭게 등장한 지적·도덕적 세력과 급진적인 개신교 등 다양한 부문에서의 발전이 긴밀하게 융합한 덕분이었다. 전에 없이 번창하고 커진 글래스고에서 와트는 자유주의적 자본주의를 주창한 위대한 사상가 애덤 스미스, 그리고 이산화탄소와 숨은열을 발견한 과학자 조지프 블랙[Joseph Black]과 친구가 되었다. 인류세 지구온난화의 탄생에 이보다 더 어울리는 3인조는 떠올리기 어렵다.

급진적 개신교를 받아들였으며 세계에 산업자본주의를 불러온 기계 혁명을 이루어 낸 브리튼 섬의 남북으로 넓게 뻗은 지역은 버밍햄에서 시작해 맨체스터를 지나 북쪽의 글래스고까지 이어졌다. 권력과 금융, 문화의 중심지 런던에서 멀리 떨어진 브리튼 섬의 북서쪽의 변방, 석탄 매연으로 구름 낀 하늘에서 경제 변화를 향한 폭풍이 불었다. 그 폭풍은 전 세계의 하늘도 어둡게 만들었다.

이탈리아·이베리아에서 네덜란드식 자본주의로

네덜란드와 이후 잉글랜드가 산업화의 주목을 받을 수 있게끔 발판을 마련해 주지 않았다면 스코틀랜드에서 증기기관이 발명될 일은 없었을 것이다. 네덜란드는 세계 경제의 주요 추진력을 이베리아 반도와 이탈리아에서 암스테르담으로 가져왔다. 네덜란드인들은 최초로 풍력과 화석 연료에 의존하는 산업을 형성했고, 아메리카 대륙에서는 상품농업과 플랜테이션 노예제가 확산됐다. 잉글랜드인들은 앞서 개척한 네덜란드에서 필요한 지원을 받은 후에야 성공적으로 식민지를 세울 수 있었다. 가난하고 힘없는 스코틀랜드에 잉글랜드 제국의 문을 개방한 18세기, 글래스고는 드디어 글래스고인이 와트의 실험에 자금을 지원할 수 있게 해준 미국 농장과의 무역을 시작했다.

콜럼버스가 서쪽으로 항해를 하던 무렵, 네덜란드와 잉글랜드는 스코틀랜드 못지않게 뒤처져 있는 상태였다. 암스테르담에는 겨우 8,000명이, 런던에는 50,000여 명 정도만이 살고 있을 뿐이었다.[5] 자연이 축복과 저주를 함께 내린 험난한 땅을 딛고 네덜란드식 자본주의와 제국이 먼저 발달했다. 중세 초기, 부분적으로는 봉건주의를 피하기 위해 사람들은 먼저 북해로 흘러 들어가는 라인강, 뫼즈강, 아이셀강, 셸드강 끝에 있는 습하고 축축하고 바람이 많이 불며 평평한 습지 삼각주로 모여들기 시작했다. 빙하기의 빙하와 강, 바람, 바다는 잦은 홍수와 폭풍 해일에 취약한 다양한 종류의 토양과 광범위한 이탄 지대를 남겼다. 네덜란드 대부분 지역의 영주는 존재감이 아주 미약했는데, 그들 영지에서 자라는 곡물이 춥고 습한 기후에서는 잘 자라지 않았기 때문이다. 그러나 이 강들은 바다에서 내륙으로, 그리고 긴 해안선을 따라 이어지는 편리한 운송 경로를 제공했으며, 덕분에 큰 수익을 내는 북해의 청어 어장과 발트해, 북극, 대서양으로 향하는 해양 경로에 접근할 수 있었다.

침수를 막기 위한 활동에서 자치 체제가 발달했다. 농부는 배수로를 파 밭에서 물을 빼냈다. 그러나 이탄 지역은 마르면서 크기가 줄어 소택지나 호수로 변했기 때문에, 물이 들어오는 걸 막기 위해 사람들은 낮은 둑을 세웠다. 라인강과 뫼즈강 유역 인근의 벌채는 홍수 위험을 높였다. 물길에 토사가 쌓이면서 수위가 높아졌고 마을 사람들은 주기적으로 둑을 더 높여야만 했다. 1,000년경, 홍수와 만조, 침수를 미리 막기 위해 마을 사람들은 힘을 합쳐 둑, 수문, 운하를 세우고 시설을 유지했다. 지역별 수자원 관리 위원회가 사람들의 활동을 조정하고 비용을 관리했다. 운하는 운송망도 넓혔다. 북부에선 농노 공화국이 생겨났고, 중부와 서부를 통치하는 백작과 주교 들은 상대적으로 자율적인 마을 주민들에게 군사 활동에 참여하지 않는 대신 개간을 하도록 장려했다. 염수가 강을 거슬러 올라오는 것을 막기 위해 세운 댐은 해상 및 내륙 상인들이 만날 장소를 제공했고 댐 주변에 마을이 생겼다. 이름에서 알 수 있듯, 암스테르담은 암스텔강[Amstel], 로테르담은 로테강[Rotte] 댐 주변에 형성된 마을이다. 16세기가 되면 이 지역의 자연은 원래의 모습을 거의 잃는다. 그리고 네덜란드에는 '자연스럽다'고 표현할 만한 지역이 거의 남지 않게 된다.

자연을 통제하려는 시도는 자본주의 시장 경제와 농업혁명으로 이어졌다. 농지를 개간하고 유지하는 데 드는 노력과 비용은 농부가 시장에 고부가치의 상품을 내놓을 때야 비로소 보상받을 수 있었다. 엘베강 동쪽에서 수입하는 곡물은 도심지 인근의 농부들을 해방시켰고, 이들은 가치가 높은 원예작물과 공예작물을 재배하는 데, 더 먼 곳의 농부들은 버터와 치즈를 생산하는 데 집중하도록 해 주었다. 다양한 유형의 흙과 용이한 운송 덕분에 농업이 전문화되었다. 농부들은 윤작 등의 혁신적인 방식을 시험하며 생산량을 늘려갔다. 그리고 낙농장에서는 거름을, 도시에서는 분뇨를, 맥주 공장에서는 찌꺼기를 사와 넓은 지역에 비료를 주었다. 이러한 집중적인 농업 활동들이 밀도 높은 인구를 뒷받침했다.

홍수로 인해 침수되는 농지를 지키기 위한 노력으로 네덜란드에서 토목 기술이 발달했다. 1408년에는 곡물용 풍차를 개조해 물을 퍼 올렸다. 100년이 지나자 100개도 넘는 풍차가 네덜란드의 밭에서 물을 빼내고 있었다. 비용이 많이 들고 복잡한 풍차라는 시설은 자본과 전문성을 요했다. 도시 상인들은 풍차에 투자해 호수와 간척지의 물을 빼 땅으로 만들어 농부들에게 빌려주거나 팔면서 농지에 한층 더 자본 집약적이고 이익을 기반으로 돌아가는 농업을 촉진하는 시장을 형성했다. 풍력 기반의 배수 시설이 농업 산업에 대한 막대한 투자와 개선을 이끄는 동안 선진화한 윤작 기술과 넘치도록 뿌린 비료 덕분에 네덜란드의 밭은 유럽 제일의 생산성을 자랑하게 되었다.

늘 곁에 있는 바다는 네덜란드인들이 낚시와 무역을 하도록 이끌었다. 네덜란드의 어선단은 북해에 있는 풍족한 청어 어장을 지배했다. 라인강 남부 인구 밀집 지역에 사는 플랑드르인들은 잉글랜드산 양모를 수입했고, 양모는 선대 제도˚를 통해 고급 면직물로 바뀌어 프

˚ 상인 자본가가 원재료를 제공하면 소규모 생산자나 수공업자가 이를 제품으로 가공해 상인에게 다시 팔고, 상인 자본가는 해당 물건을 시장에 내다 팔던 형태. 중세 말에서 근세 초 유럽에서 등장했다.

랑스 상파뉴에서 열리는 전시회에서 이탈리아 상인들에게 팔렸다. 1277년 처음으로 브뤼헤에 제노바 갤리선이 도착한 뒤부터는 이탈리아와 저렴한 가격으로 해상 무역을 시작했다. 브뤼헤는 점차 발전했고, 어쩌면 북부의 베네치아가 되었을 수도 있었을 것이다. 1500년경 유사가 항구를 덮치지만 않았어도 말이다. 앤트워프는 북부 유럽의 금융 및 무역 수도로 브뤼헤를 낙점하고 있었다. 설탕과 향료로 가득한 포르투갈의 카라크선과 은을 가득 실은 스페인의 갤리온선은 이베리아가 아닌 앤트워프에 짐을 내렸다. 15세기경, 네덜란드는 경제 활동으로 분주했고 유럽 대륙에서도 가장 도시화된 지역 중 하나였다.

1600년대까지 16,000대가 넘는 선박 위로 네덜란드 국기가 펄럭였는데, 이는 바다 위에 떠 있는 유럽의 다른 모든 국가의 깃발을 더한 것보다 많은 수였다. 세계 무역의 거의 절반이 네덜란드 항구를 통하면서 암스테르담 항은 유럽 전역에서 모인 수천 척의 돛대로 마치 바다 위에 선 빽빽한 숲과도 같았다. 네덜란드는 전에 없던 중요 자금 융통 및 기업 조직의 형태와 수단을 도입했다. 주식회사와 유한책임회사가 대표적이다. 높은 임금은 상당한 부가가치를 창출하는 산업을 장려했고, 네덜란드 제품은 훌륭한 솜씨와 품질이 보장된다는 평판을 얻었다. 네덜란드의 기술 혁신은 절정에 달해 17세기에는 전 세계 다른 모든 국가를 앞섰다. 가난한 독일인과 벨기에 왈롱인이 높은 임금을 좇아 네덜란드로 모여들어 운하의 바닥을 다지고 이탄을 팠다. 네덜란드에는 칼뱅주의로의 종교 통일을 강요할 정치적 단체나 권력이 없었다. 강력한 중앙 권력이 부재한 덕분에 자유로운 종교적 환경이 조성됐다. 유달리 관대한 종교 정책에 끌린 유능하고 숙련된 이민자들이 네덜란드로 모여들었다. 이베리아 제국에서 이민 온 유대인 상인들은 자본과 거래선을 함께 가지고 왔다. 1685년 이후에는 낭트 칙령의 폐지*를 계기로 도망친 수천 명의 프랑스 위그노 망명자가 자본과 공업 기술을 가지고 네덜란드에 도착했다.[6]

해외 무역이 화석 연료를 사용하는 수많은 에너지 집약적 산업들을 비롯해 국내 산업을 먹여 살렸다. 이베리아와 뒤이어 네덜란드, 그리고 마침내 잉글랜드와 프랑스 제국에서 온 상품과 은, 그리고 이익이 국내 산업에 투자할 자본을 제공했다. 풍부하고 값싼 에너지는 제조업을 촉진했다. 다른 국가에서는 육상 수송에 많은 돈이 드는 고갈 자원인 목재를 연료로 사용하는 동안, 네덜란드의 공업과 가정은 인근의 이탄이나 리에주Liege 또는 뉴캐슬에서 북해를 건너 수로를 타고 내려온 석탄의 열에너지를 사용했다. 사상 처음으로 에너지의 상당 부분을 화석 연료에 의존하는 (이탄은 오랜 기간이 지나야 재생하므로 더 정확히는 화석에 의존하는) 국가가 나타났다. 화석 연료는 설탕 정제, 맥주 양조, 벽돌 및 타일 가공, 도자기 제작(델프트 지역이 도자기로 특히 유명하다), 고래기름, 유리, 증류, 소금 등 다양한 수익성 높은 에너지 집약적 산업을 뒷받침했다.

공짜로 쓸 수 있는 풍력은 값싼 화석 연료를 보완했다. 수력은 충분한 높이에서 많은 양의 물이 떨어질 때만 (평지가 많은 국가에서는 찾기 어려운 지형이다) 활용 가능했다. 그러나 풍차는 필요한 곳은 어디든 세울 수 있었다. 산업용 풍차는 담배를 가공했으며 번성하는 인쇄업을 위한 종이도 만들었다. 조선업도 노르웨이, 발틱해, 독일에 있는 수백 채의 풍력 발전 공장에서 잘린 목재를 사용해 호황을 누렸다. 네덜란드 선박은 잉글랜드에서 건조된 선박 가격의 3분의 1이었다. 대부

---

* 1598년, 프랑스의 앙리 4세는 신교파 위그노에게 조건부로 신앙의 자유를 허용하는 낭트 칙령을 공포했다. 그러나 1685년, 루이 14세가 해당 칙령의 전 조항을 폐지하고 위그노의 종교적 자유를 모두 박탈했다.

분의 산업에서 저렴한 에너지를 쓸 수 있던 네덜란드에게 증기를 이용한 더 나은 전력원은 전혀 절실하지 않았다.

네덜란드의 자본주의는 땅을 건조시키고 또 마른 상태로 유지하기 위해 물을 조작하는 광범위한 공학 기술의 발전을 넘어, 환경에 극적인 영향을 미쳤다. 암스테르담에 집중된 제당소와 타지역에 있는 공장에서는 악취를 뿜는 석탄 매연이 뿜어져 나와, 당국에서 몇 차례나 검사를 나와 "주민들이 호소하는 견딜 수 없을 정도의 고통과 짜증, 불편함"을 이유로 석탄을 태우는 행위를 제한하거나 금지했다.[7] 하지만 정제 회사들은 도시 고위직들을 압박했고, 어느 정도 시간이 지나자 당국의 압박은 다소 누그러들었다.

산업은 북해 연안의 저지대*에서 멀리 떨어진 환경에도 영향을 미쳤다. 극동으로 향하는 북서 항로와 북동 항로를 찾던 네덜란드 탐험가들이 얼음을 발견했다. 그리고 엄청난 수의 고래 떼도 발견했다. 곧 네덜란드와 잉글랜드 포경선들이 등유, 비누, 양초, 윤활유 생산을 위한 기름을 얻기 위해 거대하지만 유순한 북극고래 수천 마리를 포획했다.[8] 피치**, 기타 해군 물자와 함께 네덜란드 상선과 해군 함정을 움직이는 데 필요한 어마어마한 양의 나무가 러시아, 폴란드, 스칸디나비아 반도의 숲으로부터 도착했다. 강 주변으로 약 32킬로미터 반경 내의 나무가 모조리 잘려 나갔고, 썰매를 타고 눈과 얼음으로 덮인 땅 위를 지나 하류를 따라 네덜란드 해안에 있는 풍력 제재소로 옮겨졌다.[9]

네덜란드의 황금시대는 소빙하기 시기와 맞물렸다. 잉글랜드와의 전쟁에서 바람 패턴은 네덜란드 함대에 유리하게 불었다. 바람이 강하게 불며 바다가 거칠어지자 항해가 더 위험해지기는 했으나, 덕분에

---

* 지대가 낮은 벨기에, 네덜란드, 룩셈부르크가 있는 지역.
** 배의 갑판 등에 방수재로 사용하는 물질.

향료제도Spice Islands*에 빠르게 도달할 수 있었다. 소빙하기로 인해 전 세계는 기근과 혼돈으로 허덕이고 있었으며, 일부 국가는 정치의 붕괴와 침략을 겪었다. 반면 수월한 운송, 수입 식재료, 목재, 화석연료 덕분에 네덜란드는 번성했다. 창고에 쌓아둔 곡물 덕분에 네덜란드는 다른 이들의 불행에서 이익을 취할 수 있었다.[10]

정치·종교적 상황은 네덜란드식 자본주의와 무역, 제국의 폭발적인 확장에 불을 붙였다. 이베리아 중심의 세계 체제에 균열이 생기며 다른 국가들도 세계 무대에 뛰어들 길이 열렸다. 합스부르크 왕가는 정략결혼을 통해 1482년 저지대 국가들을 획득했고, 1516년에는 스페인과 오스트리아를 얻었다. 중앙집권적인 정책들과 과중한 세금으로 인해 독립적인 사고방식을 지닌 사람들이 소외되었다. 그리고 종교 개혁이 일어났다. 대부분이 칼뱅파였고, 이들은 바짝 마른 짚에 성냥불을 떨어뜨렸다. 앤트워프부터 흐로닝언까지, 폭도들이 교회로 쳐들어가 성상聖像을 파괴했다. 펠리페 2세가 질서를 바로잡고 가톨릭 정통주의를 지키기 위해 군대를 파견했지만, 1566년에 일어난 큰 반란으로 이어졌을 뿐이었다. 1576년, 펠리페 2세는 네덜란드 반란의 진압, 튀르크 및 프랑스와의 전쟁, 잉글랜드 사이의 갈등, 프랑스 종교 전쟁 중에 있는 가톨릭 신자들에게 지급한 보조금, 그리고 광활한 스페인 제국 내에서 발생하는 수많은 요구 때문에 재정을 무리하게 확장했다는 사실을 깨달았다. 왕이 파산을 선언했을 때 비용을 정산받지 못한 용병들이 앤트워프를 약탈했다. 상인, 은행가, 개신교도 들은 암스테르담으로 도망쳤다. 이후 수십 년 동안 전쟁으로 인해 플랑드르에서 네덜란드 공화국으로 약 85만 명이 이주했다.[11] 플랑드르의 상업과 산업, 그리고 무역과 금융 분야에서 앤트워프가 지녔던 리더십은 그들과 함

---

* 현재는 말루쿠 제도(인도네시아 동부 술라웨시 섬과 뉴기니 섬 사이에 있는 여러 섬)에 해당하는 지역.

께 네덜란드로 이동했다. 네덜란드 전쟁은 주기적인 휴전을 반복하며 이어졌고 80년에 걸친 전쟁 후에야 스페인은 마침내 네덜란드의 독립을 인정했다.[12]

권력과 영광의 정점에 서 있던 포르투갈 제국이 재앙과 맞닥뜨렸을 때, 네덜란드는 자체적인 제국을 만들 기회를 얻었다. 1578년, 후세가 없던 세바스티앙 1세는 포르투갈 군대를 이끌고 모로코에서 발발한 알카세르 전투$^{Battle\ of\ Alcácer}$에 참전했으나 대부분의 귀족과 함께 사망했다. 고생 끝에 펠리페 2세가 스페인과 포르투갈 양국의 국왕직을 맡게 되었다. 네덜란드는 포르투갈도 적국으로 간주해 그곳을 덮쳤다. 포르투갈은 브라질부터 말루쿠 제도에 이르기까지 펼쳐져 있는 영토를 관리하고 지켜 낼 인구도, 군함도, 해군 병력도, 자금도, 군사력도 없었다.

제노바와 마찬가지로 네덜란드도 해외에서 획득한 제국령과 사업을 민영화했다. 1602년, 네덜란드는 네덜란드 동인도회사를 설립해 향료 무역을 독점하고 식민지를 세워 관리하면서 전쟁을 일으킬 힘을 손에 넣었다. 네덜란드 동인도회사를 따라 1621년 네덜란드 서인도회사가 서아프리카에 세워졌다. 네덜란드 동인도회사는 포르투갈이 남아시아와 동남아시아에 소유하던 무역항 대부분을 차지했고, 1641년에는 네덜란드 서인도회사가 설탕을 생산하던 브라질의 북동쪽 해안 지역 대부분을 접수했다. 네덜란드는 설탕 플랜테이션에 노예를 안정적으로 공급하기 위해 엘미나, 상투메, 황금 해안$^{Gold\ Coast}$*를 장악했고 대서양의 노예 무역권을 차지했다.

이후 네덜란드는 첫 번째 좌절을 맛보았다. 1650년, 포르투갈은 스페인의 통치에 반발하기 시작했고 독립국으로 다시 일어섰다. 1648년

---

* 아프리카 가나에서 대서양에 면한 해안 지대로 17~18세기 노예 무역의 중심지였다.

포르투갈은 상투메에서 네덜란드인들을 추방했지만, 대서양 노예 무역권이나 잃어버린 아시아의 식민지는 되찾지 못했다. 1654년에는 브라질을 탈환했고, 10년 후 잉글랜드가 뉴네덜란드$^{New\ Netherland*}$를 장악하자 네덜란드 서인도회사의 수중에는 몇 안 되는 카리브해 지역만 남았다. 나머지 17세기 동안 네덜란드는 노예 무역을 통해 대부분의 이익을 얻었다.

잉글랜드와 프랑스, 다른 국가들이 그들 제국의 문을 닫자 네덜란드의 경제는 휘청였다. 네덜란드 산업의 생산량을 결코 흡수할 수 있을 리 없는 작은 규모의 내수 경제와 독일 내륙 시장에 갇힌 네덜란드 상인과 통치자 들은 점차 신중하고 보수적으로 변해 갔다. 국내에는 설 자리가 없는 와중에 해외에서 네덜란드 수공업자와 노동자를 고용하자 기술 전문가들이 밖으로 빠져나갔고, 이들의 기술은 해외 경제에 보탬이 되었다. 이전에 제노바가 그랬던 것과 같이 암스테르담은 유럽의 금융과 은행의 중심지가 되었다. 처참했던 1780년 잉글랜드와의 전쟁과 나폴레옹 전쟁을 치른 뒤 네덜란드의 경제와 제국은 순식간에 무너졌다. 산업혁명은 잉글랜드, 프랑스, 독일, 스위스, 그리고 미국에서는 일어났지만 네덜란드에서는 일어나지 않았다.[13]

네덜란드의 뒤를 바짝 쫓는 잉글랜드

영국은 이전의 그 어떤 제국보다 더 성공적이고 번성한 통합 제국을 세우고, 네덜란드보다 더 높은 수준의 산업 발전을 이룩한다. 잉글랜드는 이탈리아와 네덜란드의 식민지, 제국화 모델을 따랐고 무역을 하거나 귀금속 또는 천연자원을 수출하기 위해 전 세계 해안에 정착

---

* 네덜란드 서인도회사가 북미의 허드슨강 연안과 델라웨어강 하구에 건설한 식민지. 현재 미국의 코네티컷, 뉴욕, 뉴저지, 델라웨어의 지역을 포함한다.

지를 세워 자국의 수출 중심적 산업을 보완했다. 더불어 잉글랜드는 제국과 무역을 민영화했다. 잉글랜드인은 네덜란드 동인도회사가 설립되기 2년도 더 전인 1600년 동인도회사를 설립해 동양에서 독점권을 행사했지만, 총자본은 네덜란드 동인도회사의 10분의 1에 불과했다. 잉글랜드는 아메리카 대륙의 점령지를 다수의 주식회사와 개인 소유주, 심지어 정착민들에게 나눠주었다. 그러나 대부분은 왕실 식민지로 전환되었다.

버지니아 회사$^{Virginia\ Company}$가 1607년 버지니아주 제임스타운에 잉글랜드 최초의 식민지를 성공적으로 건설했다. 결론적으로는 실패작에 가까웠지만 말이다. 초기 정착민들은 거의 굶어 죽다시피 했으며, 병이 퍼지면서 대부분의 정착민은 때 이른 죽음을 맞이해야 했다. 1622년, 분노한 포와탄^{Powhatan} 인디언들이 피비린내 나는 전쟁으로 정착민들을 거의 다 쓸어 버렸다. 포와탄에게는 돈이 될 만한 거래품도 없었고, 버지니아에는 가치 있는 식물이나 나무도 없었으며, 산맥에는 금도 없었고, 같은 위도의 유럽에서는 잘 자라는 올리브나 포도, 누에도 이곳의 기후로는 키울 수 없다는 데 투자자들은 절망했다. 버지니아인들은 노예가 되어 상품 농업에 투입됐다. 1612년, 존 롤프$^{John\ Rolfe}$라는 정착민이 시장성 있는 교배 품종의 담배를 개발했다. 머지않아 모든 정착민이 이 고수익성 작물을 키웠고 땅과 노동력을 더 구해서 확장하기를 원했다. 정착민들은 수적으로도 화력도 더 우세한 원주민들에게서 땅을 얻거나 빼앗았다. 노동력 면에서는, 고용 계약서 기반의 영국인 하인을 데려왔다. 이들은 4년에서 7년간 고용 계약에 묶여 일해야 했는데, 정착민은 이들을 사고팔고, 학대하고, 혹사시켰다. 고용 계약이 종료될 때가 되면 학대에서 살아남은 자들이 자기만의 담배 농장을 차렸다. 이 고용 계약 시스템은 수익성이 아주 높았고 식민지화에도 잘 맞는 체계라, 잉글랜드는 새롭게 세운 모든 식민지를 제

제1부 자본주의의 시작　　　　　　　　　　　　　　　　　　　　105

2의, 제3의 버지니아로 만들었다. 1634년 식민지가 된 버지니아 바로 옆 메릴랜드에도 노예가 키우는 담배 농장이 속속 세워졌다. 바베이도스와 카리브해의 다른 여러 섬의 식민지들도 버지니아 체계를 따랐다.[14]

스페인의 개신교 적국인 네덜란드는 잉글랜드의 초기 식민지화의 성공에 중대한 역할을 수행했다. 분리주의자들은 1620년 플리머스 식민지^{Plymouth Colony}를 세우기 전 10년 넘게 박해를 피해 네덜란드 라이덴에서 피난처를 찾아다녔다. 스페인에 대항하는 네덜란드 전쟁에 참전했던 잉글랜드 군인들은 청교도 기반의 뉴잉글랜드^{New England}에 방어력을 조직했다. 네덜란드인은 대부분의 잉글랜드산 담배를 선적, 가공, 유통했다. 17세기 중반부터는 차츰 아프리카 노예를 데려와 계약직 하인을 대체했다. 식민지 무역에서 네덜란드가 점차 우세해진 데 경각심을 느낀 잉글랜드는 중상주의 시스템을 도입해 1650년대부터 1660년대까지 그들 제국에서 네덜란드인을 몰아냈다. 그리고 전쟁이 이어졌다. 1664년, 잉글랜드는 네덜란드 서인도회사의 식민지 뉴네덜란드를 장악했고 지역명을 뉴욕^{New York}으로 고쳤다. 아시아에서는 네덜란드 동인도회사로부터 실론 섬을 빼앗고 인도 무역을 장악했다. 그러나 향료 무역권은 여전히 네덜란드 수중에 있었다.

1688년 잉글랜드를 상대로 대승한 네덜란드는 역설적이게도 적국에 영구적인 경제적 이점을 제공했다. 1685년에 치러진 가톨릭 국왕 제임스 2세의 대관식은 네덜란드에 대항하는 프랑스의 가톨릭 국왕 루이 14세와 영국이 동맹을 맺을 수도 있다는 악몽 같은 가능성을 부상시켰다. 이를 막고자 오라녜공 빌럼 3세가 1688년 잉글랜드에 쳐들어갔고, 이는 영국 개신교도들의 환영을 받았다. 제임스 2세는 도망쳤고, 의회는 빌럼과 제임스 2세의 딸이기도 한 그의 아내 메리를 잉글랜드 국왕으로 즉위시켰다. 네덜란드에는 안 됐지만, 자본은 더 나은 금리를 따라 암스테르담에서 런던으로 이동했다. 네덜란드 투자자들은 잉글랜드에 도로와 운하를 짓고 형편없는 잉글랜드의 인프라를 개선했다. 네덜란드인과 위그노 이민자 들은 잉글랜드의 은행과 금융, 보험을 현대화했다. 1694년, 잉글랜드은행$^{Bank\ of\ England}$이 출범했다.[15] 청출어람이라더니, 우수한 제자였던 영국은 스승 네덜란드를 뛰어넘었다.

네덜란드 이민자들은 새로운 농업 기술과 작물, 대청과 같은 염료 식물을 함께 가지고 왔다. 이들은 헨리 13세가 수도원 부지를 장악하고 판 뒤 자본주의적인 토지 시장을 형성한 이래로 이미 진행되고 있던 잉글랜드의 농업혁명을 촉진했다. 지주들이 소규모 농지를 합쳐 공유지였던 땅을 경작하기 시작하면서 울타리를 세워 땅을 사유화하는 인클로저 운동$^{enclosure\ movement}$이 자본주의식 농업에 힘을 보탰다. 이러한 발전들은 생산을 위한 효율성과 지향성을 높였다.[16] 네덜란드 원예 기술은 런던을 놀랍도록 성장시켰다. 1650년 이후 인구 성장이 둔화되면서 농업에 대한 수요도 함께 줄었지만, 도시가 성장함에 따라 육류 수요가 증가했다. 농부들은 경작지를 목초지로 바꿨고, 육우 떼의 분뇨가 땅을 비옥하게 만들었다. 상품을 수입에 의존하는 시절은 끝났다. 잉글랜드는 이러한 상품들을 유럽 대륙과 식민지에 수출하기 시작했다. 많은 농부가 수입을 보충하고자 가내 제조업을 병행했다. 이후 이들이 면화 공장의 노동자가 되었다.[17]

북부 유럽의 플랜테이션 노예제

네덜란드인은 잉글랜드인의 플랜테이션 사업을 도왔다. 1600년 이후 스페인이 카리브해에 대한 독점적 영유권을 행사할 수 없게 되자 잉글랜드에게 제국을 세울 기회가 찾아왔다. 포르투갈과 마찬가지로 스페인도 완강하게 맞서는 적들을 상대하면서 드넓은 아메리카 제국을 통치하고 지킬 사람이나 자원이 거의 없었다. 질병과 방어 시설도 이들의 발목을 붙들었다.[18] 대 앤틸리스 제도와 소 앤틸리스 제도 대부분의 섬과 북미의 플로리다 북부는 스페인이 예상했던 것보다 정착과 유지에 돈이 더 많이 들었다. 잉글랜드, 프랑스, 네덜란드, 심지어 덴마크도 구미가 당기는 섬들을 차지했고, 네덜란드, 잉글랜드, 프랑스, 스웨덴은 대륙 식민지 개척에 뛰어들었다.

섬을 차지하는 일은 쉽다. 문제는 그 섬에서 어떤 이익을 얼마나 취할 수 있느냐다. 잉글랜드 식민지들은 계약직 하인들을 데리고 담배를 키우는 버지니아식 모델을 시도했지만, 담배와 목화, 그 외 상품들은 수익성이 없는 것으로 판명됐다. 1650년, 네덜란드 혈통에 그쪽 인맥도 있는 바베이도스의 농장주 제임스 드랙스James Drax는 네덜란드령 브라질의 헤시피를 찾아 사탕수수를 키우고 설탕을 정제하는 복잡한 제조 과정을 익혔고, 바베이도스에 최초로 수익을 내는 설탕 플랜테이션을 차렸다. 포르투갈계 브라질인들이 브라질을 되찾은 1654년, 네덜란드 농장주와 상인 들은 네덜란드인들의 종교적 관용이 끝나는 것을 두려워하며 유대인들과 함께 도망쳤다. 제노바인들이 이베리아 반도의 제국에서 맡았던 역할과 마찬가지로, 네덜란드와 유대인은 손에서 놓친 브라질 대신 놓고 있는 암스테르담의 제당소에 원자재를 공급해주길 바라며 온갖 국가가 차지한 카리브해의 식민지에 자본과 기술 전문성, 사탕수수, 노예를 공급했다. 프랑스와 잉글랜드의 중상주의 정책들이 곧 불법적이고 부수적인 무역을 제외한 모든 거래에서 네덜란드인을 배제하자 이들은 수리남과 10개 이상의 섬에 있는 식민지에 자체적인 사탕수수, 코코아, 담배 농장을 차렸다.

카리브해의 섬들은 막대한 양의 설탕을 생산하며 큰 이익을 남겼지만, 그 과정에서 믿을 수 없을 정도로 많은 아프리카인이 죽었다. 설탕 산업은 유럽과 아프리카와의 삼각 무역에서 거래를 견인하는 핵심 엔진이었다. 그리고 18세기 영국의 밑 빠진 독과도 같은 설탕에 대한 욕구를 채우며 세계에서 가장 빠르게 성장하던 경제를 뒷받침했다.[19] 1775년 잉글랜드의 1인 연간 설탕 섭취량은 6킬로그램을 넘었는데, 이는 프랑스나 네덜란드 대비 7~8배 더 높은 양이었고 나머지 유럽 국가의 국민들이 섭취하는 양을 모두 합한 것과 같았다.[20]

바베이도스와 마찬가지로 버지니아와 메릴랜드의 농장 소유주들도 계약직 하인을 노예로 대체했다. 1619년, 네덜란드에서 나포 면허를 받은 잉글랜드의 사나포선私拿捕船이 버지니아인들에게 포르투갈에서 잡은 아프리카 노예 30명을 팔았다. 그럼에도 하인의 상태가 나빠지고 그 수가 줄어듦과 동시에 건강에 썩 좋지 않은 버지니아의 기후 아래에서도 거주자들의 수명이 길어지자, 17세기 중반이 지나 노예 투자는 더 매력적인 선택지가 되었고 버지니아는 노예 식민지로 완전히 전환되었다. 본토의 농장들은 서인도 제도에서 운영하는 농장만큼 크거나 수익이 좋지도 않았고 노예 무역의 규모도 훨씬 작았다.[21]

북부 유럽인들은 점차 가혹해지던 노예제도와 효율성이 높아지고 있던 플랜테이션 모두를 완전히 바꿨다. 이들은 지중해 연안 사람들에게 있던 것과 같은 오랜 노예의 역사를 알지 못했고, 노예로 운영하는 상품 농업에 관해서도 전혀 몰랐다. 잉글랜드인들은 무어인과 유대인 개종자를 흡수한 후 혈통에 집착하게 된 이베리아인들의 인종에 대한 사고방식의 영향을 받았고, 사하라 사막 이남 지역의 아프리카인을 인간 이하의 짐승 같은 존재로 여기곤 했다. 카리브해의 노예제도는 전

제1부 자본주의의 시작

반적으로 혹독했다. 상투메의 농장주들과 마찬가지로 유럽인의 수가 더 적을수록 폭력으로 노예를 위협하는 경향도 더 심해졌다.

네덜란드와 잉글랜드, 특히 엄격한 스코틀랜드 인들이 믿는 개혁주의 개신교(칼뱅주의)는 플랜테이션을 한층 더 공장화했다. 잉글랜드와 스코틀랜드가 합병한 1707년 이후 굶주린 수많은 스코틀랜드인이 잉글랜드 제국으로 향했다. 농장주들은 이들을 회계원이나 감독관으로 고용하곤 했다. 노예를 가혹하게 대우한 것은 '의지'에 대한 칼뱅주의자들의 태도 때문이었다. 칼뱅주의자들은 인간의 의도가 죄로 이어지기 때문에 스스로의 의지를 억누르고 신의 뜻을 위한 도구가 되려 애썼다. 그리고 이들이 부양하는 자들과 하인들도 마치 기계처럼, 주인의 뜻을 위한 도구가 되기를 바랐다. (19세기 반칼뱅주의자들은 칼뱅주의자들이 인간을 기계로 여겼다고 주장했다.)[22] 이와 더불어 개혁주의 개신교도의 낭비와 비효율성에 대한 혐오는 노예 플랜테이션을 기계와 공장처럼 바꿔놓았고, 실제로 잉글랜드 플랜테이션의 효율성과 생산성은 타국의 농장보다 월등했다.[23] 한 스코틀랜드인이 기록하기를, 스코틀랜드 출신 감독관들은 다른 사람들보다 "보편적으로 노예들에게 더 잔인하고 무뚝뚝했다." 한 스코틀랜드인 농장주의 아내는 직업 윤리와 경제성에 대한 스코틀랜드 출신 감독관들의 "소문난" 집착 때문에 노예들이 이들을 더 싫어한다고 말했다.[24] 잉글랜드와 남북전쟁 전 미국의 플랜테이션 관리자들은 부기를 자세히 쓰면서 효율성을 높였고 노예별 생산성 통계도 꾸준히 기록했다. 서인도 제도에서 통계에 기반한 회계가 널리 퍼졌다.[25] 잉글랜드의 자본주의가 반영된 재산법 역시 노예를 인간이 아닌 기계의 톱니에 가깝게 격하시켰다.[26]

당연히 인간은 로봇이 아니며, 여러 설탕 식민지에서는 10년도 가지 않아 노예들의 큰 반란이 일어났다. 주로 막 들어온 노동자들이 요구되는 노동량에 충격을 받아 반란을 선동하곤 했다. 상투메에서와 마찬가지로 브라질과 자메이카에서 도망친 노예들은 내륙의 산과 숲에 고립된 공동체를 형성했고, 이곳을 거점으로 농장을 급습하고 공격했다.[27] 그러나 작은 섬에는 그런 피난처가 없었다.

한편 칼뱅주의 및 청교도적 도덕주의는 타인에 대한 비기독교적 대우에 이의를 제기했고 노예제도에 대한 반대 분위기를 조장했다. 1596년, 네덜란드 무역상들은 포르투갈에서 포획했을 130명의 아프리카인을 팔기 위해 네덜란드의 도시 미델뷔르흐로 데려왔다. 그러나 도시는 구매를 거부했고 노예들을 풀어주었다. 정의와 애국심, 이익을 위한 수단이라고 생각한 네덜란드 서인도회사는 노예제도를 금지했으나, 회사가 브라질을 장악하고 투자자들에게 보상을 해야 할 필요성을 느끼게 된 후부터 금지 정책은 느슨해졌고 다시는 언급되지 않았다.[28] 뉴잉글랜드의 청교도와 펜실베니아의 퀘이커교도도 비록 가정에 노예를 두는 것은 수용했지만 플랜테이션 노예제는 거부했다. 1700년, 매사추세츠의 청교도인 새뮤얼 시웰Samuel Sewell이 세계 최초로 노예제에 반대하는 소책자를 썼다. 퀘이커교 기반의 펜실베니아주 의회는 1712년 폐지 청원을 주제로 토론을 거쳤고 노예 무역을 어렵게 만드는 관세법을 통과시켰다.[29] 카리브해에서 하인 노예를 데리고 돌아온 스코틀랜드인들 때문에 스코틀랜드는 자국과 크게 상관도 없는 원론적인 문제를 가지고 고민을 해야 했다. 처음에는 다들 어쩔 줄 몰라 했지만 18세기 중엽 이후 장로교 교회들은 노예제도를 규탄했고 판사들은 스코틀랜드 법률하에서는 노예제도를 금지한다는 판결을 내렸다. 잉글랜드의 스코틀랜드 판사 맨스필드Mansfield 백작은 그 유명한 1772년 서머셋 사건에서 잉글랜드 관습법은 노예를 재산시하는 제도를 지지하지 않는다고 결론지었다.[30] 반대로 프랑스에서는 프랑스 사람은 누구나 자유롭다는 원칙이 1716년 깨졌고, 이후 프랑스에 들어와도 개인의 신분이 바뀌는 일은 없었다.[31]

자연과 플랜테이션

플랜테이션은 산업자본주의 공장의 선조였다. 자본가는 자본자산(처리 시설 및 노예화한 '기계들')과 천연자원(토양과 씨앗)을 투자하고 에너지(노예와 동물의 근력, 연료, 때로는 풍력이나 수력, 증기력)를 사용해 시장에 내다 팔 상품을 생산했다. 공장으로서의 플랜테이션은 인간의 의지, 그리고 자체적인 의지를 지닌 또 다른 힘, 바로 자연과 충돌했다.

농장자본주의는 프랑스령 마르티니크섬, 생도맹그(현 아이티)와 루이지애나, 네덜란드령 수리남, 잉글랜드령 바베이도스, 자메이카, 그 외 여러 섬의 환경을 뒤바꿔 놓았다. 프랑스인들은 생도맹그의 건조한 쿨데삭$^{Cul\text{-}de\text{-}Sac}$ 평야에 물을 대고자 강 유역을 다시 손봤다. 수리남에 있는 네덜란드인들은 제방을 쌓고 농장을 짓기 위해 땅에서 물을 빼냈고 운하를 수로로 활용해 밭에서 공장으로 수수를 날랐다.[32] 농장주들은 해외의 열대 식물을 가져와 심어 노예 노동력과 동물을 먹였다. 바나나, 얌 등이 바로 이 노예 무역을 통해 들어온 식물이다. 소에게 먹이기에도 영양가가 높았던 기니의 풀은 빠르게 자랐다. 코코넛도 아마 외국에서 들여왔을 것이다.[33] 네덜란드인이 도입했을, 세 개의 롤러를 사용하는 공장과 가공 가마솥의 발명은 17세기 초 브라질에서 운영 효율성과 사탕수수 생산량을 높였고, 토양과 연료는 더 빠르게 고갈됐다.[34] 설탕을 생산하는 작은 섬에는 브라질과 같이 드넓은 땅이나 베어버릴 큰 숲이 없었던 탓에 환경적인 한계에 더 빠르게 도달했다. 삼림 벌채는 표층을 침식시키고 도랑을 만들었으며, 토종 식물과 조류를 멸종시켰다.[35] 1660년대, 침식으로 인해 쏟아진 토사가 바베이도스 브리지타운의 항구를 가득 채웠다.[36] 섬의 농장주들은 다른 섬이나 남아메리카 대륙에서 나무를 수입해 오는 비용을 내야 하는 상황에 직면했다.

잉글랜드인 농장주들은 몇몇 개선점을 통해 바베이도스를 자원을 보호하는 혁신의 중심지로 만들었다. 1660년대, 토양이 고갈되면서 농장주들은 노예에게 양과 역축의 배설물을 모아 밭에 거름을 주도록 시켰다. 사탕수수를 심을 돈이 없는 소규모 농장주들은 대규모 농장주들에게 배설물을 팔기 위해 동물을 키우며 짭짤한 수익을 올렸다.[37] 농장주들은 노동 집약적인 '수수 구멍내기'cane-holing라는 방식으로 토양 고갈과 침식에 대응했다(<그림 4> 참고). 노예들이 약 0.2~0.3제곱미터 너비에 약 12~15센티미터 깊이로 구멍을 파고 흙을 쌓아 각 구멍을 빙 둘러싸는 이랑을 만든다. 그 안은 거름으로 채우고 중앙에 사탕수수를 심는다. 수수 구멍내기 방식은 지표를 흐르는 물의 속도를 늦추고 침식을 억제했다. 수수가 자라면 노예들이 뿌리 근처에 배설물을 더 심었고, 시간이 지나면 구멍을 채운 배설물이 지표면까지 올라왔다.[38] 산허리에서 숲이 사라지고 연료가 부족해지자 바베이도스의 농장주들은 으깬 수수(버개스* 혹은 공장에서 나온 섬유질 찌꺼기)를 햇볕에 말려 설탕과 당밀을 처리하는 연료로 사용했다. 수십 년 후, 농장주들은 연료 효율성이 높은 '자메이카 기차'Jamaica train라는 방식을 도입했다. 각 가마솥 아래로 연결된 연통을 통해 한 번의 가열로 여러 개의 솥을 데우는 방식이다(<그림 5> 참고). 식민지 제도에서는 농장주들이 필요한 목재와 연료를 외부에 위탁하는 게 더 저렴하다는 걸 알게 된 후로 특히나 숲을 재조성하는 효과적인 방식은 계속해서 개발되지 않았다.[39]

---

* 사탕수수에서 자당을 짜고 남은 섬유질 찌꺼기.

<그림 5> 윌리엄 클라크 작 안티과 섬의 열 가지 풍경 - 설탕 제조 과정, 1833년, '수수 끓이는 방 내부'. 설탕 제조는 복잡하고 자본, 노동, 에너지 집약적인 과정이었다. 연료를 아끼기 위해 한 번의 가열로 여러 개의 구리 솥을 끓여 수수 즙의 농도와 품질을 높였다. 노예들은 솥에서 찌꺼기를 걷어 내 앞에 있는 통에 옮기고, 통은 증류소로 옮겨진다. 전경에 있는 노예는 끝에 있는 솥의 내용물을 설탕이 건조되는 대형 받침대와 연결된 파이프에 옮겨 담고 있다. 두 명의 유럽인은 설탕을 검사하고 있고, 저울을 든 남자는 농장 관리자와 대화하고 있다. (존 카터 브라운 도서관 제공)

바베이도스인들은 값싼 동력을 얻고자 네덜란드에서 설계된 풍차를 도입하여 무역풍을 이용했다. 17세기 한 바베이도스의 노예가 불평했듯, "영국인 안에는 악마가 있는 게 틀림없다. 결국 모든 것을 일하게 만드니 말이다. 흑인도 일하게 만들고, 말도 일하게 만들고, 당나귀도, 나무도, 물도, 바람도 일하게 만든다."[40] 1655년 잉글랜드가 스페인으로부터 섬을 빼앗은 이후 설탕 산업 강국이 된 자메이카의 경우, 내륙 산지에 연료로 쓸만한 삼림은 풍족했지만 기댈만한 바람이 없었다. 1768년 한 자메이카의 농장주가 남들보다 먼저 와트의 증기기관을 도입했다. 대신 석탄이 아닌 나무를 연료로 사용했다. 그리고 곧 증기기

관은 다른 설탕 공장에도 동력을 제공하기 시작했다.[41]

버지니아와 메릴랜드의 담배 농장도 토양을 고갈시켰다. 브라질과 마찬가지로 아직 닦이지 않은 광활한 토지는 정착민이 환경을 고려할 여지를 주지 않았다. 강변의 비옥한 저지대에 대규모 플랜테이션이 세워졌다. 그보다는 규모가 작은 농장주나 농부는 상대적으로 상태가 나쁘고 침식 가능성이 있는 고지대에 있는 땅을 갈았다. 규모가 크든 작든 간에 농장주들은 나무를 잔뜩 태운 후 약 10년 동안은 비옥한 땅이 주는 혜택을 누렸다. 그러고는 다시 같은 과정을 반복했다. 온화한 기후 덕분에 헛간이 필요 없던 소들은 숲을 돌아다녔고, 땅에 거름이 되는 소의 배설물은 여기저기 흩어졌다. 생산량이 줄자 정착민들은 비옥함을 찾아 기존의 밭을 버리고 새 땅을 개간했다. 이와 같은 이동식 농업은 개간되지 않은 숲이 남아 있는 동안은 지속 가능했다. 미국 독립혁명 이후 고지대의 농부들은 더 나은 땅을 찾아 켄터키와 테네시로 이주했다. 황폐해진 토양은 1800년 이후 해안 지방의 모든 노예 국가에 위기를 안겼다.[42]

17세기 말, 바베이도스인들은 노예와 함께 사우스캐롤라이나를 식민지화했고 쌀과 인디고 농장을 차렸다. 1732년에 세워진 바로 옆 조지아에서도 쌀과 인디고를 재배했고, 추위 걱정이 없는 시아일랜즈^{sea} ^{islands}*에서는 목화를 키웠다. 쌀 단일 재배는 생태적으로 풍부했던 습지대의 환경을 바꿔 놓았다. 쌀 문화가 생태계에 장기적으로 미친 영향은 쌀을 좋아하는 캐롤라이나 잉꼬의 점진적 멸종을 제외하면 꽤 가벼운 편이었다. 노예선은 열대병, 특히 말라리아와 황열병을 가져왔고, 병을 옮기는 모기도 함께 데려왔다. 질병은 남부 식민지 전역에 걸쳐 사람들의 수명을 줄였고 캐롤라이나 해안은 아프리카인들처럼 면

---

* 사우스캐롤라이나주부터 조지아주, 플로리다주 해안에 줄지어 있는 모래섬 제도.

역과 질병에 대한 저항성을 얻지 못한 유럽인들의 무덤이 됐다. 캐롤라이나의 지형과 기후는 인종에 따라 사람들을 분리시켰다. 아프리카인들은 해안의 쌀 농장에서 지냈고 유럽인들은 비교적 모기가 없는 고지대의 소규모 농지에 거주했다. 대부분의 쌀은 설탕 농장의 노예들을 먹이는 데 쓰였다.[43]

잉글랜드 제국에서 영향력을 키운 스코틀랜드인

17세기 스코틀랜드인들은 창문에 코를 박고 다른 유럽 강대국들이 카리브해의 섬들을 손아귀에 넣고 미국 본토에 식민지를 심는 모습을 보고만 있어야 했다. 스코틀랜드와 잉글랜드는 1603년부터 같은 군주를 섬겼지만, 양국은 여전히 별개의 국가였다. 또한, 잉글랜드의 중상주의 정책은 스코틀랜드인을 그들 제국에서 배척했다. 전쟁과 정치·종교적 갈등으로 스코틀랜드 경제는 혼란에 빠졌다. 1690년대에는 흉작과 기근이 스코틀랜드를 괴롭혔다. 1698년부터 1700년까지 이어진 다리엔Darien 식민지화 계획의 재앙은 스코틀랜드를 파산으로 몰고 갔고, 결국 1707년 잉글랜드와의 연합을 받아들이는 수밖에 없었다. 스코틀랜드의 지식인들은 가난에 빠진 국가를 살리기 위해 고민했다. 이들은 농업을 발전시키기 위해서는 과학, 고가치 광물을 찾기 위해서는 지질학, 국가 재난의 원인을 진단하기 위해서는 정치학과 경제학의 발전을 꾀해야 한다고 주장했다. 이러한 국가 차원의 논의에서 스코틀랜드 계몽운동의 위대한 업적들이 피어났다. 그중 하나가 바로 와트의 친구인 애덤 스미스의 《국부론》이다. 아마 앞선 담론의 가장 영향력 있는 산물이었을 것이다.[44]

1707년 이후 스코틀랜드인들은 점차 성장하고 있던 잉글랜드 제국에 물밀듯 쏟아져 들어왔다. 수 세기 동안 수많은 스코틀랜드인이 기회를 찾아 그리고 가난에서 벗어나기 위해 이주했다.[45] 그 결과, 18~19세기에는 아주 많은 스코틀랜드인이 대영제국을 관리했고, 식민지로 이주했으며, 선박업과 무역을 지배했다. 또한 스코틀랜드는 우수한 교육 제도를 바탕으로 외과의, 행정인, 식물학자, 수목 관리원, 선교사를 배출했다.[46]

카리브해의 여러 플랜테이션은 노동력, 재능, 훌륭한 교육 수준을 겸비한 스코틀랜드인을 원했다. 스코틀랜드의 대학들은 옥스퍼드와 케임브리지보다도 나은 교육을 제공했고, 대영제국 내에서도 에딘버러 의과 대학의 수준에 견줄 곳은 없었다. 게다가 장로교 교회는 회계 부문에서 (의도치 않게) 뛰어난 교육을 제공했다.[47] 자리를 비운 지주 대신 감독관과 회계 담당자로 도착한 수많은 스코틀랜드인이 자신의 플랜테이션을 소유하게 되었다.

삼각 무역과 증기기관의 탄생

글래스고가 잉글랜드 제국으로부터 이익을 얻게 되면서 역사에 한 획을 그을 와트의 기계를 위한 무대가 준비되었다. 북부 대서양에서 시계 방향으로 소용돌이치는 해류와 바람은 상거래를 위한 원형 고리를 형성했고, 제국의 성과를 글래스고 문 앞에 가져다 놓았다. 바람과 멕시코 만류는 식민지 미국에서 영국 서부의 브리스틀, 리버풀, 글래스고의 항구들에 선박을 데려다 주었다.[48] 유럽은 점차 니코틴에 중독되고 있었고 이들의 수요를 맞추고 있던 체서피크만의 담배 농장은 설탕 농장과 함께 삼각무역을 주도했다. 삼각형의 윗 꼭짓점에 있던 글래스고에서는 설탕업이 점차 확장되었고 동시에 도시는 담배 무역도 거의 완전히 장악했다. 1750년, 영국으로 유입되는 담배의 절반이 글래스고를 통과했다. 1772년, 북미와 서인도 제도에서 수입하는 담배 물량은 글래스고의 전체 수입품의 80퍼센트를 차지했다. 미국의 담배 농장주들은 무역과 융자를 위해 이 부문에 특출난 스코틀랜드인 '담배주㊅'들에게 점점 더 의존하게 되었고, 남북전쟁 직전, 힘 있는 미국의 정착민들은 소외되었다.49

제임스 와트의 집안도 담배 무역으로 번창했다. 와트는 1736년 글래스고에 있는 항만 도시 그리녹Greenock에서 태어났다. 그의 아버지는 조선공이자 청어 어부들에게 선박용 장비를 파는 잡화상이었다. 와트의 아버지는 항해 장비를 만들고 담배를 취급했으며, 그가 만든 그리녹 최초의 크레인은 버지니아의 담배 상선에서 짐을 내리는 데 사용됐다. 청년 제임스 와트는 아버지의 연장을 가지고 물건을 고치는 것을 좋아했고, 수학과 지질학에서 두각을 보였다. 글래스고와 런던에서 장비 제작자로서 견습 기간을 거친 뒤 와트는 1756년 글래스고로 돌아왔다. 글래스고대학교 교수로 근무하던 친척이 있던 덕분에 그는 존 맥팔레인John Macfarlane의 천체 관측 장비를 유지 및 정비하는 직원으로 고용되었다. 상인이었던 맥팔레인은 자메이카에 정착해 약 22제곱킬로미터의 땅과 800명에 육박하는 노예를 소유하며 상당한 부를 축적했다. 맥팔레인이 직접 만든 천체 관측 장비는 1755년 그의 사망과 함께 그가 학사 학위를 취득한 글래스고대학교에 기증되었다. 학교는 장비를 스코틀랜드로 싣고 오는 과정에서 바닷물에 닿아 염분으로 손상된 부분을 수리하기 위해 와트를 고용했다.50 이렇게 와트는 맥팔레인을 통해 처음으로 농장자본주의의 도움을 받았고, 10년 후 서인도 제도에 투자한 은행가들이 그가 발명한 증기기관에 자금을 지원하며 다시 한 번 농장자본주의의 신세를 진다.51

1763년의 어느 운명의 날, 대학교는 와트에게 '뉴커먼 증기기관'의 축소 모형을 수리하도록 지시했다. 일단 수리는 했지만 모형이 올바른 비율로 축소되지 않았던 탓에 모형은 얼마 가지 않아 멈춰 버렸다. 사실 실제 크기의 뉴커먼 증기기관도 엄청난 양의 연료를 잡아먹었다.

와트는 기관의 효율을 떨어뜨리는 원인을 파악하며 차츰 열과 증기 사이의 관계를 이해하게 되었다.[52]

뉴커먼은 광산용으로 설계된 기관이었다. 영국 광부들은 손재주 좋은 독일인이 만든 말이나 물레바퀴로 돌아가는 목재 장비를 이용해 광산 깊은 곳에서 물을 끌어 올렸다. 하지만 말을 이용한 방식은 데번과 콘월의 깊은 주석 광산에서 배수를 할 정도의 동력을 제공하지 못했고, 지역 하천은 그 수가 손에 꼽을 정도였으며, 규모도 작았다. 그러나 잉글랜드와 스코틀랜드에는 공급 가능한 또 다른 동력원이 아주 많이 있었다. 석탄이었다. 증기와 열을 이용한 최근의 실험에 주목한 데번의 군사공학자 토머스 세이버리$^{Thomas\ Savery}$가 1698년 밸브 외에는 움직이는 부품이 없는 증기 양수기를 개발했다. 세이버리가 만든 기관은 저렴하고 단순했지만 석탄을 너무 많이 필요로 했기 때문에 연료를 값싸게 공급받을 수 있는 석탄 광산에서만 유용하게 쓰였다. 더욱이 물을 끌어 올릴 수 있는 깊이는 최대 약 12미터였기 때문에 세이버리 기관은 광산 내부에 설치하거나, 더 깊이 설치하여 기관끼리 연결해 사용해야 했다. 데번의 철공 토머스 뉴커먼$^{Thomas\ Newcomen}$에게 세이버리 기관을 개량하도록 영감을 제공한 건 위그노 드니 페팽$^{Denis\ Pepin}$이 진행한 열 실험이었다. 뉴커먼은 15년에 걸쳐 여러 기술적 과제와 씨름했고, 1712년 지상에 설치할 수 있는 피스톤 기반의 강력한 다용도 기계를 설계하는 데 성공했다.[53] 이후 뉴커먼의 설계를 개선하려는 수많은 시도에도 불구하고 증기 기술은 제자리걸음이었다.

와트는 수수께끼 같은 열의 원리를 연구하고 있던 글래스고의 교수 조지프 블랙에게 자문을 구했다. 블랙은 물이 고체에서 액체로, 액체에서 기체로 변할 때 필요한 다량의 열, '숨은열$^{latent\ heat}$'을 발견한 이였다. 와트는 증기를 데우고 식히는 데 같은 실린더를 사용하는 탓에 뉴커먼 증기기관의 효율성이 떨어진다는 사실을 발견했다. 1765년, 와트는 외부 냉각기를 활용해 증기를 식히는 방식을 고안하여 효율이 두 배에서 세 배 더 개선된 증기기관을 개발했다. 그러나 이 장치가 세상에 나와 유용하게 쓰이기 위해서는 투자자가 필요했다.[54]

스코틀랜드의 종교 문화, 기술, 자본주의

이탈리아와 네덜란드(혹은 인도나 중국)가 가지 못한 산업혁명의 길을 영국인이 개척하도록 한 것은 청교도와 장로교의 형태로 꾸준히 영향을 미친 개혁주의 개신교 문화였다. 와트는 긍지 높은 장로주의 지지 서약자이자, 그의 증조부가 목숨을 잃었다고 전해지는 영국 내전에서 잉글랜드 청교도의 전투 동맹군이었던 스코틀랜드 집안의 후손이었다. 그의 아버지와 조부 모두 스코틀랜드 장로교 장로였으며, 이는 책임감과 도덕적 청렴을 나타내는 지위였다. 와트의 고향인 그리녹은 엄격한 칼뱅주의와 냉철하고 근엄한 상인들의 고향이라는 평판을 갖고 있었다. 와트는 자신이 다니던 그리녹 교회에서 활발하게 활동했으며, 평생을 장로교 신자로 살았다. 가끔 그의 믿음은 정통 신앙에서 벗어난 듯 보였으나, 그의 태도와 행동은 한결같았다.[55]

스코틀랜드의 강력하고 공격적인 칼뱅주의 장로교는 영국 문화를 진지한 목적의식과 도덕주의로 가득 채웠다. 신은 스스로를 섬기라고 인간을 창조하지 않았기 때문에 모든 인간에게는 예수 그리스도가 달란트 비유를 통해 말했듯(마태복음 25장 14~30절) 근면하고 생산적이며, 사회에 보탬이 되고, 자신의 물질적, 정신적, 영적 재능을 갈고닦아야 할 도덕적 의무가 있었다. 장로교인들은 늘 "향상improvement"을 강조했다. 그리고 이 단어는 애덤 스미스의 《국부론》 첫 문장의 핵심 단어이기도 하다. 낭비는 신이 주신 선물을 잘못 사용하는 죄악이었다. 칼뱅주의자들은 신이 주신 재능을 바탕으로 자기를 계발하고 사회에 헌신하지 못하는 까닭이 빈곤 때문이라고 생각했다. 이에 글래스고대학교는 소작농과 기능공의 자녀들에게 문을 열었고, 스코틀랜드는 스코틀랜드 장로교의 창시자 존 녹스$^{John\ Knox}$가 제안한 바를 따라 보편 교육을 의무화 한 최초의 국가가 되었다.

와트는 지출을 추적하여 낭비의 원인을 파악해 향후 같은 일이 반복되지 않도록 '거래 일지$^{Waste\ Book}$'를 꾸준히 작성하면서 자신의 재능을 '향상'했다. 그는 "게으름과 잠깐의 즐거움"을 경멸했으며, 심지어 어린 시절에 "소란스러운 놀이로 시간을 무의미하게 보내는 것"을 "탐탁지 않게" 여겼다.[56] 또한, 부업으로 일반인의 악기를 수리하고 만들어 주는 일을 했는데, 사실 그는 음악이 "게으름의 근원"이라고 여겼기 때문에 악기 연주자를 고용하는 것도 꺼렸다.[57]

석탄과 증기를 낭비하는 뉴커먼 증기기관은 장로교적 사고방식을 지닌 와트의 심기를 불편하게 했다. 자기만족이 아닌 공익을 위해 낭비를 최소화하고 운영의 효율성, 향상성, 재능 활용도를 극대화하려는 칼뱅주의적 신념은 (청교도적 직업 윤리로 잘 알려져 있기도 하다) 초기 열 과학과 산업 혁명의 동력으로 작용했다. 초기 열역학은 개혁주의 개신교 연구자들이 이끌다시피 했는데, 그중에는 블랙과 와트는 물론 잉글랜드 출신 청교도 로버트 보일$^{Robert\ Boyle}$, 위그노 드니 페팽, 맨체스터 출신 회중교도 제임스 줄$^{James\ Joule}$, 스코틀랜드 출신 장로교도 제임스 클러크 맥스웰$^{James\ Clerk\ Maxwell}$, 글래스고대학교의 아일랜드 출신 장로교도 켈빈 경$^{Lord\ Kelvin}$도 있었다.[58]

와트는 완고한 엔지니어였는데, 이는 19세기 스코틀랜드인의 고정 이미지가 된다. 모든 영국 선박의 엔진실에서 (혹은 TV 시리즈 〈스타트랙: 엔터프라이즈〉에서 묘사되듯) "스코티^{Scotty}*!"하고 소리쳐 부르면 누군가는 꼭 대답한다는 농담도 흔히 할 정도였다. 1894년 러드야

---

* 스코틀랜드인을 뜻한다.

드 키플링$^{Rudyard\ Kipling}$이 쓴 〈맥앤드루 찬가$^{M^cAndrew's\ Hymn}$〉는 스코틀랜드 선박의 엔지니어를 향한 경의의 표시이자 그의 가장 잘 알려진 시 중 하나로, 스코틀랜드와 기술, 칼뱅주의를 연결한다.

주여, 주께서는 꿈의 그림자 아래 이 세상을 만드셨습니다.
그리고 시간의 가르침에 따라 저는 그것을 받아들입니다.
증기를 제외하고는 말이죠.
플랜지 커플러부터 스핀들 가이드까지 저는 주님의 손길을 봅니다, 오 주님.
연접봉의 걸음마다 예정하신 바가 있으시니
장 칼뱅도 같은 것을 만들었겠지요, 거대하고, 명확하고, 느린.
아, 용광로의 불길 속에서 만들리, 나의 "인스티투티오^{Institutio}"를.^{59}

글래스고와 아일랜드 얼스터는 개혁주의 신교도가 장악한 북아일랜드, 스코틀랜드, 랭커셔 남부부터 버밍엄, 잉글랜드 동부를 통과해 네덜란드, 라인 지방, 알자스, 스위스(츠빙글리와 칼뱅의 땅)를 지나 몽펠리에부터 라로셸에 이르는 프랑스 남부의 위그노 지역에서 끝나는, 유럽을 가로지르는 초승달 모양의 영역 서쪽 끝에 있었다. 산업혁명은 종교상의 풍조 자체가 농업 방식, 금융 수단, 산업 기술의 향상을 권하는 이 초승달 지역을 따라 탄생하고 확산됐다. 상대적으로 도시화된 칼뱅주의 초승달 지역의 중심에서는 공화 정치와 대학이 육성되었다. 칼뱅주의와 도시, 자치 정부, 그리고 교육의 조합은 경제적 혁신과 활동을 위한 환경을 조성했다. 개신교 유럽국의 난민들은 잦은 종교 전쟁과 탄압으로 인해 개혁주의 디아스포라*가 되어 대서양 너머 청

---

* 자의 혹은 타의에 의해 원래 살던 땅을 떠나 타국에서 집단을 형성하며 사는 민족 또는 공동체.

교도 기반의 뉴잉글랜드, 네덜란드인 기반의 뉴욕, 그리고 뉴저지, 펜실베니아, 남부 아팔라치아 산맥에 있는 장로교 기반의 식민지 속 식민지로 보냈다.[60]

운송 혁명의 시작

역사의 여러 시기에서와 마찬가지로, 발달한 운송 수단은 산업자본주의 탄생에 중심적인 역할을 했다. 운송 수단의 혁명은 산업혁명을 촉진했다. 수로를 통해 무겁고 부피도 큰 석탄을 쉽게 공급받을 수 없었다면 제조업에서 와트의 증기기관을 채택하는 일은 없었을 것이다. 네덜란드처럼 영국도 자국 내에 유리한 해상 교통로가 많았다. 영국의 모든 마을은 바다에서 약 110킬로미터 안에 위치했다. 비록 폭포선 때문에 스코틀랜드 강 인근의 일부 지역으로 상업 영역이 제한되었지만, 잉글랜드에는 배가 다닐 수 있는 수로가 아주 많았다. 안타깝게도 탄광 근처를 흐르는 수로는 많지 않았다.

네덜란드의 영향을 받은 잉글랜드인들은 17세기, 수문과 운하를 건설하기 시작했다. 잉글랜드의 기후와 지형은 운하 건설에 유리했다. 요크와 런던, 버밍엄과 맨체스터 사이, 인구가 많은 지역에 위치한 비교적 평평한 지형에는 비가 많이 내렸다. 18세기 말부터 19세기 초까지 제조업에 대한 수요와 섬 전역의 지표 근처에 묻혀 있는 철과 석탄을 얻고자 하는 도심지의 요구를 반영하여 운하 건설 속도는 더 빨라졌다. 19세기 중엽에는 빽빽하게 이어진 약 6,300킬로미터에 달하는 운하가 잉글랜드 전역을 뒤덮었다. 이 훌륭한 수상 운송망은 수많은 제조공장을 잉글랜드 내 주요 시장과 연결해 주었다.[61] 수로 인프라는 있었으나 내수 시장 규모가 작았던 네덜란드나 내수 시장은 컸으나 운송망이 빈약했던 프랑스와는 달리, 훌륭한 수로 인프라와 내수 시장의 조합은 영국에 굉장한 경제적 이점을 제공했다.

운하 건설 열풍은 스코틀랜드까지 퍼졌고 측량사로 일하던 와트에게 상당히 중요한 수입원이 되었다. 1768년 투자자들은 와트를 고용해 몽클랜즈^{Monklands*}에서 글래스고로 석탄을 운반할 운하를 측량 및 설계하고 건설을 감독하도록 했다. 1773년에는 다시 와트를 불러 스코틀랜드 동부 해안의 인버네스와 서부 해안의 코파치를 잇는 칼레도니아 운하를 만들 경로와 북부 스코틀랜드의 길고 위험한 경로를 찾도록 주문했다.

와트의 증기기관, 그리고 면직업

와트와 그의 증기기관은 성장하고 있던 영국의 제조업 분야를 빠르게 장악해 나갔다. 증기를 이용한 와트의 실험에는 측량으로 벌어들일 수 있는 것보다 훨씬 더 많은 자본이 필요했다. 이 지점에서 영국의 번창하던 제철업이 와트를 도왔다. 제임스 와트에게 가장 처음 대규모 자본을 투자한 이는 폴커크에서 캐런 제철소^{Carron Iron Works}를 운영하던 존 로벅^{John Roebuck}이었다. 셰필드와 버밍엄 출신으로 에딘버러와 라이덴에서 대학을 졸업한 비국교도^{Dissenter}(영국국교회에 순응하지 않는 청교도 및 기타 개신교도) 로벅은 투자자이자 사업가였으며 쉬는 법을 몰랐다. 로벅은 옷감 표백제로 판매되던 황산의 새로운 제조법을 개발해 돈을 벌었다. 셰필드와 버밍엄 지역의 제철업에서 영감을 받은 게 분명한 로벅은 아직 개발되지 않은 스코틀랜드의 철광층을 이용하기 위해 캐런에 제철소를 세웠다. 그리고 제철소의 용광로에 넣을 코크스^{**}를 얻기 위해 보니스^{Bo'ness}의 탄광으로 눈을 돌렸

---

*   현재는 스코틀랜드의 에어드리^{Airdrie}와 코트브릿지^{Coatbridge}에 해당하는 지역.
**   석탄을 가공하여 만든 고체 연료.

다. 물레바퀴를 돌리는 데 더 많은 물이 필요하고, 광산에서 물을 빼내는 데 뉴커먼 증기기관이 만들어 내는 것보다 더 많은 동력이 필요해지자 로벅은 와트의 실험에 관심을 갖게 됐다. 1767년쯤부터 로벅은 와트의 추가 연구에 자금을 지원했고 그의 증기기관에 대한 특허에 투자했다.[62]

그리고 와트에게 역설적인 행운이 찾아왔다. 로벅의 캐런 제철소는 와트의 증기기관에 필요한 정밀도로 피스톤과 원통을 생산하지 못했다. 게다가 로벅은 1774년 재정난을 겪게 된다. 당시 세계 최대 규모의 공장이었던 버밍엄에 있는 소호 제조소Soho Manufactory의 소유주, 매튜 볼튼Matthew Boulton이 와트의 특허에 대한 로벅의 관심을 이어받아 빚을 갚아주기로 했다. 증기기관이 볼튼의 관심을 끈 이유는 소호 제조소의 물레바퀴에 물이 충분히 공급되지 않는 문제가 주기적으로 발생했기 때문이었다. 버밍엄의 철공소는 캐런의 철공소보다 기술력이 훨씬 더 뛰어났다. 1774년, 장로교도 존 윌킨슨John Wilkinson이 우연히 대포 제작을 위한 천공기를 발명했는데, 이 천공기로는 기관을 구성하는 원통을 더 정밀하게 만들 수가 있었다. 와트는 버밍엄으로 터를 옮겨 볼튼의 동업자가 되었다. 볼튼 앤드 와트Boulton & Watt는 1776년 최초의 증기기관을 판매했다. 이 증기기관은 최초로 증기력을 이용한 공장, 소호 제조소에서 방수된 물을 다시 물방아용 연못으로 끌어 올려 물레바퀴를 돌렸다.

볼튼 앤드 와트의 주 고객은 공장이 아니라 광산이었다. 볼튼은 광산에서 사용하기 위한 증기기관을 위한 시장이 빠르게 채워질 것이라고 예견했고 와트에게 제조업에 회전 동력을 제공할 수 있는 모델을 개발하라고 강력히 권했다. 와트는 지속적으로 동력을 제공할 수 있는 이중 작동식 증기기관을 설계했고, (크뤼첸과 스토머가 인류세의 시작이라고 주장했던) 1784년 선형으로 움직이는 피스톤에서 회전 동력을 얻는 방법을 설계했다. 여기에 다른 개선사항까지 더해지자 증기기관은 공장에도 적용할 수 있게 되었다. 공장에 있는 기계들은 원활한 작업과 제품 품질 유지를 위해 일정한 속도로 돌아가는 회전 동력이 필요했다. 증기기관 덕분에 제조업체들은 낙수가 있거나 바람이 불어 동력을 공급받을 수 있는 지역이 아닌, 노동력, 수송로, 서비스 공급처 인근에 공장을 세울 수 있게 되었다. 더불어, 증기기관은 가뭄이 닥치거나 바람이 불지 않아 물레바퀴나 풍차가 돌아가지 않을 때도 에너지를 제공했다.

증기기관 주문은 빠르게 들어왔다. 1800년이 되자 500개에 달하는 볼튼 앤드 와트의 증기기관이 가동 준비를 마친 상태였다.[63] 회사는 네덜란드와 프랑스, 미국, 서인도에도 증기기관을 판매했다. 그러나 정작 와트가 선택한 도시, 버밍엄에서는 1800년이 되기 전 (자체적인 제조 작업을 위한 엔진은 제외하고) 두 개의 증기기관만이 판매되었을 뿐이었다.[64] 버밍엄은 철강 작업의 산물로 배출된 매연이 만든 검은 구름에도 불구하고 증기력에 대한 필요성을 거의 느끼지 못했다. 게다가 버밍엄은 지구온난화 시대의 근원지도 아니었다. 증기 동력 기반의 제조업과 공장 시스템은 맨체스터와 랭커셔 남부의 면직물 산업에 먼저 뿌리를 내렸다.

잉글랜드의 면직물 산업은 인도 무역의 결과로 발달하기 시작했다. 17세기, 유럽 무역상들이 형형색색의 인도산 옷감을 수입했고 면직물 유행에 불을 붙였다. 네덜란드와 포르투갈의 선례를 따라 세워진 동인도회사는 콜카타, 마드라스, 뭄바이 등 인도 해안 도시들에 한층 더 발달한 무역소와 창고(재외 상관factories)를 세웠다. 잉글랜드 상인들은 지역의 중개인에게 주문을 넣었고, 중개인은 선대 제도 방식으로 농장과 가정에서 일하는 방적공과 방직공에게서 완성품을 받았다. 그러나 일부 도시에서는 대규모 제조공장에서 방직공들이 충분한 급여를 받지 못하며 제품을 생산했다. 수익성 높은 대규모 면화 무역은 무굴 제국의 경제를 점차 수출 위주의 경제로 바꿔 놓았다.[65] 몇 안 되는 해안 지역에 비교적 소수의 사람이 살고 있던 잉글랜드인들은 얼떨결에 제국주의자가 되었다. 18세기, 무굴 제국의 붕괴가 기회를 제공했다. 불안정한 왕조, 대규모 군대, 기생충과도 같은 지배계급은 무굴 제국이 거대한 영토를 통제하고, 관리하고, 방어할 능력을 약화시켰다. 인도 수출품의 값으로 흘러 들어온 미국산 은과 금은 인플레이션을 일으켰고 무굴 제국의 통화 가치를 떨어뜨렸다. 동인도회사의 관리들은 외교적 수단과 뇌물, 그리고 인도인 병사들을 이용해 지역 통치자들을 조종했고 천천히 인도 아대륙을 잉글랜드의 영향력 아래로 끌고 들어왔다. 동인도회사의 영향력 하의 인도는 면직물 외에도 소금, 차, 커피, 티크 같은 열대지방에서 나는 경목재(열대 경목재는 최상의 건조建造 자재였으며 참나무보다 건부병과 배좀벌레에 더 강하다), 비단 등을 수출했으며, 나중에는 아편과 황마도 수출했다.[66]

유럽인들은 중국부터 미국에 이르기까지 전 세계에 인도산 면화 시장이 있다는 사실을 발견했다. 아프리카인들은 인도산 면화와 노예를 교환했다. 미국의 농장주들은 노예들에게 인도산 면화로 만든 옷을 입혔다. 유럽인들은 모직이나 리넨보다 염색이 훨씬 더 잘 되고 염색을 하지 않았을 때는 더 하얀데다가 저렴하고 가벼우며 오래 가는 면직물의 가치를 발견했다. 이에 불안해진 모직과 리넨 업계는 면 수입을 금지하거나 세금을 부과하도록 잉글랜드, 프랑스, 그 외 유럽 국가의 정부들을 압박했다. 잉글랜드는 수출용으로만 생산을 허가했다.[67] 잉글랜드는 수 세기 동안 모직과 리넨을 생산해 왔지만 면직물 생산에 관해서는 아는 바가 전혀 없었다. 실을 뽑아 천을 짜고 물을 들이는 일은 복잡하고 손이 많이 가는 과정이다.[68] 여기에서 두 축의 종교 망명자 무리가 잉글랜드에 면직업이 자리잡도록 도왔다. 16세기 중반,

약 50,000명의 네덜란드와 플랑드르의 개신교도가 스페인에 대항해 일어난 반란을 피해 잉글랜드로 도망쳤다. 전통적으로 모직과 리넨 생산의 중심이었던 맨체스터와 랭커셔에 정착한 플랑드르인들은 지중해산 면을 수입해 잉글랜드 최초로 무명을 짰다. 17세기, 약 80,000명의 위그노가 잉글랜드로 이주해 왔다. 일부는 1620년 이후 다시 시작된 종교적 갈등 때문이었지만 대부분은 1685년 벌어진 낭트 칙령의 폐지 때문이었다. 이들은 독일과 왈론인 개신교도 망명자들과 함께 기술적인 지식과 자본, 그리고 최신 유행을 가지고 잉글랜드로 들어왔다.

잉글랜드의 면직물은 기계화하지 않고선 인도의 면직물과 경쟁할 수 없었다. 인도의 방직공들은 잉글랜드인이 받는 임금의 4분의 1도 안 되는 (1790년에는 이보다 더 적었다) 돈만 받고도 일했으며, 지역 면화의 값도 아주 저렴했다.[69] 잉글랜드는 비교적 탄탄한 특허 체계 덕분에 수많은 소규모 기술 발명이 면직물 제조 과정을 용이하게 만들었고, 이는 공장의 기계화로 직결되었다. 개선 기술의 발명을 주도한 건 비국교도들이었다. 위그노의 자손인 루이스 폴^{Lewis Paul}은 지루한 준비 공정에서 사용할 최초의 롤러 방적기와 소면기^{梳綿機}를 개발했다. 랭커셔주 베리의 장로교도 존 케이^{John Kay}가 몇몇 방직 기술을 개선했는데, 특히 1733년에 개발한 플라잉 셔틀^{flying shuttle*}은 방직공 한 명이 두 명 몫의 일을 할 수 있도록 한 중대한 발명이었다.[70] 랭커셔주 블랙번의 방적기자 제임스 하그리브스^{James Hargreaves}는 아내가 실을 뽑는 것을 돕기 위해 1764년 제니 방적기^{spinning jenny}를 고안했다. 기존의 물레와 비슷하지만 손으로 돌릴 수 있으며 8개 이상의 방추를 연결할 수 있는 물레였다. 1765년, 랭커셔주 볼튼의 장로교도 가발 제조공 리처드 아크라이트^{Richard Arkwright}는 한 시계 제조공과 함께 제니 방적기보다 더 튼

---

* 베틀에서 씨실을 푸는 기구인 북을 자동화한 기구.

튼한 실을 뽑을 수 있는 기계를 고안했는데, 이 기계는 한 명의 힘으로만 돌릴 수는 없었다. 마력으로 실험해 본 아크라이트는 물레바퀴를 연결해 기계를 돌렸고, 기계를 수력 방적기$^{water\ frame}$라고 명명했다.[71] 수력 방적기는 필요 동력이 크기 때문에 운영에는 별다른 기술이 거의 필요하지 않았지만 설치에 상당한 비용이 들었다. 아크라이트는 1771년 더비셔주 더웬트강 인근의 크롬포드에 최초로 기계화된 면직 공장을 세웠다. 아크라이트를 부자로 만들어 준 일련의 공장들 중 첫 번째 공장이었다. 영향력 있는 비국교도 볼튼 가문 출신 새뮤얼 크럼프턴 $^{Samuel\ Crompton}$은 제니 방적기와 수력 방적기의 부품들을 조합해 1779년 뮬^{mule}이라는 방적기를 발명했다. 뮬은 날실과 씨실 모두에 적합한 훨씬 더 좋은 품질의 실을 만들 수 있었다. 크럼프턴의 뮬 방적기는 수작업으로 하면 10시간이 걸릴 결과물을 2시간 만에 완성했다.[72]

처음에는 인도 면직 업계도 영국의 면직 공장에 위기감을 느끼지 않았다. 기계로 만든 직물의 질은 인도인의 손으로 짠 면 보다 한참 뒤떨어졌다. 하지만 서인도 제도, 13개 식민지*, 스페인과 포르투갈 제국, 아프리카에서 기계로 생산된 영국 면직물은 일정한 품질을 보장하며 인도산 제품의 낮은 가격을 어느 정도 극복했다. 1830년 이후, 잉글랜드의 기계는 마침내 인도산 면직물의 가치를 뛰어넘어 인도의 면직물 수출 산업을 끝내 버릴 정도의 효율성을 실현했다. 1800년대 중반, 잉글랜드산 직물은 인도의 국내 시장에서도 큰 점유율을 차지하기 시작했다. 잉글랜드의 면직물 수출은 오스만 제국의 오래된 면직업까지 망하게 만들었다. 섬유 산업은 기계의 세상이 되었다.[73]

네덜란드와 마찬가지로, 잉글랜드인도 자연이 주는 공짜 에너지를 끌어다 썼다. 초기에는 물레바퀴가 직물 공장에 동력을 공급했다. 증

---

* 북미 동부 해안 쪽에 있는 과거 대영제국의 식민지였던 지역들.

기력으로는 천천히 전환됐다. 초기의 증기기관은 특히 기계에 작업량이 추가되거나 동력축과의 연결이 끊기는 등의 이유로 작업 부하가 바뀔 경우 안정적인 출력을 제공하지 못했다. 게다가 예기치 않게 갑자기 멈추는 경우가 잦았다. 이 두 가지 문제는 실의 품질에 영향을 미쳤다. 1782년, 와트는 엔진의 움직임을 더 부드럽게 만들고 갑작스러운 작동 중단을 방지하기 위해 플라이휠을 추가했다. 그러나 여전히 수력이 더 저렴하고 안정적이었다. 공장들은 미래에 확대될 시설에 비하면 여전히 작았고, 랭커셔, 체셔 북부, 그리고 물이 가파르게 떨어지는 잉글랜드와 스코틀랜드 지역의 수많은 개울과 언덕에 분포되어 있었다.

하지만 수력을 활용하는 방식에도 여러 문제점이 있었다. 그중에서도 물 부족은 끊이지 않고 되풀이되는 문제였다. 인근에 둘 이상의 공장이 있는 개울의 경우, 하류에 위치한 공장들은 상류에 있는 공장들의 사정에 따라 사용할 수 있는 물의 양이 달라졌다. 게다가, 공장은 물이 충분하고 높은 곳에서 떨어지는 위치에 공장을 지어야 했는데, 이런 지역들은 대개 시장과 원자재, 노동자 거주지로부터 멀리 떨어져 있었다. 따라서 공장을 세우려면 숙소와 생활 서비스 제공을 위한 건물은 물론이고 거의 마을 전체를 함께 세워야 했다. 노동력도 문제였다. 고용주들은 마을에서 멀리 떨어진 곳으로 노동자들을 데려와야 했다. 파업이나 기타 노사 갈등이 발생하면 공장 소유주는 하는 수 없이 협상을 하거나 재빨리 대체 인력을 찾아야 했다.[74]

이런 문제들로 인해 증기력은 나름의 한계와 높은 비용에도 불구하고 매력적인 대안으로 다가왔다. 볼튼이 1781년 와트에게 전한 바에 따르면 바다 및 운하와의 뛰어난 연결성과 풍부한 석탄 공급량이 보장된 맨체스터는 "증기 공장에 열광"했다. 1785년, 볼튼과 와트는 그들의 첫 번째 증기기관을 한 면직 공장에 팔았다.[75] 맨체스터에서 빠르게 늘어나는 직물 공장은 거의 대부분이 증기력을 사용했다. 1780년대 두 곳이던 증기력 기반의 공장은 1802년 52곳, 1830년 99곳으로 늘었다. 미국산 면화를 맨체스터로 가져온 바로 그 해류가 미국산 면화를 스코틀랜드로도 운반했다. 1830년, 글래스고에는 증기력을 활용하는 직물 공장이 61곳 있었다. 증기력은 대부분이 직물 공장에서만 사용되었다. 다른 산업에서는 수력이 여전히 매력적인 선택지였으며, 수력 기술은 19세기 중반까지 꾸준히 발전했다.[76]

산업혁명의 전파

산업자본주의는 이제 전 세계로 전진해 나가기 시작한다. 다양한 전략에 의해 철저히 보호되던 영국의 면직 기술은 18세기 말 잉글랜드처럼 실을 뽑아 천을 짜던 프랑스와 독일, 스페인, 여타 국가들로 빠져나갔다.[77] 면화에 대한 보호주의적 금지 기간 동안 스위스와 독일, 알자스 지역의 개신교도는 직물을 제조해 프랑스로 몰래 가지고 들어갔다. 금지령이 해제된 1795년 이후 이들은 노르망디에 공장을 세웠다. 직물 공장은 석탄이 풍부한 프랑스 플랑드르와 벨기에에도 세워졌다.

첫 번째 면직물 염색 회사는 1746년 프랑스 동부 알자스 지방의 뮐루즈에 설립됐다. 이후 뮐루즈는 면직 산업에서 큰 역할을 맡으며 프랑스의 아주 중요한 산업 영역 중 하나의 핵심을 형성한다. 뮐루즈는 당시 스위스와 동맹을 맺은 독립된 칼뱅주의 공화국이었다. 산 사이에 있는 일III강 인근에 자리한 뮐루즈는 라인강과 론강으로 향하는 값싼 수상 교통과 천을 표백할 땅, 깨끗한 물, 풍부한 나무의 혜택을 누렸으며, 관세 장벽도 없었다. 그리고 바젤, 제네바, 뇌샤텔에 있는 스위스 상점으로의 접근성도 높았다. 1798년 프랑스는 뮐루즈를 강제로 프랑스에 합병시켰다. 그러나 공장을 소유한 칼뱅주의자들은 이후로도 오래동안 지역 내에서의 세력과 독립성을 유지했다. 수많은 가톨릭 신자들 사이에서 소수에 불과했던 칼뱅주의자들의 근면, 금욕, 산업 투자 등의 직업 윤리는 더 눈에 띄었다.

뮐루즈에 있는 회사들은 독특한 디자인과 색감을 전문으로 다뤘다. 그러나 더 많은 천이 필요했다. 나폴레옹 전쟁 때문에 값싼 영국산 실이 수입되지 않았던 탓에 알자스 지방의 풍부한 수력을 이용한 공장 건설이 촉진되었다. 하지만 방적 기술은 여전히 구식이었다. 뮐루즈와 맨체스터는 서로를 보며 학습하고 차용했다. 그리고 1812년 드디어 뮐루즈에서도 증기력을 쓰기 시작했다. 노르망디보다 광산과 항구가 더 먼 뮐루즈는 석탄과 면화에 더 많은 돈을 지불하고 있었기 때문에 양이 아닌 품질을 강조했다. 뮐루즈에서 만든 직물은 프랑스 시장에서 잉글랜드 직물을 밀어냈고 1834년 뮐루즈는 생산량의 절반을 수출하게 된다. 뮐루즈의 공장들은 현대화되었고 19세기 중엽에는 기술적으로 잉글랜드와 동등한 위치에 서게 되었다. 1840년대, 프랑스의 직물 생산량은 영국에 이어 2위에 올라섰다.[78]

산업혁명은 미국으로 전파되었다. 데번셔에 있는 마크라이트의 공장에서 견습생으로 일한 적이 있는 새뮤얼 슬레이터$^{Samuel\ Slater}$가 로드아일랜드의 포터킷에서 삼각 무역으로 자본을 확보한 상인들과 모여 1791년 미국 최초로 소규모 수력 방적 공장을 설립했다. 이후 다른 소규모 공장들이 문을 열어 공장에서 실을 뽑아 재택 노동자에게 방직 작업을 맡겼다. 1807년 금수조치법$^{Embargo\ Act}$과 1812년 미국-영국 전쟁으로 영국산 직물 수입이 끊기자 슬레이터 공장의 매출은 늘었고 공장 수도 빠르게 늘었다. 슬레이터는 증기력을 사용한 초기 미국 제조업자 중 한 명이었다.[79]

슬레이터에게는 대규모 자본이나 최신 기술이 부족했기 때문에 그의 공장은 곧 다른 제조업체에 추월당했다. 청교도 목사를 조부로 둔

프란시스 캐벗 로웰$^{\text{Francis Cabot Lowell}}$은 보스턴을 기반으로 중국산 비단과 차, 인도산 면화를 수입했으며 카리브해산 당밀로 럼주를 제조했다. 로웰은 영국의 공장들을 견학하다가 1812년 미국으로 귀국해 한층 더 개선된 역직기, 즉 기계 베틀을 만들었다. 그리고 보스턴의 동업자들과 함께 원면에서 천을 완성하기까지 모든 공정을 처리할 수 있는 최초의 공장을 보스턴 인근 월섬에 지었다.[80] 1817년 로웰이 사망한 뒤 그의 동업자들은 훨씬 더 큰 수력을 활용할 수 있으며 원자재와 시장으로 이어지는 운하가 있는 메리맥강 인근의 장소를 발굴했고, 매사추세츠주에 있는 이 새로운 공장 도시의 이름을 로웰이라고 지었다. 메리맥강의 폭포들을 따라 위치한 공장 도시 중 첫 번째로 세워진 곳이었다.[81]

산업자본주의, 농장자본주의, 그리고 환경

면직물 산업은 자연 환경에 지대한 영향을 미쳤다. 면직 공장은 유럽 최초의 목화 생산지인 지중해 동부보다 훨씬 많은 목화를 공급했던 미국 노예 플랜테이션에서 시작되는 생산 공정의 최종 단계였다. 물론 사탕수수가 훨씬 더 돈이 되는 작물이었지만, 더 이상 수수가 자라지 않는 농장에서는 목화를 키웠다. 본토에서 재배되던 면화의 품종은 수익성이 없었다. 1793년, 매사추세츠주의 저명한 청교도 가문 출신이자 예일대학교를 졸업한 엘리 휘트니$^{\text{Eli Whitney}}$가 섬유와 씨앗을 분리하는 조면기(혹은 조면기용 기관)을 발명하기 전까지는 말이다. 급격히 수익성이 높아진 면화 농장은 50년 동안 미국 남부 전역으로 퍼졌고, 쫓겨나거나 강제로 이주당한 체로키족, 크리크족, 촉토족과 같은 북미 원주민 부족의 땅에도 많이 생겼다. 1790년 약 680톤이었던 미국의 면화 생산량은 1830년에는 약 15만 톤, 1860년에는 100만 톤 이상으로 증가했고, 미국 남부에서만 전 세계 면화의 3분의 2가 재배

되었다. 그중 약 70퍼센트는 영국으로 수출되었다. 영국과 프랑스의 공장은 면화의 약 90퍼센트를 미국에서 사 왔다.[82]

　면화 생산의 경우 밭에서 공장에 이르는 전 과정이 환경에 영향을 미쳤다. 면화 농장이자 공장이었던 플랜테이션에서는 사람과 동물이 노동력을 제공했으며 원자재를 가공해 제품을 만들었다. 노예들은 숨 막히는 열기와 습도로 가득한 환경에서 쉼 없이 울창한 숲과 덤불로 가득한 풍부한 생태계의 강가 저지대를 모두 베어내고 일 년 내내 땅을 갈고, 작물을 심고, 솎아내고, 잡초를 뽑고, 해충을 없애고, 면화를 수확하는 작업을 했다. 덥고 습한 기후는 말라리아와 황열병을 옮기는 아프리카 모기의 생존에 유리했다. 열악한 위생 상태와 맨발로 이동하는 환경은 갈고리충과 같은 기생충을 전염시켰다. 잦은 폭우는 특히 밖으로 드러난 경사면의 토양을 침식시켰다. 남부의 토양 대부분은 오래된 것이었기 때문에, 하류의 비옥한 하적토 지대를 제외하고는 초기의 높은 수확량이 빠르게 감소했다. 처음에는 비옥했던 미개간지와 심지어 가장 비옥한 땅에서도 수확량이 줄어들고 땅이 깎이고 토양이 황폐해졌다. 서부를 개간하지 않는 한 땅을 관리하고 비옥화하는 비용을 감당할 수가 없었다. 1865년 노예 해방으로 농장의 강제 노동이 사라지고 소작으로 전환되면서 종전의 시스템이 무너졌다. 소작농들은 황폐해진 땅을 버리고 비옥한 땅을 새로이 개간할 수도 없었고 할 수 있다고 해도 노동력이 충분치 않았다. 미국 남부는 빈곤의 늪으로 빠져들었고 땅은 파헤쳐지고 고갈되었다.[83] 이후 영국, 프랑스, 독일, 러시아, 일본에서 아프리카와 아시아 식민지, 브라질, 러시아 영향권에 속한 중앙아시아에서 미국 사례를 본보기로 한 면화 단일 재배 체계를 구축하려 시도했다. 역시 토양의 고갈과 침식이 뒤따랐다.[84]

　직물 제조 과정이 환경에 미친 영향은 이뿐만이 아니었다. 수력을 기반으로 돌아가는 공장은 수로를 바꿔 놓았다. 잉글랜드와 스코틀랜드, 알자스의 비교적 작은 강과 하천에 세워진 물방아용 댐은 연어처럼 강을 거슬러 올라가는 어류의 이동을 막았으며, 물방아용 연못 때문에 물이 목초지와 밭으로 역류했다. 댐과 둑, 수문은 강물의 흐름을 방해했다. 하나의 하천에 여러 개의 댐이 세워지면서 상류에 있는 공장과 하류의 공장 사이에 갈등이 생겼다.[85] 공장 인근 마을에는 깨끗한 식수가 필요했지만, 강에는 인간과 동물의 분뇨와 산업 폐기물이 버려졌다. 하류 지역에는 장티푸스와 콜레라 같은 전염병이 돌았다. 천을 염색하는 날이면 하천은 밝은색으로 물들곤 했다. 다행히도 아직은 천연 염료를 사용하던 시절이라 생태계나 건강에 큰 문제를 일으키지는 않았다.

메리맥강 유역에 잠재한 수력은 낙수를 이용하기에 적합한 잉글랜드의 모든 지역을 합한 것과 같을 정도로 거대했다.[86] 투자자들은 메리맥강의 물이 잘 흐를 수 있도록 강 유역 전체에 걸쳐 다른 이들이 물과 운하에 대해 지닌 권리를 모두 소멸시켰다. 또한 이들은 상류의 스쾀호와 거대한 위네페소키호를 댐으로 막고 통제했다. 강은 공장에 동력이 필요할 때만 흘렀고 공장이 문을 닫는 밤에는 흐르지 않았다. 강은 수원지부터 하구에 이르기까지 마치 직물을 제조하는 기계의 부품처럼 흐르도록 만들어졌다. 사기업의 이익을 위해, 공공 자원으로서의 강은 사라졌다.[87]

무역과 산업, 물과 석탄, 자본주의와 환경

기술이 발전하면서 세계는 자본주의와 제국주의, 세계 경제의 성장, 자원 사용의 증가, 환경 파괴와 마주했다. 부와 권력을 위한 관문은 서구 경제의 중심이 지중해였던 이전과 달리 해풍과 해류를 이용해 더 많은 기회에 접근할 수 있는 대서양 연안의 유럽으로 이동했다. 포르투갈, 스페인, 네덜란드, 프랑스, 잉글랜드, 스코틀랜드, 심지어 덴마크와 스웨덴까지 세계 무역을 장악하기 위한 경쟁에 뛰어들었고 서로 다투었다. 유럽 북서부 사람들은 제국 기업이 또 다른 상업자본주의적 경험을 하고, 개신교적 정신을 접하고, 파티에 초대받지 않은 불청객의 공격적 기회주의가 무엇인지 깨우치게 해 주었다. 또한, 이들은 급진적인 개신교 지역에서 일어나 유럽과 북미로 빠르게 확산된, 이전과는 전혀 다른 산업자본주의를 만들었다. 농장과 공장은 세계의 풍경을 바꾸기 시작했다.

와트가 태어났을 때 스코틀랜드는 막 제국에 접근하여 혜택을 누리기 시작하던 참이었다. 글래스고에서는 플랜테이션의 자본과 광업의 필요성, 스코틀랜드 계몽운동, 장로교 문화가 혼합되어 새로운 어떤 것을 만들어 내고 있었다. 와트의 효율적이고 강력한 증기기관은 이와 같은 환경에서 탄생한 것이다. 제임스 와트와 그의 동업자 매튜 볼튼은 평생 부유하게 살았다. 직물, 곡물, 염료, 제지, 철 등 30개 이상 산업 분야에 속한 공장들이 볼튼 앤드 와트의 회전식 증기기관을 구매했고, 고객의 대부분은 면화 공장이었다. 와트의 분리식 응축기에 대한 특허권은 1800년 만료되었지만, 그의 회사는 그가 84세의 나이로 사망한 1819년 이후에도 증기기관을 판매해 국가적 업적으로서 칭송받았다. 와트의 특허권이 만료되면서 증기기관 기술이 폭발하듯이 발달했다. 그중에서도 가장 중요했던 기술은 응축기가 필요 없으며, 더 작고, 보트와 열차에도 동력을 공급할 수 정도의 이동성을 갖춘 고압 증기기관이었다. 1830년대, 산업 혁명은 전성기를 맞았다. 자본주의는 가속화되었고, 지구 환경에 미치는 영향도 더 커졌다. 볼튼과 와트가 상상하지 못했던 시대가 열리려 하고 있었다.

4장
증기와 철강의 시대

세계화 경제 속 번영과 빈곤

앤드루 카네기는 1835년, 스코틀랜드 에든버러의 포스만 건너편 던펌린이라는 마을에서 태어났다. 잘 알려져 있지 않은 마을 출신인 그가 당대 최고 부유한 사업가가 되리라고는 그 누구도 상상하지 못했다. 카네기는 19세기 100년 중 60년 이상을, 베틀과 직물 공장의 초기 단계부터 중공업과 대기업의 성숙기에 이르기까지, 산업자본주의의 진화 연대기의 거의 대부분의 주요 지점을 거친다. 가난하던 카네기를 거부로 만들어 준 전신기, 철도, 철강 산업은 1차 산업혁명이라고도 불리는 초기 산업화보다 훨씬 더 큰 환경적 영향을 미치기 시작했다. 철, 석탄, 그리고 새롭게 찾아낸 여러 유용한 금속의 채굴이 빠른 속도로 늘어났고, 귀금속 채굴도 증가해 세계 상업을 굴리는 바퀴를 계속 돌아가게 만들었다. 산업화는 구타페르카*와 고무를 향한 새로운 수요를 창출했으며, 유럽 제국들이 동남아시아로 세를 확장하면서 이전에는 산림이던 농장들이 이 수요를 충족시켰다. 코크스를 굽는 가마와 카네기 철강$^{Carnegie\ Steel}$과 같은 제철소는 하늘과 폐를 검게 물들이고 강을 오염시켰다.

앤드루 카네기의 아버지, 윌리엄 카네기는 플랑드르 또는 네덜란드계 방직공들이 17세기 이든버러에 세운 던펌린의 리넨 방직공 공동체에 속해 있었다. 아름다운 패턴을 만들어 내는 자카드 직조기가 개발되면서 1825년경에는 에든버러에서 방적 공장을 돌릴 수력이 풍부한 던펌린으로 생산지가 이동했다. 뛰어난 품질과 아름다움을 뽐내는 던펌린의 리넨 다마스크 천은 스코틀랜드의 주요 수출품이 되었다. 그중 절반은 미국으로 건너갔다.[1]

던펌린 방직공들의 황금기는 그들에게 부를 가져다준 세계 무역 연결망이 급작스럽게 사라지며 예고도 없이 끝나 버렸다. 중국의 아편 구매, 미국의 정치 상황, 니카라과의 화산 분화 등 광범위한 지역에서 인간과 자연이 일으킨 여러 상황들로 세계 경제가 멈춰 버렸다. 상품 생산과 무역이 주 수입원이던 이들은 크게 고통받았고 이들 중 다수가 빈곤에서 벗어나고자 다른 나라로 이주했다.

일련의 재앙은 19세기 초 스페인령 아메리카 제국을 독립 공화국으로 분리시킨 여러 혁명과 함께 시작되었다. 신생 국가들이 주조하는 페소화는 은의 순도가 균일하지 않았다. 아메리카산 은화 대부분의 종착지였던 중국은 새 페소화를 거부했고, 그 대신 잉글랜드은행에서 발행한 어음으로 인도산 아편의 값을 지불했다. 멕시코의 은 페소는 잉글랜드가 면화와 투자 대금으로 지불한 금으로 배를 두둑이 불린 미

---

* 말레이반도 등지의 열대 우림에서 자라는 나무에서 나는 천연 고무.

국으로 흘러 들어갔다. 1830년대에는 체로키족, 촉토족, 크리크족이 강제로 이주하게 되면서 비옥한 대규모 면화 농지가 시장에 나왔다. 금화와 은화가 넘치면서 토지, 면화, 노예 가격에 거품이 꼈고 주요 은행의 정화^{正貨} 보유액이 줄어들었다. 설상가상으로, 1833년 이후 연방정부는 규제가 느슨한 주립 은행에 공공 토지 판매 금액을 예치했고 주립 은행은 보유액보다 더 많은 지폐를 빌려줬다. 거품과 통화 공급량은 계속해서 부풀어 올랐다.

한편 잉글랜드은행은 신용 경색으로 곤욕을 치르고 있었다. 1833년 대영제국에서 노예제가 폐지되면서 영국 의회는 이전 노예 소유주들에게 보상금을 지급하기 위해 수백만 파운드를 빌려야 했다. 잉글랜드은행의 정화 보유액이 줄었고 놀란 은행장들은 미국을 비난하며 금리를 높였으며 미국과 거래하는 회사의 정화만을 받아주었다. 정화가 점차 빠져나가면서 미국 은행들도 금리를 인상했다.

그러던 1835년의 어느 날, 니카라과의 코시귀나^{Cosigüina} 화산이 폭발했다. 대기로 분출된 화산재는 3년 동안 북반구의 기온을 떨어뜨렸다. 미국과 영국에 흉작이 들었다.[2] 영국은 곡물을 사기 위해 더 많은 금화와 은화를 해외에 지출했다. 줄어드는 보유액을 지키기 위해 잉글랜드은행은 6퍼센트라는 기록적인 수치로 금리를 다시금 인상했다. 투자 시장은 꽁꽁 얼어붙었다.

투기 거품을 빼기 위해 미국 정부는 1836년 통화에 관한 긴급조치인 정화유통령$^{Specie\ Circular}$을 발동해 토지 대금으로 지폐가 아닌 금이나 은과 같은 정화로만 지불하도록 했다. 땅값은 폭락했고 세수가 감소했다. 여러 주에서 채무를 이행하지 못했다. 전 세계 면화 가격이 급락했다. 뉴올리언스의 대형 면화 회사들이 파산했고, 채권을 처리할 충분한 보유액이 없는 은행들이 문을 닫았다. 미국 경제가 쓰러지자 세계 경제도 쓰러졌다.[3]

아무도 던펌린의 아름다운 리넨을 사지 않았다. 방직공들의 형편은 점점 더 어려워졌고, 기술이 발전함에 따라 이들의 손기술은 쓸모가 없어졌다. 1830년 이후 공장에서는 이전 설계들보다 훨씬 더 뛰어난 주철로 만든 로버츠 직조기Roberts loom를 설치하기 시작했다. 전 세계의 모든 수동 직조기가 작동을 멈춰 버렸다. 방직공들은 가난에 시달리거나 다른 나라로 떠났다. 1848년, 카네기 부부는 친척들에게 돈을 빌려 글래스고로 향했고, 그곳에서 미국행 배에 올랐다. 부부는 피츠버그 인근의 펜실베이니아주 앨러게니의 친척 집에 정착했다. 앨러게니는 지난 한 세기 동안 스코틀랜드 이민자들이 모여든 곳이었다. 서부 내륙으로 향하는 뛰어난 수상 교통과 빠르게 성장하는 경제 덕분에 피츠버그는 제조업의 중심지로 급성장하고 있었다. 이곳은 세상이 아직 모르는 풍부한 미개척 천연자원이 사방에 있었고 그 때문에 잠재력과 가능성이 넘치는 곳이었다.

철도의 세계로 들어서는 카네기

펜실베이니아 서부의 울창한 산속에서 새로운 산업자본주의가 일어나고 있었다. 그러나 카네기가家는 처음에 이로 인한 혜택을 거의 받지 못했다. 윌리엄 카네기는 공장일을 싫어했다. 윌리엄은 방직공으로 일했지만 리넨으로 만든 식탁보는 거의 팔리지 않았다. 그는 자신의 인생을 실패작이라고 생각했다. 세상이 그를 버렸고, 자신의 손에 쓸모없는 옛 기술만 남겨져 있었으니 말이다. 1855년, 그는 51세의 나이로 세상을 떠났다.[4]

아버지 윌리엄 카네기와는 달리 (이민 당시에는 12살이었으며, 윌리엄이 사망할 당시에는 열아홉이었던) 큰아들 앤드루는 산업화 초기에 접어든 미국에서 누릴 수 있는 수많은 기회를 최대한 활용했다. 앤드루 카네기가 자라면서 방직의 시대는 저물고 증기와 철강의 시대가

열렸다. 불과 100년 전만 하더라도 지도에 표시도 되지 않던 피츠버그에서 앤드루 카네기는 하늘로 치솟는 경제의 로켓이 이륙하는 바로 그 순간 로켓에 올라탔다. 로켓은 그를 동 세대의 그 누구보다 더 높은 곳까지 올려다 주었다.

앤드루 카네기가 누린 행운은 크게 두 가지였다. 하나는 세계 경제가 성장하기 직전인 1848년 미국으로 이민을 왔다는 것이었다. 같은 해, 미국이 캘리포니아를 합병하자마자 그곳에서 금이 발견되었고 19세기 최초의 대규모 골드러시가 시작되었다. 세계는 1837년 대공황을 초래한 정화 부족 사태에서 벗어났고, 꾸준히 달리지는 못했지만 산업의 미래를 향해 다시 전진했다. 지난 3,000년보다 훨씬 더 많은 금이 이후 50년간 세계 경제에 유입됐다. 1880년대에 이르기까지 네바다와 캘리포니아에서는 끊임없이 골드러시가 일었다. 콜로라도와 와이오밍과 몬태나에서는 마흔 차례, 호주에서 1851년부터 1894년까지 스물여덟 차례, 1857년 이후 뉴질랜드에서 다섯 차례, 1858년 브리티시컬럼비아, 1868년 라플란드, 1886년 남아프리카공화국, 1890년 남로디지아(현 짐바브웨)에서 각각 한 차례, 황금 해안에서는 1877년부터 1900년 사이 주기적으로, 골드러시가 일어났다. 1896년 이후 캐나다 클론다이크와 알래스카에서는 대규모 골드러시가 한 차례씩 일었다.

이렇게 캐낸 금은 세계 경제를 뒤바꿨다. 캘리포니아에서 난 금만 14억 달러 규모에 달했다. 1902년, 한 광산업 전문 기자는 금이 매년 경제에 약 7,000만 파운드의 가치를 더하는 것으로 추산했다. 1816년 잉글랜드은행은 금을 단일 표준으로 채택했다. 다양한 이유로 다른 여러 국가도 1870년 이후 잉글랜드은행을 따랐다.[5] 그러나 금본위제는 은화 유통을 막고 디플레이션을 야기하는 등 여러 경제적 문제를 일으켰다. 또한, 세계 경제가 안정적으로 성장하는 동안 골드러시 지역에 거주하던 원주민에 대한 끔찍한 대우, 골드러시가 유발한 막대한

사회적 혼란, 수력 채굴과 수은으로 인한 환경 파괴라는 대가다.[6]

카네기가 누린 두 번째 행운은 "서반구에서 스코틀랜드 종교 문화가 가장 성공적으로 뿌리내린 곳", 즉 스코틀랜드 문화를 기반으로 하는 지역으로 이민왔다는 것이었다.[7] 카네기 부부는 장로교보다는 스베덴보리교^{Swedenborgianism*}를 선호했지만, 기질과 가치관 면에서는 스코틀랜드 문화 규범에서 거의 벗어나지 않았다. 피츠버그와 그 주변 지역에는 카네기와 가족에게 도움을 줄 수 있는 친척과 스코틀랜드인, 스코틀랜드계 아일랜드인이 많이 살았다.

앤드루 카네기의 첫 직업은 스코틀랜드인이 소유한 방직 공장에서 하루에 12시간 실 감는 일을 하는 것이었다. 어린 카네기는 기초 교육만 받았으나 밝고 사교적인 소년이었으며, 독서를 좋아하고 자기 계발에 적극적이었다. 실 감는 실패를 만드는 회사의 한 스코틀랜드인이 카네기를 증기기관을 관리하는 자리에 고용했다. 저녁 수업에서 배운 기술을 토대로 그는 곧 시간제 회계 경리로 승진했다. 1년 후에는 한 전신기 회사의 스코틀랜드인 관리자가 카네기를 전보 배달원으로 채용했다. 카네기는 시간이 남는 틈을 타 전신기 작동법을 배웠고, 이후 전신 기사로 채용됐다. 그는 뛰어난 역량을 보였고, 1853년 펜실베이니아 철도국$^{Pennsylvania\ Railroad}$의 스코틀랜드계 아일랜드인 분과 감독관 토머스 스콧$^{Thomas\ Scott}$이 그를 개인 전신 기사로 고용했다.[8] 카네기는 실패와 직물의 세계를 완전히 떠났고, 전신기와 철도라는 신세계로 들어섰다.

---

* 스웨덴 과학자 에마누엘 스베덴보리의 철학 및 신학 사상을 따르는 기독교계 종교.

전신 시스템의 확산

이제 막 역사가 시작된 피츠버그에서 카네기는 근대의 전기 통신과 증기기관 운송의 시대가 밝아오는 것을 목도했다. "내가 수많은 전신을 보냈던 로빈슨 장군은 오하이오강 서쪽에서 태어난 최초의 백인 아이였다."라고 그는 회상했다. "나는 동쪽에서 도시로 뻗어나가는 최초의 전신선을 봤고, 나중에는 오하이오 및 펜실베이니아 철도국을 향해 필라델피아에서 출발하여 운하를 따라 내려와 앨러게니에 도착해 배에서 내리는 최초의 기관차도 두 눈으로 봤다."[9]

사람들이 "죽은 기계가…… 움직이고…… 얼마나 멀리 있든 번개처럼 빠른 속도로 사람처럼 말하는"[10] 듯했던 전신기는 거의 기적에 가까워 보였을 것이다. 전신기가 통신 속도에 미친 혁명적인 영향력은 1450년 요하네스 구텐베르그의 인쇄술 완성, 그리고 문자의 발명과 어깨를 나란히 할 정도로 역사와 경제 발전에 중요하다. 최초의 전신기는 철도 문제를 해결했다. 철도 교통량이 증가함에 따라 사고를 예방하고 열차 지연으로 인한 불편함을 막기 위해서는 역과 역이 빠르게 소통하여 반대 방향으로 향하는 열차를 조율할 수 있어야 했다. 전기 과학이 새롭게 발전하면서 발명가들은 전선을 통해 전자식으로 코드를 전송하는 법을 배웠다. 1830년대 후반부터 1840년대까지, 영국은 전자 펄스가 수신하는 쪽의 바늘을 움직여 다이얼의 문자를 가리키게 하는 쿡Cook과 휘트스톤Wheatstone의 2선식 시스템을 채택했다. 1837년 미국인 새뮤얼 모스Samuel F. B. Morse가 짧은 펄스와 긴 펄스('점'과 '대시' 기호)를 이용해 알파벳 부호를 알리는 단일선 시스템을 독자적으로 발명했다.

영국은 전신을 우편 같은 공공 정보 전달 시스템으로 여겼다. 미국 우정 공사는 1869년 초기의 회사들을 흡수했다. 미국인들은 전신을 민간 철도와 연결지어 생각했고, 웨스턴 유니온Western Union, 즉 하나의 민간 기업이 1868년 모든 경쟁사를 인수해 독점 체제를 굳히도록 했다. 그 결과 19세기에 미국에서 송수신된 전보 다섯 건 중 네 건은 사업과 관련된 것이었으며, 영국에서는 비슷한 비율의 전보가 개인적인 용도로 사용됐다. 카네기가 피츠버그에서 직접 본 것처럼, 미국 기업들은 사업 수요를 바탕으로 철도보다 훨씬 먼저 전신선을 깔았다. 1851년에는 보스턴에서 뉴올리언스와 세인트루이스로, 1861년에는 샌프란시스코에 이르기까지 전신선은 미국 내 모든 주요 도시를 연결했다.[11] 미국은 지역 간 거리가 멀고 뚜렷이 구별되는 지역별 경제권, 그리고 전국적인 시장이 있었기 때문에, 전신은 지역별 가격 차를 균등화하고 중간상인을 없앴고, 재고를 줄었으며, 상품 가격과 금융 상황을 파악할 수 있도록 해주었다. 최신 뉴스도 전국으로 신속하게 전달됐다.[12]

전신은 전 세계 사람들 (그리고 제국들) 사이의 거리를 좁히며 세계 상업을 돌리는 바퀴에 기름칠을 해 주었다. 유럽 제국주의 국가들은 식민지 전역에 전신선을 설치했으며, 1865년에는 인도에만 약 27,000킬로미터에 달하는 전신선을 설치했다. 제국주의 국가의 수도에서는 멀리 떨어진 식민지 정보를 받는 즉시 지시를 전달할 수 있었다. 중앙 정책결정의 효율성이 높아졌고, 그 외 지역의 행동의 자유는 더 제한되었다. 전쟁에서 전신은 영국이 1857년 세포이 항쟁*을 진압하는 데 기여했으며, 1861~1865년 사이 벌어진 미국 남북전쟁에서 결정적인 역할을 했다. 1866년 이후, 국익이 아닌 사업적인 이유로 대서양을 횡단하는 전신 케이블이 성공적으로 설치되었다. 해저에 설치된 전신 케이블은 국제 가격을 안정화하고 무역을 확대했다.[13]

전신은 자본주의 경제에도 핵심적인 역할을 했지만, 전신의 구축

---

* 영국의 식민지 지배에 반해 일어난 인도 최초의 민족 항쟁.

과 운영은 산업 조직에도 큰 발전을 불러왔다. 전신에는 인류 역사상 자본주의 기업이 필요로 했던 그 어떤 것보다 더 많은 막대한 자본과 유급 고용인, 회계, 원거리 운영을 위해 꼼꼼히 조율된 감독이 필요했다.[14]

전신기의 환경적 영향 - 구리

인류는 전신기를 활용해 전 세계적으로 통신, 전력, 그리고 수많은 산업 공정에 전기를 도입하는 첫걸음을 내디뎠다. 그리고 여기에는 환경적 영향이 수반되었다. 카네기가 손가락으로 전건電鍵을 두드리면 전기 펄스를 보내는 "유선망 작업기net-work of wire"[15](모스의 남동생이 붙인 이름이다)를 만들려면 전 세계에서 끌어모은 천연자원이 필요했다.

전신기가 전기 신호를 전달하려면 구리선이 필요했다. 웨일스의 구리 생산량이 늘어난 덕분에 영국은 1800년 세계 최대 구리 생산국이 되었고, 1856년에는 전 세계 구리의 절반을 공급하는 국가가 되었다. 사회는 비싼 환경적 대가를 치렀다. 제련소가 내뿜는 연기에는 유독한 이산화황이 있었고, 때로는 비소 같은 중금속이나 불산도 포함돼 있었다. 유독 성분은 인근의 식물을 죽이고, 동물이 먹는 식물 위에 쌓였으며, 생태계와 인체 내에 축적되었다.[16] 1862년 한 목격자에 따르면, "구리가 포함된 연기의 직접적이고 집중적인 영향을 받는 웨일스 스완지 인근 지역에는 식물이 모두 사라졌다. 언덕은 풀 한 포기 없으며 자갈과 돌 부스러기로 뒤덮였다." 폐수는 연어 산업에 피해를 입혔다. 채굴이 중단된 이후에도 유독성 구리와 비소 제련 찌꺼기는 사라지지 않았다.[17] 19세기 후반, 영국의 구리 생산량은 감소했지만 라틴아메리카, 특히 (한때 잠깐이나마 세계 최대 구리 생산국이었던) 칠레와 쿠바의 생산량은 증가했다.

미국은 자국에서 구리를 채굴했다. 1830년대 애팔레치아 산맥 체로키족의 땅에서 금이 발견되어 주민들이 강제로 이주당한 후, 1843년 금 채굴자들이 테네시 남동부에서 구리 광맥을 발견했다. 이곳의 구리는 보스턴과 스완지의 제련소로 운송 비용을 충당하고 남을 만큼 풍부했다. 1850년, 테네시주 클리블랜드까지 판자길로 약 53킬로미터 떨어진 곳에 철도가 놓였다. 남북전쟁으로 생산이 중단될 때까지 산에서 얻은 숯은 클리블랜드 공장에 구리를 공급하는 여섯 곳의 제련소에 불을 지폈다. 유황 함량이 높은 테네시의 구리는 장작더미 위에 구리를 올려놓고 불을 붙여 굽는 과정이 필요했다. 한 차례 구울 때마다 약 453톤의 유황 가스가 분출됐다. 굽기 작업과 제련소의 숯에 쓰이는 목재는 초목과 동물의 폐에 피해를 입힌 것은 물론 주변의 산이란 산은 모두 벌거숭이로 만들었다. 1870년대, 남북전쟁 후의 생산 시대는 목재 부족으로 막을 내렸다.[18]

미시간주에는 가로 15미터, 세로 6미터, 높이 3미터가량 크기의 순수한 금속 덩어리가 있는 세계 최대 천연 구리 매장지가 있다.[19] 여기에 하급 구리가 추가로 발견되고 슈피리어호와 휴런호 사이를 지나는 수세인트메리강의 여러 폭포를 우회하는 수문이 열리면서 19세기 말까지 구리 생산량은 급증했다. 서부에 광산들이 문을 연 후 미국은 세계 최대 구리 생산국이 되었다. 미시간주의 광부들은 제련소로 보내는 짐의 양을 줄이고자 광산에서 구리가 함유된 암석을 부수었다. 엄청난 양의 물이 쪼개진 돌을 씻어냈고 구리는 물에 농축되었으며 버려진 '쇄광 모래stamp sands'는 하류나 호수로 흘러 내려갔다. 구리의 순도가 비교적 높았던 덕분에 제련소에서는 위험한 유황 연기가 나오지 않았다. 제련 기술이 발달하면서 이후 기업들은 모래를 회수해 구리 잔여물을 재가공했고, 더 미세해진 모래는 다시 호수에 버렸다. 미시간주의 암석에서 구리 1톤을 채취할 때마다 32톤의 모래와 60킬로그램 이상의 제련 찌꺼기가 공장 주변에 남겨졌다. 잔류한 돌가루와 자갈 속

중금속은 이후로도 줄곧 물과 환경으로 용해되어 스며들었다.

볼티모어와 보스턴에 있는 미국 최초의 구리 제련소는 테네시와 미시간 광산에서 멀었다. 1848년, 피츠버그에는 광산과 제련소, 압연 공장, 제조 공장을 결합한 수직 통합형 회사가 설립되었다. 곧 펜실베이니아 서부에도 다른 제련소들이 세워졌지만, 구리 운송로에 자리하고 있으며 혁신을 추구하는 뉴잉글랜드 사람들이 정착한 디트로이트는 1861년까지 미국에서 생산되는 구리의 40퍼센트를 제련했다.[21]

전신기의 환경적 영향 – 전기

배터리는 1890년대에 발전기로 대체되기 전까지 전기를 공급했다. 배터리는 고무와 나프타로 만든 선박용 도료로 도장한 티크 소재 통 안의 전지에 황산아연과 황산구리 용액 또는 산^{acid}에 아연, 구리, 때로는 수은을 담가 작동시켰다. 셀 수 없이 많은 배터리가 전신선에 전력을 공급했다. 런던 중앙 전신국$^{Central\ Telegraphic\ Station\ of\ London}$에서만 20,000개의 전지를 사용했다. 산은 주 2회 교체해야 했는데, 폐기된 산은 아마 가장 가까운 수로에 버렸을 것이다. 전신국들은 연기로 가득했다.[22]

배터리용 (그리고 1837년 아연 도금법이 개발된 후에는 산업용으로도 쓰인) 아연은 광산에서 채굴했다. 아연 광석에는 대개 납, 때에 따라 약간의 은이나 구리가 포함되어 있었으므로 아연과 납 제련소는 서로 가까이 있는 경우가 많았다. 잉글랜드는 페나인 산맥의 오래된 납 광산과 잉글랜드 남서부, 웨일스, 슈롭셔, 스코틀랜드, 맨 섬의 상대적으로 매장량이 적은 광산에서 아연을 얻었다. 18세기, 납 광산의 폐석에서 아연을 추출할 수 있는 공정이 개발되었다. 광부들은 갱도에서 규소 분진을 흡입하며 만성적인 건강 문제로 고통받았다.[23] 제련 과정에서 유독한 이산화황 가스와 신체에 해로운 납 증기가 발생했다. 실레지아와 벨기에, 스웨덴, 헝가리, 프랑스, 스페인, 기타 유럽 지역에 있는 아연 광산과 제련소는 세기 중반까지 잉글랜드보다 더 많은 아연을 생산했다.[24]

전문 지식과 자본이 부족했던 미국은 아연을 거의 제련하지 않고 있다가 1850년이 지난 뒤에야 뉴저지와 펜실베이니아 광산의 생산량을 늘렸다. 1850년대 중반에는 펜실베이니아주의 퀘이커교도들이 무연탄을 사용해 더 저렴한 비용으로 아연을 제련하는 방법을 발견하면서 아연 생산량이 더욱 증가했다.[25] 조금 더 서쪽에 있는 일리노이주와 위스콘신주에 걸친 드리프트리스 지역$^{Driftless\ Area*}$과 미주리주의 레드 벨트$^{Lead\ Belt**}$에서는 광부들이 납과 아연을 얻을 수 있는 방연석의 세계 최대 매장지를 발견했다. 1799년 이후 미주리주의 포토시와 허큘라니엄에 최초의 납 제련소가 등장했다.[26] 1820년 이후에는 채굴 기술에 익숙치 않은 남부인들이 드리프트리스 지역으로 노예들을 데려와 얕은 광산 약 2,000개를 파냈다. 헨리 로우 스쿨크래프트$^{Henry\ Rowe\ Schoolcraft}$는 이로 인한 환경적 악영향을 크게 우려하며 다음과 같이 기록했다. "광산에 끝없이 쌓여 있는 구덩이와 자갈 더미, 장석, 그 외 쓰레기로 숨을 쉬기 어려울 지경이며, 이로 인해 맨바닥은 물론 푹 꺼져 있는 구덩이도 보이지 않는 탓에 인근을 지나는 자는 걷는 내내 위험에 처해 있으며 안전하게 지나가기 어렵다."[27] 미국은 1841년까지 납을 수출했으며 1845년에는 세계 생산량 1위에 올랐지만, 1842년 제련소에 쓸 목재가 남지 않게 되면서 드리프트리스 지역의 생산량은 감소했다.

미주리주의 납 광산 깊은 곳에는 대량의 아연이 매장되어 있었는

---

*   빙하로 덮인 적이 없어 빙하 성층이 형성되지 않은 지역. "Driftless"라는 지역명은 빙하 퇴적물(drift)이 없다는 데서 기인한다.
** 미주리주 남동부의 납 광산 지역으로 미국에서 가장 중요한 납 생산지다.

데, 이 지역의 매장량은 남북전쟁 이후 미주리 남서부의 다른 납 매장지와 함께 전쟁 이전의 생산량을 압도했다.[28] 19세기 후반, 미국 서부와 호주의 대규모 브로큰힐$^{Broken\ Hill}$ 광산에 또 다른 아연 납 광산이 문을 열었다. 아연 납을 채굴하고 제련하는 과정에서 비소, 카드뮴 등의 성분이 주변 환경을 광범위하게 오염시켰고, 아연과 납은 땅과 물에 스며들어 사람이 먹는 동물이나 어패류의 체내에 축적되었다. 광물을 채취하고 남은 돌가루는 하천에 버렸는데, 그 결과 밭은 망가졌고 가축과 물고기가 죽었으며, 하류 지역 농부들은 분노하여 소송을 일으켰다.[29]

전신기의 환경적 영향 - 절연

구리선과 케이블에는 전기 절연이 필요한데, 여기에 필요한 소재를 브라질과 동남아시아 식민지의 열대 나무가 제공했다. 1847년, 독일의 베르너 폰 지멘스$^{Werner\ von\ Siemens}$는 타르로 코팅한 면이나 삼베 대신 동남아시아에서 자라는 나무에서 나는 구타페르카로 전신 케이블을 코팅했다. 유럽인들은 1656년부터 구타페르카의 존재를 알고 있었다. 그러나 고무와 비슷하지만 고무 특유의 탄성이나 탄력이 없는 단단한 물질로만 알고 있을 뿐이었다. 1832년, 한 말레이시아 노동자가 동인도 회사의 스코틀랜드 출신 외과의 윌리엄 몽고메리$^{William\ Montgomerie}$에게 구타페르카를 뜨거운 물에 담가 유연하게 만들어 필요한 물건으로 성형하는 방법을 보여주었다. 몽고메리는 구타페르카의 활용법을 유럽에 전파했다. 유럽인들이 방수성 혹은 내산성 제품, 오늘로 치면 플라스틱 같은 제품을 만드는 데 필요했던 미가공 구타페르카는 동남아시아와 태국에 있는 영국, 네덜란드, 프랑스, 스페인 식민지에서 공급했다. 지멘스의 발견 이후, 구타페르카는 전신선을 코팅하는 데에도 쓰였다.

나무를 죽이지 않고도 추출할 수 있는 고무와 달리 구타페르카는 나무줄기 중심부의 단단한 부분, 즉 심재에 있다. 일꾼들은 거머리와 벌레, 호랑이, 뱀을 피해 정글 깊숙이 자리한 구타페르카 숲에 들어가 땅에서 약 4~5미터 높이에 작업대를 만들어 나무를 자르고 나무 몸통을 절개한 다음 이제는 죽어버린 나무의 몸통 깊은 곳에서 유액을 천천히 빼냈다. 18미터가 넘는 나무에서 추출할 수 있는 유액은 겨우 300그램 남짓이었다. 1900년까지 해저 케이블에만 27,000톤가량의 구타페르카가 필요했고, 이를 위해 8,800만 그루의 나무가 쓰러졌다. 20세기에 접어들며 다시금 구타페르카 숲을 조성하기 시작했지만, 1900년 이후 무선 기술이 보급된 이후에야 구타페르카의 멸종을 막을 수 있었다.[30]

고무는 상온에서는 훌륭한 단열재이지만 날이 더우면 너무 물러지고 추우면 딱딱해지면서 금이 갔다. 1839년, 코네티컷주의 찰스 굿이어Charles Goodyear가 유황과 열을 이용해 고무를 가황加黃*하는 데 성공했다. 이 기법 덕분에 고무는 전기 절연은 물론, 비바람에 강한 직물, 의료 장비, 벨트 장치, 호스, 개스킷**, 그리고 1888년 스코틀랜드인 존 보이드 던롭John Boyd Dunlop이 실용적인 제품을 발명한 뒤에는 공기 타이어에도 쓰이는 소재가 되었다.[31]

고무 수요는 빠르게 증가했다. 브라질 아마존의 야생 나무는 19세기 내내 전 세계의 모든 고무를 공급했다. 수만 명의 노동자가 빚을 갚기 위해 뱀, 말라리아, 샤가스병, 리슈만편모충증을 견디며 고무 수액을 받아냈다. 생산이 절정에 달했을 때는 고무가 브라질 수출액에서 40퍼센트의 비중을 차지할 정도였다. 영국은 1830년에 약 226킬로그램, 1857년에 약 9톤, 전선 코팅에 고무를 사용하는 것이 일반화된

---

*   고무에 황을 첨가하고 가열해 탄성을 높이는 기법.
** 물이나 가스가 새지 않도록 실린더나 배관의 이음매에 끼워 넣는 패킹재.

1874년에는 약 59톤의 고무를 수입했다. 1900년 이후, 영국과 네덜란드는 동남아시아의 막노동꾼을 활용하는 고무 농장을 성공적으로 세워 고무 생산량을 대폭 늘렸으며 이를 싸게 공급할 수 있게 되었다. 고무 농장은 곧 프랑스령 인도차이나 반도와 라이베리아로 퍼졌다. 이와 같은 고무 단일 재배 방식은 환경에 심각한 영향을 미쳤다. 대규모 토종 삼림을 없앴고, 생물 다양성을 감소시켰으며, 심각한 침식을 야기했다.[32]

산업화와 제국주의

그렇기에 산업화에서 동남아시아는 중요한 지역이었다. 가장 오래된 네덜란드령 동인도 제도는 네덜란드 동인도회사의 재정 문제 때문에 1800년 네덜란드 정부가 지배권을 쥘 때까지 네덜란드 동인도회사의 통제 하에 소폭 성장했다. 네덜란드 동인도회사는 수익을 내는 섬의 일부만 통치했지만, 네덜란드 정부는 계속해서 통치 영역을 확장해 갔다. 또한, 전천후 도로와 우편 서비스, 전신 서비스, 철도 등 개발 인프라를 구축하고, 설탕, 커피, 차, 아편, 면직물, 담배, 고무, 팜유 문화를 광범위하게 장려했다. 이후에는 주석 광산과 유전까지 개발했다.[33]

19세기의 말레이시아는 싱가포르와 동인도회사, 네덜란드 동인도회사의 교역소를 제외하고는 대부분 아직 식민지화가 되지 않은 상태였다. 수천 명의 중국인이 전쟁과 심각한 가난을 피해 구타페르카 같은 목재로 돈을 벌고자 말레이시아로 이민 왔다. 이들은 무역과 주석 광산업, 플랜테이션 농업을 장악했지만 필요한 만큼만 이용하면서 수 세기 동안 유지되어 온 삼림 생태계를 훼손했다. 영국은 보호령을 설정하고 안정성 유지를 위해 가끔 개입하는 것으로 만족했다. 19세기 말, 영국은 독일의 식민지화를 염려하며 지배권을 확대했고 경제적 수단을 활용해 중국인의 자리를 빼앗았다. 유럽의 주석 산업 수요는 주로 콘월 광산에 몰려 있는 유럽 내 공급원의 생산 능력을 넘어서는 것이었다. 이에 영국령 말레이 반도와 네덜란드령 동인도 제도에 있는 주석 광산의 전략적 중요성이 커졌다. 그러나 중국과 영국, 네덜란드 모두 체계적으로 관리하지 못한 탓에 이익을 빨리 낼 수 있는 무책임한 주석 착취 환경이 조성되었고, 주석이 고갈된 후 산비탈은 패인 자국으로 가득한 채로 침식되었으며 열대림은 제련소의 굴뚝을 타고 사라졌다. 생태계를 파괴하는 노천광은 19세기 말 더욱 늘어났다. 수력 채굴로 강에 토사가 쌓였고 하류 인근의 마을이 침수되는 일도 잦아졌다.[34]

하지만 카네기는 제국주의에 반대했다. 그는 제국주의가 사업에 도움이 되기는커녕 방해가 된다고 믿었다. 카네기는 1898년 스페인-미국 전쟁 이후 미국 제국주의에 반대하는 캠페인을 벌였다. 그러나 캠페인 결과는 좋지 않았고, 다시 남아프리카공화국에서 보어인을 상대로 영국이 벌인 전쟁에 반대하는 캠페인을 벌였지만 역시 성공적이지 않았다. 그는 필리핀의 독립을 위해 공화당 출신의 대통령에게 로비하는 것을 멈추지 않았다.[35]

철도의 경제

카네기를 전신 기사로 고용한 것은 철도국이었다. 전신기보다 훨씬 더 빠른 철도의 성장으로 카네기와 세계 경제는 새로운 국면을 맞게 되었다. 철도는 캐러밸선과 카라크선으로 대표되는 포르투갈의 해상 기술과 견줄 정도의 발전이었다. 값싸고 안정적인 해상 및 육상 운송 수단이 없었다면 산업자본주의는 자원과 시장에 접근할 수 없었을 것이다.

철도는 증기력이 준 선물이었다. 증기기관은 증기 동력에 의한 수송이라는 꿈에 영감을 제공했다. 하지만 이동식 증기기관은 와트의 특허 독점권이 만료된 다음에도 금속공학이 발전할 때까지 기다려야 했다. 1802년 콘월의 광산 엔지니어 리처드 트레비식Richard Trevithick은 마차나 작은 배에 동력을 공급할 수 있는 작은 고압 증기기관을 설계했다. 머지않아 기관차는 콜브룩데일과 웨일스 남부, 뉴캐슬, 리즈의 광산에서 부둣가, 시장으로 석탄을 운송하기 시작했다. 뉴캐슬의 조지 스티븐슨George Stephenson과 그의 아들 로버트 스티븐슨Robert Stephenson이 공공 철도를 위한 최초의 기관차를 설계했다. 1829년, 로버트가 리버풀과 맨체스터 철도에 설계해 준 로켓호Rocket locomotive는 철도 운송에 혁명을 일으켰다. 그리고 이듬해부터 대중은 시속 약 48킬로미터의 아찔한 속도를 즐기며 기차를 타기 시작했다.

사람들은 운하보다 철도를 훨씬 더 적극적으로 받아들였다. 운하는 여전히 그 자리에 있었지만, 조금 비싸긴 했어도 철도가 훨씬 더 빨랐다. 또한 선로는 수자원이 부족하거나 경사가 가팔라 운하를 건설하기 어려운 지역에도 놓을 수 있었다. 영국의 운하 건설 열풍이 유럽 대륙과 미국으로 확산된 것처럼 철도에 대한 열풍도 퍼져나갔다. 벨기에는 1817년 (1830년까지 벨기에를 통치했던) 네덜란드 국왕과 정부가 랭커셔의 공장 사업가인 존 코커릴John Cockerill에게 탄광 인근에 통합 제철소를 세울 자본을 제공하면서 놀랄 정도의 속도로 산업화가 시작되었다. 1835년, 코커릴은 유럽 대륙 최초의 증기기관차를 제작했으며 최초의 철도도 설치했다.[36] 19세기 중엽, 벨기에 정부는 유럽에서 가장 촘촘한 철도망을 구축했고, 석탄이 풍부한 국가였기 때문에 이를 바탕으로 산업 발달에 박차를 가했다. 뒤이어 독일에서도 기관차를 설계하고 제작했다. 다른 유럽국들은 조금은 느린 속도로 그 뒤를 따랐다. 유럽 밖에서는 영국이 인도에 철로를 깔기 시작했다. 19세기 후반, 유럽인들은 아프리카와 아시아에 있는 식민지 속국에 철도를 놓았다. 그 외 아시아 및 라틴아메리카의 국가들은 19세기 말쯤 유럽 또는 미국의 엔지니어링 기술과 장비 지원의 도움을 받아 철도를 건설했다.

<그림 6> 우타가와 쿠니테루(Utagawa Kuniteru) 작, 1873년 도쿄의 다카나와 철도를 달리는 증기기관차를 그린 삽화. 철도는 전 세계의 경제와 일상을 바꿔놓았다. 1872년 완공된 다카나와 철도는 일본 산업화의 시작을 알리는 신호였다. 철도는 대중을 매료시켰고 작품에도 자주 등장했다. (메트로폴리탄 미술관 JP3270. 1959년 Lincoln Kirstein 기증)

당시 미국은 인구가 적고 인구 밀도도 낮았으며, 정부의 힘이 약했고 효율적으로 운영되지도 않았다. 이에 미국인들은 중앙 정부의 계획이나 규제 없이 열풍을 따라 무분별하게 철도를 건설했고, 대부분이 안전하지 않았다. 필요가 없음에도 건설되는 사례도 있었다. 1825년, 기업들은 석탄이나 돌을 운반하기 위해 말 또는 영국산 기관차를 동력으로 움직이는 전차 선로를 설치하기 시작했다. 여객용 철도는 4년 후에 생기기 시작했다. 얼마 지나지 않아 미국에서는 자체적으로 기관차를 제작했고, 미국에는 삼림이 울창했던 덕분에 기관차는 보통 석탄 대신 나무를 태웠다. 1840년쯤, 미국은 유럽 전체의 선로를 합한 길이(약 2,925킬로미터)보다 훨씬 더 긴 선로(약 5,355킬로미터)를 보유하

게 되었고, 이 격차는 점점 벌어져 1860년에는 미국에만 48,000킬로미터가 넘는 선로가 깔렸다. 특히 1854년에 펜실베이니아 철도국이 산을 넘어 필라델피아와 피츠버그를 연결하게 되면서 당시 성장 중이던 서부로 향하는 수로가 부족했던 필라델피아가 주요 거점으로 부상했다.[37]

증기기관은 풍력으로 움직이는 선박을 대체하기 시작했다. 증기선은 바람이 잔잔할 때도 역풍이 불 때도 상류로 올라갈 수 있었다. 1807년 로버트 풀턴은 볼튼 앤드 와트사의 증기기관을 탑재한 최초의 상업용 증기선을 성공적으로 설계하고 구축하여 뉴욕시에서 허드슨강을 타고 이리 운하의 종착지인 올버니까지 약 240킬로미터를 거슬러 올라갔다. 항해가 가능한 강이 많은 미국의 우수한 수로망은 상업용 고속도로의 역할을 했는데, 1850년대에는 700척이 넘는 대형 증기선이 미시시피와 미주리, 오하이오의 강을 항해했다.[38]

풀턴이 증기선을 설계하고 수십 년이 지난 뒤, 증기선은 바다로 나가기 시작했다. 더 이상 해류와 해풍에 의지하지 않아도 되는 증기선은 지름길로 더 빠르게 항해할 수 있었다. 다만 증기선은 무겁고 부피가 큰 에너지원을 싣고 다니다가 항해가 끝나면 다시 채워야 했기 때문에 보급 속도가 더뎠다. 여러 단점으로 인해 효율을 개선한 증기기관이 개발되었으며, 고에너지 무연탄의 사용이 촉진되었다. 무연탄은 온도도 높고 천천히 타며, 재를 거의 남기지 않고 연기도 거의 나지 않는 순수한 탄소 덩어리였다. 하지만 무연탄 매장지는 항로 인근에 있는 경우가 거의 없다. 영국과 다른 식민지 강대국들은 전략적으로 배치된 석탄 보급소로 석탄을 운반해야 했다. 19세기 말까지 대부분의 원양 증기선은 연료를 아끼고 석탄이 떨어질 경우를 대비해 보조 동력을 위한 돛대와 돛을 탑재하고 다녔다.[39]

<그림 7> 커리어 앤드 아이브스(Currier & Ives) 제작, '세기의 진보(The Progress of the Century)'(1876년). 미국 독립 후 100년간의 변화를 기념하며 발행된 이 석판화는 산업화가 극적으로 바꿔 놓은 일상을 보여준다. 증기기관이 돌리는 가죽 벨트와 도르래로 구동되는 인쇄기 덕분에 책과 신문을 저렴하게 인쇄할 수 있게 되자 문맹률이 낮아졌다. 중앙에는 전신기가 있으며, 우측 뒤편의 열린 공간으로는 증기기관차, 증기선, 증기력으로 돌아가는 방앗간 등 새롭게 도래한 증기 문명 시대를 상징하는 장치들이 보인다. 전신 수신용 테이프에 새겨진 성경과 다니엘 웹스터(Daniel Webster)의 인용문은 기독교와 남북전쟁에서 미국을 지켜낸 것을 찬양하고 있다. (메트로폴리탄 미술관 63.550.377. 1962년 Adele S. Colgate 유증)

증기력 기반의 운송 수단이 세계 경제에 미친 영향력은 기념비적이었다. 미국에서는 기차와 증기선이 경제를 재편하면서 각 지역이 경제적으로 특화되었다. 노예가 있는 미국 남부는 뉴잉글랜드와 영국의 공장에 보낼 면화를 생산했고 중서부에서 난 곡물은 남부와 동부의 도시들을 먹여 살렸다. 미국산 곡물과 면화의 대부분은 영국으로 향했다. 철도와 증기선은 거의 모든 미국인을 시장 경제에 묶어 놓았고 대서양

너머에서 시장을 찾던 상인들도 점차 내륙으로 시선을 돌렸다.[40]

증기와 철

　펜실베이니아 철도국은 카네기가 철강 산업으로 향하는 길이 되어주었다. 철강업 혁신을 널리 퍼뜨린 주역은 철도였다. 무거운 철제 기관차는 철제 프레임과 강철 바퀴가 달린 차량을 끌고 수만 킬로미터의 철로를 달렸다. 그러나 철도는 급속히 성장하는 철강업의 여러 수요 목록 중 첫 번째 항목에 불과했다. 증기기관은 증기를 이용한 굴착기, 증기 롤러, 증기기관 트랙터, 증기력으로 돌아가는 공장의 형태로도 사용되었다. 1830년대 이후 조선업체들은 철을 가지고 선체와 부품을 만들며 실험을 거쳤고, 19세기 말에는 더 이상 나무를 사용하지 않았다. 유럽과 미국의 일상생활에서 주철 도구와 기계류가 확산되었고 철로 만든 가전 제품이 다양해지면서 생활 방식과 일하는 방식에 변화가 생겼다. 철제 침대 프레임과 스프링은 해충을 막아주었고, 철제 전열 기구 등이 주방에 자리를 잡기 시작했다. 철제 농기계는 농업에 혁명을 일으켰으며 노동자에 대한 의존도를 낮췄다. 증기기관은 탈곡기와 같은 농기계에도 탑재되었다. 19세기 말경에 증기 트랙터가 미국 전역의 밭을 달리게 되면서 농가의 생산량은 급증했는데, 그 수요를 맞추기 위해 철강 생산량을 늘려야 했다. 새로운 철기 시대가 시작된 것이다.

　언제든 기회를 붙잡을 준비가 되어 있던 카네기는 스콧의 개인 전신 기사로서의 역할과 함께 비서와 조수 역할까지 하고 있었다. 현업과 더불어 카네기는 펜실베이니아주와 주내 건설 회사, 침대칸 열차 제조업체, 기타 사업 관계에 있는 회사들 사이에서 이루어지는 막후 거래에 투자할 기회도 얻게 되었다. 카네기는 사업을 배웠고 더 큰 책임을 지게 되면서 스콧이 부사장으로 승진할 때 스콧의 이전 직위였

던 피츠버그 부서의 감독관의 자리에 올랐다. 당시 카네기의 나이 스물넷이었다.[41]

카네기에게 철도 회사에서 배운 것보다 더 좋은 사업 교육은 없었을 것이다. 철도 회사는 전신 회사보다 더 큰, 세계 최초의 대기업이었으며, 이후 일어난 대기업들도 철도 회사의 방식을 차용했다. 철도 회사는 무르익은 산업자본주의, 즉 제2차 산업혁명을 좌우지했다. 모든 철도 회사의 조직, 통제, 자금 조달 분야는 인류가 지금껏 해 온 그 어떤 일보다 복잡했다. 회사는 선로, 통행권, 철도 차량, 터미널, 매표소, 화물 시설, 조차장, 기관차고 설립을 위한 자본을 조달해야 했으며, 모든 것에 대해 보험을 가입해야 했고, 기술자, 기관사, 열차 제동수, 승무원, 짐꾼, 승차권 판매원, 사무실 직원, 경비원, 전철원, 일반 노동자, 수리공, 전신 기사 등 초기에는 정규 근무 시간에 대한 임금을 받아 본 적이 거의 없던 이들을 고용하고 관리해야 했으며, 전문 기관에서 훈련시키기도 전에 중간급 및 고위 관리자, 변호사, 회계사를 고용해야 했다. 도로의 등급을 구별하고, 선로를 깔고, 다리를 짓고, 터널을 뚫는 등 안전이 중요한 작업들도 하면서 꾸준히 수리하고 필요시에는 교체해야 했다. 기관차, 화물칸, 승객칸을 구입하고, 기차의 높은 예매율과 연료, 윤활, 수리 상태를 유지하고 필요시 일정대로 운행하도록 준비해 놓아야 했고, 열차가 서로 충돌하거나 방해하지 않도록 대비하고, 일반 승객과 화물 고객을 대상으로 광고하고 이용을 권유해야 했다. 1850년대와 60년대 회계 및 재무 분야에서 발생한 혁신은 1880년대에 이르러 모든 철도 회사의 표준이 되었다. 수십 년이 지나 업계 전반에 걸쳐 자리 잡은 표준에 따라 직책이 전문화되었다. 조직 개선은 철도 효율성을 높이고 더 크고 무거운 증기기관과 차량, 철로, 꾸준한 기술 개선을 가능케 했다. 더 많은 열차가 더 빠르고 안전하게 달렸다. 1861년 이후 미국 기업들은 협력이 주는 이점을 바탕으로 1846년 궤간법$^{Gauge\ Act}$으로 궤간*을 표준화한 영국의 선례를 따라 승객과 화물이 힘들게 돈을 더 내고 갈아타지 않고도 거의 어디든 이동할 수 있도록 장비와 궤간을 표준화했다.⁴²

펜실베이니아 철도국은 미국에서도 가장 잘 운영되는 철도 회사 중 하나로 꼽혔다. 이 회사는 상세한 원가 회계를 사용하고, 자본확충을 위해 투자하며, 선로의 유지보수도 훌륭히 했다. 카네기가 이 회사에서 받은 사업 교육은 남북전쟁 중에도 도움이 되었다. 펜실베이니아 철도국은 버지니아주 최전선으로 열차를 보내는 전략적으로 중요한 위치에 있었기 때문에 선로 위로는 늘 기차가 달리고 있었으며 수익도 크게 올렸다. 카네기는 군인과 산업 자원, 전쟁 물자의 흐름을 관리하는 어려운 일을 훌륭하게 처리했다. 이 경험이 이후 그의 독립에 자양분이 되었다.⁴³

신^{新} 철기시대

1862년 카네기는 세 명의 엔지니어, 두 명의 이전 상사와 함께 망가진 부분이 있거나 노후화된 목조 다리를 연철 다리로 교체하는 키스톤 브릿지 컴퍼니$^{Keystone\ Bridge\ Company}$를 설립하며 철도 산업에서 벗어나 강철 사업에 발을 들여놓았다. 1864년에는 키스톤 브릿지 컴퍼니에 철을 공급하기 위해 유니언 아이언 웍스$^{Union\ Iron\ Works}$에 투자해 압연 공장을 세웠다. 그리고 1년 후, 카네기는 유니언 아이언 웍스의 사장이 되었다. 전쟁이 끝나자 카네기는 부자가 되어 있었다. 그는 펜실베이니아 철도국을 그만두고 1년 동안 유럽 여행을 떠났다.⁴⁴

유럽에서 카네기는 버밍엄 등 제철소 시찰을 위해 여러 곳을 짧게 방문했다. 버밍엄의 철강 산업은 18세기부터 산업 혁신의 중심이

---

* 선로의 너비.

었으며, 최신 기술과 기법을 확인할 수 있는 곳이었다. 블랙컨트리^{Black} ^{Country*}의 철광과 탄광 인근에 있는 이 도시는 숯이 풍부했고 물도 깨끗했으며, 맨체스터, 브리스틀, 런던과의 교통 접근성이 좋았다. 또한 인구가 많은 인근 지역의 노동력을 활용할 수 있다는 이점도 있었다. 과거 청교도의 근거지였던 버밍엄에는 지역 영주나 도시 헌장이 없었기 때문에 영국의 왕정복고 이후 비국교도들이 모여들었다. 버밍엄에는 길드가 없었으며 근면하게 쉼 없이 돌아가는 혁신 경제가 육성되었다.[45] 많은 혁신은 잉글랜드 제철소의 절반을 소유했던 퀘이커교도들에 의해 이루어졌다.[46] 버밍엄 서쪽에 있는 콜브룩데일 출신의 퀘이커교도 에이브러햄 다비$^{Abraham\ Darby}$와 그의 아들이 1705년부터 1750년 사이 코크스를 사용해 양질의 철을 생산하는 데 성공했고, 그들 부자가 개발한 방식은 18세기 석탄 가격이 상승하며 점차 확산되었다.[47] 수많은 추가 개선과 발견을 통해 영국산 철의 품질과 생산량이 늘어났다. 19세기 중엽, 영국은 세계에서 철을 가장 많이 생산하는 국가가 되었다.[48]

에이브러햄 다비 3세가 존 윌킨슨$^{John\ Wilkinson}$과 상의하여 1781년 콜브룩데일 인근에 선구적으로 철교를 건설한 후, 운하 수로와 이후 철도를 위한 철교 건설이 확산되었다. 1797년에는 철제 기둥과 들보를 사용해 더 넓은 바닥 공간과 큰 창문이 있는 직물 공장이 세워졌다. 1830년대에는 주철로 만든 건물 장식과 난간이 등장했고, 1850년대에는 주철로 만든 건물 외관의 인기가 높아졌다.

미국이 영국의 혁신을 가져오는 속도는 느렸다. 철 생산업체들은 여전히 전통적인 방식을 고수했고, 코크스 대신 풍부한 숯을 사용했다. 목재가 풍부한 미국에서 철 수요는 낮았다. 초기 미국 공장의 기계

---

* 잉글랜드 중부에 위치한 중공업 지대.

들은 철이 아닌 목재로 만들어졌다. 뉴잉글랜드의 직물 공장들은 필요한 철의 대부분을 수입했으며 증기기관이 있는 경우는 거의 없었다.[49] 그러나 1840년경부터 철 산업의 상황이 급격히 바뀌기 시작했다. 필라델피아 북쪽에 있는 리하이 벨리에는 세계 최대 규모의 무연탄 매장지가 있었다. 1825년 이후, 운하망과 철로가 메릴랜드, 뉴욕, 기타 동부 연안의 시장과 광산을 연결했는데, 이 외에 달리 석탄을 공급받을 수 있는 곳이 없었기 때문이었다.[50] 철 제조 산업은 펜실베이니아 동부와 그보다 먼 북동부로 빠르게 퍼져 나갔다. 1832년 100여 대에 불과했던 미국의 고정식 증기기관은 6년이 지나자 900여 대로 크게 늘었다. 뉴잉글랜드의 공장들은 증기기관을 추가로 설치해 더 크고 안정적인 동력을 얻었다.

석탄과 증기는 대형 공업 기업이 빠르게 성장하도록 도왔다. 1830년에는 미국에 있는 대부분의 대규모 공장에서 직물을 생산했다. 1855년, 메인과 메릴랜드 사이에 있는 석탄 화력 공장들은 온갖 도구와 장비, 가정용품, 농기계, 그 외 품목을 생산하고 있었다. 피츠버그의 경우, 석탄이 풍부한 덕분에 증기기관을 사용하는 편이 훨씬 더 경제적이었으므로 카네기가 젊었을 때 피츠버그에 있는 직물 공장, 제철소, 유리 공장, 증기기관 생산 공장에서는 증기기관을 사용했다. 1850년대, 경영사학자 알프레드 챈들러(Alfred D. Chandler)는 이렇게 기록했다. "미국 공장의 생산량과 기술이 실로 인상적이어서 영국 정부가 미국의 산업 기술 연구를 위해 전문가를 파견하기 시작했다."[51]

피츠버그 남부에는 무연탄보다 부드럽지만 연기를 발생시키는 유연탄이 묻힌 거대한 광맥이 있었다. 1840년대 카네기 부부가 피츠버그에 도착했을 당시 피츠버그의 산업들은 점점 더 철에 집중하고 있었다. 석탄을 고탄소 코크스로 굽는 벌집 모양 가마가 확산되었고 앨러게니 고원의 계곡을 연기로 가득 채웠다. 대부분의 코크스는 피츠버그에 널린 수많은 강이나 철도를 통해 피츠버그의 여러 용광로로 운반되었다. 관련하여 영국에서 미국을 찾은 한 방문객이 1867년 언덕 꼭대기에서 피츠버그를 내려다보며 "지금껏 본 것 중 가장 놀라운 장관"이라고 평한 것이 유명하다.

언덕 사이에 있는 공간은 온통 검은 연기로 가득했고, 보이지 않는 굴뚝은 화염의 혀를 내뿜었으며, 심연 깊은 곳에서는 증기 해머 때리는 소리가 쉼 없이 흘러나왔다. 화염이 전혀 보이지 않는 순간도 있었다. 그러나 바람이 커튼처럼 덮인 짙은 연기를 밀어내면 광활한 검은 땅에서 불의 화환이 희미하게 빛날 것이다. 놀라운 장관을 보고 싶은 자라면 피츠버그의 클리프 스트리트^{Cliff Street}까지 긴 언덕을 걸어 올라가 뚜껑 벗은 지옥을 내려다 보라.

오하이오주, 미주리주 아이언 마운틴의 철 매장지, 그리고 슈피리어호 인근 지층에서 세계에서 가장 풍부한 철 매장지가 발견되면서 철광석은 배와 철도를 통해 서부 펜실베이니아의 탄층에 있는 공장으로 운송되었다.[53]

미국, 강철을 만들기 시작하다

카네기는 미국 철강 산업의 성공에 중요한 역할을 했다. 유럽 여행에서 돌아온 카네기는 여러 전신 회사와 기차의 침대칸을 제조하던 풀먼 컴퍼니$^{Pullman\ Company}$, 그리고 미시시피강을 최초로 횡단한 세인트루이스의 이즈교$^{Eads\ Bridge}$에 철을 공급하던 키스톤 브릿지 컴퍼니에 다시 투자했다. 1870년 이후에는 런던과 뉴욕을 오가며 다리와 철도에 대한 채권을 판매했다. 수익성 좋은 투자처를 찾던 유럽인들은 미국의 철도 증권을 대량으로 사들였다. 뉴욕시에는 철도 자금 수요를 바탕으로 투자은행이 생겨났고, 이 투자은행들은 마케팅과 투기를 비롯한 모든 현대 금융 상품을 완성했다. 뉴욕 증권거래소는 오늘날의 형태를 갖추게 되었다. 남북전쟁 이후 뉴욕에서는 대규모의 복잡한 자본 시장이 성장해 철도와 산업에 자금을 조달했다.[54] 카네기가 그 중심에 있었으며, 내부자 거래를 통해 그는 계속 부를 쌓아나갔다.[55]

1872년 피츠버그로 돌아온 카네기는 철을 제외한 모든 부문의 투자를 천천히 매각했다. 1870년, 수입 철강에 관세가 부과되면서 미국산 철강은 매력적인 투자 대상이 되었다. 카네기의 철강 사업은 더 커졌고 수익성도 높아졌다. 사업가로서 카네기의 가장 큰 재능은 유능한 관리자와 엔지니어를 모아 그들을 계속 회사에 두는 능력이었다. 1860년대 중반부터 카네기는 유럽을 갈 때마다 제철소를 방문하고 소유주들과 이야기를 나누었지만, 정작 그 자신은 제철 과정 자체에 관해 아는 바가 거의 없었다.[56]

1872년에 셰필드에 있는 헨리 베서머$^{Henry\ Bessemer}$의 제철소를 견학한 경험은 카네기에게 아주 큰 인상을 남겼다. 버밍엄에서 북쪽으로 약 112킬로미터 떨어진 페나인 산맥 기슭에 자리한 셰필드는 18세기 말부터 세계 최고의 제철지로 이름을 날리고 있었다. 이 도시는 오랜 시간 품질 높은 스웨덴산 철을 수입해 철제 식기를 제조해 오고 있었다.

위그노의 후손인 베서머는 1855년 입구가 좁은 거대한 통(컨버터)을 통해 녹은 선철에 공기를 주입하여 탄소를 연소하는 공법을 고안했다. 베서머 강철은 영국 최고의 강철이 되었다. 머지않아 철도 회사들은 이 강철을 사용하면 우수한 철로를 만들 수 있다는 사실을 깨달았다. 베서머의 강철로 만든 철로는 일반 철로 만드는 것보다 두 배 더 비쌌지만, 훨씬 더 견고했다.[57]

남북전쟁 이후, 미국 내 강철 철로에 대한 수요가 급증했다. 전쟁 당시 쉼 없이 달리던 기차로 인해 마모된 철로를 교체하고, 태평양 연안에 이르는 대륙 횡단 철도를 건설하기 위해서였다. 수요를 맞추기 위해 웨일즈에서 랭커셔, 글래스고에 이르기까지 영국 내 제철소 수가 크게 늘었다. 철로에 대한 미국의 수요는 굉장했고, 심지어 1870년 관세를 부과하기 시작한 이후에도 철강 수입량은 높은 수준을 유지했다. 미국 제철소들은 베서머의 공법을 기반으로 다양한 시도를 했다. 코네티컷 출신의 알렉산더 라이먼 홀리Alexander Lyman Holley는 이 공법을 미국의 환경에 맞게 조정하여, 비록 양을 위해 품질은 희생시켰지만 더 저렴하고 효율적인 공법을 고안해냈다. 홀리는 미국 최초의 베서머 공장 13개소 중 11개소를 설계했다.[58]

철강 사업의 독일인 경쟁자인 프로이센 루르 지방 에센의 개혁주의 개신교도 알프레드 크루프Alfred Krupp가 나타나기 전까지 미국 철도 회사들은 셰필드산 철도용 강철 바퀴를 구매했다.[59] 크루프의 아버지 프리드리히 크루프는 소규모 제철업자로, 나폴레옹 전쟁 중에 경쟁 상대인 영국이 없는 틈을 타 도가니강鋼을 개발했다. 알프레드는 아버지의 도가니강 제철 공정을 완성했고, 이후 영국의 여러 혁신 기술을 적용해 유럽 대륙에 최초로 베서머 공장을 설립했다. 그리고 1870년대 후반, 철도, 철도 차축, 선박용 프로펠러 나사, 기어축, 기관차의 여러 부품, 강철 대포 등을 생산했다. 크루프는 이음매가 없는 열차 바퀴 생산법을 발명해 빠른 속도로 커지고 있는 미국 시장에서 엄청난 양의 제품을 팔았다. 그는 유럽 전역의 철광을 전부 사들였고 수직 통합을 시도했다. 혁신성과 세계적 경쟁력을 확보한 크루프^{Krupp}는 1880년대, 유럽 최대의 민간 기업이 되었다.[60]

철도, 산업자본주의의 선구자들을 밀어내다

철도는 철강 산업의 성장과 더불어 산업자본주의의 발전도 촉진했다. 미국과 러시아에서 유독 눈에 띄는 부분은, 철도가 형성한 육상 운송망이 산업자본주의의 영향권을 넓히며 도심에서 멀리 떨어진 지역의 자원 개발을 가속했다는 점이다. 미국의 경우, 미시시피강 서쪽은 나무도 없고 건조한 기후에 강이 없어 본디 유럽인들이 정착하거나 개발을 하지 않았는데, 시카고에서 중부 평야지대로 향하는 철도 노선이 연결된 뒤 자본주의가 철로를 따라 확산되었고, 환경 파괴도 그 뒤를 따랐다. 반면 러시아의 경우 철도 시스템 기반이 안정적이지 않았던 탓에 경제적으로 큰 발전도 없었지만 그만큼 환경적 영향도 크지 않았다.

철도가 건설되며 버팔로라고 불리는 아메리카 들소가 거의 멸종할 뻔했다. 공장에서는 천장에 매달린 동력축과 바닥에 놓인 기계를 가죽 벨트로 연결해 동력을 전달했다. 그리고 벨트에 쓰이는 대부분의 가죽은 미국, 중남미, 남아프리카공화국, 인도에서 공급받았다. 가죽 무두질용 타닌은 전 세계의 참나무와 솔송나무에서 얻었는데, 이 때문에 19세기 중반 미국 내 수많은 솔송나무 숲이 파괴되었다.[61] 1871년경, 런던 또는 독일의 누군가가 들소 가죽을 무두질하는 공정을 고안했다. 마치 1873년 경제 공황 당시 돈 벌 구석을 찾아 수많은 실업자가 거리로 쏟아져 나왔듯 동물 가죽 시장이 급격히 발달했다. 가축을 기르기 위한 인프라도 필요 없었다. 이후 10년 동안 사냥꾼들은 로키 산맥 동부의 대초원 지대를 누비며 거의 천만 마리에 달하는 버팔로를 모두 죽였고, 무두질이나 수출을 위한 가죽을 기차에 실어 동쪽으로 보냈다.[62]

철도는 대초원 지대를 소를 위한 목초지로, 그다음에는 밀밭으로 바꿨다. 텍사스의 목장주들은 소 떼를 시장으로 보낼 수단이 필요했다. 캔자스주 애빌린과 다른 마을에도 철도 종점이 생기면서 1870년대 대규모 소몰이가 시작되었다. 기차는 소를 시카고로 운반했고, 이곳의 대형 포장 회사들은 '분해 라인'(헨리 포드가 고안한 조립 라인에 영감을 주었다)을 이용해 소를 빠르고 효율적으로 도축했다. 새롭게 설계된 냉장차는 값싸게 생산된 소고기를 전국으로 실어 날랐다.[63]

정부에서 주는 보조금이 없었다면 대륙 횡단 철도는 돈을 낼 고객이 살지 않는 수백 킬로미터의 평지와 산맥을 지날 수 없었을 것이다. 연방 정부는 대륙 횡단 철도 회사에 수천 헥타르에 달하는 공공 토지를 제공했고, 회사는 이 땅을 농부들에게 되팔았다. 땅을 산 농부들은 대량의 곡물을 생산했고 수확물을 시장으로 가져가려면 철도가 필요했다. 철도는 곡물을 시카고의 대형 곡물 창고로 운반했다. 대형 제분 회사들이 곡물을 빻아 밀가루를 만들었고, 이는 다시 철도를 통해 전국의 소비자에게 전달되었다.[64]

시카고에서는 소 도축업, 제분업과 함께 제조업도 발전했다. 철도 회사들은 다시 평원으로 돌아가는 빈 차량을 채울 화물을 원했다. 사람이 거의 살지 않는 평원에는 현지 노동력이 없었기 때문에 농부들은 사이러스 맥코믹$^{Cyrus\ McCormick}$의 시카고 공장에서 수확기와 기타 기계를 적극적으로 구매했다. 위스콘신의 삼림은 시카고의 제재소로 보내졌고, 이곳에서 생산된 목재는 나무가 적은 초원으로 향해 농부들의 집과 헛간이 되었다. 몽고메리사$^{Montgomery\ Ward}$와 시어스 로벅사^{Sears,}

Roebuck는 시카고에서 제조되었거나 시카고의 창고에 보관되어 철도를 통해 배송되는 소비재가 나열된 카탈로그를 농부들에게 보냈다. 이 모든 서비스를 제공하기 위해 시카고에는 금융 분야가 대폭 성장했다. 기회로 가득한 도시로 이민자들이 모여들었다. 1840년 4,470명이었던 시카고의 공식 인구는 폭발적으로 증가해 1910년에는 2,185,283명이 되어 있었다.[65]

러시아도 철도를 건설해 광활하고 머나먼 시베리아 국경의 자원을 개발하고자 했다. 모스크바는 "유럽으로 향하는 비단과 차, 모피 무역, 그리고 극동 지역으로 향하는 제조업과 기타 무역"[66]으로 동서를 연결하는 무역의 중심지가 되기를 꿈꿨다. 러시아 정부는 프랑스와 영국 투자자들의 도움으로 시베리아 깊은 곳까지 철로를 건설했고, 결국 태평양까지 연결했다. 시베리아 횡단 철도는 성장하고 있던 여러 산업 중심지와 자원을 연결하고, 주요 분수령을 가로지르며 시베리아의 강과 국가 교통망을 이어 주었다. 또한 가난과 제한된 기회로부터 탈출한 일부 유럽계 러시아인들의 자발적인 정착을 돕고 시베리아에 묻힌 광물량을 조사하기 위해 수많은 지질 탐험대가 몰려드는 데 기여했다. 러시아 동부 지역은 미국산 강철에 의존했지만, 시베리아 횡단 철도가 놓이며 특히 우랄산맥 인근의 제철업이 활성화되었다. 하지만 결국 시베리아 개발에 대한 러시아의 야망은 부실 설계와 방만한 운영 관리, 정치 및 관료주의적 장애물, 충분치 못한 역량으로 인해 좌절되었다. 시베리아의 광산업과 산업은 발전하지 못했다. 철도 건설과 열차 연료를 위해, 그리고 새 정착민들을 위해 삼림이 무자비하게 잘려 나갔고, 기차 엔진에서 튀는 불꽃으로 산불이 자주 발생했다. 크나큰 환경적 손실이었다.[67]

카네기 철강

카네기는 철도 회사와의 관계를 활용해 거대한 철강 사업을 구축했다. 1872년, 카네기는 펜실베이니아 주지사의 이름을 따 '에드거 톰슨 철강 회사Edgar Thomson Steel Works'를 세웠다. 이듬해에는 머논가힐라강을 통한 수상 운송로와 볼티모어·오하이오 철도BO Railroad의 철도 운송로 사이에 알렉산더 홀리의 설계를 바탕으로 새로운 첨단 제철소를 설립해, 카네기는 최적의 화물 운임률을 협상하고 펜실베이니아로부터 독립성을 유지할 수 있었다.[68] 홀리 설계의 효율성과 혁신성 덕분에 이 공장은 다른 어떤 곳보다 많은 철도를 더 저렴하게 생산했다. 공장의 건물 배치는 부지 내에서 원자재가 최대한 용이하게 이동하고 생산 공정에 맞게끔 위치시켰다. 홀리는 석탄 소비를 줄이고자 베서머 컨버터에서 나오는 고온의 열기를 포집하는 방법을 고안했다. 공장은 설계상 쉼 없이 강철을 생산할 수밖에 없었다.[69]

1873년, 제이 쿡Jay Cooke은 노던 퍼시픽Northern Pacific 대륙 횡단 철도망을 건설하던 중 파산했다. 그와 함께 미국의 은행 시스템이 무너졌으며, 그 파급력은 유럽 전역으로 확산됐다. 카네기는 강철 외 부문에 한 투자를 거의 손해를 보고 팔았으며, 은행가들에게 그와 그의 동업자들은 수완 좋은 사업가일 뿐 투기꾼이 아니라고 설득하면서 그의 새 철강 공장을 계속해서 건설했다. 톰슨 철강 회사는 1875년부터 철도를 생산하기 시작했다. 공장은 쉼 없이 철강을 생산하도록 설계되어 있었기 때문에 경기 불황이 깊어질수록 낮아지는 가격을 받아들어야 했다. 카네기는 노동자들에게 동기를 부여하고 노조가 조직되는 것을 막기 위해 높은 임금을 지급했다. 덕분에 1877년 발발한 폭력적인 노동 파업은 카네기 공장에 영향을 미치지 않았다.[70]

카네기는 늘 경쟁사보다 앞서 나갔다. 그는 늘 기계화와 혁신에 앞장서 도전했다. 그는 대륙 횡단 철도가 완공되면 철도에 대한 수요가 줄어들리라는 점을 예상하고 있었다. 1880년대 초, 경기가 침체되며 철도 발주량이 줄어들었다. 카네기는 1883년 경영난을 겪고 있던 인근의 홈스테드 제철소$^{Homestead\ Works}$를 인수하여 철도에서 구조용 강재로 생산 라인을 개조했고, 베서머 공정보다 더 안정적으로 양질의 강철을 생산하는 평로^{平爐}를 설치했다.

카네기는 다른 어떤 철강 회사보다 1893년의 경제 공황과 철도 주문량 감소를 잘 극복하면서 미국 최대 구조용 철강 제조사로 부상했다. 급속한 성장에 뒤따르는 여러 문제를 해결하기 위해 미국의 모든 도시가 고가 철도, 지하철, 그리고 미국의 발명품인 마천루 등에 쓰일 철강을 필요로 했다. 철골 덕분에 마천루는 벽을 얇고 가볍게 만들고 창문도 많이 설치할 수 있었다. 1890년, 카네기는 세계에서도 가장 신식이었던 듀케인 공장을 추가로 지었다. 19세기 말, 카네기가 보유한 네 개의 공장은 영국 생산량의 절반 이상 그리고, 독일, 벨기에, 프랑스의 생산량을 합한 것보다 더 많은 양의 철강을 생산했다.[71]

그 외 국가들의 산업자본주의

산업자본주의는 다양한 형태를 취하며 전 세계로 퍼졌는데, 영국과 미국에서만 정부의 직접적인 투자·감독 없이 거의 전적으로 민간의 기획과 투자를 기반으로 성장했고 나머지의 경우 국가가 적극적인 역할을 했다.

프랑스의 경우, 영국 기술을 훔치고 영국의 기술자들을 고용해 산업 기반을 다지려는 정부의 노력에도 불구하고 중공업 산업화는 좀처럼 속도를 내지 못했다. 프랑스에는 접근성 높은 대규모 석탄 매장지가 별로 없었다. 높은 관세 때문에 국제 시장에서의 농업 경쟁에서 뒤처진 프랑스 농민들은 프랑스 혁명을 통해 얻은 소작지에 기대어 기계화나 개선 작업은 하지 않았기 때문에 자본주의 농업이 발달하지 못했다. 농민들은 도시로 이주해 노동 집단을 형성하기보다는 농지에 머물렀다. 뮐루즈시*는 독일인 가톨릭교도 노동자들을 고용해 프랑스 산업화의 작은 엔진 역할을 했다. 1837년, 경제 대공황으로 직물 시장이 무너지자 뮐루즈의 주요 칼뱅주의 가문들은 실, 벽지, 직물기, 증기기관, 터빈, 철도, 기관차, 염료 및 화학 제품, 이후에는 자동차와 전력, 은행, 석유, 플라스틱에 다각화하여 투자했다. 이들은 풍부한 수력을 활용하기 위해 벨포르의 보주산맥의 서쪽 경사면에 공장을 세웠고, 1871년 프로이센 프랑스 전쟁 이후 독일이 알자스 지방을 병합하며 해당 지역은 산업 중심지가 되었다.

독일의 산업화는 16세기 플랑드르와 네덜란드의 종교 망명자들이 함께 가져온 무역 인맥과 네덜란드 자본을 바탕으로 라인란트 지방에서 시작되었다. 운송비 때문에 유럽 시장에서는 경쟁력이 떨어졌던 이 지역은 독일과 러시아 시장을 겨냥해 고품질의 모직물과 비단을 생산했다. 제조업은 기계화되었고 19세기 중엽까지 독일 경제를 이끌었다. 라인란트 산업화는 석탄이 풍부한 라인 루르$^{Rhine-Ruhr}$ 지역에서의 중공업 부흥을 위한 길을 닦았다. 1830년대의 독일 관세 동맹, 1850년대 민간 자본으로 시작했지만, 정부 주도로 시작된 철도 건설, 1871년의 독일 통일은 산업화를 촉진했다. 루르 지방의 석탄은 코크스 제조에는 안성맞춤이었지만, 철은 수입에 의존해야 했다. 개신교 기반의 상업 및 산업 상류층 사람들은 독일과 폴란드의 가톨릭교도 노동자를 고용했다. 강력한 독일의 군대는 철강 제조업을 활성화시켰다. 군사 자금이라는 든든한 뒷배를 둔 크루프는 주요 산업 혁신 기업이 되었다. 독일은 라인강을 직선으로 만들고 수로화하여 국가의 무역과 산업, 특히 공장으로 철을 운반하는 바지선의 이동을 위한 거대한 운하로 만들었다. 이 때문에 강의 흐름이 바뀌며 상류에 있는 스위스와 하류에 있던 네덜란드도 라인강을 수직화해야 했다.[73]

일부 국가는, 식민지가 되거나 서유럽·미국에 의존하는 것을 피하고자 산업화를 추진했다. 광활한 농지로 가득한 러시아는 크림 전쟁의 패배에서 굴욕감을 느끼고는 근대화에 나섰다. 러시아 국가 경제는 곡물, 목재, 철을 서방 국가들에 수출하는 데 의존했으며 그 돈으로 귀족들의 사치품을 수입하고 있었다는 사실을 인식하고, 은행을 만들고, 서방에서 엔지니어를 데려와 고용했으며, 관세를 인상해 철도망을 건설하고 이를 지원할 석탄 및 철강 산업을 구축했다. 높은 수익을 원하는 프랑스와 영국의 투자자들은 미국과 그 식민지에 그랬던 것처럼 러시아에도 개발 자본 대부분을 공급했다. 정부 후원식 산업화의 전통은 공산주의 통치하에서도 이어졌다. 소련 지도자들은 선진화된 자본주의 국가들의 침략을 두려워하며 1928년 1차 5개년 계획을 통해 중공업을 적극 지원했다. 세계 경제와 단절된 소련은 시골 지역들을 쥐어짜서 해외에 곡물(그리고 사실상 팔 수 있는 모든 것)을 팔아 장비와 기술을 사는 식으로 산업화 비용을 충당했다. 1929년 시작된 경제 대공황으로 인해 계획이 꼬이자 소련은 쿨라크^{kulak*}를 탄압하고 농민을 강제로 집산화**했으며, 가뭄으로 인한 기근에 주의를 기울이지 않았다. 1869년 웨일스 출신 사업가 존 휴즈$^{John\ Hughes}$가 최초의 철강 도시를 건설한 우크라이나의 도네츠^{Donets} 지역은 유럽 최대 규모로 풍부한 전력을 자랑하는 수력 발전 댐을 기반으로 소련의 산업 중심지를 형성했으며, 덕분에 이후 이 지역은 전략적 알루미늄 산업 중심지가 될 수 있었다. 이 외에도 마그니토고르스크, 시베리아의 쿠즈네츠 분지, 스탈린그라드에서도 산업화가 이루어졌다.[74]

일본도 마찬가지로 국가 주도적인 산업화를 받아들였다. 일본에는

---

* 러시아의 부농 또는 농촌의 자본가층.
** 농업 집산화. 농촌의 모든 생산 수단을 국유화하여 공동 노동을 통해 얻은 수확물을 공동체에 분배하는 사회주의 정책.

코크스용 석탄이나 철이 부족했기 때문에 일본의 산업화는 동아시아 전역에 환경적 영향을 미쳤다. 아편전쟁이 중국에 미친 영향을 잘 알고 있던 일본은 1853년 미국의 매튜 페리 제독이 군함을 이끌고 개방을 요구하자 긴장하기 시작했다. 1868년 집권한 메이지 천황은 봉건 체제를 해체하고 권력을 중앙에 집중시키고 민간 자본이 산업화에 투자하지 못하자 정부가 투자를 진행했다. 불평등 조약 때문에 1911년까지 자국의 관세를 통제할 수 없었던 일본은 비단과 면직물을 수출함으로써 석탄과 철광석에 대한 비용을 지불해 군사력을 강화했다. 1914년에는 16,000킬로미터가 넘는 철도를 놓아 산악 지대로 구성된 섬들을 연결했다. 가족이 통제하는 지주 회사가 금융 및 독점적 산업 기업을 지배하는 독특한 시스템이 생겼다. 산업 역량과 기술 지식은 빠르게 발전했다. 1894~1895년에는 중국, 1904~1905년에는 러시아와 치른 전쟁에서 승리하며 20세기 일본의 외교, 제국주의, 경제 정책이 더 공격적으로 전개되는 토대를 마련했다.

철강업은 환경을 어떻게 바꿨나

카네기의 철강 사업은 철강 산업이 환경에 미치는 영향을 잘 보여준다. 피츠버그의 상황은 연기로 가득한 계곡 그 이상이었다. 양질의 철을 생산하기 위해 카네기는 1,600킬로미터 너머 미네소타의 메사비 산맥까지 갔다. 존 록펠러^{John D. Rockefeller}는 최근 개발된 메사비 산맥의 철광석 매장지에 있는 낡은 광산을 사들였고, 슈피리어 호수로 가는 철도와 오대호의 광석 수송선의 통제권을 손에 넣었다. 이에 맞서 카네기는 여러 곳의 광산을 사들이며 철도와 선박들을 직접 만들겠다면서 록펠러에게 으름장을 놓았다. 두 사람은 카네기에게 무척 유리한 조건에 합의했으며, 메사비 산맥의 철광석은 카네기에게 독점적으로 공급되었다.[75] 메사비 산맥은 값비싼 대가를 치러야 했다. 철광석은 얕은 곳에 묻혀 있기 때문에 노천광 방식이 작업에 유리했다. 노천광 방식은 폐기물을 줄일 수 있었다. 여러 품질의 광석을 파악해 저급 광석과 고급 광석을 섞어 제품을 만들고, 광미사에 잔류하는 철을 줄일 수 있었기 때문이다. 게다가 이 방식으로는 터널 광산이었다면 땅속에 남겨 놓아야 했을 철광석도 채굴할 수 있었다. 레일을 구덩이에 바로 연결해 굴착기에서 수레에 직접 실을 수도 있었다. 그러나 노천광 방식이 남긴 거대하고 황량한 구멍은 땅과 강 유역, 생태계에 어마어마한 피해를 입혔다.[76]

<그림 8> 존 배컨(John Vachon) 사진, 세계 최대 노천 광산인 미네소타주 히빙 인근의 헐-러스트-머호닝 광산(1941년). 땅속으로 길이 2.4킬로미터, 폭 1.2킬로미터, 121미터 깊이의 구멍은 증기와 강철의 시대가 요구한 엄청난 환경적 대가를 상징한다. (미국 의회 도서관 2017813485. 농업안정국—전쟁정보국 사진 컬렉션)

제1부 자본주의의 시작

석탄이 없으면 철강업도 있을 수 없었다. 제철소에 전력과 코크스를 공급하는 펜실베이니아 서부의 탄광들은 대기를 오염시켰고, 광산과 광미사에서 배출된 산성수는 북부 오하이오의 강을 심각하게 오염시켰다. 간혹 탄광에 화재가 발생하면 수십 년에서 수백 년 동안 뜨겁고 느리게 타는 경우가 있다. 어떤 때는 탄광이 무너져 광부들이 매몰되고, 그 위로 싱크홀이 생기기도 한다. 1959년에는 광부들이 불법적으로 녹스 광산에서 서스케하나강 아래로 터널을 뚫다가 천장이 무너진 사건이 발생했다. 몇십억 리터에 달하는 물이 순식간에 터널로 쏟아져 들어왔고 열두 명의 광부가 익사했다. 구멍은 나중에 막혔다.

'코크스와 함께라면 문제없어요'

석탄을 코크스로 만드는 과정에서는 석탄 가스나 콜타르 같은 다른 곳에도 사용할 수 있는 부산물이 생긴다. 영국, 그리고 세기말에는 미국과 유럽 대륙의 모든 주요 도시에서도 가스를 공급하는 배관망을 구축해 거리와 가정, 광산의 갱도, 제조업장, 그리고 제철과 같이 불을 사용하는 산업 공정을 밝혀 주었다. 가스는 모닥불보다 더 편리하고 깨끗했으며 안전했다.

콜타르는 현대의 화학 산업으로도 이어졌다. 화학적으로 복잡한 콜타르는 19세기 초 화학자들의 관심을 사로잡았다. 여기에 영국의 직물 산업이 촉매제 역할을 했다. 공장에서는 천연 제품을 사용해 처리할 수 있는 양보다 훨씬 더 많은 직물을 생산했다. 노동자들은 재로 만든 알칼리성 세제와 연수*로 천을 씻고, 산유에서 추출한 젖산으로 천을 "상하게 만들어" 알칼리에 반응하게 만들고, 햇볕 아래 널어 표백한 뒤, 풀을 먹여 청색으로 염색했다.[77] 화학물질은 필요한 만큼의 생

---

* 칼슘이나 마그네슘 이온 함유량이 적어 비누가 잘 풀리는 물.

산량을 보장해 주었고 천연 공정보다 반응 속도도 훨씬 더 빨랐다. 제임스 와트에게 투자했던 존 로벅도 효율을 높인 표백용 황산 제조법을 개발해 큰돈을 번 인물이었다. 1785년, 소금에서 얻은 염소는 독성 물질이었지만 표백제로서는 효율적이었다. 스코틀랜드인 찰스 테넌트Charles Tennant는 1799년 불쾌한 연기를 발생시키지 않고도 표백이 가능한 염소 표백 분말을 개발했다.[78]

콜타르를 연구하는 화학자들은 또 다른 천연 제품인 유기 염료로부터 직물 가공업체를 해방시켰다. 다양한 식물과 나무, 곤충(코치닐)에서 추출한 유기 염료는 대부분 멀리 떨어진 열대 지역에서 만들어졌다. 수확이 잘 되어야 공급도 가능했다. 어렵고 힘든 공정은 염료 품질과 색상의 신뢰성을 떨어뜨렸다. 1856년, 런던의 대학생 윌리엄 퍼킨William Henry Perkin은 콜타르에서 퀴닌을 합성하던 중 최초의 아닐린 염료를 발명했다. 아닐린 염료는 저렴했으며 다양한 색상을 만들어 낼 수 있었다. 산업 환경에 적용하기 훨씬 더 수월했으며 천염 염료로 물들이는 것보다 색이 덜 바랬다. 퍼킨이 이를 성공적으로 상용화한 후 영국과 프랑스, 라인란트, 바젤 지역에는 합성 염료를 제조하는 화학회사가 급증했다. 치바가이기Ciba-Geigy, 산도즈Sandoz, 바스프BASF, 바이엘Bayer과 같은 거대 기업들이 대표적이다. 콜타르는 약용으로도 사용되었으므로 이러한 기업 중 다수가 의약품을 만들었고, 일부는 이후 제약회사가 되었다.[79]

콜타르로 염료를 만드는 데 사용되는 화학물질은 대기와 강물에 독성 폐기물을 내보냈다. 영국에서는 공정 중 배출된 연기가 염산을 생성해 나무와 농작물을 죽였으며 바람을 타고 내려와 동물과 사람에게 해를 입혔다. 이에 대항하여 1863년, '알칼리법Alkali Act'이 제정되었다. 1864년 바젤에서 심각한 중독 사고가 벌어져 어업이 피해를 입은 후 폐수, 특히 비소를 수로에 버리는 것에 대한 반대의 목소리가 커졌다. 이를 방어하기 위해 공장 소유주들은 대기 오염이 사람의 건강과 직결된다는 증거는 없으며, 강은 흐르는 과정에서 스스로 정화되기 때문에 문명이 시작된 이래로 인간은 쭉 강에 폐기물을 버려왔다고 주장했다.[80]

산업자본주의의 사회적·환경적 비용

1870년경, 산업자본주의가 제2차 산업혁명으로 접어들면서 제임스 와트에서 시작된 영국이 이끌던 혁신과 기계화의 시대는 저물어 가고 있었다. 독일, 그리고 이후에는 미국이 주도하는 또 다른 세기가 시작되었다. 이 물결을 타고 카네기는 20세기로 넘어갔다.

카네기의 양심은 그가 물질적 풍요 속에서 쉬도록 두지 않았다. 개혁주의 개신교 문화는 올바른 사회를 만들어 나가야 할 부유층의 책임이라는 도덕적 신념으로 그를 가득 채웠다. 가난한 방직공의 아들로 태어나 거대한 영향력을 행사하는 자본가로 성장한 카네기는 자기 관리, 자기 교육, 자기 동기 부여가 성공으로 이어진다고 확신했다. 동시에 그는 운이 자신의 인생에서 큰 역할을 했다는 점도 충분히 인지하고 있었다. 1868년 초, 카네기는 부를 "최악의 우상 숭배"라 칭하며 "매년 발생하는 이익을 자선의 목적으로 사용"하는 방법을 고민하는 쪽지를 남기기도 했다.[81] 부와 영향력의 규모가 더 커진 1889년에는 〈부의 복음 The Gospel of Wealth〉이라는 짧은 글을 발표했다. 글에서 카네기는 개인보다는 공동체가 더 큰 사유 재산을 창출한다고 주장했다. 그렇기에 부유한 자는 사회 발전을 위해 자신의 재산을 사용해야 할 도덕적 의무가 있다고 주장했다.[82]

카네기는 1901년 자신이 소유한 철강업을 J. P. 모건에 매각하고 세계 최고 부자의 반열에 오른 뒤 은퇴했고, 자신의 재산을 기부하려 다양한 노력을 했다. 도서관을 지었고 대학교에 기부를 했으며, 다친 노동자와 참사 사망자 유족을 위한 구호 기금을 조성했다.[83] 또한, 제국주의에 반대하며 평화를 위한 활동에 몸을 던졌다. 그렇기에 철강과 기술, 화학 분야의 발전이 끔찍한 학살을 초래한 세계대전은 그에게 거대한 충격을 안겼다. 카네기는 1919년 세상을 떠났다. 그가 일어서도록 도와 융성케 했던 세상도 사라지고 있었다. 사회와 문화는 변하고 있었다. 철강업도 마찬가지였다. 자본주의 자체가 달라지고 있었다.[84]

제2부

자본주의의 대가

5장
자원보존 운동의 시작

산업자본주의와 성장의 한계

 1860년대 중반, 앤드루 카네기가 철강 사업에 처음으로 투자를 하고 있을 때 대서양 반대편에서는 산업자본주의 기반의 발전이 지속될 수 있으리라는 대중의 안일한 믿음을 뒤흔드는 책들이 출판되었다. 1864년, 찰스 스크리브너 출판사가 조지 P. 마시가 쓴《인간과 자연: 혹은 인간의 행위에 의해 변하는 자연의 지리Man and Nature; or, Physical Geography as Modified by Human Action》를 뉴욕에서 출간했다. 1년 후 런던에서는 맥밀란 출판사에서 윌리엄 제번스[W. Stanley Jevons]의《석탄 문제: 국가 발전과 인간이 개발하는 탄광의 고갈 가능성에 관한 질문The Coal Question: An Enquiry Concerning the Progress of the Nation, and the Probable Exhaustion of Our Coal-Mines》을 발표했다. 수천 년에 걸쳐 효율성은 높아지기는 했지만 인간은 늘 흙과 돌에서 자원을 추출해 왔다. 그러나 마시와 제번스는 천연자원을 추출하는 산업자본주의의 유례없는 능력 때문에 미래 세대가 혜택을 받을 수 없을 정도로 자원이 줄어들 위험이 있다고 주장했다. 정부의 의사결정권자들 사이에서 걱정 어린 대화가 오갔고, 20세기 후반에는 '성장의 한계'라 불리게 될 내용을 다룬 불안을 야기하는 내용의 정기 간행물이 서점가를 채웠다. 지난 수세기, 심지어 수천 년 동안 여러 사상가가 자원 파괴, 특히 삼림 파괴 행위에 경종을 울려왔다. 그럼에도 불구하고 제번스의 말대로 "마치 황금알을 얻자고 거위를 죽이는 것처럼" 인간이 문명의 물질적 기반을 위협하고 있다는 설득력 있는 주장을 제기한 것은 마시와 제번스가 처음이었다.[1] 마시는 이를 해결할 여러 대책을 제안했고, 제번스는 이익을 지속적으로 얻을 수 있는 한 자원을 도덕적으로 사용할 것을 제안했다.

마시의 저서는 미국에 거대한 정치적 영향을 미쳤다. 《인간과 자연》은 서둘러 미국 내 환경 및 삼림 보호를 위한 움직임을 일으켜야 한다는 의식을 제고시켰다. 제번스의 책은 유관 정부 위원회를 세우고 추가 연구를 진행하는 데 불씨가 되었고, 지금은 에너지 경제학의 고전이 되었다. 마시와 제번스의 저서는 두 저자와 마찬가지로 개혁주의 개신교도이거나 개신교적 배경을 지닌 남녀 모두가 보이는 놀라울 정도의 규칙적인 기질이 이끄는 새로운 국제적 움직임이 태동하도록 만들었다. 자원보존 운동$^{conservation\ of\ resources}$은 1850년대와 60년대에 벌어진 도시 위생, 오염 감소, 도시 공원 및 국립 공원 조성 등을 위한 다른 운동들과 결합하여 20세기 환경보호주의를 일으켰다. 하지만 산업자본주의 자체에 진지하게 의문을 던진 자원보존 운동가는 거의 없었다. 오히려 문제를 해결하거나 개선하여 거위의 건강과 안녕을 지켜 황금알을 영원히 낳도록 하려 했다.

《인간과 자연》 - 위기에 처한 자연

마시는《인간과 자연》에서 미국인과 유럽 이주민이 그리스·로마 시대의 실수를 반복하고 있다고 주장했다. 지중해 일대를 여행하던 마시는 고대 문헌에 기록된, 물이 잘 들어오는 울창한 숲을 찾았지만, 그가 찾은 것이라곤 뜨거운 태양 아래 바위만 남은 황량하고 척박한 땅이었다. 주민들이 나무를 잘라내고, 염소와 양을 풀어 산비탈의 초목을 뜯어 먹게 하고, 토양이 침식되고 샘과 개울이 마르는 것을 지켜보는 역사적 흐름이 그의 눈 앞에 펼쳐졌다. 마시는 이렇게 기록했다. "인간의 행위가 야기한 작용은 지구 표면을 달만큼이나 황량하게 만들었다."[2]

1840년대부터 마시는 미국 산림의 급속한 파괴를 주제로 강연을 하고 글을 쓰며 숲와 토양을 이대로 방치한다면 미국과 유럽 식민지는 황량한 지중해의 풍경처럼 변하게 될 것이라고 경고했다. 비교적 짧은 유럽 식민지 기간 동안 "이미 거대하고…… 경우에 따라서는 회복 불가능한 상처를 입었다……"고 그는 강한 어조로 주장했다.[3] 사람들은 자연이 어떤 상처를 입어도 회복할 수 있다고 생각했다. 그런 독자들에게 마시는 인간이 자연의 비옥함과 자원을 영구적으로 파괴할 수 있다는 주장으로 충격을 안겼고, 자연 파괴가 결국 미래의 빈곤으로 이어질 수 있다고 경고했다.[4]

마시는 산업자본주의와 미국의 환경 변화가 어떤 식으로 연결되어 있는지 이해하고 있었다. 미국의 삼림은 유럽에 사는 사람들과 공장을 먹여 살리기 위해 파괴되어 식량, 면화, 담배 재배를 위한 목장과 밭으로 변했다.[5] 산업 수요는 수많은 어류, 포유류, 조류를 죽였다. 마시는 "농업과 기계 산업, 화학 산업의 모든 과정이" 물고기를 죽였다고 지적했다.[6] 전 세계적으로 상업과 산업은 필요한 것만 취하며 나머지는 버렸다.

인간의 끔찍한 파괴성은 동물의 엄청난 양의 살과 다른 귀중한 용도로 쓰일 수 있는 다른 부분들은 모두 버리면서 단 하나의 제품만을 위해 대형 포유류와 새를 쫓는 데서 분명히 드러난다. 남미 야생 소는 가죽과 뿔을 얻기 위해, 북미의 버팔로는 가죽과 혀를 얻기 위해, 코끼리, 바다코끼리, 일각고래는 상아를 얻기 위해, 고래류와 그 외 일부 해양 동물은 기름과 고래 뼈를 얻기 위해, 타조와 기타 대형 조류는 깃털을 얻기 위해 수백만 마리가 도살되고 있다. …… 이번 세기에 들어 기계와 제조업을 위해 발생한 기름과 고래 뼈에 대한 커다란 수요는 "가장 거대한 생명체"에 대한 도륙 행위를 자극한 바, 현재 이 동물은 많은 어장에서 거의 완전히 사라졌으며 다른 곳에서도 그 수가 크게 감소했다.[7]

산업자본주의가 손을 대는 거의 모든 것은 죽었다.

《석탄 문제》 - 성장의 한계

마시의 범지구적 광범위한 분석과 달리 제번스는 영국의 석탄 매장량만을 대상으로 분석했다. 그러나 그 역시 인간이 천연자원을 고갈시킬 위험이 있다는 결론을 내렸다. 그는 "현재 우리가 행복해하며 보유한 우수한 품질의 풍부한 석탄은 현대 물질 문명의 주요 원천"이라고 적었다. 석탄이 만들어 내는 열은 기관과 산업 공정을 가동하고, 난로를 데웠으며, 음식을 조리하는 데 쓰였다. 석탄의 화학적 성질은 다양한 색상의 염료와 유용한 물질을 만들어 냈다.[8] 철강업부터 제조업, 산업 기술, 운송업, 화학 산업, 그리고 제국의 힘까지, 영국을 위대하고 강력하게 만든 모든 것이 푸르고 아름다운 땅 아래 거의 끝없이 묻혀 있는 석탄층 덕분에 가능한 것이었다. 하지만 제번스는 손쉽게 캘 수 있는 범위의 석탄이 모두 사라지고 나면 채굴 비용이 상승할 것이라고 주장했다. 그렇게 되면, 제번스는 펜실베이니아를 반복적으로 언급했는데, 대규모 석탄 공급이 가능한 다른 국가가 경제적 우위를 점할 것이며 영국의 경제는 산업화 이전 수준으로 퇴행할 것이라고 주장했다.

낭비를 줄이고 효율성을 개선하면 국가의 번영을 더 오래 유지할 수 있는 걸까? 제번스는 아니라고 말한다. 효율성이 높아지면 석탄 연소 비용이 줄어들고, 이는 오히려 석탄 소비의 감소가 아니라 증가로 이어진다. 제임스 와트의 증기기관은 세이버리나 뉴커먼 증기기관보다 훨씬 더 효율적이었다. 연료비가 낮아지면서 사업 확장에 투자할 수 있는 자본이 늘었고, 증기기관을 추가로 설치해 더 많은 석탄을 태울 수 있었다. 더욱이 효율성이 높아지면서 철도나 증기선 등 증기 동력을 전에 없는 용도로도 사용하게 되었다. 여기에 인구 증가와 국민 소득 상승이 석탄 수요를 급격히 높였다.[9] 제번스는 모든 국가가 효율성 높은 엔진을 활용할 수 있기 때문에 영국은 효율성을 높이는 것으로 경쟁 우위를 점할 수 없었다고 덧붙였다. 에너지 효율이 높아지면 에너지 소비도 함께 증가하는 원리를 '제번스의 역설'이라 한다.

제번스는 오늘날 '최대 석탄 사용$^{peak\ coal}$'이라 부르는 시기가 영국에 다가오고 있다고 예측했다. 100년 안에 강력한 힘과 번영을 누리는 영국의 시대는 끝날 것이라고 말이다. "우리는 지금 국가 번영의 초기 단계에 있으며, 곧 절정기를 맞이할 것이다."[10]라고 그는 경고했다. 영국에는 잠재적인 대체제가 없었다. 국가가 보유한 석탄 공급량을 빠르게 소진하는 것에 대한 대안을 고민할 것인지, 아니면 에너지 사용량을 조절하여 석탄을 천천히 소진할 것인지, 즉 소진과 쇠퇴라는 선택지를 앞에 두고 제번스는 이렇게 결론지었다. "잠깐의 위대함과 지속하는 평범함 사이에서 중대한 선택을 해야 한다."[11]

무명의 젊은 작가가 쓴 《석탄 문제》는 국가 전역에 불안을 야기했

제2부 자본주의의 대가　　　　　　　　　　　　　　　　　　185

다. 존 스튜어트 밀^{John Stuart Mill}은 의회에서 제번스의 저서를 인용했다. 영국 재무부 장관이나 이후 총리의 자리에도 오르는 윌리엄 글래드스턴^{William Gladstone}은 이 책을 읽고 제번스에게 편지를 보냈다. 의회는 제번스의 주장을 조사하기 위해 국가 위원회를 구성했다. 그러나 영국은 가까운 미래까지 세계 시장에서 석탄 생산 부문의 선두주자 자리를 놓치지 않을 것이라는 조사 결과에 불안은 진정되었다. 《석탄 문제》는 사람들의 신뢰를 잃었다. 수십 년 후 제번스의 예측이 맞았음을 깨닫기 전까지는 말이다.[12]

자원 한계 문제에 대한 두 가지 접근법

마시와 제번스, 두 명의 환경 비관론자는 한 목소리로 자원 부족과 문명의 쇠퇴를 경고했지만, 그 방식은 매우 달랐다. 1801년 버몬트주 우드스턱에서 태어난 마시는 다트머스대학교에서 수학한 변호사이자 연방제를 지지하는 정치인이 있는, 엄격하지만 교양 있는 집안에서 자랐다. 그의 조부는 코네티컷주에서 프랑스인과 인디언 사이에 발발한 전쟁에 참전했으며 1772년 버몬트주로 이사 왔다. 미국 독립 혁명 당시 민병대의 대령이었던 그의 할아버지는 종전 이후 부지사, 판사직을 맡았다. 마시 역시 다스머스대학교를 졸업하고 변호사 활동도 했다. 1843년, 마시는 휘그당 대표로 선출되었으며 의회에서 스미스소니언 협회의 설립을 지원했다.

마시는 산업혁명이 지중해에 불러온 것과 비슷한 환경 파괴가 버몬트주에서도 벌어지는 과정을 지켜봤다. 농부들은 나무를 베어 태우고 그 재를 지역의 칼륨 공장에 팔았다. 영국 제조업자들은 이 칼륨을 수입해 직물용 비누를 만들어 양모를 씻어 실을 만들었다. 농부들은 수입을 더 안정화하기 위해 1810년 메리노 양을 데려와 이제는 나무 하나 없이 풀로만 가득한 경사면에 방목했고, 뉴잉글랜드의 직물 공장에 양털을 팔았다. 1825년, 50만 마리의 양이 버몬트주의 산비탈을 초토화시켰다. 헐벗은 경사면에 내린 비는 거침없이 흘러 내려 개울과 강을 범람시키고 다리와 공장을 무너뜨렸다. 땅이 침식되며 하천에는 토사가 쌓였고 물고기와 새의 서식지가 파괴되었다. 건조한 여름날에는 나무 하나 없는 산비탈이 햇볕에 뜨겁게 달아오르고 샘과 개울은 말라붙었다.[13] 채굴업에 과도하게 의존한 버몬트주의 미래는 절망적인 것처럼 보였다.

마시는 새롭게 편입된 서부의 정착민들이 환경 파괴와 빈곤으로 향하는 길로 걷고 있다고 걱정했다. 그는 1847년부터 토양과 삼림을 더 잘 관리해야 한다고 주장했다. 오스만 제국에 미국 대사로 재직하는 동안 마시는 지중해의 토양과 농업을 시찰하기 위한 여행을 떠났다. 1854년 버몬트주로 돌아온 그는 부패한 버몬트 철도국에 대한 투자 실패로 파산한 와중에도 공직 생활을 계속했다. 마시는 물고기 부화장에 관한 주 차원의 보고서를 작성했으며, 주 소속 철도 위원으로도 활동했다. 1861년에는 주이탈리아 대사로 임명되었으며, 1882년 사망할 때까지 대사직을 수행했다. 업무가 과도하지 않았던 덕분에 그에게는 버몬트주와 지중해에서 관찰한 내용을 바탕으로 《인간과 자연》을 집필할 시간이 있었다.[14]

마시와는 달리 제번스는 석탄과 철의 나라의 지저분한 도심에서 나고 자랐다. 버밍엄 인근 블랙컨트리에서 못을 만들던 그의 조부는 1798년 한 못 제조 회사의 대리점을 내며 리버풀로 이주했다. 그는 독립하여 잘 나가는 철 제품 취급 상인이 되었다. 제번스는 1835년 리버풀에서 태어났다. 마시처럼 그 역시 교양 있고 부유한 집안에서 자랐다. 그러나 철도업 거품이 꺼지며 재정적 비극이 찾아왔다. 철도 건설이 중단되고 철에 대한 수요가 사라지며 제번스의 가업은 1848년 파산했다. 집안 상황이 악화되면서 유니버시티 칼리지 런던에서 수학 중이던 제번스는 학업을 중단했다. 1853년, 그는 1851년 골드러시 이후 호주에 세워진 영국 조폐국에 금속 분석관으로 취직했다. 시간이 많았던 덕분에 제번스는 시드니의 철도 정책부터 기상학, 도시 위생 등 다양한 주제를 연구했고 그 결과를 출판할 수 있었다. 1859년, 다시 대학교로 돌아가 학사와 석사 학위를 취득한 그는 맨체스터에 있는 오웬스칼리지*에 취직했다.

경제학에 탄탄한 수학적 기반을 다진 뒤 자신의 가업을 파괴한 것과 같은 경기의 순환을 설명하고자 제번스는 논리학, 경제학, 과학 이론 분야에서 여러 주요 저서를 발표했다. 《석탄 문제》에서는 영국의 석탄 공급의 경제 성장 한계 설정 여부라는 뜨거운 논쟁 주제를 통계와 수학을 활용해 설명했다. 1876년, 그는 유니버시티 칼리지 런던의 정치경제학 교수로 임명되었다. 5년 후에는 경제학의 대주제를 연구하는 데 집중하고자 교수직을 내려놓았다. 제번스는 외부의 개입 없이 작동하는 일종의 자유주의적 혹은 자유의지론적 경제 체계, 즉 합리적 경제 체제를 만들고자 했다. 그러나 1882년, 제번스는 수영 중 익사하여 46세의 나이로 세상을 떠났다. 마시가 사망하고 3주가 지났을 때였다.[15]

사회적·도덕적 문제로서 자원 한계를 바라보는 청교도적 뿌리

차이점도 여럿 있었지만, 마시와 제번스는 그들의 분석과 해결책의 틀을 다진 청교도적 유산을 공유했다. 비록 자신은 정통 칼뱅주의적 신앙에서 벗어났지만, 마시의 가족은 신실한 회중교 칼뱅주의자들이었다. 그의 아내가 "마지막 청교도"라고 불렀듯 마시는 선조들의 종교

---

* 현 맨체스터 빅토리아 대학교.

를 수용하지도 부인하지도 않았다.[16] 제번스의 청교도 장로파 조상들은 칼뱅주의에서 유니테리언교^{Unitarianism}로 개종했다. 제번스의 경우 양가 모두에 유니테리언교 목사가 있었다. 영국 성공회 신자가 아닌 탓에 케임브리지와 옥스퍼드 대학교에서 거부당한 제번스는 비종교 학교인 유니버시티 칼리지 런던에서 학위를 취득했고, 역시 비종교 학교인 오웬스칼리지와 이후에는 유니버시티 칼리지 런던에서 학생들을 가르쳤다. 제번스는 신앙심은 깊었지만 말년에는 교회에 거의 나가지 않았다.[17]

마시의 이상과 가치에는 경건하고 공평하며 정의롭고 지속 가능한 사회를 건설하려는 뉴잉글랜드를 세운 청교도인들의 꿈이 담겨 있었다. 이를 위해 식민지 정부들은 개인이 아닌 마을에 토지를 부여했다. 마을은 빈곤함을 없애기 위해 공평하게 토지를 나눠 주었다. 목사들은 공익을 위해 자기^{self}를 억누르는 것의 중요성, 그리고 진지하고 근면하며 타인에게 도움이 되어야 하는 도덕적 의무를 설파했다. 청교도인과 장로교도는 청지기 윤리^{stewardship}를 공유했는데 이는 신께서 부여한 나의 소유물을 잘 관리하여 더 나은 것으로 만들어야 한다는 신에 대한 칼뱅주의적 의무다. 농부들은 일종의 지속 가능한 농업 문화를 실천했다. 나무는 연료와 목재를 위해 필수적인 존재였기 때문에, 뉴잉글랜드의 마을과 식민지에서는 미래 세대가 활용할 자원을 확보하기 위해 농부들의 목재 보유량을 규제했다.[18]

더불어 개혁주의 신학은 자연에 대한 영적 관점, 자연 과학의 종교적 가치, 원시 생태학적 사고를 장려했다.[19] 자연은 신의 영광을 보여주는 극장이었다. 칼뱅주의는 복잡하게 상호 연결된 우주에서 신이 아주 작은 분자를 통솔하는 섭리를 심층적으로 가르쳤다. 또한 자연은 신의 지혜와 선함과 그 존재 자체를 보여주는 것이며, 신이 가장 가까이에서 자신을 드러내고 소통하는 곳임을 가르쳤다.[20]

청교도적 도덕주의, 생태주의, 실용주의는 《인간과 자연》 곳곳에서 확인할 수 있으며, 책의 구절에도 설교적 성격이 녹아 있다. 마시에게 인간은 자연 요소들을 연결하는 창조의 망을 끊거나, 혹은 현대적 용어로 표현하자면 생태계를 교란하는 존재였다. "어디에 있든 인간은 교란이라는 행위를 하는 존재다. 발을 딛는 곳마다 조화롭던 자연의 균형은 깨진다. 기존의 구성이 지니던 안정성을 보장하던 균형과 조화가 무너진다. 토착 식물과 동물이 멸종되어 외래종이 그 자리를 차지하며, 자연 생산은 불가능해지거나 제한되고, 지표면은 억지로 자라는 새로운 식물과 외래 동물 종으로 인해 벌거벗겨지거나 뒤덮여 버린다."[21]

마시는 "상도덕의 붕괴"와 정부 및 사법부의 "부패"를 야기한 부도덕한 기업들을 신랄하게 비판했지만, 그 책임을 산업자본주의 자체에 두지는 않았다(산업화 시대 이전의 지중해 지역도 결국 비슷한 문제를 겪었다).[22] 대신 그는 개인의 도덕적 책임감 결여를 언급하면서 "이전 세대의 방탕함과 낭비가 후손들에게 남긴 빚"을 탓하며 후손들이 "교란된 자연의 조화를 회복시켜⋯⋯ 이 세상을 남용할 것이 아니라 제대로 사용해야 하는 종교와 실천적 지혜의 명령을 이행할 필요성"에 직면하게 되었다고 비난했다.[23] 그는 역설했다. "인간은 지구가 낭비를 위해, 더욱이 소비를 위해서가 아니라 그저 빌려 사용하도록 주어진 것임을 너무 오래 잊고 살았다."[24] "인간"은 형편없는 청지기였다.

마시는 "인간의 경솔함이나 악의에 의해 황폐해진 땅"을 되돌리고 "이전 거주자들의 부주의나 무절제함으로 인해 사람이 살 수 없을 정도로 훼손된 자연을 되살리기 위해, 인간은 자연의 이용자가 아닌 자연의 동료가 되어야 한다."고 주장했다.[25] 이를 실천하려면 어떻게 해야 할까? 마시는 뉴잉글랜드 마을을 자제력이 있는 토지 관리인이 있는 민주적이고 도덕적인 공동체의 본보기로 이상화했다. 길고 많은 내용을 담은 그의 저서에서도 단 한 단락에서만 마시는 정부 사업의 잠재적인 유용성을 논했다. 책의 여기저기에서 지방과 국가 정부가 수행한 삼림 복원 혹은 보호 사업을 인정하기는 했지만 말이다. 마시는 미국의 경우 주 및 중앙 정부가 공유지를 잘 보호하고 지키지 못하며, 그렇기에 자연 보호를 실천하는 것은 개인의 몫이라는 점을 반복해 언급했다.[26]

《석탄 문제》는 회중교 복음주의적 설교라기보다는 유니테리언교적 주장에 가까웠다. 《인간과 자연》은 책머리에서 코네티컷주의 회중교 목사 호레이스 부쉬넬Horace Bushnell의 말을 인용한 반면, 《석탄 문제》에서는 애덤 스미스를 인용했다. 유럽 계몽주의의 영향을 받은 영국 장로교는 합리주의와 청교도적 도덕주의가 결합한 유니테리언교로 진화했다. 유니테리언교도로서 제번스는 이성의 힘을 중시했고 사람에게는 세상을 도덕적으로 발전시킬 의무가 있음을 믿었으며, 어디에도 속하지 못하는 이를 측은히 여겼고 개인의 양심을 존중했다. 논리학과 경제학에서 그의 연구는 사회적 문제를 향한 그의 관심을 반영했다. 1851년부터 1853년까지 런던에서 수학하던 중 그는 런던의 빈민가와 제조공장이 밀집된 지역을 오랜 시간 산책했다. 콜레라가 발병하자 그는 대개 연관된 문제로 여겨지는 위생과 사회 개혁을 요구하는 찰스 디킨스의 글을 읽었다. 말년에는 사회 문제로 눈을 돌렸다. 제번스는 1882년 《노동으로 본 국가The State in Relation to Labor》를 출간했으며, 사망한 후인 1883년에는 《사회 개혁 방법Methods of Social Reform》이 출판되었다. 도시의 유니테리언교도로서 제번스는 사회 문제에 마시보다 더 크게 주목했다.[27]

당대의 주요 자유주의 및 공리주의 경제학자들은 제번스의 비국교도적 뿌리 또는 유니테리언교의 신념을 공유했다. 영국의 자유 시장 경제학은 유니테리언교의 이상과 종교적 타자성 안에서 꽤 편안하게 성장했다. 대부분의 유니테리언교도는 비국교도 가정 출신이나, 많은 성공회교도와 유대인은 개인의 양심, 냉철한 이성, 보편성에 대한 유니테리언교도의 존중을 수용했다. 제번스의 주요 경제학 선배이자 동료로는 에든버러 대학교의 도덕철학 교수이자 합리적 종교에 매료된 장로교도 애덤 스미스, 위그노 경제학자이자 사업자 장 바티스트 세[Jean-Baptiste Say], 유니테리언교 목사 조지프 프리스틀리[Joseph Priestly]의 글에서 영감을 받아 "최대 다수의 최대 행복"이라는 철학적 기준을 갖게 한 공리주의 철학자 제러미 벤담, 네덜란드 출신의 세파르디 유대인 이민자의 자녀로 유니테리언교로 개종한 데이비드 리카도, 합리론자로 신념을 바꾼 스코틀랜드 장로교 목사의 자녀 존 스튜어트 밀이 있다.

《석탄 문제》의 여러 구절에서는 도덕적 우려가 분명히 나타난다. 제번스는 두 번째 판 서문에서 석탄이 제공하는 이점이 정점에 이르렀을 때의 영국인들 자신과 그 후세에 대한 도덕적 의무에 관해 논했다. "우리가 쌓은 부와 고상한 문명사회의 구조는 무지하고 가난한 자들을 기반으로 구축되었다. 그러나 이제 우리는 자유 무역과 자원 낭비가 우리에게 선사한 부와 권력의 결실을 안고 실천 가능한 구제책을 생각하지 않을 수 없다는 걱정스러운 책임을 지니게 되었다. 지금보다 더 폭넓고 체계적인 노력을 하지 않고 지금의 시기가 지나가도록 둔다면 우리는 그에 따른 벌을 받게 될 것이다." 그리고 이렇게 덧붙였다. "우리는 섭리가 우리에게 맡긴 물질적 풍요를 자유롭게 사용하는 것을 방해할 생각을 해서는 안 되며, 우리의 의무는 전적으로 주어진 것을 진지하고 현명하게 쓰는 데 있다. 어쩌면 우리는 사치와 과시, 부패에 그것을 쓸 수도 있겠지만 그렇다면 비난에 직면하게 될 것이다. 혹은 국민의 사회적, 도덕적 수준을 높이고 미래 세대의 부담을 줄이는 데 쓸 수도 있을 것이다. 그렇다면 우리 후손이 우리보다는 덜 행복하더라도 우리를 비난하지는 않을 것이다." 제번스는 국가의 번영이 절정에 다다르면서 "저물어 가는 때가 되기 전에 갚아야 할 수백만 국민에 대한 도덕적, 사회적 부채가 있으나 아직 갚기 시작하지도 않았다."며,[28] 거대한 석탄 발전에는 거대한 사회적 책임이 따른다고 성찰하며 결론을 맺었다.

《인간과 자연》과 《석탄 문제》 이전의 자원보존 운동 - 토양

마시와 제번스가 천연자원 보호를 위한 움직임을 촉발하기는 했지만, 자원 감소에 대한 우려는 이미 오래전부터 있어 왔다. 특히 농업 전문가들이 토양의 비옥함이 줄어드는 것에 대해 오래도록 씨름해 왔다. 토지를 소유하고 있거나 땅을 마음대로 할 수 있는 세계 곳곳의 지역 농부들은 토양의 현상을 유지하거나 복원하는 방법을 개발해 왔다. 대규모 영지 소유주나 부재지주 들은 특정 식량 또는 일정량의 생산분을 요구하여 토양 보존에 대한 의욕을 꺾었다.

제대로 된 농업 과학은 16세기 유럽에서 발달했다. 르네상스 시대에 보인 그리스·로마 시대의 농업에 관한 관심은 귀족 또는 상류층 농부를 위한 농업 안내서, 주로 고전을 거의 그대로 베낀 농업 안내서에 대한 유행을 촉발했다. 16세기 위그노 작가들은 과학과 경험을 바탕으로 농업 지침서를 집필하기 시작했다. 1563년과 1580년에는 베르나르 팔리시[Bernard Palissy], 1572년 샤를 에스티엔느[Charles Estienne]와 장 리에보[Jean Liébault], 1600년 올리피에 드 세르[Olivier de Serres]가 지침서를 출간했다.[29] 위그노의 농업 과학은 1594년 휴 플랫 경[Sir Hugh Plat]이 팔리시의 지침서를 바탕으로 영국 농업 화학을 주제로 한 첫 지침서를 출판하며 영국

해협을 건너게 된다. 이와 동시에 영국 칼뱅주의에서 토양을 '향상'하는 것이 도덕적인 행위로 간주되기 시작한다. 칼뱅주의 성직자 새뮤얼 가디너Samuel Gardiner가 1606년 해당 용어에 종교적 의미를 부여하기 전까지는 '향상'은 이익을 위해 어떤 것을 관리한다는 의미를 내포했다.[30] '향상'이라는 단어는 자기 자신과 소유물을 더 좋게 만들어야 하는 개인의 도덕적 의무를 나타내는 대표어가 되었다. 특히 실험과 과학을 통한 농업 생산성의 향상을 의미하게 되었다. 향상을 추구하는 이들은 전통적인 관습과 지식을 무시하고 공유지 제도의 폐지를 옹호했지만, 당시는 기근을 종식시키고 황무지를 생산지로 만들 수 있다는 낙관론이 지배하던 시절이었다.[31] 1798년, 랭커셔의 비국교도 학술원에서 교육을 받고 유니테리언교도에게 지도를 받은 영국 성공회 성직자 토머스 로버트 맬서스가 《인구론An Essay on the Principle of Population》을 발표한다. 맬서스는 저서에서 인구수가 식량 공급량을 넘어서는 때가 올 것이라 예측하며 자연이 인구 증가를 제한하게 될 것이라 주장했다.[32] 과연 식량 공급이 인구 증가를 따라갈 수 있을까? 향상 추구자들은 그것이 가능함을 아직 보여주지 못했다.

맬서스의 주장에 대응하여 화학과 식물학이 빠르게 발전했다. 알렉산더 폰 훔볼트Alexander von Humboldt가 페루의 농부들이 바닷새의 구아노*를 이용해 척박한 땅에서 작물을 키우는 것을 보고 전한 후, 험프리 데이비Humphrey Davy는 구아노의 특성을 조사하여 식물이 잘 자라기 위해 필요한 화학 성분, 특히 구아노에 풍부한 질소와 인에 관해 설명하는 책을 1813년 출간했다. 독일에서는 농예화학자 유스투스 리비히Justus Liebig가 질소, 칼륨, 인이 식물 생장에 필수 요소라며 지목한 책을 출간했다. 이 책은 널리 번역되어 큰 반향을 일으켰고 이후로 독일인들이

---

* 바닷새의 배설물이 쌓여 굳어진 덩어리. 질소와 인 함량이 높아 비료로 쓰인다.

농업 과학계를 이끌게 되었다. 독일은 1852년 작센 지방에 최초로 공적 자금으로 운영되는 농업 연구소를 세웠으며, 이는 다른 독일 지방과 오스트리아, 이탈리아, 일본, 미국에 영감을 주었다.[33]

데이비와 리비히는 태평양에서 구아노 러시를 일으켰다. 수천 년 동안 새들만의 천국이던 외딴섬들 위로는 엄청난 양의 구아노가 쌓여 있었다. 일꾼들은 암모니아 기체가 가득한 환경에서 거의 노예처럼 일하며 화석이 된 배설물을 채취했다. 그렇게 채굴된 구아노는 영국과 네덜란드, 독일, 미국이 수입했다. 구아노는 미국 농장주에게 지속하기 어려운 농업 관행을 해결해 줄 수 있으리라는 희망을 주었다. 농부와 농장주는 자급할 수 없기 때문에 반드시 사 와야만 하는 이 토양 첨가제에 의존하게 되었다. 기계화와 결합된 외부로부터 온 물질의 투입은 공장식 농업의 부상을 예고하고 있었다.[34]

과학, 자원보존 운동, 그리고 산업자본주의에 닥친 위기

농부를 구하고자 하는 마시의 바람은 유럽과 미국에 모두 널리 공유됐다. 그 뒤를 따라 농업 방식이 개선되기 시작했다. 더 많은 이를 먹이기 위해 땅에서 나는 작물의 생산량을 늘리고자 했던 수백 년 전의 노력은 농부들을 19세기 자본주의의 시장 교환 시스템 깊숙이 끌어들였다. 더 많이 생산하려면 더 많은 자본을 투자해야 했다. 생산량이 늘수록 가격은 하락했으며 이는 다시 투자금을 갚기 위해 생산량 증가로 이어졌고, 이는 다시 토양에서 지속하기 어려운 수요를 만들어냈다.

영국이 솔선수범을 보였다. 미국과 유럽 대륙 국가들의 부러움의 대상과 본보기가 된 영국 농부들은 1850년까지 꽤 높은 생산량에 이르렀다. 이렇듯 획기적인 성과를 내기 위해 농부들은 공유지를 폐지하여 더 효율적인 사유지로 만들었고, 비축물 상태를 개선했으며, 새로운 배수 기술을 개발했고, 대량의 구아노와 질산염, 석고, 석회, 인산염, 탄산칼륨을 수입해 사용했다. 생산량은 늘었지만 여기에는 큰 자본이 필요했기 때문에 값비싼 영국 식품에는 관세 보호가 필요했다. 1848년 '곡물법Corn Laws'이 폐지되면서 영국 농업계는 국제 경쟁 시장에 노출되었다. 선박의 이동 속도가 더 빨라지면서 미국과 캐나다산 곡물이 러시아산 밀과 만나 과잉 공급되며 곡물 가격이 폭락했고, 1870년대에는 밀 가격까지 주저앉았다. 시카고에서 대량 생산된 밀가루와 육류 제품도 세계 시장에 영향을 미쳤다. 냉장 운송 수단이 발달하면서 미국과 호주의 육류 및 유제품이 전 세계로 쏟아져 나왔다. 그러면서 영국의 농촌 풍경은 바뀌었다. 농장의 규모는 커졌지만 작업이 기계화하면서 노동력 수요는 줄어들었고 그 결과 마을이 텅 비기 시작했다. 곡물보다 소고기의 수익성이 더 좋아지면서 경작지는 줄고 목초지가 늘었다.[35]

개척 초기부터 농지였던 곳의 미국 농부들도 어려움을 겪었다. 인디언이 추방되면서 뉴욕과 오대호 인근 서쪽 지역의 땅을 사용할 수 있게 되자 뉴잉글랜드 농부들은 서부로 이동해 풍부한 곡물을 동부로 운반했다. 오래되고 거칠어진 동부 토양에서 밭을 일구던 농부들은 출하용 야채 재배로 전환하거나 성장 중인 산업 도시에 필요한 낙농장을 위해 숲과 밭을 내놓았다. 남북전쟁 이후 대륙 횡단 철도는 수천 명에 달하는 농부들을 대평원으로 데리고 왔다. 이들이 생산한 작물은 철도를 타고 시카고의 제분업자에게 전달됐다. 농기계 기술은 해가 다르게 발전했다. 부족한 노동력으로 넓고 평평한 밭을 일구는 일은 이제 쉬워졌지만, 농부들은 빚더미에 앉았다. 기계화로 이윤은 줄고 그로 인한 생산량 증가는 상품 가격을 떨어뜨렸다. 식량 가격이 낮아지면서 더 많은 이의 식생활이 개선되었지만, 영국과 마찬가지로 농부들은 빚을 졌고 동부 주에서는 사람들이 땅에서 쫓겨났다.

남부에 있는 농부와 농장주도 어려움에 처한 건 마찬가지였다. 남북전쟁 이후 소작농이 농장 시스템의 자리를 대신했으며 흑인 농부들은 정해진 땅에 묶였다. 농부들은 고갈된 밭을 버리고 새 땅으로 갈 수도 없었다. 지주들은 소작농들에게 수익도 얼마 되지 않는 작물을 키우거나 땅을 쉬게 하는 대신 면화를 재배할 것을 요구했다. 가격이 떨어지는 와중에 수확량도 감소했다. 농부들은 더 많은 면화를 심어야 했다. 백인 농부들은 빚을 지고 소작농 대열에 합류했다. 남부 지역의 빈곤은 심화되었으며, 고갈된 남부의 토양은 침식되었다.[36]

농부들은 다양한 대응법을 모색했다. 농민이 많고 농업이 경제에서 중요한 역할을 하는 유럽 대륙에서는 대부분의 국가가 보호 관세를 적용하는 방식으로 농민의 어려운 형편에 대응했다. 영국과 미국에서는 농업 학술지를 창간하고 지역별 농업 협회를 결성해 농부들에게 최신 도움말과 농업 과학 지식을 제공으며, 연구와 교육에 투자했다. 영국은 1842년 에든버러에 최초의 농예화학 실험실을 설립했으며 교육 기관을 조직해 농부나 그 자녀들에게 최신 과학 지식을 전달했다.[37] 미국에서는 과학 및 전문 기관을 통해 뉴잉글랜드 주민과 서부에 있는 그 친척들의 농업을 지원하고자 했다. 또한, 농업과에 교수직을 만들었다. 1861년에는 농무부와 삼림부 신설을 위해 로비도 했다. 이뿐만 아니라 기계 및 농업 교육을 위해 정부에서 무상으로 불하하는 토지가 있는 주립 대학 설립을 위한 활동도 벌였다. 코네티컷주에는 미국 최초의 농업 실험장을 만들었으며, 이는 기타 주 및 국가 후원으로 설립된 다른 실험장의 본보기가 되었다.[38]

《인간과 자연》과 《석탄 문제》 이전의 자원보존 운동 - 목재 및 연료

삼림 보호에 관한 마시의 우려는 수백 년 전 존재하던 고민과 같았다. 삼림 벌채는 여러 시대와 장소에서 여러 작가와 당국을 놀라게 했다. 산업화 이전의 일본, 중국, 인도의 통치자들은 다양한 방법으로 이 문제를 처리하려 노력했고 결과는 성공적이었다. 이들은 현지에서 삼림을 통제하면서 건설과 연료용 목재를 보존했다. 통치자들은 침식을 막고 목재원을 유지하기 위해 숲을 보호했다.[39] 유럽 귀족들은 사냥감의 서식지를 지키기 위해 숲을 보호했다.[40]

군사적 우려도 국가 임업을 추진하게 한 강력한 동기였다. 16세기 베니스는 강력한 해군과 상선에서 권력과 부를 얻고 있었기 때문에 이를 유지하기 위한 국유림을 조성했다.[41] 오스만 제국은 지중해와 홍해, 인도양을 항해하는 해군과 상선에 목재를 공급하기 위해 아나톨리아와 흑해 연안 산림에서의 목재 사용, 벌채, 목재 운송을 엄격하게 관리·감독했다.[42] 스페인의 강력한 해군은 스페인 북부 산림에 크게 의존했다. 카를 5세는 1547년 해군을 위해 삼림을 보존하고 확장하라는 최초의 칙령을 내렸다. 펠리페 2세는 1588년 스페인 무적함대의 대패로 많은 선박을 잃고 난 뒤 정부 차원에서 삼림 관리를 하기 시작했다.[43] 그러나 스페인과 다른 유럽 열강들은 결국 외부를 통해 목재 수요를 해결했다. 18세기 스페인은 삼림이 풍부한 쿠바에서 배를 만들었고 포르투갈은 브라질로 향했다. 잉글랜드의 해군 선박에 들어가는 목재의 대부분은 발트해 연안과 북미, 인도에서 가져왔다. 영토 내에 산림이 거의 없는 네덜란드는 발트해 연안과 독일에서 목재를, 동인도제도에서 티크 목재를 수입했다.[44]

17세기 후반, 해군에 필요한 목재를 충분히 확보하는 것에 대한 걱정은 두 가지의 획기적인 사건에 영향을 주었다. 1664년 존 이블린^{John Evelyn}이 집필한 《실바: 삼림에 관하여》라는 책의 출간, 그리고 프랑스의 루이 14세 치하의 장관이었던 장 바티스트 콜베르^{Jean-Baptiste Colbert}가 제정한 1669년 오르도낭스^{Ordonnance}이다. 이블린의 제안은 왕실 소유 산림지와 지주들의 권리가 부족했던 탓에 효력을 발휘하지는 못했다.[45] 콜베르의 법령은 처음에는 효과가 없었으나, 삼림법의 기반을 마련함으로써 이후 프랑스 임업이 국제적으로 존경받는 길로 나아갈 발판이 되어 주었다. 프랑스혁명 기간 동안 국가는 교회와 귀족이 가지던 삼림을 소유하게 되었고, 프랑스 정부는 새로이 획득한 삼림지에 자국의 임업 방식과 규칙을 적용했다. 1824년, 프랑스는 낭시에 영향력 있는 삼림 학교를 세웠다.[46]

19세기에는 독일이 과학 기반 임업의 또 다른 선두 주자가 되었다. 파괴적인 전쟁의 결과로 독일 주들은 삼림을 포함한 자국의 자원을 목록으로 정리하고 합리적으로 관리하고자 노력했다. 지역에 통제를 맡기면 경제적 수익을 극대화하기 위한 체계성과 효율성이 무척 떨어지는 듯 보였기 때문이다. 합리적으로 개선된 독일의 삼림 관리 하에서 숲 재배는 프로이센 군사들이 행진하는 듯 일렬로 자라, 수확량을 예측할 수 있도록 거두고 또다시 심었다. 다른 국가들도 자국의 삼림 관리와 교육 기관을 위해 독일 삼림 관리관을 고용했다.[47]

영국령 인도와 미국의 삼림

《인간과 자연》을 열렬히 환영하기 위한 길이 마련되었다. 대영제국과 미국 모두 현지의 토지 관리 관행에 무지한 정착민과 사기업이 새롭고 낯선 지역에서 일으키는 생태 문제와 마주했다. 이 문제는 정착민들이 풍요롭지만 제한된 삼림을 급속히 훼손한 섬 지역에서 먼저 나타났다. 그러나 과학 기반의 삼림 관리 모델을 세운 건 섬이 아닌 인도에 있던 영국 관리들이었다. 식민지에 있던 식물학자와 외과의로 구성된 전문가 네트워크는 삼림 벌채와 그로 인해 발생한 가뭄, 홍수, 침식에 관해 경고했다. 스코틀랜드인들도 에든버러 의과대학 덕분에 중요한 역할을 할 수 있었다. 에든버러 대학교는 자연사가 학습 과정에서 중요한 부분을 차지하는 라이덴대학교를 따라 의학 교육과정을 세웠다. 에든버러에서 교육받은 외과의들은 육군, 해군, 식민지 주둔군으로 흘러 들어가 자연 과학자 네트워크를 만들었다. 스코틀랜드인과 에든버러대학교 졸업생 들은 제국 초기에 세운 식물원의 상당수를 설립했다.[48]

스코틀랜드인과 에든버러 졸업생 들은 인도 산림청을 건립하게 한 활동도 이끌었다. 스코틀랜드인 의사이자 영향력 있는 식물학자였던 휴 클레그혼Hugh Cleghorn은 인도의 삼림 벌채가 강의 흐름과 강이 마르는 현상에 미치는 영향을 걱정했다. 1850년경 그가 인도의 삼림 파괴에 관해 쓴 보고서가 1848년부터 1856년까지 인도 총독을 지낸 스코틀랜드인 달하우지 백작Earl of Dalhousie의 눈에 띄었고, 총독은 인도 산림청의 건립을 주도했다. 1857년부터 동인도 회사에서 인도 행정권을 넘겨받은 영국 정부는 클레그혼의 활동과 지지를 바탕으로 마시가 《인간과 자연》을 출판한 해인 1864년, 인도 전역을 관리하는 산림부를 만들었다.

클레그혼은 산림 보호 위원회에 독일인 디트리히 브랜디스Dietrich Brandis를 영입했다. 브랜디스는 배운 바에 따라 농민들의 전통적인 삼림 관리를 믿지 못했던 프랑스와 독일 교육과정을 수료한 졸업생들로 지도부를 구성했다. 프랑스와 독일에서도 그랬던 것처럼 수확량 유지를 위한 국가 주도적인 과학 기반의 임업은 영국으로 들어와서도 지역 전통과 관행을 무시하고 자체적인 방식을 밀어붙였다.

하지만 유럽에서는 달랐다. 브랜디스, 클레그혼, 그 외 많은 인도의 산림 관리관들은 《인간과 자연》을 읽고 상업과 기타 용도로의 유용성과 함께 인도 산림의 생태적 중요성을 깨닫기 시작했다. 클레그혼과 브랜디스는 마시에게 서신을 보냈다. 클레그혼은 이렇게 적었다. "저는 선생님의 책을 들고 히말라야 북쪽 경사면을 타고 카슈미르와 티베트로 향했습니다."[49]

마시와 함께 인도 임업에 대한 독일과 프랑스인의 영향력을 약화시킨 요인이 더 있었다. 인도 산림청의 지도부는 유럽 대륙 출신이었으나 일반 직원들은 대부분 스코틀랜드 출신이었다. 스코틀랜드인들은 삼림에서 사라졌으면 하는 상업적 이익에 대한 탐욕과 이기심에 대한 불신과 더불어, 다용도로 활용 가능한 삼림 관리법을 인도로 가지고 왔다. 스코틀랜드 임업은 17세기 스코틀랜드의 대지주들이 토지를 개량하고자 나무들을 심으면서 시작되었다. 숲은 목재 외에도 다양한 용도로 사용되었다. 일단 나무는 영지를 아름답게 만들었으며, 사냥감을 위한 서식지가 되어 주었다. 지주들은 솎아내기를 하면서 숲을 보존했고 외래종을 가지고 실험을 하며 하이랜드Highlands*의 벌거벗은 언덕에 수백만 그루의 나무를 심었다. 소규모 지주들도 이를 따라 했다. 숙련된 산림 관리관 무리가 성장했다. 인도 산림청에 공무원 시험이 도입된 후 스코틀랜드인의 비율은 줄어들었다. 그럼에도 불구하고 영국의 산림 관리관이 되고자 염원하는 이들이 낭시에서 임업 교육과정을 수료한 후 스코틀랜드로 향해 공인받은 산림 관리원 밑에서 일한 후 인도로 향했다. 다양한 산림 환경에 적응해야 했던 인도의 산림 관리관들은 혼합 임업을 발달시켰다. 브랜디스도 지역 주민의 반대가 있으면 임업이 성공할 수 없다는 것을 잘 알고 있었다. 나무가 줄지어서 있는 듯한 독일식 혹은 프랑스식 산림 농장은 인도에는 거의 나타

---

* 스코틀랜드 최북단의 고산지대.

나지 않았다.⁵⁰

마시의 《인간과 자연》은 전문 임업 발전을 주도한 미국인들에게도 영감을 주었는데, 대부분은 뉴잉글랜드의 회중교회에서 한 세대도 지나지 않아 마시와 비슷한 생각을 지니게 된 이들이었다. 프랭클린 B. 허프$^{Franklin\ B.\ Hough}$는 뉴욕의 삼림지가 충격적일 정도로 줄어들고 있다고 지적했으며, 마시의 저서는 그의 위기감을 확인해 주었으며 더욱 보강했다.⁵¹ 1880년 허프는 농업부에 신설된 산림과의 초대 분과장으로 임명되었다.⁵² 회중교 목사 너새니얼 이글스턴$^{Nathaniel\ Egleston}$이 1883년 허프의 뒤를 이었다.⁵³ 프로이센 출신의 산림 관리관 베른하르트 페르노브$^{Bernhard\ Fernow}$가 1886년 이글스턴의 뒤를 이었으며, 12년 뒤에는 기포드 핀쇼$^{Gifford\ Pinchot}$가 그 뒤를 이었다. 핀쇼는 1901년 산림과를 산림국으로 전환하고 1905년에는 보호림을 자신의 관할인 산림청으로 이관하는 과정을 감독했다.⁵⁴

미국 산림 관리관들은 영국의 제국 주도적 임업과 프랑스, 독일이 개척한 길을 따라가며 미국 상황에 맞게 조정했다. 핀쇼는 신설된 미국의 산림 교육기관에서 훈련받은 관리관들로 새 산림청을 꾸렸다. 형태와 내용도 각기 다른 독일식, 프랑스식, 스코틀랜드식, 인도식, 미국식 전문 임업이 존재하게 되었다. 각 형태는 이윤과 공익을 위해 중앙정부 관리하에 효율적인 과학에 기반하는 임업이라는 프로이센식 이상에서 영향을 받기는 했으나, 더 다양한 용도로 쓰일 수 있도록 더 느슨하고 생태적 지식에 바탕을 두는 형태로 발전해 갔다.⁵⁵

야생 동식물 보호에 관한 인식 제고

야생 동식물을 무자비하게 파괴하는 자본주의 사회에 대한 마시의 우려는 널리 퍼졌다. 버팔로와 여행비둘기가 급속도로 사라지자 야생 동물의 수가 줄어들고 있음을 이미 알고 있던 미국인들도 큰 충격을 받았다. 생계형 사냥꾼들은 효율적으로 수많은 사냥감을 잡아 지역과 도시의 식료품점에 납품했다. 다른 사냥꾼들은 유행을 좇는 여성들의 모자 장식을 얻기 위해 깃털이 있는 새를 잡았고, 수많은 종의 대형 조류를 멸종시켰다. 여가형 사냥꾼들은 사냥할 새가 남지 않을 것을 우려하며 생계형 사냥을 제한하고 여가형 사냥을 규제하기 위한 활동을 벌였다. 다음 세기가 되면서 여러 주에서 사냥 관련 규제를 통과시키기 시작했다. 남아프리카공화국에서는 영국인들이 즐기는 여가형 사냥과 사냥감 수집도 경각심을 불러일으켰다. 20세기, 영국은 동아프리카 식민지 전역에 사냥감 보호구역을 설정했으며, 대부분이 이후 국립공원이 되었다. 영국은 백인, 흑인, 사냥감으로 분리하는 수렵법을 제정했다. 미국과 대영제국 모두 법 집행을 위한 자금이 부족하고 효율성도 떨어지는 경우가 많았지만, 어찌 되었든 이 수렵법은 선례를 남겼다. 아프리카에는 사냥꾼과 사냥에 대한 미화, 지역 주민에 대한 의심, 제국주의 등의 요소가 야생 동식물 보호와 복잡하게 얽힌 유산이 남겨졌다.[56]

산업화 도시의 사회적·환경적 위기 해소

마시와 제번스는 천연자원에 대한 산업자본주의의 탐욕에 대해서는 우려를 표했지만, 투입된 자원이 어떤 식으로 폐기물이 되어 배출되는지 그 원리는 언급하지 않았다. 하지만 사람들은 이미 오염된 공기와 물, 그리고 살기 힘든 도시 환경에 점점 더 불안을 느끼고 있었다. 그리고 자원보존 운동과 공원 조성 운동에 더해 20세기 환경보호주의 운동으로 발전하게 될 기반이 형성되었다.

도시는 늘 더러웠고 질병과 전염병이 발생하기 쉬웠다. 런던 시민들은 수백 년 동안 석탄 연기를 마셔왔지만,[57] 산업 도시는 전과는 또 다른 어두운 시대를 열었다. 맨체스터는 영국에서 가장 더럽고 건강에 해로운 도시라는 오명을 얻었다. 이 도시는 영국에서도 아주 습한 지역 중 하나인 반원형의 페닌 산맥 중심에 있는 강어귀의 상류 부분에 자리하고 있었다. 강물이 바다로 흘러 들어가면서 수력 발전을 할 수 있는 훌륭한 장소가 많이 있었고, 직물 가공과 염색에 쓸 깨끗하고 부드러운 물도 사용할 수 있었다. 인근 광산들은 영국 최초의 현대식 운하들을 통해 맨체스터로 석탄을 운반했다. 석탄으로 돌아가는 증기기관이 확산되면서 천연 원형극장 같은 페닌 산맥에 두터운 검은 연기가 가득 차올랐다. 그 결과 석탄 입자들을 중심으로 짙은 안개가 생기고 검은 비가 내렸다. 가스 불빛이 어둠을 밝히며 석탄 불을 피울 필요성은 다소 줄었지만, 가스는 코크스를 만들기 위해 석탄을 굽는 연기로 자욱한 공정에서 발생한 부산물일 뿐이었다. 코크스 용광로 운영자들은 부산물인 콜타르를 강에 버렸고, 이는 증기기관을 청소하며 나온 재와 섞여 강을 더럽혔다.[58]

노동자들은 산업 공정에 필요한 전력과 운송 수단, 물을 공급하는 수로 근처에 밀집해 있는 공장에서 걸어갈 수 있는 가장 어두컴컴하고 음산한 지역에 살았다. 개인 투기꾼들은 조잡하고 공기도 통하지 않는 공동 주택을 지었다. 산업 공정에서 발생하는 검은 석탄 연기와 매연으로 인해 주민들은 깨끗한 공기를 마실 수 없었다. 너무 많은 사람이 좁은 공간에 모여 사는 환경은 위생상의 재앙을 낳았다. 시 정부는 충분한 (그리고 깨끗한) 물을 잘 공급하지 못했다. 유기 폐기물도 문제였다. 오물통과 화장실에는 인분이 쌓여 있었다. 시에서 소유한 한 서비스 업체는 가뭄에 콩 나듯 한 번씩 이를 수거해 갔고, 시는 수거한 분뇨를 농부들에게 비료로 팔아 수익을 올리면서도 돈이 많이 드는 하수 처리 시스템을 구축하는 것을 피했다. 도시는 화물과 식량, 상품, 동물 사료를 실은 마차를 끄는 말이 없으면 기능할 수 없었다. 그리고 말은 엄청난 양의 오줌과 똥을 길에 누었고, 죽어서 쓰러진 말은 시에서 수거해 강에 버리기 전까지 길에 그대로 방치되었다. 질병도 만연했다. 맨체스터의 전체 사망자 수와 영아 사망률은 전국 평균보다 몇 배나 더 높았다. 인구 밀집 지역에서 잘 발생하는 결핵이 돌았고 전염병이 자주 도시를 휩쓸었다. 인도에서 발발한 수인성 질병인 콜레라는 1832년 영국에 상륙해 수천 명의 목숨을 앗아갔다.

여유가 있는 사람들은 더 깨끗하고 건강한 도시 외곽으로 터를 옮겼고 실내 배관과 화장실을 만들었다. 시는 돈과 도의라는 동기에 의해 도시를 설계했다. 19세기 초, 유니테리언교 자유주의자들이 시 정부를 장악하고 1881년 '남성의 보편적 선거권'이 도입될 때까지 통치했다. 이들은 세금을 낮게 유지하고자 농부들에게 분뇨를 팔아 상하수도 비용을 지불했으나, 대신 이를 수거할 수 있도록 실내 배관과 화장실을 노동자 거주 구역에서 떨어뜨려야 했다. 이들은 아일랜드 가톨릭 노동자들의 불량한 습관와 위생 때문에 가난과 질병, 오물이 생긴다고 여겼다.

새롭게 생긴 산업 도시를 방문하고 깜짝 놀란 외지인들은 어둡고 매캐한 공기와 더럽고 혼잡한 노동자 구역이 외곽의 쾌적한 중산층 동네와 공장주들의 아름다운 저택과 너무 대조적이라며 비난했다. 그러나 이 문제를 해결하기 위한 조치가 필요하다는 것을 지역 당국은 금세 깨닫지 못했다. 이후로도 어떤 문제를 해결해야 하는지, 원인은 어떤 식으로 파악해야 하며 어떻게 해결해야 하는지에 대한 질문들과 의견의 불일치로 수십 년 동안 아무런 조처도 취해지지 않았다. 산업 자본주의가 다른 나라로도 확산되면서 그곳의 시민들도 인간과 동물의 배설물과 산업 폐기물로 넘쳐나고, 숨쉬기 힘들며, 구역질이 날 정도로 물이 오염되는 상황과 마주했다. 미국인들은 도시의 빈곤과 질병을 겪는 영국인들의 고통에 공감했고, 마찬가지로 이민자들의 도덕적 결함을 비난했다.

질병을 야기했다는 비난은 개인의 도덕적 특징에서 점차 의사, 기술자가 더 쉽게 해결할 수 있는 환경적 원인으로 옮겨갔다. '안 좋은 공기^{miasma}' 혹은 악취가 병을 유발한다는 이론을 바탕으로 여러 도시에서 말라리아를 옮기는 해충이 서식하는 습지의 물을 빼고, 죽은 말과 썩은 음식, 인분을 청소하기 시작했다. 정확한 원리는 알 수 없으나 깨끗한 물이 중요하다는 깨달음이 싹트기 시작했다. 자유 시장에 기반한 자유주의가 부상하면서 영국 도시들은 주요 인프라 사업에 투입할 자금을 마련하지 못했고, 결국 민간 수도 회사에 기대야 했다. 발병과 전염병은 도시에 깨끗한 물을 공급해야 한다는 의무를 안겼다. 미국에서는 깨끗하고 건강에 좋은 물을 공급하기 위해 많은 도시에서 강 상류의 물을 공급하거나 시립 저수지, 수로, 수도 시설을 건설했다. 저수지는 수질이 깨끗할 수 있을 만큼 멀리 있으면서도 도시까지 쉽게 배관을 연결할 수 있을 정도로는 가까이 있어야 했기 때문에, 여러 마을과 농지를 사들여 침수시킨 뒤 저수지를 만드는 도시들도 있었다. 물이 더럽거나 탁한 도시들을 위해 스코틀랜드인들은 1804년 페이즐리에서 최초로 시 차원의 모래 여과 시스템을 발명했고, 3년 후 글래스고에서는 도시 배관망에 연결된 최초의 정수 시스템을 설치했다.

1855년 존 스노우$^{John\ Snow}$ 박사가 런던의 콜레라 희생자가 모두 같은 우물을 물을 마셨다는 사실을 증명하면서 런던은 영국 내 수질 관리 부문을 이끌게 되었다. 당국은 오염된 우물을 폐쇄했고 런던시는 조수 간만의 차가 있는 템즈강의 오염된 부분으로부터 물을 공급하던 수도 회사에 상류의 깨끗한 물을 끌어오도록 요구했다.[59] 그리고 1840년, 공중 보건에 관한 에드윈 채드윅$^{Edwin\ Chadwick}$의 연구가 전환점이 되었다. 채드윅의 '위생적 사고$^{Sanitary\ Idea}$'는 수도관을 통해 모든 가정에 깨끗한 물을 공급하고 화장실을 하수관과 연결할 것을 제안했다. 위생적 사고는 전 세계 공중 보건 담당 기관에 영향을 미쳤다. 이후 100년

간 모든 주요 현대 도시는 가정과 기업에 물을 공급했고 하수관을 통해 배설물을 처리했다.[60]

흘려보낸 배설물의 처리 방법은 또 다른 문제였다. 의료 당국은 루이 파스퇴르와 로베르트 코흐의 연구를 통해 세균 원인설, 즉 세균 감염이 병을 유발할 수 있다는 사실을 깨달았다. 19세기 말에는 공중 위생 담당자들도 세균 원인설에 따라 수로에 버리기 전에 하수를 먼저 처리해야 함을 인지했지만, 처리 비용과 더불어 하류에 거주하는 비납세자들에게 주로 혜택이 돌아간다는 인식 때문에 기술이 적극적으로 수용되지 않았다. 일부 도시에서는 하수 처리 시스템에 빗물을 활용하여 비용을 절감하려 했으나, 이러한 초기 결정은 오히려 하수 처리를 더 어렵게 만들었다. 비가 많이 내리면 시스템 자체가 마비될 수 있었기 때문이다.[61]

산업 도시, 그리고 공원 조성 운동의 시작

산업 도시의 암울한 분위기는 노동자들에게 자연과 깨끗한 공기를 제공하고자 하는 움직임에 불을 지폈다. 금전적 여유가 있는 사람들은 도시 외곽의 시골이나 자연으로 여행과 휴가를 떠났다. 기술은 자연에 대한 접근성을 높여 주었다. 증기선과 철도는 정신없는 도시에서 멀리 떨어진 지역까지 닿았고, 미국에서는 관광 사업의 인기를 높였다.[62] 19세기 초에는 도시 생활의 쾌적함과 보건 상태를 제고하고자 도시를 재설계하려는 노력도 있었다. 공원은 깨끗한 공기를 만들고 여가 공간을 제공하며, 신이 빚은 자연의 도덕적 영향을 향상할 수 있는 수단이 되었다. 영국 최초의 도시공원은 상류층에게 개방하는 왕실 공원으로 시작하여 차츰 중산층에도 개방되었다. 1830년대에는 자연이 하나의 소구점이 되었다. 한 개발업자가 런던에 리젠트 공원을 조성하며 주변 지역의 가치를 높였고, 해당 지역의 판매금으로 공원 건설 비용을 치렀다. 다른 개발업자들도 이 전략을 따라 했고, 리버풀에는 프린스 공원이 생겼다. 처음에는 인근 주택 소유자로 제한되었던 공원 출입 자격은 유지보수를 위한 개인 기부를 공공 기금이 대체하면서 대중에게도 개방되었다. 1829년, 스코틀랜드의 정원사인 존 클라우디스 루던John Cluadius Loudon이 공적 자금으로 공원을 조성하고자 하는 활동을 시작했고, 결국 1844년 런던 동부에 있는 빈민가에 빅토리아 공원이 조성되었다. 뒤이어 뜻 있는 사업가들이 노동자의 더 나은 삶을 위해 토지를 기부했고 영국 전역에 제2·제3의 빅토리아 공원이 나타났다.[63]

머지강을 건너 리버풀로 통근하는 사람들이 사는 교외 지역인 버컨헤드 마을에 최초로 100퍼센트 공적 자금으로 조성된 공원이 만들어졌다. 버켄헤드는 프린스 공원을 설계한 건축가인 조셉 팩스턴Joseph Paxton을 고용했다. 팩스턴은 모래 언덕 기슭에 있는 미관상 아름답지도 않은 약 50헥타르 규모의 낮은 습지대를 숲과 그 사이의 작은 공지, 오솔길, 경치 좋은 드라이브 길이 있는 작은 에덴동산으로 변모시켰다. 일반인에게 무료로 개방된 이 공원은 1847년 개장했다. 공적 자금으로 공원을 조성한다는 아이디어는 유럽 전역으로 퍼졌다. 1850년, 코네티컷주의 전 회중교도였던 프레드릭 로 옴스테드Frederick Law Olmsted가 버켄헤드 공원을 방문했다. 미국으로 돌아온 옴스테드는 버켄헤드에서 받은 영감을 바탕으로 1853년 뉴욕시 공공 공원 공모전에 설계안을 제출했다. 옴스테드의 설계는 당선되어 센트럴 파크의 기반이 되었으며, 보스턴에서 샌프란시스코 사이에 있는 수십 개의 미국 도시공원에 영감을 주었다.

사람들에게 자연을 체험케 하는 방법이 공원만 있는 건 아니었다. 공장 소유주들은 풍부한 녹지 공간을 포함한 이상적인 공동체를 구축했다. 초기 영국 공장 소유주들은 보통 근처에 낙수가 있는 외진 곳에 공장을 세우면서 동시에 공장 노동자와 서비스 제공 노동자 들을 위한 주거지, 학교, 교회, 상점, 작업장도 함께 지어야 했다. 마을은 노동자가 오고 싶을 정도로 쾌적해야 했다. 많은 소유주가 그들 공장 주변에 행복하고 조화로우며 도덕적인 공동체를 만들려 노력하는 비국교도였다. 이에 데이비드 데일^{David Dale}은 1790년대 진보적인 가족주의를 기반으로 운영된 영국 최대 방적 회사로 잘 알려진 공장 마을을 스코틀랜드 뉴 래너크에 건설했다. 맨체스터의 유니테리언교도들의 영향을 받은 데이비드 오웬^{David Owen}은 1799년 뉴 래너크를 샀고, 교육과 재훈련을 통해 노동자 환경을 개선하려는 그의 노력은 영국 사회주의에 영향을 미쳤다.[64] 알자스 뮐루즈의 개신교 사업가들에게 영감을 준 접근법은 또 달랐다. 1853년 이 사업가들은 모범적인 산업 도시 건설을 위한 뮐루즈 노동자 도시 협회를 결성했다. 근검절약을 장려하고자 노동자들은 주택을 임대하지 않고 거주 시간을 기반으로 원가에 단위세대를 매매했다. 뮐루즈에서는 건축가 헨리 로버츠^{Henry Roberts}가 1850년 발표한 《노동 계급의 주거^{Dwellings of the Labouring Classes}》를 바탕으로 하여, 네 세대로 구성된 다세대 주택으로 조성된 마을에 네 개 세대당 양측에 정원을 조성해 도심 속 작은 시골 같은 느낌을 주었다. 뮐루즈 모델은 서유럽 전역에 영감을 주었고 따라 하는 지역도 생겨났다.[65] 많은 미국 사업가도 모범적인 기업 마을을 건설했다.[66] 발전한 도시 교통 덕분에 중상류층은 녹지가 많은 교외 지역으로 향했다. 미국에서 가장 초기에 큰 영향력을 발휘했던 도시 중 하나가 시카고 인근에 있는 리버사이드를 위해 옴스테드가 한 설계였다.[67]

20세기로 넘어가며 도시 계획가들은 더 전체적인 관점에서 생각하기 시작했다. 사회학에서는 도시 환경을 계획적으로 설계하면 사회 문제를 해결할 수 있을 것이라 제안했다. 미국의 도시미화^{City Beautiful} 운동과 영국의 전원도시^{Garden City} 및 도시 계획 운동은 산업 도시의 암울한 분위기와 환경을 개선하여 개인과 사회, 자연 사이의 조화를 회복하는 것을 목표로 했다. 산업 시대의 도시 계획에는 전에 없던 새로운 사고가 필요하다는 생각이 미국은 물론 유럽, 일본에서도 큰 인기를 얻었다.[68]

머지않아 공원은 도시를 뒤로 하고 더 넓은 곳으로 나아갔다. 마시는 국립공원의 전신이 된 종류의 공원을 구상했다. "…… 미국 영토의 넓고 쉽게 접근할 수 있는 지역 일부는 가능한 한 원시적인 환경 그대로 남아, 학생을 가르치는 박물관이나 자연을 사랑하는 이들의 여가를 위한 정원, 그늘을 좋아하는 작은 나무와 토착 나무, 물고기와 새, 네 발 동물을 위한 도피처가 되어, 그러한 보호를 시기하는 사람들의 법이 허용하는 한 불완전하나 그러한 보호를 누리며 그들 종이 영속할 수 있어야 한다."[69] 공교롭게도 《인간과 자연》이 출판된 1864년, 연방정부는 자연의 아름다움을 보존하고자 캘리포니아에 최초의 공원인 요세미티 공원을 조성했다. 《인간과 자연》은 애디론댁 산맥의 아름다움과 주요 유역을 보호하고자 1875년부터 1895년까지 만들어진 대규모 애디론댁 주립공원에 직접적인 영감을 주었다.[70] 1872년, 미국은 세계 최초의 국립공원인 옐로스톤 국립공원을 만들었다. 국립공원이라는 개념은 개신교 국가 사이에서 빠르게 유행했고, 이후 대부분의 국가에서 국립공원을 만들게 되었다. 국립공원은 대영제국을 중심으로 나타나기 시작했다. 스위스가 유럽 최초로 국립공원을 조성했는데, 사람들이 다닥다닥 붙어 사는 거주 환경으로 인해 유럽 국가들은 공원을 덜 만들거나 아니면 자연 경관과 함께 마을과 문화 유적지까지 포함하는 공원을 만들어야 했다.

자원보존 운동

1880년대부터 1910년대 중반까지 격동의 시대를 살며 시민, 사업가, 정부는 산업자본주의의 세계적 승리에 수반되는 문제들을 해결하고자 노력했다. 노동자들이 더럽고 불결하며 끔찍한 공해 속에서 사는 동안 사업가들은 막대한 부를 누려 눈살을 찌푸리게 하는 광경은 사회주의나 무정부주의 등의 혁명적인 해결책과 정치 운동을 촉발했다. 중상류층은 빈민층의 환경을 개선함으로써 급진화를 막기를 바랐다. 독일을 비롯한 여러 국가에서는 사회주의 운동의 힘을 약화시키기 위해 사회 복지법을 통과시켰다. 하지만 공해는 더 다루기 힘든 문제였다. 20세기 중반 영국과 이후 미국에는 굴뚝 연기 규제 연합Smoke Abatement League이 등장했다. 독일에서는 강력하고 효과적인 정부 대응에 대한 잘못된 믿음 때문에 연기가 자욱한 도시에 대한 높아지는 불만에도 시민 단체는 거의 생겨나지 않았고 정치적 행동도 거의 일지 않았다. 깨끗한 하늘로 만들기 위한 길을 막는 장애물로는 연기를 줄이는 데 필요한 기술적 어려움과 비용, 연기가 건강에 미치는 위험성에 대한 의학적 증거의 부족, 자본가들이 행사하는 경제적 영향력, 직업을 잃는 것에 대한 노동자의 두려움, 가정에서 발생하는 화재와 끊임없이 내뿜는 기차 연기 등의 문제가 있었다. 많은 제조업자가 굴뚝의 높이를 높임으로써 문제를 '해결'했는데, 이는 해당 지역에는 도움이 될 수 있으나 바람을 타고 흘러가면 여전히 문제가 되었다.[71]

1900년경 산업자본주의가 최고조에 이르면서 이 체제를 지지하는 자원 기반에 관한 우려도 수반되었다. 영국이 《석탄 문제》를 재발견하게 된 건 영국의 석탄이 고갈되었기 때문이 아니라 미국의 석탄 생산량이 영국을 넘어설 것이라는 제번스의 예측이 실현되었기 때문이다. 전 세계 에너지 생산 부문을 이끌었던 영국의 부진은 제번스가 예측했던 것처럼 앞으로 다가올 쇠퇴의 신호탄이었다.

미국인들은 《인간과 자연》을 읽으며 상대적 감소가 아니라 자원의 절대적인 감소가 향후 미국의 위대함을 저해할 것이라고 우려했다.[72] 1880년대 후반, 대기업에 의한 정치적 부패, 노동 불안, 공해, 빠른 속도로 파괴되는 삼림 문제를 해결하기 위한 운동이 탄력을 받았다. 유니테리언교도 윌리엄 태프트$^{William\ Howard\ Taft}$와 함께 벤저민 해리슨$^{Benjamin\ Harrison}$, 그로버 클리블랜드$^{Grover\ Cleveland}$, 시어도어 루스벨트$^{Theodore\ Roosevelt}$, 우드로 윌슨$^{Woodrow\ Wilson}$ 등 장로교 출신 대통령들은 개인의 치부보다 공익을 우선시하는 정부를 추구했다.[73] 이들은 반독점법과 아동 및 여성 노동법을 제정하고 최초의 국가 규제 기관을 세웠으며, 1891년 삼림 보호구역을 지정하기 시작했고 1905년 이후 공익을 위해 산림청으로 관리 권한이 이관되었다. 스코틀랜드계 미국인 작가이자 활동가인 존 뮤어$^{John\ Muir}$는 국립공원을 널리 알려 1890년부터 1920년 사이 국립공원이 확대되는 데 기여했다. 1916년부터는 국립공원관리청이 이들 공원을 관리 감독했다. 그와 동시에 과학자들은 생물과 환경 사이의 상호 연관성을 연구하는 학문인 생태학의 측면에서 생각하기 시작했다.[74] 시스템 사고$^{systems\ thinking*}$는 루스벨트와 긴밀히 협력하며 '자원보존^{conservation}'이라는 용어 아래 천연자원의 과잉 개발에 대한 종합적인 해결책을 발표한 핀쇼에게 영향을 미쳤다. 루스벨트는 이 개념을 널리 알리고 자신의 정책에서 중심으로 삼았다. '자원보존'은 자원에 대한 미국인들의 사고에서, 그리고 국제 담론에서도 점차 중심이 되었다.[75]

야생동물 보호에 대한 관심도 점차 커지다가 이 시대에 절정에 달했다. 이미 1860년대와 70년대 영국과 프랑스, 독일 등지에 조류 보호 단체가 결정되었으며, 1886년에는 미국에 오듀본 협회$^{Audubon\ Society}$가 설립되었다. 영국과 독일은 자연 보호 구역을 지정했으며, 루스벨트는 50곳이 넘는 야생동물 보호구역을 지정했다. 철새 보호를 위해 유럽 12개국이 유용 조류 보호를 위한 국제협약$^{International\ Convention\ for\ the}$

---

* 부분적으로 생각하기보다는 전체적 관점, 체계적 관점에서 사고하는 방법.

Preservation of Useful Birds에 서명했고, 1916년에는 미국과 캐나다가 철새 보호 조약Migratory Bird Treaty에 서명했다. 1900년 아프리카 야생동물 보호를 주제로 한 회의를 개최한 후 1903년에는 (대영) 제국 야생 동식물 보호 협회Society for Preservation of the Wild Fauna and Flora of the Empire가 설립되었다. 1909년에는 스위스 자연 보호 연합Ligue Suisse pour la Protection de la Nature이 세워졌으며, 이는 1914년 베른에서 14개국이 참여하는 국제 자연보호 자문위원회Concultative Commission for the International Protection of Nature의 설립으로 이어졌다.[76] 사냥 시즌, 사냥 및 어업 면허, 포획 제한을 통제하는 최초의 미국 주법이 통과되었으며, 이는 이후 수십 년 동안 확대되었다.[77]

자원보존은 제1차 세계대전과 제2차 세계대전 사이 전간기에 주요 국제적 논점이 되었다. 로비와 자문을 위해 지역별, 국가별 단체와 국제 단체가 생겨났다. 각국은 규제, 법률, 조약을 승인했으며, 소지역, 지방, 제국 단위의 야생동물 보호 단체가 세워졌다. 프랭클린 루스벨트 대통령은 자원보존을 뉴딜 정책의 핵심 주제로 삼았으며, 민간 자원보존단Civilian Conservation Corps, CCC을 통해 이를 실천했다. 루스벨트 행정부는 토양 보호(특히 더스트 볼Dust Bowl*이라 알려진 미국의 환경 대재앙이 벌어지던 당시), 산림 및 야생동물 보호 확대, 야생지대 중심의 새 국립공원 조성을 위한 정책을 추진했다.[78] 1945년 루스벨트 대통령이 사망한 후 자원보존을 위한 정치적 동력은 힘을 잃었다. 국제자연보호연맹International Union for the Protection of Nature은 1948년, 미국이 아닌 유럽에서 설립되었다.[79]

저물어 가는 산업자본주의

자원보존 운동가들은 산업자본주의 자체에 이의를 제기한 적이 없

---

* 1930년대 난개발과 가뭄으로 촉발된 거대한 모래폭풍이 미국 중서부를 휩쓴 기후 재난.

다. 자본주의 없는 삶은 상상할 수 없는 것이었다. 자원보존은 산업화가 야기한 환경 문제를 바로잡는 것만을 의미했다. 산업자본주의는 그을음을 만들고 숨을 쉬기 힘들게 하기는 했지만, 제번스가 빗댄 대로 황금알을 낳는 거위였다. 인간에게 약간의 신선한 공기와 깨끗한 물, 쾌적한 녹지 공간만 주어진다면 거위는 영원히 알을 낳아야 했다.

그러나 산업자본주의는 성장의 한계에 부딪혔다. 물론 실험실과 작업장에서는 계속해서 놀라운 기술이 쏟아져 나왔고 유럽 귀족들은 제1차 세계대전이 임박한 불안한 시기에도 여전히 공작처럼 점잔을 빼고 다녔다. 그렇기는 했으나, 지구에 얼마 남지 않은 식민지화 되지 않은 지역을 손에 넣으려는 제국주의 경쟁은 거의 끝을 바라보고 있었고, 지배하는 행위에서 오는 상대적인 지루함만이 남아 있을 뿐이었다. 유럽과 미국에 철도 인프라가 자리를 잡자 미국 철강 산업이 보이던 경이에 가까운 성장 속도는 둔화되었다. 미국과 영국의 석탄 생산량은 정체기를 맞았다. 50년 전만 해도 자신만만하고 낙관적이었던 서구의 과학과 예술, 음악은 세기말이 되면서 자신감이 줄어든 눈치였다. 물리학자들은 설명하기 어려운 특이한 현상들의 발견에 당황했다. 예술가들은 르네상스 초기에 생겨난 미학 사상을 버렸고 게르만식 교향곡과 오페라가 방종한 자만의 시간 동안 멋대로 뻗어 나갔다.[80]

미래는 불만과 억압된 폭력성으로 흐려졌다. 20세기는 질서 있는 세상, 도덕적인 세상에 대한 희망과 더불어 빅토리아 시대를 사납게 내쳤다. 무정부주의자, 혁명적 사회주의자, 민족주의자 들은 폭력과 암살을 통해 자신들의 대의를 드러내려 했다. 알베르트 아인슈타인 Albert Eistein이 1905년 발표한 상대성 이론은 불변의 외적 기준이 환상에 불과하다는 사실을 보여주었다. 입체파, 야수파, 표현주의 등 새로운 예술운동은 19세기 예술 관습을 거부했다. 작곡가들은 전통적인 조성과 리듬을 버렸다. 지그문트 프로이트 Sigmund Freud는 정신의 어두운 구석에 빛을 비추며 서구가 자랑하던 합리성이 허상이었음을 보여주었다.

산업자본주의는 파괴적이고 치명적인 두 차례의 세계대전과 대공황(이 시기 거위는 황금알을 거의 낳지 못했다)을 거치며 수십 년을 악착같이 살아남았다. 그러나 산업자본주의의 시대는 저물어 가고 있었다. 1945년 이후 위대한 유럽 제국들은 믿기 힘든 속도로 무너졌다. 증기기관은 역사의 뒤안길로 사라졌다. 굴뚝도 하나둘 연기를 내지 않게 되었다. 그리고 새로운 세기로 넘어가며 생산보다는 소비를 조장하며 전에 없던 더 위협적인 환경 문제를 일으키는 새로운 자본주의가 시동을 걸었다.

6장
구매 먼저,
결제는 나중에

1920년대, 자동차의 부상

1899년, 뉴저지주 뉴어크의 하얏트 롤러 베어링^{Hyatt Roller Bearing Company}의 젊은 사장이었던 알프레드 슬론은 미국 중서부에서 막 활기를 띠기 시작하던 새로운 산업에서 휠 베어링 주문이 들어오기 시작하던 때, 독특한 베어링을 제작해 특허를 취득했다. 자동차 제조사들은 기름칠한 사륜마차의 차축보나 더 나은 제품을 원했다. 당시에는 독점 시장을 위해 매년 약 1,500대에 달하는 자동차를 수백 명의 정비공이 수작업으로 제작했다. 시동을 걸기 힘들고 안정적이지 않으며, 닦이지 않은 미국의 시골 도로에 잘 맞지 않았던 이 자동차들은 부자를 위한 비싼 장난감에 불과했다. 그럼에도 불구하고 처음으로 수십 개의 자동차 베어링을 판매하고 30년이 지난 뒤, 슬론은 매년 1,482,000대의 자동차를 판매하는 제너럴 모터스^{GM}의 사장이 되었다.[1]

슬론이 자동차 제조업에 뛰어든 건 대중의 지지를 받은 운송수단의 혁명이 막 시작되려던 때였다. 1880년대부터 증기 및 전기 대체 에너지와 함께 내연기관 기술이 급속도로 발전하면서 독일, 프랑스, 이탈리아, 영국, 미국의 수많은 기계공과 땜장이가 개조된 마차에 엔진을 달았다. 동시에 자전거와 전차는 사람들이 자체 추진식 차량에 익숙해지는 데 도움이 됐다. 그러나 자동차가 더 대중적인 교통수단이 되려면 제조사에서 더 저렴한 비용으로 대량 생산을 할 수 있어야 했다. 이 부분에 있어서는 미국인들이 뛰어났다. 1895년 찰스 듀리아$^{Charles\ Duryea}$와 프랭크 듀리아$^{Frank\ Duryea}$ 형제는 메사추세츠주 스프링필드에 최초로 똑같은 차량을 생산하는 회사인 듀리아 모터 웨건$^{Duryea\ Motor\ Wagon\ Company}$사을 설립하고 이듬해 13대를 팔았다.[2] 1902년 미시간주 랜싱에서는 랜섬 올즈$^{Ransom\ E.\ Olds}$가 최초로 조립 라인을 사용해 올즈모빌^{Oldsmobile}을 양산했다. 1908년에는 토머스 에디슨$^{Thomas\ Edison}$의 전 수석 엔지니어였던 헨리 포드$^{Henry\ Ford}$가 튼튼하고 안정적인 모델 T$^{Model\ T}$를 설계했다. 모델 T는 조립 라인을 통해 무척 저렴하게 생산했는데, 농부도 구매할 수 있을 정도였다. 1920년, 포드 모터 컴퍼니의 자동차가 전 세계를 달리는 자동차의 절반을 차지했다. 2년 후에는 200만대의 모델 T가 판매됐다. 1927년 생산이 종료되기 전까지 총 1,500만 대의 모델 T가 세상에 나왔다. 1929년이 되자 미국 가정의 60퍼센트가 자동차를 소유하게 되었다. 미국인 다섯 명당 한 명이 차량을 등록한 셈으로 이는 전 세계에서 가장 높은 수치였다.[3] 생활과 풍경을 바꾸는 강력한 힘을 행사하는 특정 제품이 이렇게 빠르게 보편화된 일은 역사상 전례가 없었다.

이렇듯 과잉 생산되는 자동차를 소비자가 계속 구매하도록 유도하려면 창의적인 판매 기법이 필요했다. 판매 기법의 혁신을 주도한 인물은 포드가 아니라 슬론이었다. 슬론은 소비자의 구매를 유도하는 데 집중했고 이는 GM을 새로운 자본주의인 '소비자본주의'의 선봉에 서게 했다. 또한, 그는 앤드루 카네기나 존 록펠러처럼 개혁주의 개신교적 배경을 지닌 훌륭한 사업가들(일각에서는 '악덕 사업가$^{robber\ baron}$'라고도 부르지만)이 이끌던 시대가 개혁주의 개신교 교육을 거의 받지 않은 경영자와 기업 투자자가 이끄는 시대로 바뀌고 있음을 보여주는 상징이었다. 자동차를 계기로 주 에너지가 석탄에서 석유로 전환되면서 전에 없던 여러 환경 문제가 생겨났다.[4]

미래를 보여주는 신호는 이뿐만이 아니었다. GM은 포드 모터 컴퍼니처럼 제조사가 아닌 지주 회사였으며, 창업주 윌리엄 듀런트$^{William\ C.\ Durant}$는 포드와 같은 정비공이나 땜장이가 아닌 판매원이었다. 미시간주 플린트에서 시가 담배와 보험 영업으로 성공한 듀런트는 투자 기회를 찾던 중 혁신적인 서스펜션 시스템을 설계한 소규모 마차 회사를 인수했다. 듀런트는 대량의 표준화된 제품, 주요 공급업체에 대한 소유권 또는 통제권, 전국적인 프랜차이즈 딜러망을 결합한 사업 전략을 선구적으로 다졌다. 1906년, 듀런트-도트 캐리지 컴퍼니$^{Durant\text{-}Dort\ Carriage\ Company}$가 미국 최대의 마차 생산업체가 되었다. 1904년, 투자자들이 듀런트에게 재정난에 처한 자동차 제조사, 뷰익^{Buick}을 도와달라고 요청했다. 듀런트는 자동차에 관해서는 잘 몰랐다. 그러나 문득 뇌리에 말이 끌지 않는 마차가 달리는 미래가 스쳤다. 곧 그는 이후 최대 자동차 제조사가 될 뷰익의 지배권을 잡았다. 듀런트-도트에서 적용했던 사업 전략을 활용해 듀런트는 1908년 지주 회사 GM을 창업했고, 이를 보완할 몇몇 자동차 제조사와 공급 업체를 인수해 딜러망을 구축했다. 재정을 과도하게 지출한 듀런트는 1910년 시장이 위축되며 GM에 대한 지배권을 잃었다가 1916년 되찾았고, 전후 불황이 이어지던 1920년 다시 지배권을 잃었다.[5]

듀런트와 마찬가지로 슬론 역시 정비공도, 땜장이도 아니었다.

1875년 코네티컷주 뉴헤이븐에서 감리교 목사의 손자이자 커피 및 차 수입업자의 아들로 태어난 슬론은 매사추세츠 공과대학교[MIT]에서 전기공학 학위를 취득했다. 아버지의 부유한 친구 덕분에 슬론은 평소에도 관심 있던 하얏트 롤러 베어링사에서 제도공으로 일하게 되었다. 1899년, 슬론의 아버지와 다른 투자자가 하얏트 롤러 베어링사를 인수했고 슬론을 사장으로 임명했다. 1916년, 듀런트가 하얏트 롤러 베어링사를 인수하면서 슬론은 곧장 GM 사장의 핵심 측근이 되었고, 1923년에는 GM의 사장이 되었다.

슬론의 지휘 아래 GM은 세계 최대 산업 기업이 되었다. 위험을 감수하는 유형의 사교적인 영업사원이었던 듀런트와는 대조적으로 진지한 타입의 엔지니어였던 슬론은 수많은 부품이 맞물려 작동하는, 잘 기름칠 된 기계처럼 GM을 운영했다. 그는 GM과 일하는 부품 회사들이 동일한 부품과 차체 공급업체를 사용하도록 조정했다. 1921년, 슬론은 쉐보레, 폰티악, 올즈모빌, 뷰익, 캐딜락으로 GM의 자동차 사업부를 분리 조직해 고가의 고급 자동차를 생산했다. 전반적인 운영은 슬론이 이끌었지만 그는 부하 직원들이 최선의 판단을 할 수 있도록 폭넓은 권한을 부여했다. GM의 부서들은 서로 조율은 잘 되었지만 분산되어 있었고, 슬론은 이 사이에서 균형을 유지하는 일을 탁월하게 해냈다.

슬론 휘하의 GM은 자동차 업계를 완전히 바꿔놨다. 1919년, GM의 최고 재무 책임자가 잠재 고객에게 자금을 지원하기 위해 금융 자회사 제너럴 모터스 억셉턴스 코퍼레이션[General motors Acceptance Corporation, GMAC]을 조직했다. 슬론은 1920년 엔지니어이자 발명가인 찰스 케터링[Charles Kettering]을 수장으로 하는 제너럴 모터스 리서치 코퍼레이션[General Motors Research Corporation, GMRC]을 설립했다.[6] 슬론은 초점을 생산의 극대화에서 소비 촉진으로 완전히 뒤집으며 마케팅 부문에 혁신을 불러왔다.

GMAC 덕분에 소비자는 자동차 구매를 위해 차량 가격 전액을 소유하고 있을 필요가 없게 되었으며, 자동차를 더 자주 살 수 있게 되었다. 저렴한 쉐보레 라인부터 고급 캐딜락 라인까지 브랜드를 다각화한 슬론의 아이디어 덕분에 GM은 다양한 연령대와 계층의 고객 모두를 유지할 수 있었다. 슬론은 광고에 아낌없이 투자했다. GM은 1924년까지 다른 어떤 회사보다 많은 광고 지면을 구매했다. 슬론은 자동차 시장이 변하고 있다는 사실을 깨달았다. 모델 T의 실용적인 스타일과 검은색 차체 색상은 매년 똑같았기 때문에 구매자들은 저렴한 값에 새것과 거의 다를 바 없는 중고차를 구매할 수가 있었다. 1925년, GM은 매년 차량의 스타일을 바꾸기 시작했고 외관의 색을 GMRC가 개발한 에나멜 제형의 듀코^{Duco} 페인트 중 선택할 수 있는 옵션을 제공했다. 해마다 바뀌는 모델과 색상 옵션은 최신 유행과 기술이 적용된 최신 제품을 갖고 싶어 하는 소비자의 욕구를 자극했고, 타 제조사의 차량과의 차별점이 되었다.

포드 모터 컴퍼니는 20세기보다는 19세기에 더 가까운 회사였다. 헨리 포드가 양질의 단일 품목을 양산하는 데 집중한 것은 산업혁명 시대의 사고방식 때문이었다. 그는 소비자본주의의 도래를 받아들이는 데 더뎠다. 포드는 도덕적 원칙을 따라 사람들이 빚을 지도록 구매 금액을 빌려주거나 광고하는 것을 거부했다. 그는 품질이 모든 것을 말해준다고 믿었다. 그러나 모델 T는 GM에 점차 시장 점유율을 빼앗겼다. 1927년, GM의 판매량이 포드를 뛰어넘자 포드는 모델 T 생산을 중단하고 대규모 루지^{Rouge} 공장의 가동을 1년간 멈춘 뒤 재정비하여 다양한 차체 형태와 색상으로 개량된 모델 A를 출시했다. 광고도 늘렸으며, 1929년에는 제한적이지만 대출도 지원하기 시작했다.[7]

슬론 휘하의 GM은 제임스 와트와 앤드루 카네기의 산업자본주의에서 레이 크록과 제프 베이조스로 대표되는 소비자본주의 시대로의 전환을 주도했고, GM은 이후 반세기 동안 세계 최대 산업 조직으로 성장했다. 소비자본주의는 공급이 넘치는 자본주의라고 할 수 있다. 소비자본주의가 작동하려면 소비자의 손에 돈을 더 빨리 쥐어주어 더 많은 상품과 서비스를 사도록 유도해야 한다. 1870년 이후 등장한 소비자본주의는 1920년대 미국에서 무르익었고, 1922년 소비자가 쓴 돈은 562억 달러, 1927년에는 743억 달러에 달했다.[8] 소비재를 더 만들고 사용한다는 건 더 많은 에너지와 천연자원을 소모해야 하며, 폐기물도 더 늘어난다는 뜻이다. 소비자본주의는 인간과 지구의 관계를 영원히 바꿔버렸다.

소비의 역사

확실하게 짚고 넘어가야 하겠다. 소비자본주의는 오랜 역사를 지닌 소비주의^{consumerism}와 다르다. 최초의 소비자는 초기 농경 사회에서 생활에 필요한 것 이상의 잉여물로 부를 쌓은 사람들이었다. 소비자는 무역상과 장인, 서기관으로부터 희귀하거나 고급의 물건을 구입했다. 크고 위용 있는 건축물을 지었고, 하인과 용역을 사서 자신의 성공과 권력을 자랑했으며 경쟁자를 놀라게 했고 외관을 가꾸었다. 그러나 아직 현대적 의미의 소비자라고 할 수는 없었다. 질 좋은 먹을 것, 마실 것을 제외하면 다 써서 버릴 물건이라는 건 거의 없었다. 시대에 따라 가끔 상인이나 상류층 사람들이 곧 사라질 최신 유행을 따르는 옷을 입기도 했지만, 일반적으로 역사상 사람들이 새로운 것을 원해서 물건을 사는 경우는 거의 없었다. 사람들은 오래 가고 가치 있는 물건으로 남을 수 있는 것을 사기를 원했다.

특정 소비재에 대한 욕구는 제국과 서구 자본주의의 부상을 위한 토대를 마련했다. 고대 사회에서는 설탕, 향신료, 중국산 비단, 인도산 면직물 같은 사치품이 북반구에서 활발히 거래되었다. 로마가 멸망하며 서유럽과 북유럽 사이의 무역 고리는 끊어졌지만, 십자군 전쟁은 이국적인 사치품에 대한 관심을 다시 끌어올렸다. 포르투갈인들은 사치품을 찾아 아프리카, 인도, 동아시아로 향했고, 그곳에서 명나라의 활발하고 광범위한 무역을 만나게 된다. 중국의 비단과 도자기는 남아시아와 동남아시아의 면화, 설탕, 향신료와 함께 유럽행 선박에 실렸다. 네덜란드와 영국 제국이 커지면서 유럽인들은 낯선 소비재가 주는 새로움을 즐기게 되었다. 화려한 색의 인도산 면직물, 담배, 차, 커피, 초콜릿은 모든 사회 계층에 있는 유럽인의 삶에 천천히, 그리고 결국 완전히 유입되었다. 소비주의는 무역로를 따라 퍼졌다. 아메리카 대륙의 유럽 식민지 정착민들은 마데이라산 와인, 포트 와인, 차, 설탕, 초콜릿, 커피, 유럽산 공산품을 소비했다. 아프리카 사람들은 유럽의 총과 인도의 면화를 원했다.[9]

    18세기 산업자본주의로 전환될 당시 숨은 주역 역할을 한 건 여성의 소비였다. 제국주의와 산업화의 산물 대부분은 대개 가정 영역에서 여성의 수요를 충족시켰다. 부엌에는 차와 커피, 설탕, 농업혁명으로 생산된 농산물, 도자기가 있었고, 바느질을 위한 핀과 바늘, 옷을 위한 직물, 단추, 커튼, 침구, 면, 남색 염료, 기타 섬유와 염료가 있었다. 방적 작업이 기계화되면서 공장이 그 자리를 대신하기 전까지 여성들은 집에서 더 손쉽게 전통적인 직물을 만들 수 있었다. 물론 18세기에는 남성도 단추가 많이 달린 우아한 옷이나 버클 달린 신발, 가루 가발이나 염색한 가발, 담배 같은 소비재를 찾았다. 그러나 무역과 제국, 제조업을 만족시킨 소비주의의 상당 부분은 여성의 수요가 채웠다.[10]

    새로운 외국 물건에 대한 갈망은 산업혁명에 불을 지폈다. 제임스 와트와 매튜 볼튼의 친구, 조사이어 웨지우드$^{Josiah\ Wedgwood}$는 비싼 중국 도자기를 따라 만들기 위해 도자기 제조를 공장화했다. 수입 가능한 면화가 제한되어 있는 탓에 소비자의 욕구는 충분히 만족되지 못했고, 이는 면화 생산의 기계화를 촉발하는 데 일조했다.

미국은 경제 기반을 대량 생산으로 전환했으며 그를 위한 제도를 만들었고, 대중을 매혹시켜 욕망을 자극하는 방법을 개발하는 데 앞장섰다. 1800년까지만 해도 대부분의 유럽인과 미국인은 입을 옷을 직접 만들고, 먹을 음식을 직접 길렀으며, 집과 헛간, 가구 대부분을 직접 제작했다. 하지만 100년 후, 그렇게 하는 이는 거의 없었다. 필요하거나 갖고 싶은 물건은 대부분 상점에서 구매했다. 19세기 중반 진정한 소비의 성전, 백화점이 파리와 유럽의 주요 수도에 등장했다. 하지만 미국에서는 1870년대가 지나서야 대도시와 소도시에 백화점이 생기기 시작했다. 백화점은 단순히 크기만 큰 시골 잡화점 같은 곳이 아니었다. 이것은 마케팅의 혁명이었다. 예전에는 가게 주인이 카운터 뒤에 물건을 두고 구매를 원하는 사람에게만 보여줌으로써 도난을 방지했다. 고객은 계획한 물건만 구매했다. 하지만 백화점은 잠재적 구매자가 직접 보고 자세히 살펴볼 수 있는 곳에 상품을 진열했다. 매력적으로 진열된 물건은 시선을 사로잡았고 의도했던 것보다 더 많은 상품을 충동 구매하도록 유도했다. 이런 대형 매장은 가격 인상이 아닌 판매량을 통해 수익을 창출했기 때문에, 일반 상점보다 가격을 더 낮출 수 있었다. 백화점은 매장 안팎에서 (뉴욕시에 있는 메이시스Macy's 백화점이 추수감사절에 진행하는 퍼레이드와 같은) 특별 이벤트를 열었고, 계절에 따라 진열과 장식을 바꿨고, 방문객을 유혹하기 위해 인테리어에도 특별히 신경 썼다. 몽고메리사는 1869년, 농장과 소도시의 미국 소비자들을 위해 우편 주문 카탈로그, 즉 책으로 만든 백화점을 발명했다. 여기에 시어스가 합류하며 두 회사는 19세기 말까지 거대 규모의 우편 주문 사업을 이어갔다.[11]

산업자본주의는 소비자본주의에 밀리고 있었다. 제조업체들은 상품을 저렴하게 많이 생산하는 데 능숙해졌다. 운송 비용도 무척 저렴해지면서 소비재가 쏟아져 들어와 세계 방방곡곡에 도달했다. 19세기 후반에는 제품이 너무 많이 만들어진 나머지 시장이 포화 상태가 되었다. 생산이 소비를 추월한 것이다. 소비에 맞추고자 생산의 고삐를 죄자 사람들이 일자리를 잃었고, 소비가 줄면서 경제가 침체됐다. 산업자본주의 기반의 경제는 1819년, 1837년, 1857년, 1873년, 1882년, 1893년, 1907년에 주기적으로 위축되었다. 소비 장려를 위한 다양한 방법이 등장했고, 이는 1920년대 미국에서 극에 달했다.

<그림 9> 1900년경 시카고 스테이트 앤드 워싱턴 스트리트에 위치한 마셜 필드 백화점(Marshall Field Company)의 내부 모습. 이 백화점은 소비자본주의의 탄생을 상징했다. 가상의 소비 궁전인 백화점은 세련된 쇼윈도우로 고객을 건물 안으로 끌어들였다. 내부의 매력적으로 진열된 물품들은 고객의 구매욕을 자극했고, 고객은 자주 의도한 것보다 더 많이 구매했다. (시카고역사박물관, ICHi-039800)

GM의 승리는 금융화, 소비자 부채, 석유로의 전환, 기업 연구, 계

획적 구식화˚, 광고 등 소비자본주의를 대표하는 여러 요인 덕분이었다. 지주 회사로서 GM은 자본주의의 금융화 추세에 동참했다. 금융화가 되면 기업과 투자자는 무역이나 제조업에 직접 투자하는 것보다 기업을 사고파는 등의 금융 행위에서 더 큰 이익을 얻는다. 기업의 지배 구조의 최상위에는 슬론 같은 경영자들이 더 많아졌고 더 큰 힘을 쥐게 되었으며, 발명가, 기업가, 기계공, 땜장이의 수는 훨씬 줄어 찾아보기 힘들어졌다. 영원히 우상향하는 소비자본주의의 소비 동향은 부분적으로만 꾸준히 상승하는 소득에 의지했다. 빚은 구매자의 손에 더 많은 돈을 쥐어 주었고, GMAC는 고객에게 빚을 내 물건을 사게 하는, 1920년대에 등장한 수많은 판매 방법 중 하나였을 뿐이다. 이와 동시에 미국은 석탄에서 석유로의 두 번째 에너지 대전환을 시작했고, 자동차 산업은 다른 어떤 산업보다 전환에 큰 영향을 미쳤다. 석유만이 끝이 보이지 않는 생산과 소비의 순환에 필요한 어마어마한 양의 에너지를 공급할 수 있었다. 여기에서 GMRC는 새로운 물질과 기계를 만드는 데 기업 자금이 지원하는 연구 및 개발에 새로이 초점을 맞춰, 이전에는 주로 차고의 땜장이와 부엌의 발명가들이 하던 일들을 형식화하고 그 속도를 높이는 데 기여했다. 또한, 이전 모델을 구식이거나 유행이 뒤처지는 것처럼 보이게 하여 신제품을 홍보하는 GM의 전략의 바탕에는 신제품을 사도록 하기 위해 계획적 구식화를 확대하는 것, 즉 소비자본주의의 특징인 무한히 반복되는 '사고 버리기'가 있었다. 결국 GM의 막대한 광고비는 소비자본주의가 기능하고 성장하는 데 광고가 얼마나 중요한지 보여준다. 1929년 대공황은 소비자의 지출이 둔화되자 소비자본주의가 바람 빠진 풍선처럼 쪼그라드는 과정을 여실히 보여주었다.

---

* 기업이 새 상품의 판매를 촉진하기 위해 제작 단계에서 의도적으로 제품이 빠르게 노후하도록 만드는 일.

소비자본주의와 금융화

금융화는 여러 산업에서 효율성과 합리화를 촉진하고자 등장했다. 듀런트는 1850년부터 1930년대까지 세계 자본주의 경제를 재구성한 J. P. 모건 같은 금융 전문가가 사용한 방법을 GM에도 적용했다. 19세기 후반, 과잉 생산이 이익을 위협했다. 투자자들은 경쟁을 규제하고 이익을 보장하기 위해 경쟁 기업을 인수했다. 1890년대 후반 미국에서는 기업 합병이 최고조에 달했는데, 존 록펠러의 스탠더드 오일Standard Oil이 개척한 법적·금융 장치인 신탁이라는 것을 통해 수천 개의 회사가 200개도 되지 않는 회사의 지배권 하에 들어가는 일이 자주 발생했다. J. P. 모건은 지주 회사 US스틸U.S.Steel을 설립해 세계 최대 기업이자 최초로 자본금 10억 달러를 보유한 기업을 탄생시켰다. 모건은 앤드루 카네기의 주식을 모두 사들여 카네기가 은퇴 후 막대한 재산을 자선 활동에 기부하는 데 일조했으며, 산업을 합리화하겠다는 목표로 카네기 철강을 여러 경쟁사와 합병했다. 1880년부터 1920년까지 금융 부문에서 올린 수입은 국내총생산GDP의 2퍼센트에서 4퍼센트로 증가했다. 듀런트는 모건 같은 금융 전문가들의 전략을 관찰하고는 주식 시장에서 기업을 사고팔기 시작했다. 듀런트가 GM을 설립하는 길로 들어선 건 뷰익을 인수하면서였다.[12]

모건과 듀런트가 꾀한 것과 같은 통합과 기업 확장은 1920년대 미국에서 폭발적으로 증가했으며, 금융 부문의 수입은 GDP의 4퍼센트에서 6퍼센트 비중으로 급격히 증가했다. 대기업들은 심지어 상점가가 몰려 있는 상업의 중심지, 메인 스트리트Main Street도 차지하기 시작했다. 모든 사업 분야에서 체인점이 확산됐다. 체인점은 규모의 경제를 가능케 했고 전국 규모의 광고로 고객을 끌어모았다. 사람들은 체인형 백화점에서 옷이나 신발을 사고, 체인형 약국에서 약을 구하고, 체인형 극장에서 영화를 관람하고, 체인형 식당에서 밥을 먹고, 체인형 호텔에 묵었다. 전국에 수만 곳의 에이앤피[AP], 크로거[Kroger] 슈퍼마켓이 생겨났다. 우편 주문 사업을 보완하기 위해 몽고메리사, 시어스, J. C. 페니[J. C. Penney]는 수백 곳의 매장을 열었다. 페더레이티드 백화점[Federated Department Stores]*이 수많은 지역 백화점을 사들이는 동안에도 대형 백화점들은 인근 지역사회에 지점을 세웠다. 이 모든 매장의 진열대를 채우기 위해 리먼브라더스[Lehman Brothers]와 골드만삭스[Goldman Sachs] 같은 투자은행들은 콜게이트-파몰리브-피트[Calgate-Palmolive-Peet]나 제너럴 밀스[General Mills], 보든[Borden's] 등 거대 기업과 합병하도록 소규모 소비재 제조업체를 돕거나 강요했다.[13]

금융 부문은 금융화와 합병을 위한 토대를 마련했다. 17세기부터 18세기, 19세기 초에 이르기까지 암스테르담, 런던, 뉴욕에 설립된 증권거래소는 기업이 자본에 쉽게 접근해 주식 시장을 형성하고 소유권과 경영을 분리하도록 했다. 19세기 초 서유럽 전역에 민간 자본이 투자된 영리 상업 은행이 등장하며 또 다른 자본 공급원이 되었으며, 특히 미국에서 빠르게 확산했다.[14] 저렴한 우편 요금, 전신기, 대양 횡단 케이블, 전화, 무선 통신 덕분에 향상된 통신 신뢰성과 속도로 런던, 암스테르담, 1870년 이후에는 뉴욕에 글로벌 금융 중심지가 형성됐다.[15] 자본은 최고의 투자 수익을 좇아 전 세계로 점차 더 수월하게 퍼져 나갔다. 금융화는 투자자들에게는 막대한 수익을 안겼지만, 경제 발전이나 혁신적 기업 정책을 장려하는 데는 아무런 도움이 되지 않는 때가 많았다. 때문에 영국의 산업 혁신이 독일과 미국에 뒤처지는 동안에도 막대한 영국 자본은 해외로 흘러 나갔다.[16]

---

* 메이시스 백화점의 이전 회사명.

빚내서 소비하는 세상의 시작

GM이 GMAC를 세운 건 사람들의 주머니에 돈이 있어야 자사의 제품을 구매할 수 있다는 사실을 알았기 때문이다. 잠재적 소비자에게 더 많은 돈을 빠르게 주려면 사람들이 주머니나 지갑, 은행 계좌에 있는 액수보다 더 많은 현금을 쓸 수 있어야 했다. 1920년대, 신용 거래가 더 쉬워지면서 거의 모든 사람이 소비자본주의의 궤도에 올랐다.

1920년대 미국 소비자들의 유례없는 대출 파티는 미국과 유럽의 은행가와 투자자 들이 세운 필수 기관이 없었다면 어려웠을 것이다. 그렇지 않고서는 가장 부유한 계층의 사람들만 대출을 받을 수 있었을 것이다. 한 세기 전, 대출 기관들은 덜 부유한 사람들에게 돈을 빌려주는 위험을 감수하기 시작했다. 대출 기관은 점차 크게 늘었고 소비자 금융 서비스를 제공하기 시작했다. 보험회사가 흔해지면서 20세기 중엽에는 생명보험이 대중적인 저축 수단이 되었다. 저축 및 대출 은행, 상호 저축 은행 부문의 선구자들이 등장했고, 노동자들은 저축을 유지하면서도 주택과 같은 고액 지출을 위해 대출을 받을 수 있었다. 상인, 중개인, 행상인도 너무 가난해서 은행 대출을 받을 수 없는 사람들에게 (대개 고금리로) 돈을 빌려주었다.

제조업자와 소매업자들은 내구재 구매에 돈을 빌려주는 새로운 방법을 고안해 냈고, 유럽보다 더 빈번히 돈을 빌리곤 하는 미국에 먼저 적용하기 시작했다. 할부로 구매할 수 있는 가구는 1807년 등장했다. 1850년대가 되어서는 농기구와 피아노도 할부로 구매할 수 있게 되었다. 1856년, 싱거 미싱 회사 Singer Sewing Machine Company가 할부 구입을 지원하자 매출이 세 배 증가했다.[17] 1900년 이후에는 상품을 할부로 판매하는 소매업체와 우편 주문 회사의 수가 급격히 늘어났다.[18] 비슷한 시기에 대형 소비재에 할부 대출을 제공하는 판매금융회사 sales finance company들이 생겼고, 10년 후에는 대출 대상이 자동차까지 확대됐다.[19]

자동차 대량 생산을 위해서는 대량 판매가 필요했지만 은행은 자금을 지원하지 않았고, 1916년 맥스웰 모터 컴퍼니^Maxwell Motor Company가 처음으로 할부를 지원하기 시작했다. 1919년 설립된 최대 규모의 가장 중요한 금융회사, GMAC는 10년 만에 대부분의 판매금융회사를 폐업시켰다.[20] 1920년에는 미국인의 25퍼센트가 냉장고, 가전제품, 라디오, 축음기, 의류, 자동차를 할부로 구입했다. 10년 후, 미국인들은 70억 달러 상당의 소비재를 할부로 샀다.[21] 불리한 이율로 할부 구매를 한 사람들 대부분은 가난하고 빚을 감당하기 어려운 사람들이었으나, 할부를 이용하면 라디오나 옷 등 분에 넘치는 가격의 제품을 가질 수가 있었다.[22]

1920년대에는 빚을 내 소비하도록 사람들을 유도하는 새로운 방법이 등장했다. 신용카드의 조상 격인 외상 카드^charge plate였다. 19세기 후반, 여러 백화점은 믿을 수 있는 고객에게 신용 거래를 지원했다. 20세기가 되면서는 거래 속도를 높이고자 숫자가 새겨진 둥근 금속판을 발행했는데, 이 금속판은 도난을 당할 수도 있고 권한이 없는 사람도 사용할 수 있었다. 1928년, 보스턴에 있는 필레네 백화점^Filene's Department이 고객에게 식별 정보가 양각된 작은 외상 카드를 발급했다. 다른 백화점도 이를 따라 했고, 각 외상 카드는 발급처에서만 사용할 수 있었다. 일부 은행에서는 1930년대 은행 카드를 가지고 실험을 했지만 사기 방지나 신속한 결제, 기본적으로 자유자재로 대출을 받는 다수 고객의 구매 추적, 카드 수익 창출의 문제를 극복하지 못했다. 제2차 세계대전 이후에는 이런 문제들을 극복하고 드디어 최초의 범용 신용카드인 다이너스 클럽^Diners Club이 등장했다.[23]

에너지 혁명, 소비를 촉진하다

석유는 소비자본주의가 전 세계에서 부상하고 승리하도록 한 원동력이었다. 미국은 1920년대에, 유럽은 제2차 세계대전 이후 석탄에서 석유로 전환했다. 석유가 석탄을 대체한 건 대개 석유가 훨씬 더 생산과 가공, 이동과 판매에 수월했기 때문이다. 유정을 일단 한 번 뚫으면 석유는 저절로 흘러나오거나 노동력을 거의 들이지 않고도 퍼 올릴 수 있어 석탄과는 대조적이다. 특히 부피가 크고 무거워 운송, 저장, 고객 전달, 사용이 번거로운 석탄과 달리 석유는 파이프라인을 통해 저장하고 운송할 수 있어 노동력이 거의 들지 않았다. 게다가 석탄은 여러 형태의 운송 수단에 동력을 제공하기에는 실용적이지 않은 연료였다. 반면 휘발유는 태워도 재나 그을음, 가루를 만들지 않았다. 유전에는 파업을 해서 경제를 정체시킬 수도 있는 대규모 인력이 필요하지 않았다.[24] 난방유 덕분에 주택 소유자와 유지보수 노동자 들은 난방로에 삽으로 석탄을 밀어 넣는 일에서 해방될 수 있었다. 이처럼 석탄에서 석유로 전환되면서 1920년대, 그리고 1945년 이후의 경제는 전례 없는 호황을 맞았다. 석탄 가격은 인건비와 따로 뗄 수 없었고 임금이 오르면 석탄 가격도 함께 상승했다. 반면 임금 상승은 상대적으로 안정적인 석유 가격에 영향을 덜 미쳤다. 오르는 임금과 안정적인 에너지 가격 사이에 격차가 벌어지며 노동자들의 수중에는 소비에 쓸 수 있는 가처분 소득이 늘어났다.[25]

석유 시대는 1850년대 화학자들이 석유에서 등유를 분리하는 법을 알아낸 데서 시작되었다. 등유는 값비싼 고래기름의 자리를 대신하며 거대한 동물을 사냥해야 하는 부담을 크게 덜어주었다. 1859년 8월 27일, 펜실베이니아주 타이터스빌 인근의 오일 크리크에서 에드윈 드레이크$^{Edwin\ Drake}$가 등유를 생산하는 피츠버그의 정유공장에 석유를 공급하고자 최초의 현대식 유정을 시추하는 데 성공했다.[26] 인근의 스코틀랜드계 아일랜드인 장로교도들은 이 지역에 유정을 새로 뚫거나 이미 뚫린 수천 개의 유정에 투자했다. 그중 한 명이 앤드루 카네기로, 그는

그렇게 얻은 수익을 철강업에 투자했다.[27]

록펠러는 시추와 생산이라는 '호황과 불황의 위험한 순환'을 반복하는 것보다 석유를 정제하면 더 안정적인 이익을 얻을 수 있다고 생각했다. 이에 그는 펜실베이니아주의 유전에서 가장 가까운 항구인 오하이오주 클리블랜드에 있는 정유공장들을 매입하기 시작했다. 석유 산업의 합리성과 효율성, 수익성을 높이고자 했던 록펠러는 신탁이라는 법적 수단을 활용해 경쟁사를 인수하여 자신의 기업인 스탠더드 오일 컴퍼니에 합병하는 방식을 완성했다. 그가 몰아낸 석유 사업가들은 미국 전역으로 흩어져 캘리포니아, 텍사스, 오클라호마 등지에서 새로운 유전을 개발했다. 석유의 과잉 공급은 석유제품에 대한 미국의 점증하는 갈증을 해소해 주었다.[28] 러시아, 갈리치아˚, 캐나다, 네덜란드 동인도제도(인도네시아), 페르시아(이란), 멕시코, 베네수엘라에서 유전이 발견되거나 개발되면서 전 세계 석유 생산량도 증가했다.

자동차 산업만큼 20세기의 에너지 전환을 상징하면서 촉매제 역할을 한 것도 없었다. 포드, GM을 비롯한 여러 자동차 제조사에서 생산한 엄청난 양의 자동차는 새로운 형태의 연료, 즉 휘발유가 내는 엄청난 에너지로 움직였다. 정유업체는 석유에서 휘발유를 증류했는데, 아주 적은 양만을 추출할 수 있었다. 내연 기관이 개발되기 전까지 인화성 물질이어서 위험한 휘발유는 실용적으로 쓰이는 곳이 거의 없었기 때문에 정제공장에서는 밤이 되면 강에 휘발유를 버리곤 했다. 자동차 산업이 급속히 성장하면서 한정적으로 공급되는 휘발유 업계에 압력이 가해졌다. 독점 금지법으로 인해 1911년 스탠더드 오일에서 분사된 인디애나 스탠더드 Standard of Indiana의 엔지니어들은 석유를 '열분해'하여 같은 양의 석유에서 얻는 휘발유의 양을 두 배 이상 늘리는 법을

˚ 폴란드 남동부에서 우크라이나 서부 지방에 이르는 동유럽 지역.

알아냈다. 텍사스주와 미국 서부에서도 대형 유전이 발견되면서 연료 위기를 막을 수 있었다.²⁹ 석유를 끌어 올려 운반하고 정제하여 전국에 있는 모든 도시와 교차로에 있는 주유소에 판매함으로써 석유 산업이 빠르게 확장되지 않았다면 1920년대의 자동차 시대는 결코 열리지 않았을 것이다.

전기도 또 다른 혁명을 불러왔다. 전기는 마치 알라딘의 지니와도 같았다. 휴대성이 제한적이라는 점만 제외하면 다른 에너지와 비교했을 때 셀 수 없을 정도로 많은 장점이 있었다. 유기물, 화석 연료, 핵연료, 태양열, 빛, 혹은 대기나 물의 흐름까지, 거의 모든 형태의 에너지가 전기를 만들어 낼 수 있다. 깨끗하고, 오염을 발생시키지 않으며, 소음을 유발하지 않고, 다른 에너지보다 안전하며, 배터리에 저장하거나 즉시 전도시킬 수 있다. 고에너지 배관도 저전력을 사용하도록 간단하고 쉽게 전환할 수 있다. 거의 모든 크기의 모터에 전력을 제공할 수 있으며, 빛과 열, 소리도 만들어 낼 수 있다. 회로에 공급되면 컴퓨터와 기타 장치에서 헤아리기 힘들 정도로 복잡한 논리 연산을 수행하도록 할 수 있다. 심지어 전기는 스위치만 누르면 즉시 사용할 수 있다.

전력은 기업에서 먼저 사용하기 시작하고 소비자의 수요가 그를 서서히 뒤따랐다. 전기화는 기계가 오버헤드 샤프트에 연결된 벨트에 더 이상 의존하지 않게 해 주었다. 금속 산업의 경우, 전기로 금속을 전기 도금하거나 알루미늄 같은 금속을 정제했다. 전기 모터는 전차와 엘리베이터를 움직이게 했고, 덕분에 고층 빌딩이 설 수 있었다. 1876년 스코틀랜드계 미국인 알렉산더 그레이엄 벨^{Alaxander Graham Bell}이 발명한 전화기, 1878년 에디슨이 발명한 전구는 기업과 도시를 번성케 했다. 바츨라프 스밀은 에디슨이 자신의 발명품을 실용화하고자 얼마나 신속히 움직였는지 아래와 같이 설명한다.

오래가는 전구는 그저 시작에 불과했다. 전구를 공개한 뒤 3년 동안 에디슨은 필라멘트 및 램프에 관한 특허를 약 90건, 자석 발전기 또는 다이나모 발전기*와 관련한 특허 60건, 조명 시스템 관련 특허 14건, 전기 배급 관련 특허 12건, 전기 계량기 및 모터 관련 특허를 10건 출원했다. 에디슨의 런던 지사가 홀번 고가교에 지은 최초의 발전소는 1882년 1월 12일 송전을 시작했다. 같은 해 9월 4일 가동하기 시작한 뉴욕 펄스트리트 역에서는 미국 최초의 화력발전소가 가동을 시작했다. 운영 개시 한 달 후에는 뉴욕 금융 지구에 있는 약 1,300개의 전구에 전력을 공급했고, 1년 후에는 11,000개가 연결되었다.[30]

곧 전 세계 도시들이 전기화에 착수했고 수천 개의 전구를 구매했다. 도시 전기망을 기반으로 국가, 나아가 세계 전력망이 발달했다.

1920년경, 미국인들은 전구를 기업이나 가로등은 물론 가정 내 필수품으로도 여기기 시작했다. 1935년 뉴딜 정책의 일환으로 신설된 농촌전화청 Rural Electrification Agency이 농촌에 등과 전기를 공급하기 전까지 농부들은 어둠 속에서 고생해야 했다.[31] 사람들은 이제 전기를 소비했다. 1920년대 미국에서는 전자 제품 소비가 가파르게 늘었다. (유럽 소비자의 경우 도입 속도가 상당히 느렸다. 미국인들은 1929년까지 세계 전기의 절반 이상을 생산했다.)[32] 1914년에는 세탁기, 냉장고, 라디오, 축음기, 난로와 가스레인지, 다리미, 진공청소기 등의 전자제품을 찾기 어려웠으나, 1930년에는 중산층 가정에서 흔히 찾을 수 있었다.[33]

캘리포니아처럼 석탄을 값싸게 구할 수 없는 지역은 석유와 전기 덕분에 석탄 시대를 완전히 건너뛸 수 있었다. 풍부한 석유 매장량과

---

* 직류 발전기의 일종.

시에라네바다 산맥의 수력 발전 덕분에 캘리포니아는 석탄을 지나 바로 석유, 가스, 전기로 전환했다.[34]

환상적인 플라스틱 소비자본주의

석유는 자연에서 나지 않는 물질을 콜타르보다 훨씬 더 많이 만들어 낼 수 있었다. GMRC와 같은 기업 산하 연구소의 연구원들은 인공 물질의 신세계를 발견했다. 20세기 초, 화학자들은 석유의 긴 사슬 분자를 짧은 사슬 분자로 쪼개는 법을 알게 되었다. 제1차 세계대전이 끝난 후, 미국은 과거 독일의 지배적인 화학 기업들의 자산과 특허를 압수하고 매도하여 이후로 쭉 세계 화학 산업을 지배했다. 1920년대 미국 기업들은 인공 화합물로 만든 제품들을 시장에 쏟아냈다. 미국은 막대한 양의 석유와 가스 매장량 덕분에 이러한 인공 물질을 발견하고 팔 수 있는 고지를 점할 수 있었다.[35] 자연이 선사한 선물이었다.

최초의 일반적인 석유 기반 플라스틱은 1909년 제조를 시작한 벨기에 출신 미국인 화학자 리오 베이클랜드Leo Baekeland가 발명한 베이클라이트Bakelite였다. 베이클라이트는 거의 모든 모양으로 성형 가능하며 물과 열에 강하고 내구성도 좋았다. 1920년대에는 전화기 본체, 라디오 케이스, 다이얼, 손잡이, 전기 절연체 및 전기 패널, 은식기의 손잡이, 세면도구 등에 사용되었다. 자동차에서는 점화장치, 점화 플러그, 페인트, 배터리 단자, 재떨이, 핸들에 사용됐다. 미국 내 베이클라이트와 기타 합성수지 생산량은 1921년 약 725톤에서 1929년 15,000여톤으로 증가했다. 1940년에는 아크릴, 멜라민, 비닐, 나일론, 네오프렌이 플라스틱 행진에 합류했다.[36]

1920년대 GM의 화학자들은 이후 환경에 상당한 영향을 미치게 될 또 다른 화합물을 발명했다. 1921년, GMRC의 엔지니어 토머스 미즐리 주니어Thomas Midgley Jr.는 납이 첨가된 유연휘발유을 사용하면 엔진 노킹 문제를 해결하고, 효율 감소와 엔진 손상 문제도 해결할 수 있다는 사실을 발견했다. 미즐리의 또 다른 주요 업적은 1928년 GM의 전기냉장고인 프리지데어 사업부에서 냉장고용 염화불화탄소, 즉 프레온Freon을 개발한 것이다. 프레온은 당시 사용되던 독성, 인화성, 폭발성의 화학물질을 대체했다. GM은 듀폰DuPont사와 계약을 맺고 두 화학물질을 제조했다. 위험한 물질을 다룬 경험이 있음에도 불구하고 초기에 듀폰은 치명적인 유연휘발유를 안전하게 생산하는 데 어려움을 겪었으며, 안전한 생산 공정이 정착되기 전까지 듀폰 직원 5명, GMRC 직원 2명이 납 중독으로 사망했다.[37]

1920년대까지만 해도 일반 생활용품은 자연에서 얻은 물질로 만들어졌다. 수많은 소비재가 동물성 제품(양모, 비단, 가죽, 깃털, 뿔, 거북이 껍질, 고래 뼈, 상아)이나 식물성 제품(나무, 목화, 리넨)이었다. 베이클라이트와 이후 확산된 플라스틱은 소비자본주의를 자연의 한계에서 해방시켰다. 자연은 소비자본주의의 끝없는 성장에 필요한 재료를 공급할 수 없었을 것이다. 그러나 안타깝게도 합성 제품은 썩거나 분해되지 않고 수천 년 동안 자연에 남는다. 제품을 만드는 화학물질들은 독성이 있거나 유해하여 암 등의 질병을 유발한다. 유연휘발유가 퇴출된 건 신경 독소 때문이었고, 프레온 가스는 성층권의 오존층을 파괴했기 때문이었다. 인공 소비재는 인간과 자연에 영향을 미칠 수많은 문제를 품고 있었다.

이미 가진 것을 또 사게 하는 법

소비자본주의는 소비재의 끊임없는 구매에 의존한다. 하지만 소비자에게 자동차, 라디오, 난로, 오븐, 냉장고, 진공청소기, 다리미 등 제품은 각각 하나만 있으면 된다. 1920년대 초에는 돈이 풀리면서 시장이 포화 상태에 이르렀다. 슬론은 다시 해결책을 발견했다. 1923년,

GM의 쉐보레는 포드의 모델 T와의 경쟁에서 밀리자 차량 외관을 다시 디자인하고 기계상의 결함도 몇 가지 고쳤다. 실용적이지만 온통 검은색이었던 모델 T보다 더 멋진 GM의 차가 팔려나갔다. 슬론은 깨달았다. 자동차는 사람들이 소유한 것 중 가장 비싼 소비재였고, 이를 통해 성공, 명성, 위치를 뽐낸다는 사실을 말이다. GM은 곧 모든 자동차에 여러 밝은색을 입혔고 매년 스타일과 기능을 바꾼 모델을 내놓았다. 예전에는 찰스 케터링의 전기 시동장치 같은 진보한 기술이 나와야 이전 모델들이 구식이 되었다. GM은 매년 디자인을 바꾸며 아직 수명이 한참 남은 차를 바꾸게끔 소비자를 유도했다. 다른 제조사도 이 전략을 따라 했다. 헨리 포드는 1933년 모델 T를 버리고 더 세련되고 화려한 색의 모델 A를 출시하면서 매년 디자인을 바꾸는 전략을 따랐다. 같은 전략은 다른 분야에도 적용됐다. 세탁기와 냉장고부터 라디오, 등에 이르기까지 많은 제품이 당대 유행하던 아르데코[Art Deco] 스타일을 반영해 시장에 나왔다.[38]

　기본적으로 스타일이랄 게 없는 제품을 대체하도록 하려면 튼튼하지 않은 제품을 만들어야 했다. 에디슨의 제너럴 일렉트릭[GE]이 이 부문을 이끌었다. 1889년 설립된 GE는 1894년 에디슨의 전구 특허가 만료된 뒤 극심한 경쟁과 마주했다. GE는 미국의 전구 제조업체들을 견제하고자 전략적으로 특허를 통제하거나 매입했다. 반독점법을 피하기 위해 전구 기술을 개량하고 가격을 낮춰 1920년대에 처음으로 전구를 대량 소비가 가능한 저렴한 제품으로 만들었다. GE는 1920년대 전구를 아주 적극적으로 홍보했지만, 모든 집이 환하게 밝혀지게 되자 가정에서는 더 이상 전구를 살 필요가 없었다. 1924년, GE는 전후 혼란과 유럽 조명 회사들 사이의 불신을 이용해 스위스에서 피버스 카르텔[Phoebus S.A.]을 조직해 상품 할당량, 가격, 품질을 결정했다. 카르텔은 전구의 표준 수명을 20퍼센트 줄인 1,000시간으로 정했고, 사용자는

전구를 더 자주 교체해야 했다. 계획적 구식화가 적용된 것이었다.[39]

계획적 구식화는 대공황 시기에 더 흔한 전략이 되었다. 미국인과 유럽인 대부분은 소비 수준을 이전과 동일하게 유지하거나 더 높이기를 원했다. 그러나 소득이 줄었기 때문에 저렴한 제품을 구매할 수밖에 없었다.[40] 제조업체는 더 저렴한 제품을 생산하기 위해 더 값싼 재료를 투입하곤 했다. 그리고 값싼 재료는 제품의 교체 시기를 앞당겼다. 경기 부양을 위해 시작된 전략이 영구적인 관행이 되고 말았다.[41]

제조업체 입장에서는 한 번 사용하면 바로 쓸모 없어지는 일회용 제품이 더 높은 수익을 가져다줄 것이었다. 이런 제품은 1920년대에도 이미 있었다. 가장 먼저 등장한 건 다시 사용하기 위해 갈 필요 없이 그냥 버리면 되는 날이 달린 면도기였다. 킹 질레트$^{King\ Camp\ Gillette}$는 이미 일회용 면도날을 발명했지만 제1차 세계대전에서 군대에 면도기와 날을 공급하기 위한 계약을 따기 전까지는 거의 관심을 끌지 못했다. 종전 후, 군인들이 면도기를 보관하면서 사용한 면도날을 버리는 수천 명의 고객이 갑자기 생겼다. 얼마 지나지 않아 질레트는 전 세계에서 수억 개의 면도날을 팔게 되었다.[42]

여성들도 전쟁으로 인해 일회용품을 사용하게 되었다. 킴벌리클라크$^{Kimberly-Clark}$는 방독면 필터와 붕대를 만들 수 있는 흡수성 셀룰로이드 제품을 개발했는데, 전쟁이 끝나자 대량의 재고가 남았다. 1920년, 킴벌리클라크는 이 소재로 저렴한 최초의 일회용 생리대, 코텍스^{Kotex}를 만들어 판매했다. 4년 후에는 같은 소재로 화장지를 개발해 크리넥스^{Kleenex}라는 이름으로 판매했고, 화장을 지우는 용도로 사용할 수 있다며 홍보했다. 여성들이 코를 풀 때 크리넥스를 사용한다는 사실에 주목한 회사는 제품을 한 번 쓰고 버려도 되는 손수건으로 제품을 홍보했다. 다른 제조업체들도 뒤따라 일회용품을 내놓았다. 존슨앤드존슨$^{Johnson\ \&\ Johnson}$은 1924년 밴드에이드$^{Band-Aid}$ 반창고를 출시했고, 1927년에는 모데스^{Modess}에서 더 편안한 생리대를, 1934년에는 탐팩스^{Tampax}에서 최초의 탐폰을 출시했다.

쓰고 버리는 사회가 탄생한 것이다.

광고, 소비자본주의의 선전 수단

"광고는 우리 경제 및 사회 시스템이라는 몸을 유지하는 중요한 장기이자 매혹적인 노래를 부르는 목청이죠." 1920년 개최된 전국 광고주 컨퍼런스에서 허버트 후버 대통령(이자 전 상무부 장관)이 한 말이다.

광고의 목적은 욕망의 창출입니다. 욕망의 고통으로부터 추가 수요가 일어나며, 이 수요를 기반으로 생산과 유통을 늘리는 겁니다. 광고라는 흥분제를 사용해 가내 공업에서 대량 생산으로 전환될 때까지 낡은 수요와 공급 법칙의 무기력함을 동요시킨 것이지요. 여러분은 물자와 용역의 보급을 확대하여 비용을 절감함으로써 더 높은 생활 수준을 탄생시킨 동력의 일부입니다.[43]

후버 대통령은 소비자본주의의 필수 요소를 강조했다. 기업 합병, 신용 거래, 에너지 혁명, 인공 재료, 계획적 구식화 등을 통해 소비자의 지출을 늘리고 경제 성장을 가속할 수 있었지만, 현재의 소비자본주의는 불필요한 소비, 원하면 사는 소비에 대한 문화적·도덕적 장벽을 약하게 만드는 강력한 선전 수단, 즉 광고 없이는 작동할 수 없었다. 광고는 1920년대 영화, 대중 잡지, 음반, 라디오 등 대중매체가 급격히 확장하며 함께 발달했다. 대중매체와 광고는 제품 홍보 이상의 역할을 했다. 두 세계대전 사이의 전간기에는 흔히 '미국식 생활 방식' 내지는 '아메리칸 드림'이라 불리는 소비 사회의 매혹적인 이미지를

보여주었다.[44]

1920년대에 광고는 새로운 것은 아니었지만, 산업자본주의에서 소비자본주의로의 전환은 10년 동안 광고 산업에 큰 변화를 불러왔다. 당시의 매체와 광고는 영국의 산업 혁명과 함께 성장했다. 미국의 광고는 단순히 제품 출시를 알리는 것을 넘어 소비를 장려하는 역할까지 했다.[45] 근대의 광고 대행사는 1877년 미국에 처음 등장했다. 인쇄 광고에는 삽화가 추가되며 글자를 보완했다. 종이로 만든 봉투와 상자가 개발되며 전에는 큰 통이나 작은 용기에 담겨 판매되던 많은 상품을 포장할 수 있게 되었고, 소비자에게 일관된 품질로 깨끗한 상품을 제공할 수 있었다. 제조업체는 봉투와 상자에 제품을 홍보하고 얼굴이 없는 기업이 대중적인 이미지를 얻을 수 있는 수단으로 기업 고유의 글자와 그림을 인쇄했다. 1900년 이후 인쇄술과 사진 기술의 발달로 더 선명하고 섬세한 표현이 가능해지면서 미국 광고는 더 세련되어졌다. 그리고 심리학과 시장 연구가 광고 문구에 영향을 미치기 시작했다.

미국 정부는 광고 대행사를 제1차 세계대전에 동원하며 광고와 선전의 관계를 공고히 했다. 이들이 개발한 방법은 무척 효과적이어서, 전후 광고는 물론 1919년 일어났던 반공운동 '적색 공포$^{\text{Red Scare}}$'와 요제프 괴벨스$^{\text{Joseph Goebbels}}$의 나치 선전에도 유용하게 쓰였다. 1930년대 슬론 휘하의 GM 광고에 뉴딜정책에 반하는 메시지를 포함한 사례처럼 상업적 선전과 정치적 선전이 결합된 광고도 있었다.[46]

1920년 이후 광고는 더욱더 확산되었다. GDP 대비 미국의 광고 지출은 다른 어떤 국가보다 훨씬 더 높았다. 일반적으로 평화 시 미국 GDP의 2~2.5퍼센트를 차지하던 광고 지출 비중은 1920년대 GDP 3퍼센트에 달하며 사상 최고치를 경신했다.[47] 신문 광고 매출은 1914년부터 1929년 사이 4배 이상 증가했다. 광고에 막대한 자금이 흘러 들어가며, 대중매체 소유주들은 거대 자본을 바탕으로 모든 사회 구성원에게 도달할 수 있게 되었다. 가장 가난하고 외진 곳은 제외하고 말이다. 대중매체의 목적은 정보 제공과 오락거리, 설득에서 판매로 바뀌었다. 대중매체는 점차 무시할 수 없는 힘을 지니게 됐다.[48]

<그림 10> '남편이 당신과 다시 결혼할까요?'(1921년) 패션잡지 《하퍼스 바자》에 실린 이 팜올리브 비누 광고는 새로운 판매 기법을 사용했다. 비누는 제조법이 다양하지 않다. 따라서 제조사는 마케팅 기법을 활용해 제품에 대한 이미지를 생성한다. 이 광고는 여성들의 불안감을 이용한다. 잘 차려입은 부부의 그림은 독자에게 부유하고 세련된 여성은 팜올리브 비누를 사용한다는 이미지를 넌지시 심는다. 광고 우측 하단에 삽입한 상의를 입지 않은 관능적인, 매우 하얀 피부의 '이집트' 미녀는 비누의 팜(야자나무)과 올리브 성분에 주목하게 만든다. (듀크대학교 도서관)

광고의 힘은 점점 더 강력해졌다. 광고는 화장품, 비누, 구강청결제, 데오도란트, 샴푸 등 개인용품을 팔기 위해 불안감과 허영심을 자극했

다. 냉장고나 진공청소기, 자동차를 살피는 야회복 차림의 남성 또는 여성의 이미지를 보여주면서 더 부유하고 세련되어 보이고 싶어 하는 욕구를 부추겼다. 광고는 최신 스타일과 디자인을 보여주거나 신제품을 소개하며 최신 유행을 따르고 현대적으로 보이거나 느끼고 싶어 하는 욕구를 부채질할 수 있었다. 특히 일회용품에 대한 편안함, 편리함에 대한 바람을 일으켰다. 성공적인 광고 캠페인은 세컨드카, 내선전화기, 샴푸 등 누구도 필요하다고 생각하지 않았던 제품들을 필수품으로 만들었다.[49]

기업의 상업적 선전은 심각한 문화적 저항에 부딪혔다. 미국 광고대행사는 미국인을 대상으로 개발한 기법이 해외에서도 잘 통하는 건 아니라는 사실을 깨달았다. 유럽과 호주의 광고주들은 미국의 기법에 감탄했지만 자국 문화에서는 효과가 적으리라고 판단했고, 한 세대가 지나서야 겨우 도입하였다.[50] 더욱이 유럽 경제는 미국만큼 전쟁의 여파에서 빠르게 회복하지 못했고 1929년 전에도 약세를 보였기 때문에 유럽인들의 가처분 소득도 적은 상태였다. 또한, 미국은 작고 세분화된 유럽 시장 대비 거대한 시장을 보유하고 있었기 때문에 대중매체와 대량 광고의 수익성을 손쉽게 높일 수 있었다.

미국 영화들이 전 세계에 개봉하며, 소비자본주의가 유럽 제국에도 침투하기 시작했다. 그러나 문화적, 인종적 태도가 제국 정책에 영향을 미치며 식민지 사람들은 소비재를 다량 구매할 수 있는 자원을 확보할 수 없었다. 그러한 태도와 정책이 달랐다면 식민지 국가들도 모국의 제품이 판매되는 거대 시장이 될 수 있었을 것이다. 아프리카, 남아시아, 동아시아, 러시아, 라틴아메리카에서는 적어도 누군가 현지 문화에 알맞게 만드는 법을 발견하기 전까지는 소비주의의 이질감은 매력적이지만 낯선 것이었다.[51]

미국에서도 기업의 선전에 대한 강력한 문화적 저항이 일었다. 광고는 소비자 가치를 전파하기 위해 가족, 종교, 학교, 또래 집단과 겨루었다. 미국 개신교와 공화주의적 이상은 오랜 시간 금욕, 공업, 절주, 절약, 공동체라는 가치를 장려하고 이기심, 교만, 낭비, 탐욕을 비난해왔다. 그러나 이런 가치들은 소비재를 팔아주지 않는다. 광고와 대중오락은 쾌락, 자기만족, 오락, 소비, 그리고 개인으로서의 자신에 대한 생각을 갖도록 부추긴다.[52] 소스타인 베블런 Thorstein Veblen, 싱클레어 루이스 Sinclair Lewis, 밴스 패커드 Vance Packard, 데이비드 리스먼 David Riesman, 존 케네스 갤브레이스 John Kenneth Galbraith를 비롯한 평론가 및 지식인 들은 당대 미국이 향하는 소비 사회를 큰 목소리로 비난했다.

아이러니하게도 미국 개신교는 여러 면에서 근대 소비자 선전을 위한 길을 닦았고, 미국을 오늘날의 소비자본주의의 수호자로 만드는 데 기여했다. 19세기 초, 종교 부흥 운동의 물결이 미국을 휩쓸었다. 부흥주의 설교자들은 사람들에게 감정을 자극하는 종교적 경험을 하고 이를 통해 구원을 얻을 수 있다는 믿음을 심는 데 집중했다. 복음주의에서 실시한 지극히 개인주의적 선교에는 식민지의 종교 생활을 지배했던 개신교 교파들의 것과 같은 공동체적 교구 기반이 없었다. 부흥주의자들은 죄인들에게 최신 통신 기술과 기법을 사용했다. 종교 언론은 최신 기술을 활용해 글자와 삽화가 담긴 전도지, 소책자, 신앙 서적, 잡지, 신문 등의 수단으로 종교 선전물을 전국에 흩뿌렸다. 20세기에 들어서 복음주의 전도사들은 라디오와 텔레비전 등 신기술을 빠르게 도입해 메시지를 전파했다. 광고주들은 부흥주의자들이 닦아 놓은 길을 그저 그대로 따라간 것이다.[53]

소비자본주의가 만든 풍경

소비자본주의는 인류가 환경에 미치는 영향을 급속도로 확대했다. 먼저, 자동차는 다른 어떤 소비재와 비교할 수 없을 정도로 생활과 풍경을 바꿔놓았다. 자동차는 동물과 사람을 도로와 거리에서 몰아냈다. 오늘날 도시에서는 걷기나 자전거 타기, 대중교통을 장려하고자 자동차를 제한하지만, 한 세기 전만 해도 사람들은 자동차를 반겼다. 말과 달리 자동차는 매일 10~20킬로그램의 똥으로 거리를 더럽히지도 않고, 질병의 원인인 파리를 번식시키는 오물을 남기지도 않으며, 보살피고 먹이를 줄 필요도 없고, 길에서 죽지도 않았으며, 겁에 질려 달아나지도 않았다.[54] 도시와 농장에서 말과 마차는 대부분 사라졌고, 1940년대에는 미국 전역에서 거의 찾아보기 어려웠다. 사라진 건 사람도 마찬가지였다. 빠르고 기동성이 뛰어나며 시끄럽지도 않은 고무 타이어를 장착한 자동차와 트럭은 주의를 기울이지 않은 사람들, 특히 아이들을 죽였다. 이전에는 길을 건너려고 도로로 내려설 때 주위를 살필 필요가 없었다. 수많은 보행자가 말이 끄는 느리게 달리는 마차를 피해 아무데서나 길을 건넜다. 여러 자동차 협회의 압박으로 마을과 도시는 차가 사람을 피하는 것이 아니라 사람이 차를 피해 오른쪽으로 다니도록 하는 교통법을 통과시켰다.

또한, 미국 정치인들이 요금을 낮게 유지하는 정책을 내세워 선거에서 승리한 까닭에 만성적인 자금 부족에 시달리던 도시의 대중교통은 혼잡하고 유지 보수도 제대로 이루어지지 않았다. 미국인들은 전차와 도시 철도를 버렸다. 마을과 도시, 교외 지역이 확장되면서 도시는 자동차를 통한 이동이 용이하도록 설계되었다. 교외의 거리가 넓어졌고, 집에는 차고가 생겼다. 더 이상 전차나 철도역에 묶이지 않게 된 마을들은 '스프롤 현상urban sprawl*'을 보이며 주변으로 확장되었다. 쇼핑과 산업도 도시에서 탈출하는 대열에 합류했다. 미국의 주요 도시들을 중심으로 단독 주택 개발 붐이 일었다. 1922년에는 이미 65개 도시

---

*   도시가 발전하며 도시 외곽과 교외 지역이 인근 농촌 지역으로 무계획적으로 확산되어 나가는 현상을 일컬으며, 교외 확산이라고도 부른다.

의 교외에서 13만 5천 가구가 자동차를 타고 출퇴근을 하고 있었다.[55] 백인 중상류층은 사람들로 정신없는 도시와 오염을 피해 공기와 물이 깨끗한 외곽 지역으로 터를 옮겼으며, 이러한 추세는 전후에 가속되었다.[56] 접근이 제한적인 고속도로는 사람들이 대중교통이 아닌 자동차를 타도록 유도했다. 로스엔젤리스는 거의 전적으로 이러한 자동차 문화의 발전 덕분에 성장했다고 할 수 있다.

미국의 시골도 변했다. 자동차가 있는 이들은 시골로 나들이를 가고 싶어 했지만, 낙후한 도로는 일요일의 유쾌한 드라이브를 방해했다. 지방 당국은 세금을 낮게 유지하고자 농부들의 말과 마차에 필요한 만큼만 도로를 만들었다. 운전자와 자동차 협회는 개선된 도로를 요구했다. 1920년대, 자동차 로비스트들은 연방 자금으로 전국에 포장 고속도로 체계를 설계하도록 의회에 로비를 했다. 이 고속도로 체계는 화물차 운송업에 보조급을 지급했으며, 무거운 화물차들은 대부분의 도로를 망가뜨리고 있었다. 화물차는 철도업과 경쟁했는데, 철도업의 정책과 가격은 화물차 운송에 대한 규제 권한이 없던 주간통상위원회$^{\text{Interstate Commerce Commission}}$에서 감독했다. 철도는 장거리 운송에는 상대적으로 비효율적이나 유연성이 높고 빠르며 집집마다 상품을 배송할 수 있는 화물차에 화물 사업을 빼앗겼다. 규제가 완화된 1980년까지 철도업은 쇠퇴를 거듭했다.

북유럽, 그리고 정도는 훨씬 덜하지만 남부 유럽의 도시들도 미국 도시만큼이나 교외로 확산되었다. 1921년부터 1931년까지 런던 인구는 750만에서 820만 명으로 늘었지만 도시의 크기는 두 배 커졌다. 혼잡한 도심을 떠나 이미 교외로 떠난 부유층을 따라 이들보다 소득이 더 적은 사람들도 교외로 빠져나갔기 때문이다. 스프롤 현상은 1934년 런던에서 발생한 현상을 표현하기 위해 만들어진 용어다.[57]

유럽과 일본은 인구 밀도가 높아지면서 교통수단으로 자동차를 사용하게 되었다. 1929년 GM의 연구팀은 독일 자동차 시장이 미국보다 18년이나 뒤처졌다는 결론을 내렸다. 좁고 구불구불하며 혼잡한 도심의 거리는 자동차 통행을 방해했고, 1인당 자동차 보유 대수도 미국보다 현저히 낮았다. 대신 자전거는 여전히 인기 있는 교통수단이었다. 더욱이 군사 지도자들이 독일과 프랑스 같은 국가에 전시 병력과 물자 이동을 위해 철도망의 효율을 높이는 데 투자하도록 독려했고, 철도 이용객들도 득을 보았다. 반면, 1930년대 나치 독일은 자동차 전용 도로인 아우토반을 설계하고 만들어 독일인들이 여가를 위해 드라이브를 즐길 수 있는 환경을 조성했다. 영국과 일본의 도시 계획가들도 도로망을 개선하기 시작했다. 그럼에도 자동차 소유의 확산은 제2차 세계대전 이후 경제가 다시 성장세에 들어설 때까지 기다려야 했다.[58]

농업의 기계화는 농촌 풍경도 극적으로 바꿨다. 제1차 세계대전 중 소형 다목적 내연기관 트랙터가 등장하자 미국에서는 제2차 세계대전 이후까지도 노새에 의존하던 가난한 남부 지역을 제외한 모든 곳의 농부들이 이를 도입했다. 1918년부터 1940년까지 농장에서 키우는 말의 수가 절반 이상 감소했다. 1915년 농부들은 전체 농장 면적의 약 4분의 1에 해당하는 약 3,700만 헥타르에서 동물 사료를 재배했다. 동물에서 기계로 동력이 완전히 전환된 1960년에는 약 160만 헥타르만이 동물을 위해 쓰였다. 농부들은 작물 재배에 더 많은 토지를 투입했으며, 수확 수익 중 일부는 트랙터, 그리고 연료, 윤활유, 예비 부분, 타이어 등 외부재를 구입하는 데 들어갔다. 농작물 생산량이 증가하고 식량 가격은 하락했다. 1935년 이후 뉴딜 정책으로 발전기와 전기가 보급되면서, 노동력을 절감해 주는 전기 기계(특히 착유기)를 소유한 농가는 1910년에 12,000개에서 1940년 175,000개로 증가했다.[59]

농장 동물의 수가 감소하며 농부들은 비료로 사용할 분뇨가 부족해졌고, 이는 또 다른 변화를 야기했다. 1911년, 독일인 화학자 프리츠 하버^Fritz Haber 와 카를 보슈^Carl Bosch 는 질소를 원료로 하는 암모니아를 산업 규모로 합성하는 데 최초로 성공했다. 전쟁이 끝난 뒤 비료 제품이 시장에 서서히 등장했지만, 미국 농부들은 비용 때문에 망설였고 1945년 이후에야 질소 비료를 널리 도입했다. 그 사이에는 효과는 떨어지지만 비용은 3분의 1 수준인 뼈에서 추출한 과인산 비료라는 다른 외부재에 기댔다.[60] 화학 기업과 미군 화학 병과는 살충제로 사용하기 위한 독가스를 실험했지만, 몇 차례를 제외하고는 모두 실패했다. 최루가스인 클로로피크린은 훈증제로 판매되었고, 파라디클로로벤젠은 복숭아나무의 좀벌레와 가정의 옷좀나방을 퇴치하는 살충제로 여겨졌다. 비행기를 이용한 분말 농약 분사도 성공적이었다. 1930년대 후반, 스위스 화학 회사 가이기(이후에는 치바가이기로 바뀜)가 디클로로디페닐트리클로로에탄, 즉 DDT라는 살충제를 발견했고, 독일 회사 이게파르벤^I. G. Farben 은 파라티온, 말라티온과 같은 살충제와 사린과 같은 신경 가스의 원료인 유기인산염을 발견했다. 이렇게 발견된 살충제들은 전쟁이 끝난 뒤 널리 사용됐다.[61]

소비자본주의의 자원 착취

쉽게 사용할 수 있는 돈, 계획적 구식화, 선전^propaganda 은 이익을 남기고 대량 과잉 생산 문제를 해결하며 소비자본주의가 작동하도록 만들었다. 돈은 경제를 통해 더 빠르게 움직였다. 소비자가 무언가를 구매하면 점원, 공장 노동자, 경영자, 소유주, 투자자 등 거의 모든 이의 주머니로 돈이 흘러 들어갔고, 이들 역시 소비를 위한 준비가 되는 셈이었다. 소비자본주의의 천재성은 이 순환의 속도를 높이는 데 있었다. 소비는 고용, 임금, 그리고 생활 수준의 향상을 안겨줬다.

번영에 대한 값비싼 대가를 치른 건 자연이었다. 경제가 빠르게 순환하면서 천연자원의 고갈 속도는 높아졌다. 소비재를 생산하려면 에너지와 원자재가 필요했다. 자동차부터 선풍기까지 내구재는 구매 후에도 계속 원자재와 에너지를 소모했고 생산량이 급격히 증가하며 막대한 양의 천연자원이 필요해졌다.

'광란의 20년대'라고도 불리는 1920년대의 초대형 호황 산업이었던 자동차와 건설업에는 모두 철강이 필요했고, 때문에 철광석, 석탄, 코크스에 대한 수요가 높아졌다. 건축 호황 당시 세계 3대 최고층 건물, 즉 맨해튼 트러스트 빌딩(현 트럼프 빌딩), 크라이슬러 빌딩, 엠파이어 스테이트 빌딩이 세워졌고, 모두 1930년과 1931년 사이에 완공되었는데 엠파이어 스테이트 빌딩에만 58,000톤의 강철이 필요했다. 철강을 생산하는 도시의 공기는 발전의 냄새를 풍겼다.[62]

자동차의 경우 타이어, 호스, 전선, 개스킷에 고무가 필요했다. 1920년대 초, 미국은 전 세계 자동차의 85퍼센트를 소유했으며 주로 동남아시아에 있는 영국, 네덜란드, 프랑스 식민지에서 생산되어 전 세계에 공급된 고무의 75퍼센트를 사용했다. 영국이 세계 고무 공급량의 77퍼센트를 제공했다. 1922년, 영국이 고무 가격 유지를 위해 고무 수출을 제한하자 미국 타이어 및 자동차 제조업체는 자체적으로 고무를 생산하려 했다. 1926년, 헨리 포드가 브라질 아마존 열대우림에 고무 농장, 포드란디아Fordlandia를 세웠지만 노동력 문제와 열대성 질병, 고무 단일 재배지를 공격하는 토착 곰팡이로 인해 비싼 대가를 치러야 했다. 큰 성공을 바탕으로 파이어스톤Firestone Tire and Rubber의 하비 파이어스톤Harvey Firestone은 해방된 미국 노예들이 세운 나라 라이베리아에 대규모 고무 농장을 개발했다.[63]

이 모든 번영에는 대량의 석유가 필요했다. 자동차가 움직이려면 엔진 오일, 윤활유의 일종인 그리스 등의 석유제품이 필요했다. 전기 조명으로 등유 수요가 줄어들던 시기에 자동차는 석유 산업에 신이 선사한 선물과도 같았다. 제1차 세계대전 직전, 전 세계 해군은 실용적인 이유와 중동, 인도양, 아시아에서의 경제성 향상을 위해 석탄을 석유로 바꿨다. 1903년 미국의 라이트 형제가 최초로 동력 비행에 성공하면서 내연기관의 영향력이 하늘까지 뻗쳤다. 항공기 설계는 급속도로 발전했다. 제1차 세계대전 이후 10년 동안 항공기는 대서양, 태평양 등 사람이 거주하는 모든 대륙을 횡단했다. 1925년에는 상업용 항공 노선이 전 세계를 오갔다.

미국에는 대규모 유전이 많이 있어 석유를 풍부하게 공급받을 수 있었다. 유럽에는 바쿠와 루마니아에 유전이 있었지만 당대 기술로는 대부분의 유럽 지역에서 개발 가능한 유전이 없었다. 네덜란드 동인도제도의 석유는 로열더치셸Royal Dutch Shell을 세계적인 석유 회사로 만들어 주었다. 브리티시 페트롤륨British Petroleum, BP은 페르시아에서 나는 석유를 통제했다. 이 모든 유전과 베네수엘라, 멕시코, 아라비아 반도에 있는 유전에서 나는 석유에도 불구하고 1929년 미국은 전 세계 석유 70퍼센트와 대부분의 천연가스를 생산했다.[64]

석유는 석탄에 비해 장점이 많지만, 석탄이 취급하기 더 안전하고 유출되어도 큰 환경 문제를 야기하지 않으며, (광산에서 나오는 가스나 분진을 제외하면) 폭발하는 경우도 거의 없다. 석유는 날 때부터 추출과 운반이 위험하고 지저분했다. 석유가 발견될 때마다 빠르게 뽑아내부자가 되려는 시추업자들이 몰려들었다. 석유 시추와 생산은 대부분이 성급하고 부주의했으며, 때로는 자본도 부족했다. 초기 유전 주변의 초목과 토양, 구조물, 그리고 사람들은 석유로 검게 덮였고, 하천은 기름띠로 생긴 무지개 빛으로 반짝였다. 새로 발굴한 유전에서는 석유가 시추 장비를 날려버리고 며칠에서 몇 주 동안 통제 불능 상태로 '솟구치기'도 했다. 분출구에 있던 천연가스가 폭발하며 불붙은 기름방울이 사방으로 쏟아져 사람들을 인간 횃불로 만들고 나무로 만든 유정탑과 건물에 불을 붙였다. 등유 램프, 목재 난로, 담배는 연기와 가스에 불을 붙일 위험이 있었다. 연못에 저장된 석유는 지하수로 스며들어 토양을 오염시켰다. 노동자들이 마차, 철도, 유조차, 선박과 보트, 정유소를 오가며 석유를 옮길 때 유출된 기름은 고객에게 전달되는 과정에서 또다시 유출되었다. 파이프라인의 틈을 타고 석유가 누출되었다. 고객들은 결국 오래된 석유와 사용한 석유제품을 폐기해야 했고, 대부분은 하수구와 수로로 흘러 들어갔다.[65] 석유와 석유제품에는 초기엔 다들 몰랐던 독성, 발암성 화학물질이 다수 포함되어 있다. 정유소 근로자와 인근 마을 주민들은 높아진 암 발병률로 고통받았다. 휘발유에 납을 첨가하자 의사들이 거세게 항의했지만, 수십 년간 무시되었다. 배기가스는 제2차 세계대전이 끝날 때까지 거의 관심을 끌지 못했다.

이 시대의 또 다른 위대한 새 동력원인 전기는 나르고 쓰기에 깨끗하지만 만드는 일은 그렇지 않았다. 전력회사는 석탄을 때워 전력망에 전력을 공급했으며 나중에는 천연가스를 사용했는데, 이는 대기 오염과 석탄재 처리라는 환경 문제를 더했다. 캘리포니아나 일본처럼 석탄은 부족하고 지형이 유리한 곳에서는 댐을 이용해 발전기를 가동했다. 1929년 전 세계 수력 발전량의 3분의 1이 미국에서 생산되었다.[66] 1920년대와 30년대 미국은 서부 주에서 댐 건설을 시작했으며 이는 1970년대까지 지속되었고 전 세계 수많은 곳에 영감을 주었다. 후버 댐을 시작으로 연방 정부는 거대 댐을 건설하기 시작했으며 1930년대에는 세계 최대 규모의 댐 5개를 동시에 짓고 있었다. 댐은 엄청난 전력을 공급하면서 도시, 관개, 운항에 필요한 용수를 안정적으로 제공했다. 테네시 계곡에서는 침식 방지 역할도 했다. 무공해처럼 보이는 댐은 다른 환경 문제를 일으켰다. 아랫마을과 농장을 물에 잠기게 했고, 하천의 흐름을 방해했으며, 수온을 변화시켰고, 토종 어패류는 개체 수가 줄거나 아예 멸종했으며, 습지 서식지를 수몰시켰고, 연어와 같이 강을 거슬러 올라가는 어류의 이동을 막았다. 아주 건조한 서부

지역에서는 물이 증발하며 귀중한 물이 손실되었고 미네랄과 소금이 농축되었다.[67]

쓰레기 문제

소비자본주의의 소비재 대량 생산에 막대한 천연자원이 투입되면서 다른 한편에서는 어마어마한 양의 쓰레기가 배출되었다. 소비자는 새 제품을 구매하고 사용하던 것, 고장 난 제품, 원치 않는 제품, 일회용품을 버렸고, 이 모든 것은 어딘가로 향했다. 수요를 따라가기 위해 돌아가던 공장의 굴뚝에서 뿜어져 나온 연기는 숨 막히는 검은 구름으로 하늘을 채웠다. 배수관은 산업 및 가정 폐기물을 강, 하천, 항구에 쏟아냈다.

쓰레기는 빠르게 늘어났다. 1920년부터 1940년까지 미국인 1인당 고형 쓰레기 배출량은 15퍼센트 늘어났다. 소비자들이 좁은 도심을 벗어나 중앙 집중식 정책 적용을 어렵게 하는 교외로 확산돼 나가면서 쓰레기 수거는 더 어려워졌고 비용도 많이 들었다. 수거 트럭은 적재한 쓰레기를 버리기 위해 더 멀리 가야 했다. 개방형 기차와 트럭이 쓰레기를 운반할 때 바람이 불면 쓰레기와 먼지가 흩날렸다. 더욱이, 쓰레기 폐기장을 찾는 일은 현실적이면서도 정치적인 문제였다. 정치적인 힘을 행사할 수 있는 부유한 마을은 가난한 사회적 약자들이 사는 마을로 쓰레기 폐기장을 떠넘겼다. 개방형 폐기장은 비용이 덜 들었지만 해충을 끌어들이고 악취가 났으며 지하수를 오염시켰고, 때로는 화재도 일으켰다. 1920년대 일부 지역 당국은 폐기물을 혼합하여 매립하는 관행을 시작했다. 근대의 위생 매립 방식이 1920년대 영국에서 처음으로 등장했다(영국에서는 '통제된 폐기 controlled tipping'라고 불렀다). 미국에서는 1930년대 몇 안 되는 도시에서 이를 도입했다. 1935년, GE가 가정 싱크대에 설치하는 음식물 쓰레기 처리기 디스포절 Disposall 을 출시했고, 주방에서 나온 쓰레기는 하천과 강으로 향했다.[68] 많은 도시와 교외에 소각장이 생겼으며, 이 방식은 1930년대 후반까지 점차 인기를 얻었다. 현대적이고 위생적이며 상대적으로 오염에서 자유로운 것으로 여겨진 소각장은 영국, 독일, 프랑스, 미국 도처에 등장했다.[69]

전간기에는 산업 수질 오염의 위험성에 관한 관심이 높아졌다. 1923년에 공개된 한 보고서에 따르면 산업 폐기물로 인해 오염된 상수원이 248곳에 달했다. 석유에서 새 화학물질을 만들어 내면서 전에 없던 폐기물이 하천으로 흘러 들어갔다. 상수원에 섞인 폐기물은 조사관들을 당황케 했다. 공중 보건에 대한 위험성을 분석하거나 평가할 수가 없었기 때문이다. 결과적으로 산업 폐기물에 의한 수질 오염 문제에 대한 해결책은 제2차 세계대전 이후가 되어야 나오기 시작했다. 이와는 반대로 인간 배설물과 질병 사이의 관계를 잘 알고 있던 영국과 미국에서는 하수 처리장을 짓는 도시와 마을이 점차 늘었다.[70]

소비자본주의가 작동을 멈추면

미국의 소비자본주의는 세계 최대의 경제 호황을 이끌었다. 그러나 유감스럽게도 1929년 주식 시장의 붕괴로 많은 소비자가 큰돈이 드는 구매를 미루었다. 그러자 내구재가 팔리지 않아 재고가 늘었고, 공장 주문이 떨어져 노동자들이 일자리를 잃었고, 소비자 지출이 대폭 줄었고, 은행이 망했다. 상환하지 못한 소비자 부채는 자동차와 내구재의 압류, 그리고 더 이상 사려는 이 없는 부동산에 대한 차압으로 이어졌다.[71] 미국 경제 대부분의 영역이 거의 작동을 멈출 때까지 4년간 이어진 하향 곡선이 시작되었고 기울기는 점차 가팔라졌다. 소비자들은 1920년 경제가 절정에 달했을 때보다 가구에는 25퍼센트, 라디오와 악기에는 20퍼센트의 금액만 지출할 뿐이었다. 1929년에 비해, 1932년 철강 생산량은 12퍼센트, 자동차는 35퍼센트에 불과했다.[72] 미국 경제의 추락은 일부 국가에서는 붕괴를, 다른 국가에서는 둔화로 이어지며 약화된 유럽 경제 원동력의 상당 부분을 끌어내렸다.

소비자본주의는 폰지 사기와 닮았다. 생존을 위해서는 끊임없는 성장이 필요하다. 소비가 멈추거나 둔화되면 세계 경제 시스템은 휘청거리고 흔들린다. 불과 10년 만에 유례없는 성장을 이루고 맞이한 1920년대는 대공황으로 신음했다. 산업 생산량이 극히 일부분으로 줄면서 굴뚝은 조용해졌고 하늘이 맑아졌다. 자연은 만족을 모르는 자원에 대한 소비자본주의의 탐욕으로부터 10년간 해방되었다. 그리고 첫 번째 대전보다 훨씬 더 파괴적이고 전방위적인 두 번째 대전으로 세계 경제는 다시 맹렬히 돌아갔다. 제2차 세계대전으로 공장에서 생산이 재개되며 노동자들은 월급을 정기적으로 받게 되었다. 경제적 안정을 위해서라면 연기로 가득한 공기쯤은 감수해야 할 것처럼 보였다.

근대의 대량 생산과 대량 소비의 조합을 '포드주의Fordism'라 칭하지만, 실은 이 시스템의 진정한 창시자인 슬론의 이름을 따 '슬론주의'라고 부르는 게 더 맞을지도 모른다. 슬론의 경영은 1920년대와 1930년대 GM을 자동차 생산업의 정상에 올려놓았다. 소비주의 기반의 개인주의를 지지했으며 지역사회의 요구를 못미더워 했던 슬론은 뉴딜 정책에 반대하는 우익 세력에 자금을 지원했다. 또한 나치 시절 GM의 독일 지분을 처리하는 과정에서 과도하게 낙관적이거나 불안할 정도로 협조적이었다는 전후의 질의들을 회피했다. 슬론은 전쟁이 끝나고 경제가 다시 호황을 맞았을 때도 계속해서 GM을 이끌었고, 1956년 은퇴했으며 1966년 사망했다. 그러나 그 무렵 GM은 점차 보수적이고 경직되어 가고 있었다. 1940년대와 50년대의 미국, 그리고 1950년대와 60년대의 유럽에서 소비자본주의가 다시 활개를 치자 풍요 속에서 자란 새로운 세대는 자원을 약탈당하고 오염된 지구를 보며 비난했다. GM은 변하고 있는 세상의 도전에 맞서기 위해 고군분투했다.

7장

발아래 검은 황금, 석유

소비자본주의는 어디에나 있다

캘리포니아주 로스앤젤레스는 소비자본주의와 함께 성장했다. 1781년 스페인인들이 세운 로스앤젤레스는 19세기 후반에 철도가 개통되고 석유가 발견되기 전까지는 작은 도시에 불과했다. 땅은 저렴했고 평지였으며, 날씨는 거의 늘 쾌적했고, 끝없이 펼쳐진 해변과 샌버나디노 산맥과 같은 자연의 혜택을 누리는 곳이었다. 1913년에 구축된 수로는 시에라 네바다 산맥 동쪽에 있는 오웬스 밸리의 농부들에게 갈 물을 끌어와 로스앤젤레스가 자라도록 물을 주었다. 할리우드 영화 산업은 1920년대와 30년대에 로스앤젤레스의 이름을 널리 알렸다. 대공황 시기에는 수천 명이 일자리를 찾아 도시로 몰려들었는데, 대부분이 남부 출신의 복음주의교도였다.[1] 태평양 전쟁과 냉전 기간의 방위 산업과 군사 기지 덕분에 로스앤젤레스는 제2차 세계대전 이후 급성장했다. 도시를 지나가거나 남쪽 샌디에이고에 주둔했던 많은 전직 군인이 로스엔젤레스에 터를 잡았다. 전쟁이 끝나고는 수백만 명이 더 모여들었다. 1945년부터 1970년까지, 로스엔젤레스는 전후 소비자본주의, 비개혁주의 개신교도 건축가들, 이 모든 것의 환경적 영향이 다른 어떤 곳보다 두드러지게 나타났다.

로스앤젤레스의 성장은 자동차 산업의 확장과 궤를 같이했다. 제2차 세계대전 이후 전차 운행이 중단되면서 자동차는 거의 필수 소유물이 되었다. 차에서 내릴 필요 없는 드라이브인 영화관, 교회, 은행처럼 전에 없던 서비스가 생겨났다. 1930년대에는 자동차에 탄 고객의 주문을 받아 음식을 전달해 주는 드라이브인 레스토랑이 등장했다. 당대 패스트푸드 산업은 1948년 애너하임의 교외 지역에서 탄생했다. 아일랜드 이민자를 아버지로 둔 모리스 맥도날드Maurice McDonald와 리처드 맥도날드Richard McDonald 형제는 1948년, 저렴하지만(햄버거가 단돈 15센트였다) 한정적인 메뉴만 판매하며 주문 받는 직원이 없고 주방에는 단순 제조만 하는 비숙련 직원만 있어도 되는 드라이브인 레스토랑을 개점했다. 이 매장에서는 일회용 종이 접시나 종이컵에 담아 손으로 먹을 수 있는 음식을 판매했으며, 깨지거나 훔쳐갈 수 있는 식기나 그릇은 사용하지 않았다. 사업은 대성공이었다. 이들은 가맹점 영업권을 팔기 시작했다.

체코 이민자의 아들이자 밀크셰이크 제조기 판매원이었던 레이 크록은 맥도날드가 구입한 기계의 양을 알고는 큰 충격을 받았다. 그리고 1954년, 맥도날드 레스토랑의 가맹 영업 사업권을 매수했다. 공격적인 세일즈맨이었던 윌리엄 듀런트처럼 크록은 20년 동안 전국에 수천 개의 맥도날드 가맹 영업권, 즉 프랜차이즈를 판매했다. 자기 아이디어를 따라 사업을 하고자 했던 크록은 1961년 맥도날드 형제에게서 맥도날드를 인수했다. 크록은 어린이들이 어른과 함께 매장을 방문하리라는 것을 알았다. 이에 어린이를 대상으로 마케팅을 집중시켰다. 광고도 어린이 대상 텔레비전 프로그램에 방영했다. 1965년에는 로널드 맥도날드라는 이름의 광대가 맥도날드의 마스코트가 되었다. 월트 디즈니의 전직 디자이너가 설계한 작은 놀이터가 새 레스토랑에 설치됐다. 미국 방방곡곡에 패스트푸드 체인점이 넘쳐나자 맥도날드는 해외 시장 개척을 모색했다. 크록은 1974년 은퇴했지만, 맥도날드는 사람이 거주하는 모든 대륙의 100개 이상 국가로 계속해서 퍼져 나갔다.

맥도날드 체인이 크게 성공하자 비슷한 패스트푸드 모델을 따라 하는 브랜드가 우후죽순 나타났다. 버거킹, 웬디스, 켄터키 프라이드 치킨^{KFC}, 던킨도너츠, 칼스 주니어, 타코벨 등이 뒤를 따랐으며, 다른 여러 업계의 기업가가 크록의 프랜차이즈 시스템을 모방했다. 프랜차이즈 사업 광고는 텔레비전과 인쇄물, 그리고 미래에는 인터넷까지, 어디서든 찾아볼 수 있었다. 고속도로 체계가 발달하면서 프랜차이즈 매장은 도로와 고속도로를 따라 확산되었고, 도심으로도 침투했다. 도시와 마을의 자영업자들은 프랜차이즈 브랜드의 광고 공세와 안정적으로 획일화된 제품에 밀려 손실을 입거나 아예 가게 문을 닫았다.[2]

1970년, 미국 사회의 구석구석을 장악한 소비자본주의는 대륙을 벗어나 더 넓은 세계로 나아갔다. 패스트푸드부터 슈퍼마켓의 가공식품에 이르기까지, 식품은 마치 1920년대의 비누나 데오도란트처럼 포장되고 광고되었으며, 싸고 쉽고 빠르게 구할 수 있는 품목이 되었다. 이 모든 것이 환경에 미친 영향은 어마어마했다. 각 프랜차이즈는 품질, 맛, 가격 등을 안정적으로 유지하기 위해 햄버거, 빵, 감자튀김, 소스, 밀크셰이크, 그 외 무엇이 되었든 해당 브랜드가 전문으로 하는 제품을 만들기 위해 엄청난 양의 식재료가 필요했다. 농부들은 대량 구매하는 기업에 맞춰 동물과 곡물을 생산해야 했는데 이는 호르몬과 항생제를 먹인 육류와, 농약과 제초제를 뿌린 곡물을 대량으로 생산해야 한다는 의미였다. 원자재 값이 떨어지며 농장과 목장의 규모도 커졌다. 그리고 이 흐름은 미국 경제 전반에 걸쳐 나타났다. 1960년대는 전에 없던 자의식적 소비주의의 시대$^{\text{self-consciously consumerist age}}$가 되었다.

1970년 이전의 전후 소비자본주의

급성장하는 소비자본주의는 크록이 성공할 수 있는 환경을 조성해주었다. 제2차 세계대전은 미국 경제를 활성화하고 사기를 북돋웠다. 그러나 충격에서 헤어 나오지 못하고 있던 일본과 동아시아, 소련, 유럽의 주민들은 전쟁으로 폐허가 된 도시와 경제를 수십 년에 걸쳐 재건해야 하는 과제에 직면했다. 이후에는 소비자본주의가 이들 국가에도 침투하게 될 것이었다. 마셜 플랜으로 알려진 냉전 시대 미국의 대외 원조 사업은 서유럽과 동아시아 경제 부양을 위해 수십억 달러의 보조금을 지급하고 대출을 지원했다. 그러나 미국의 프랭클린 루스벨트 정권의 뉴딜 정책을 시작으로 1945년 이후 전 세계 모든 민주주의 국가에서 정부가 시장과 대기업을 규제하고 사회 복지 시스템을 도입했다는 점이 더 중요하다. 이러한 정책들 덕분에 소비자의 주머니에 현금이 계속해서 충전될 수 있었기 때문이다.

비공산권 동맹국들은 보호주의와 경제 붕괴가 파시즘의 부상을 조장하여 제2차 세계대전이 일어났다고 믿고 자유무역 촉진을 위한 중요 합의를 도출했다. 1944년에 체결한 브레턴우즈 통화 협정을 기반으로 세계은행과 국제통화기금^{IMF}이 설립되었고, 가난한 나라의 개발을 도왔다. 1947년에 체결된 '관세 및 무역에 관한 일반 협정'은 세계 자본주의 경제가 성장할 수 있는 국제적 차원의 틀을 마련했다. 덕분에 1970년대까지 경제는 큰 침체 없이 안정적으로 성장했다.

세계는 빠르게 변하고 있었다. 유럽은 미국이라는 거인 옆에서 위축되었다. 유럽 국가들이 제국을 세워 세계를 제패하는 데는 500년이 걸렸지만, 무너지는 데는 단 50년이 걸렸다. 수많은 사상자를 낸 두 차례의 파괴적인 전쟁, 일본의 아시아 영토에서의 유럽인 퇴출, 전후 약화된 유럽 경제는 유럽의 권세에 대한 경외심을 떨어뜨렸다. 낙관주의로 가득 찬 남반구의 신생 국가들은 자국의 경제와 제도 발전을 위해 본보기로 삼을 대상을 물색했다. 이 중 일부 국가는 혼돈과 부패로 고통받았지만, 일부 국가는 안정적으로 번영했다. 식민지에서 독립한 대부분의 국가 경제는 여전히 외국 기업 소유의 채취 산업(광산, 농장, 목재)에 의존하고 있었다. 경제 발전과 세계의 소비자본주의에의 동참은 균등하지는 않았지만 꾸준히 확대되었다.

    냉전과 핵무기 경쟁이 유발한 불안감은 시대에 그림자를 드리우기는 했지만 전반적으로는 낙관적 분위기가 팽배했다. 더 나은 세상이 오고 있다는 가능성과 희망을 바탕으로 사회적 변화가 일어나고 있었다. 미래에 대한 믿음과 낙관주의는 1940년대 중반부터 1960년대 중반까지 전 세계적으로 이어진 베이비붐으로 드러났다.[3] 젊고 활기가 넘치는 존 F. 케네디 대통령은 유례를 찾기 힘들 정도의 국력과 번영으로 모든 게 가능할 듯했던 1960년대 초의 역동성을 상징하는 듯 보였다. 또한 미국에서는 한 세기 만에 인종적 평등 부문에서 가장 크게 전진했다. 시민 평등권 운동Civil Rights movement은 1963년 '워싱턴 행진', 1964년 '미시시피 자유 여름'과 같이 유명한 사건과 1964년 민권법Civil Rights Act 제정, 1965년 선거권법Voting Rights Act과 같은 획기적인 입법에 영감을 주었다. 미국 인종차별의 역사는 마침내 마지막 장에 접어든 듯 보였다. 1963년 린든 존슨이 케네디의 후임 대통령이 되었다. 1964년 존슨 대통령은 마침내 인종차별, 빈곤, 무지, 공해가 추방되는 '위대한 사회Great Society'라는 목표를 선포했다. 그리고 이 모든 문제를 해결하기 위해 극적이며 역사적인 법률이 줄지어 제정되었다.

    이와 같은 분위기는 산업화된 민주주의 국가들을 넘어 세계로 확산되었다. 소련에서는 1953년 스탈린 사망 이후 니키타 흐루쇼프^{Nikita} ^{Khrushchev}가 정치범을 다수 석방했다. 소련 경제는 빠르게 성장하여 소비재 생산이 늘어났다. 1964년 흐루쇼프는 권력을 잃었지만 탈스탈린화는 바르샤바 조약을 체결한 다른 국가들로도 퍼졌다. 공산주의 국가였던 체코슬로바키아는 점진적으로 규제와 통제를 완화했고, 이는 알렉산데르 둡체크$^{\text{Alexander Dubček}}$의 자유주의 개혁과 1968년 프라하의 봄으로 이어졌다. 중국에서는 대약진 운동에 실패한 마오쩌둥이 문화대혁명을 일으켜 권력을 되찾고 청년들의 이상주의를 이용해 친자본주의 세력을 뿌리 뽑으려 했다.

이 시대는 계몽주의와 제도의 우월성에 대한 유럽인의 자신감이 절정에 달했던 시기이다. 물론 서구의 과학과 기술은 성공적인 업적을 남기며 전 세계를 감탄시켰고, 빈국의 지도자들은 산업화가 가져다준 힘과 번영을 부러워했다. 냉전이 심화되면서 미국과 소련은 전 세계에 영향력을 행사할 수 있는 실존적인 경쟁을 벌였다. 미국 문화 중에서도 음악(특히 로큰롤, 리듬 앤드 블루스)과 엔터테인먼트(미키 마우스 등)는 철의 장막*을 넘어 공산주의 기반 동유럽과 소련에까지 거의 모든 곳의 문화에 스며들었다. 그러나 마르크스주의 기반 사회주의의 과학적 논리에는 어느 곳의 지식인이든 부정하기 어려운 매력이 있었다. 이에 대응해 미국은 공산주의의 종교를 향한 적대감과 권위주의적 경향을 강조하고, 입헌 민주주의, 인권, 자유 시장 자본주의를 '자유 세계'의 원칙으로 삼았다. 미국 대통령들은 대개 세 번째 원칙을 위해 앞선 두 가지 원칙을 지키지 않기도 했기 때문에, 미국의 포용 정책은 완전히 일관적이지는 않았다. 그렇지만 자유국가와 공산국가 모두 합리적 시스템의 힘에는 큰 신뢰를 보였다.

---

* 제2차 세계대전 이후 소련과 동유럽 공산국가들이 보인 폐쇄성을 비유한 표현.

뉴딜 정책과 제2차 세계대전은 미국의 경제 밸브를 최대치로 열었고, 전쟁이 끝나자 소비자본주의는 고옥탄가 연료를 넣은 레이싱카처럼 거침없이 질주했다. 뉴딜 정책은 중요한 경제적 효과를 여럿 가져왔다. 새로운 정책, 그리고 노동조합에 대한 정부 지원으로 임금과 생산성이 높아졌고 노동 시간은 줄었다. 연방 정부는 도로, 교량, 정부 건물, 대규모 수력 발전 댐, 농촌 전기화, 환경보호 및 홍수 대비 시설 등 인프라에 대대적으로 투자했다. 누진세와 사회보장제도 같은 사회 정책을 통해서는 소득 불평등을 완화했다. 이후 30년 동안 모든 미국인 계층의 개인 소득은 거의 같은 비율로 증가했으며, 소득 불평등도 크게 심화되지 않았다. 그리고, 새로운 기관과 정책 들은 투자자부터 농부, 주택 소유자에 이르기까지 모든 이에게 부과되는 경제적 위험을 줄였다. 제대 군인 지원법인 지아이빌$^{G.\,I.\,Bill}$은 주택 소유와 다른 혜택과 더불어 교육 수준에 있어서도 크게 진일보할 수 있도록 자금을 지원했다. 여기에, 전시^{戰時}에 연방 정부가 투자한 결과 생산성이 크게 증대되어 1940년부터 1945년까지 자본금이 50퍼센트 증가(공작기계의 수만 두 배 증가했다)했으며, 모두가 더 새롭고 현대적이었으며 생산성도 더 높았다. 전쟁을 위한 생산 수요 때문에 기업들은 더 효율적인 운영법을 찾아야 했다. 1870년부터 1970년까지 한 세기 동안 미국은 기술과 혁신 분야에서 전 세계를 지배하게 되었다. 1930년대와 40년대에 유럽에서 과학, 기술, 문화 분야의 인재들이 대거 미국으로 이주한 덕분에 미국은 다른 모든 나라보다 큰 혜택을 입었고, 전쟁이 끝났을 때 미국은 (거의) 독보적인 과학 기술 혁신의 중심지로 우뚝 섰다.[4]

전쟁은 화학 기업에 성장 기회를 제공했다. 전쟁이 끝나고 평화로운 시기가 도래하자 기업들은 새로운 화학물질을 생산하는 공장을 세우고 이를 판매할 소비자 시장을 모색했다. 기업 산하 연구소에서는 새로운 인공 플라스틱과 섬유가 쏟아져 나와 소비자 제품으로 탈바꿈하여 시장에 나왔다. 이 시대 기적의 물질인 플라스틱은 모든 종류의 제품에 쓰였다. 또한, 화학기업들은 새롭고 강력한 살충제를 개발해 농부와 대중에게 판매했다. 기업 소속 화학자들은 수백, 수천 가지의 새로운 화학물질을 만들었고, 기업들은 제조업은 물론 소비자들도 수많은 용도로 이 물질들을 사용할 수 있다며 공격적으로 홍보했다.

가전제품 기술도 빠르게 발달했다. 1940년대 말에 발명된 트랜지스터는 텔레비전, 라디오를 비롯한 여러 가전제품 속 진공관을 대체했다. 작고 더 저렴해진 전자기기들은 일상생활에 널리 보급됐다. 전쟁 당시 사용된 이전 세대 제품을 바탕으로 개선된 아이비엠[IBM]의 방 크기만한 컴퓨터는 은행과 대학의 냉난방이 되는 지하실을 가득 채웠고, 1960년대에는 소형 컴퓨터가 우주비행사와 함께 우주로 향했다. 인터넷의 시초인 아르파넷[ARPANET]*은 1960년대 후반 형태를 갖추어 1971년 최초의 이메일을 전송했다. 의학 분야 역시, 수술기법(장기이식, 개심수술 등), 항생제, 백신(소아마비, 뇌염, 독감, 홍역, 볼거리, 풍진 예방용), 방사선 치료 및 방사성 동위원소 치료, 화학요법, 호르몬 피임법(경구 피임약) 등의 부문이 급속도로 발전했다. 정부와 군이 아낌없이 투자한 덕분에 항공우주 기술 역시 빠르게 발달해, 1970년에는 거대한 보잉 747기 수백 대가 전 세계 하늘을 가로질렀고 아폴로 우주선이 인간을 데리고 달에 다녀왔다. 인공위성은 천문학, 기상학, 통신, 지구 정찰 영역에 혁명을 일으켰다.[5]

이렇듯 다양한 혁신과 발명에도 불구하고 전후 미국의 호황기는 1920년대에 겪은 것과 무척 닮아 있었다. 수백만의 소비자가 텔레비전부터 의류 건조기, 에어컨 등 새로운(혹은 전에 없이 저렴한) 소비재

---

* Advanced Research Projects Agency Network of the U.S. Department of Defense(미국방부 고등연구계획국 네트워크)의 줄임말.

를 구입했다. 부유한 젊은이들은 자동차와 주택을 구입했다. 교외 지역은 모든 주요 도시 주변의 농지로 팽창했다. 도시와 주에서는 교외 거주 주민이 이리저리 이동하고 도심에 있는 직장으로 출퇴근할 수 있도록 도로를 건설했다. 연방 정부는 1956년 이후 광범위한 주간(州間) 고속도로 체계를 구축하는 등 도로 건설에 막대한 비용을 들였다. 지방 정부와 철도회사는 버스를 제외한 대부분의 대중교통 수단을 없앴다. 구도심 외곽에 사는 이들의 일상에서 자동차는 필수였다. 주유소부터 맥도날드와 같은 패스트푸드 프랜차이즈 매장에 이르기까지 여러 분야에서 자동차 중심 사업이 번창했다. 주차 공간이 많은 쇼핑몰과 대형 상점이 생겨났다. 그러나 중산층이 교외로 나가면서 도시는 세수 기반을 잃었다. 기업들은 도심을 떠나 교외에 있는 도로변 주요 상점가나 주차 공간이 많은 상업 지구에 사무실을 열었다. GM에게는 바로 이때가 황금기였다.

전쟁이 끝난 후, 번영이라는 사과 속에 벌레 한 마리가 있었다. 그리고 이 벌레는 1970년대 말 세상에 나오기 전까지 눈에 띄지 않게 서서히 성장했다. 1930년대 초 소련이 진행한 실험의 명백한 성공은 말할 것도 없고, 뉴딜 정책의 규제와 정부 행동주의는 알프레드 슬론을 비롯한 일부 부유한 기업 리더를 놀라게 했고 이들은 약한 정부와 낮은 세금을 알리는 선전 네트워크를 만들기 시작했다.[6] 기업 광고는 개인주의를 조장하고 소비와 민주적 자유를 같은 것이라고 홍보했다.[7] 석유와 가스, 담배 산업 등 규제로 인해 손해를 볼까 두려운 업계의 백만장자들은 근본주의와 복음주의 교파에 돈을 쏟아부었고, 전쟁이 끝난 뒤 이러한 단체들의 문화적·정치적 영향력은 점차 커졌다. 이 교회들은 사회 발전보다는 개인의 영성을 더 강조했다.[8] 백만장자와 기업들은 여론, 입법부, 정치인, 법원에 미칠 영향력을 손에 쥐기 위해 재단, 연구소, 싱크탱크, 언론 단체로 구성된 광범위하고 밀집한 시스템을 수십 년에 걸쳐 조직했다. 신성한 자유와 무신론적 공산주의의 대결로 묘사되는 냉전은 사업가들이 깃발로 자본주의를 감싸 하늘로 들어 올리도록 도왔다.[9] 이들의 가장 큰 승리는 미국 성장의 시기였던 이때 이후까지도 남아 있다.

텔레비전 선전의 영향력

전후 소비자를 상대로 한 영업의 정교함과 영향력은 비약적으로 높아졌다. 1950년, 다이너스 클럽은 현금이 없는 소비자도 더 쉽게 물건을 살 수 있도록 최초의 일반 신용카드를 출시했다. 이후 은행, 석유 회사 등 여러 기업에서 유사한 카드가 다수 출시됐다. 자동차를 타고 하는 쇼핑을 더 쉽게 만들기 위해 전국 교외 지역에 쇼핑몰이 생겼다. 1960년대, 쇼핑객들은 밀폐된 쇼핑몰에서 에어컨을 쐬며 편안하게 쇼핑했고, 건물 인테리어는 판매자가 쇼핑객에게 미묘하게 영향을 미치면서 의도치 않은 구매를 하게끔 디자인되었다.

라디오, 영화, 인쇄물 대신 가정에 텔레비전이 빠르게 보급되면서 기업의 상업 및 정치 선전은 새로운 시대로 접어들었다. 미국의 텔레비전 네트워크는 민영 방송사로 이루어져 있었고 이들은 전적으로 광고 수익에 의존했다. 오락 거리가 시청자의 관심을 끄는 동안 광고주들은 제품을 팔려고 시도했다. 광고 대행사들은 이미지와 짧은 이야기의 잠재력을 충분히 활용하면서 기존의 판매 방식도 함께 사용했다.[10] 새로운 매체의 힘은 유명 담배 광고에서 드러났다. 다른 담배 대기업에 밀리고 있던 필립 모리스$^{Philip\ Morris}$는 1954년 시장 점유율이 1퍼센트에 불과했던 자사의 브랜드 '말보로'에 대한 텔레비전 광고 캠페인을 시작했다. 광고는 남성성을 강조했고, 판매량은 급격히 늘었다. 10년 후, 광고 대행사 레오 버넷$^{Leo\ Burnett}$은 텍사스 서부에 있는 포식스 랜치 $_{6666\ Ranch}$를 배경으로 한 거칠고 사실적인 카우보이의 모습을 보여주는 광고를 제작했고, 이 광고는 대박이 났다. 시청자들은 영화 〈황야의 7인〉의 주제곡에 맞춰 담배를 피우는 카우보이들이 말을 타고 소를 몰고, 모닥불 옆에서 쉬고 낚시하는 모습을 화면으로 지켜봤다. 각 지역 문화에 맞게 조금씩 조정된 이 광고 캠페인은 제품 품질에 관한 설명은 일언반구 없었지만, 말보로를 세계에서 가장 많이 팔리는 담배 브랜드의 자리에 올려 놓았다. "말보로 컨트리로 오세요."라는 광고 문구에 수많은 흡연자가 몰려들었다.[11] 텔레비전 광고는 놀라운 설득의 힘을 지녔지만 기적을 일으키지는 못했다. 아무리 광고를 해도 소비자들은 악명 높은 포드의 에드셀^{Edsel}을 구매하지는 않았다. (어쩌면 담배를 피우는 카우보이가 에드셀을 운전하는 모습을 보여줘야 했는지도 모른다.)

<그림 11> 1950년대, 한 가족이 텔레비전 앞에 모여 있다. 1960년, 소비자본주의의 가장 강력한 선전 장치였던 텔레비전이 없는 가정은 거의 없었다. 이 아이들처럼 전후 서방 국가 대부분의 세대는 차가운 빛을 내뿜는 브라운관 앞에서 자랐다. (H. Armstrong Roberts. Alamy, CMRT0Y)

그렇지만 텔레비전 광고는 무척 효과적이었기 때문에 정치인, 정당, 정부 선전가들이 이 방법을 채택했다. 정치인과 정치 공작원은 1952년 전당대회가 사상 처음으로 텔레비전 중계되면서 이 매체가 지닌 힘을 발견했다. 전당대회 현장에서는 반응이 좋은 행사도 텔레비전을 통해 방영되면 효과가 없다는 사실을 깨닫고, 이후 전당대회에서는 현장의 대의원보다 카메라를 위한 행사를 더 많이 준비했다. 그해, 리처드 닉슨은 텔레비전으로 방영된 '체커스 연설'을 통해 부패 혐의를 방어하면서 자신의 정치 경력을 지켰다. 텔레비전의 진정한 힘은 1960년 9월 26일 생방송으로 중계된 리처드 닉슨과 존 F. 케네디의 첫 대선 토론을 통해 알 수 있었다. 많은 이가 이 방송으로 케네디가 대통령이 되었다고 믿었다. 린든 존슨은 케네디에게는 있었던 카리스마가 없었고, 1964년 대선에 당선되기 위해 네거티브 광고에 과도하게 의존했다. 1960년대의 광고 캠페인은 정치인을 마치 비누처럼 대중에게 팔았다. 1968년, 닉슨은 다시 대선에 도전했다. 조 맥기니스Joe McGinnis가 저서 《1968년, 대통령을 팝니다The Selling of the President 1968》에서 기록한 것처럼 닉슨은 로저 에일스Roger Ailes를 고용해 미디어 이미지를 구축했다. 이때 성공을 거둔 에일스는 이후 로널드 레이건, 조지 H. W. 부시의 캠페인을 도왔으며, 신생 케이블 채널인 폭스 뉴스에서 그를 영입했다. 에일스는 강력한 보수 미디어의 고문이자 우익 선동가의 대가가 되었다.[12]

텔레비전은 1970년 이후 거대한 규모와 영향력으로 급성장한 서비스 기업을 상징이기도 했다. 방송사는 광고 매체로서 프로그램을 제공하기 시작했다. 신문과 라디오도 광고를 판매하기 위한 정보 전달자로서의 길을 준비하기 시작했지만 그 영향력이 텔레비전에 미치지는 못했다. 1980년대 케이블 방송사가 등장하기 전까지 텔레비전 채널은 무료로 송출되었다. 광고는 제품 정보를 제공하는 데서 더 나아가, 지위, 성별, 그리고 이미지까지 판매했다.

선진국에서 자란 전후 세대는 텔레비전 화면 앞에서 성장한 최초의 세대이며, 이전 세대보다 소비자본주의의 가치를 더 깊숙이 흡수한 젊은 세대이다. 1960년대와 70년대, 소비문화에서 벗어났다고 생각했을 때도 이들은 개인주의적 생활방식, '자아 찾기' 혹은 '잠재력 실현'을 위한 개인의 자유, 마약과 섹스를 통한 자기만족과 같은 소비자본주의적 가치를 좇았다. 이와 같은 반문화는 상업화하기 쉬웠고 빠르게 소비자 문화에 침투해 스타일, 오락 등 다양한 것을 형성했다. 21세기가 되면 텔레비전은 선전 매체로서의 우위를 새로운 매체, 인터넷에 내어주게 된다. 인터넷은 주머니나 가방에 들어갈 정도로 작은 기기에서 자유롭게 이용할 수 있으며, 그 소유주의 손을 결코 떠날 일이 없었다. 모든 광고주에게는 꿈의 매체였다.

세계 에너지 전환

소비자본주의의 원동력인 석유는 전 세계적으로 석탄을 대체하게 되었다. 미국이 앞장서고 서유럽과 일본이 뒤를 따랐다. 유럽의 에너지 사용량에서 석유가 차지하는 비중은 1955년 23퍼센트에서 1972년 60퍼센트로 증가했고, 일본의 경우 1950년 7퍼센트였던 것이 1970년 70퍼센트로 급증했다. 1972년 세계 석유 수요는 1949년 대비 5.5배 이상 증가했다. 석탄은 많지만 석유는 (아직) 없었던 영국은 마지못해 석탄을 석유로 대체했다. 석유가 더 저렴한 상황에서 비용이 더 들어가는 석탄을 사용하면 외국 산업에 경쟁 우위를 잃을 수 있다는 제번스의 주장 때문이었다.[13]

그래도 대규모 유전이 속속 발견되면서 공급이 수요를 따라잡을 수 있었다. 지질학자들은 1948년 사우디아라비아 가와르, 1959년 중국 다칭, 1960년 서시베리아, 1968년 알래스카 프루드호만, 1969년 북해에서 대규모 유전을 발견했다.[14] 더불어 셀 수 없이 많은 소규모 유전이 전 세계에서 계속 발견되었다. 비공산권 국가의 석유 생산량은 1948년 일일 870만 배럴 수준이었으나, 1972년 4,200만 배럴로 증가했다. 미국의 생산량도 꾸준히 늘었지만 해외에서 대규모 유전이 발견되면서 같은 기간 세계 생산량에서 차지하는 비중은 64퍼센트에서 22퍼센트로 줄어들었다.[15]

중동의 거대 유전은 사실상 서유럽의 문 앞에 있었기 때문에 1948년 77퍼센트를 서반구에서 수입하던 유럽은 몇 년 후 80퍼센트를 중동에서 수입했다. 하지만 문제가 있었다. 아랍 민족주의의 부상이 우려되었던 것이다. 유럽으로 들어오는 석유의 3분의 2가 통과하는 수에즈 운하를 통제하는 것은 무척 중요한 일이었다. 1956년, 이집트는 서방 국가들이 자금 지원을 거부한 아스완댐 건설 비용을 지불하기 위해 수에즈 운하를 점령했다. 시리아는 정치적 목적으로 유럽으로 향하는 주요 파이프라인을 24시간 동안 폐쇄했다.[17] 불안정한 에너지 공급이 우려된 유럽은 최근 일본 조선업체가 개발한 대형 유조선, 슈퍼탱커를 이용해 아프리카 대륙을 돌아 유럽으로 원유를 수입하는 방식을 채택했다. 이쪽이 비용은 덜 들고 효율은 더 높았다. 수송 기술의 획기적인 발전을 대표하는 슈퍼탱커는 값싼 석유제품을 세계에 공급하는 데 필수적인 역할을 해 오고 있다.[18]

소비자본주의의 세계화

수송 부문의 또 다른 혁신은 소비자본주의의 성장을 촉진한 컨테이너선이다. 제2차 세계대전 이후 미국 철도는 트럭에게 잃은 화물 지분 일부를 되찾고자 트럭에 트레일러를 연결해 운반하기 시작했다. 1955년, 맥린 트럭회사McLean Trucking의 말콤 맥린Malcom McLean은 트레일러 해상 운송의 가능성을 내다보고 한 해운회사의 경영권을 인수했다. 그리고 그는 바퀴 달린 트레일러를 배에 싣고 내리는 대신 바퀴와 구동 장치를 뺀 트레일러, 즉 컨테이너를 크레인으로 배에 싣는 아이디어를 떠올렸다. 1956년, 맥린의 씨랜드 서비스$^{Sea-Land\ Sservice}$는 최초의 컨테이너선을 출항시켰다. 컨테이너선은 매우 효율적이었고, 화물을 더 빠르고 저렴하게 싣고 내릴 수 있었다. 맥린의 엔지니어들은 컨테이너를 재설계해 켜켜이 쌓인 컨테이너가 서로의 무게를 견디면서 단단히 고정되고, 하역 시 갠트리크레인이 컨테이너를 쉽게 들어 올릴 수 있도록 만들었다. 1963년, 맥린은 컨테이너선 설계의 특허를 공개해 업계 표준화를 이끌었다.[19]

컨테이너선은 국제 무역을 완전히 바꿨다. 지리적으로 불리한 일본의 위치는 세계의 주요 수출국이 되는 데 더 이상 걸림돌이 되지 못했다. 곧 한국, 대만, 말레이시아, 싱가포르, 필리핀이 그 뒤를 이었고, 20세기 말에는 중국도 대열에 합류했다.[20] 운송 비용을 낮추기 위해 선박은 점점 더 커져, 2000년대 초에는 하나의 선박이 15,000개 이상의 컨테이너를 실을 수 있게 되었다.

소련과 동유럽 동맹국에 들어온 건 소비자본주의가 아닌 소비주의였다. 1930년대 소련과 주변국의 당국들은 생산적인 노동자, 정치 지도자 등 사회주의 가치의 모범을 보인 이들에게 소비재를 지급했다. 제2차 세계대전 이후 소득이 증가하며 사람들의 소비욕이 커졌다. 정부는 가게에 상품과 자동차, 그 외 여러 제품을 가져다 놓겠다 약속하며 그것을 소비자본주의에 물든 서구를 뛰어넘겠다며 국민에게 약속하는 기준으로 삼았다. 라디오와 텔레비전 프로그램, 밀수품도 서구의 번영과 상품을 향한 충족되지 않은 선망을 일으키는 데 일조했다. 공산주의의 정치적 기반은 중공업에 있었기 때문에 사회주의 당국은 약속한 물자를 제공할 수가 없었다. 소비재 공급은 여전히 부족했고, 품질도 좋지 않았다.[21]

북미, 유럽, 일본을 제외하면 소비자본주의는 균일하게 발전하지 못했다. 1948년의 독립 이후 30년 동안 인도에서는 도시 중상류층이 발달하면서 소비자본주의도 이곳에 발을 디뎠다. 1991년 인도가 자국의 자립 경제를 개방한 이후 전자제품과 소비재가 보급되었고 이는 점차 시골 마을로 퍼졌다. 점진적이기는 했지만 소비주의는 불과 한두 세대 만에 인도의 전통적인 삶을 완전히 바꿔버렸다. 인도 북쪽에 있는 덩치 큰 이웃인 중국은 독특한 정부 주도의 혼합 공산주의적 자본주의 체제에도 불구하고 아직 소비자본주의 세계에 들어서지는 않았다. 물론 현재는 전 세계로 팔려 나가는 수많은 소비재를 생산하고 있지만 말이다. 그러나 1997년 이후 한때 무료였던 주택과 교육, 의료 비용 책임을 가정으로 넘기면서 구매를 통한 경박한 서구식 자기만족을 억제하는 정책을 펼쳤다. 라틴아메리카와 아프리카에서도 소비자본주의는 느리기는 하지만 꾸준히, 그리고 여전히 불균등하게 발전해 왔다.[22]

번영의 환경적 대가 - 석유

1945년 이후 소비자본주의의 확산 속도가 빨라지며 환경 문제도 함께 늘어났다. 대기와 수질 오염, 화학물질 사용, 플라스틱 및 기타 합성 물질, 스프롤 현상, 넘치는 쓰레기 매립지, 댐과 관개 시스템 등 1920년대의 좋은 시절에 그늘을 드리우게 했던 모든 생태적 공포와 방사성 물질 등 완전히 새로운 문제가 그 어느 때보다 더 큰 규모로 다가왔다. 소비자본주의 사회는 황금빛 성공이 배출한 폐기물에 질식해 갔다.

1945년 이후에야 석탄에서 석유로의 에너지 전환에 따른 청구서가 도착했다. 아이러니하게도 가스와 석유를 매력적인 선택지로 만들었던 특성들이 문제를 일으켰다. 석유와 석유제품은 액체라 보관이 어렵다. 유정, 배럴 통, 파이프라인, 탱크를 통해 독성이 있는 인화성 기름이 유출되기도 하며, 컨테이너에서 차량으로 옮겨지면서 유출되기도 한다. 정유소는 유독한 발암성 증기를 내뿜으며, 유해하며 위험한 화학물질을 수로에 유출하거나 버린다. 기업과 과학자 들은 이러한 문제를 일찌감치 인지하고 있었으며, 1920년대와 30년대에는 문제를 해결하기 위해 노력했고 효과는 제한적이었을지언정 성공하기도 했다.[23]

1967년 3월 18일, 세계는 석유에 기댄 대가를 한 번 더 치렀다. 쾌청한 날씨의 대낮, 숙련된 선장의 지휘 아래 최적의 상태로 12만여 톤의 쿠웨이트산 원유를 영국의 정유공장으로 운반하던 슈퍼탱커 토리캐니언호Torrey Canyon가 악명 높은 세븐스톤리프Seven Stones Reef에서 좌초됐다. 바람 덕분에 유출된 석유의 85퍼센트가 대양으로 흘러갔고 일부만이 영국 콘월 연안과 프랑스 브르타뉴 연안에 도달했다. 하지만 그 일부만으로도 약 225킬로미터에 달하는 해안과 해변이 검게 물들었다. 토리캐니언호는 민영 기업 소유의 선박이었으며 국제 해역에 있었다. 소유주인 유니언 오일 오브 캘리포니아Union Oil of California와 운영사 BP는 배를 복구하거나 적어도 보험담보 범위를 위태롭게 하지 않기를 바랐지만, 배가 파손되면서 인양 작업은 실패로 돌아갔다. 어떤 기관에서도 이런 사고를 대비하지 않고 있었던 탓에 대응 체계도 없었고 처리는 지지부진했다. 지역, 국가, 군, 민간 관계자들에게는 종합 계획이 없었고 비용 지급 주체가 불확실했기 때문에 당황한 상태였으며, 정치적 파장이 일 것을 걱정했다. 결국 정부는 폭탄과 네이팜탄을 터뜨리고 등유를 태우는 방식으로 유조선을 파괴해 남은 석유를 태우기로 결정했다. 토리캐니언 호는 내화성 구조였기 때문에 이 모든 수단에도 결국 4만 톤의 석유를 태우는 데 그쳤다. 자원봉사자, 공무원, 군인 들이 바위와 해변으로 모였다. 그리고 소규모 항구에서 발생하는 유출 사고에 사용되는 세제 약 300만 리터를 사용해 기름으로 번드르한 검은 해변을 정리했다. 이 세제는 해양 생태계에 치명적이었다. 바다오리, 큰부리바다오리, 큰바다새오리를 비롯한 다양한 종의 바닷새 3만 마리 이상과 수많은 해양 동물이 죽었다. 영국에서 사용한 유처리제와 세제가 야기한 높은 파괴성을 타산지석으로 삼은 프랑스인들은 기름이 브르타뉴 연안에 도착하자 더 신중하고 보수적이면서 효과적인, 그리고 덜 치명적인 접근 방식을 택했다.[24] 이후 수십 년 동안 유출 사고는 계속되었고 몇몇은 규모도 훨씬 더 컸다. 그러나 토리캐니언호 유출 사고는 최초의 석유 유출 사고라는 점에서 큰 충격을 안겼다.

<그림 12> 1967년, 중동에서 원유를 가득 싣고 출발한 토리캐니언호가 영국 콘월 앞바다의 암초에 좌초됐다. 슈퍼탱커라 불리는 대형 유조선이 일으킨 최초의 사고였다. 사고로 인한 환경적 재앙은 에너지에 허덕이는 소비자본주의로 인해 지불해야 할 환경적 대가를 전 세계에 알리는 계기가 되었다. (Alamy, B4TJFJ)

그로부터 2년도 지나지 않아 두 번째 대형 사건이 미국과 세계를 뒤흔들었다. 1969년 1월 28일, 캘리포니아주 산타바바라 해안에

서 약 8킬로미터 떨어진 시추선 '플랫폼 A'에서 유니언 오일$^{\text{Union Oil}}_{\text{Company}}$ 소속 석유 노동자들이 해저에서 시추를 하고 있었다. 이들은 시추하던 구멍에서 약 152~213미터 길이의 배관을 막 제거한 상태였다. 구멍의 끝, 약 1킬로미터 아래에서 지하수 압력으로 인해 흙탕물과 폭발 방지 장비가 터지면서 인화성 천연가스와 석유가 대기와 바다로 뿜어져 나왔다. 시추공들은 배관을 다시 넣어 구멍을 막으려 했으나, 가스와 석유는 배관을 따라 해저의 갈라진 틈을 타고 걷잡을 수 없을 정도로 뿜어져 나와 거품을 일으키며 수면 위로 솟구쳤다. 열흘간 매일 수십만, 어쩌면 수백만 리터의 기름이 바다로 유출됐다. 지역 주민들은 오랫동안 기름 유출 가능성을 염려해 왔지만 정부와 석유 회사는 어떤 대비책도 마련해 놓지 않았다. 대응할 인력과 장비는 턱없이 부족했다. 유니언 오일 관계자는 회사에서 자체적으로 해결해 보기 위해 정부에 알리는 것을 미뤘다. 이들이 가장 먼저 내놓은 대책은 기름이 해안에 도달하지 않도록 막고 기적을 바라는 것뿐이었다. 기적은 없었다. 산타바바라는 대학이 있고 대부분 부유한 백인 공화당 지지자인 주민들로 구성된 작은 도시다. 그곳은 로스앤젤레스에서 나오는 스모그의 영향권 밖에 있으면서 오염을 유발하는 산업도 없는, 산맥과 바다 사이 아름다운 곳에 자리한 동네였다. 이렇듯 정치적 영향력을 행사할 수 있는 이들이 사는 동네 바로 앞에서 기름이 바위와 해변, 수천 마리의 바닷새, 물개, 고래를 뒤덮었다. 유정은 막았지만, 이후로도 몇 달 동안 석유는 계속해서 바다를 오염시켰다. 석유 업계는 유출로 인한 생물학적 피해는 거의 없다고 주장했지만, 수많은 과학자와 신문에 실린 사진이 말하는 바는 그 반대였다.[25]

자동차는 스프롤 현상을 촉진했고, 이는 맥도날드 같은 수많은 프랜차이즈를 늘렸을 뿐 아니라 그 자체로도 많은 환경적 영향을 미쳤다. 경제가 빠르게 회복되고 베이비붐이 일고 있었으며 뉴딜 정책으로 주택을 소유하는 것이 훨씬 쉬워진 전후 미국에서는 스프롤 현상이 가장 먼저 문제가 되었다. 이와는 반대로 유럽과 동아시아의 경우 국가 차원에서 파괴된 도시를 재건하고 있었으므로 도시 성장의 규모와 방향을 더 많이 통제할 수 있었다. 또한, 빠르게 성장한 미국의 도시들과는 달리 전쟁 후에도 수년간 크게 성장한 도시가 거의 없었다. 예컨대 1940년 400만 명이었던 로스앤젤레스의 인구는 1970년 800만 명으로 늘어났다. 특히, 에어컨 덕분에 살기 좋은 환경이 조성되고 냉전 시기 군비 지출로 호황을 누렸던 미국 최남단의 여러 주, 이른바 선벨트^{Sunbelt} 지역에 있는 여러 도시들이 괄목할 만한 (그리고 무절제한) 성장세를 보였다.[26]

개발업자들은 큰돈을 들이지 않고도 교외 지역을 개발했다. 여러 대의 불도저가 나무를 밀고 땅을 평탄화하여 도로와 주택, 쇼핑몰, 주차장을 조립식으로 신속하게 건설했다. 도로와 주차장, 건물들은 빗물이 통과할 수 없는 소재로 땅을 덮었다. 비가 땅속으로 스며들지 못하자 토양이 침식됐고, 빗물이 너무 빠르게 흐르는 나머지 저지대 지역을 홍수로 휩쓸었다. 이를 알지 못한 주택 구매자들은 물로 가득 찬 수로 위에 지은 집을 산 탓에 배수 문제로 골머리를 썩었다. 주택 단지는 애초에 해당 지역의 매력 요소였던 초원과 들판, 수풀, 숲의 자리를 꿰찼다. 교외의 성장 속도가 도시 서비스를 앞질렀기 때문에 많은 교외 지역에서 발생한 하수는 각 가정의 정화조에 버려졌다. 정화조는 넘치거나 집으로 역류해 올라왔다. 상하수도 시스템이 연결되지 않은 가정에서는 세제가 섞여 거품으로 가득하거나 오염된 물이 정화조에서 흘러나와 가정용 우물을 오염시키는 경우가 많았다. 더욱이 인구가 분산되어 있으면 특히 교통과 냉난방에 훨씬 더 많은 에너지가 사용된다.[27]

1943년 7월, 로스앤젤레스에 또 다른 문제가 나타났다. 공기가 갈색으로 변했고, 눈이 무척 따가웠다. 밀도 낮은 로스앤젤레스의 주택

가는 세계 최고의 도로와 고속도로, 그리고 높은 자동차 소유율을 자랑했다. 사람들은 대부분 온화하고 화창한 날씨, 깨끗한 공기, 아름다운 경관, 해변과 산 등의 자연을 누리기 위해 로스앤젤레스로 이사 왔다. 그런 도시에 스모그가 발생하자 시민, 산업 지도자, 부동산 개발업자가 모여 깨끗한 공기가 성장과 번영에 필수인 도시의 명성을 지키기 위해 '시민 스모그 자문위원회'를 설립했다. 자문위원회의 영향으로 캘리포니아주는 1947년 대기오염관리법을 통과시켰고, 미국 최초로 '로스앤젤레스 대기오염 통제구역'을 설정할 수 있는 권한을 도시에 부여했다. 전쟁 당시 산업으로 인해 스모그가 발생했다는 의혹은 문제를 완화하는 데 아무런 도움도 되지 않는 규제로 이어졌다. 1950년, 캘리포니아공과대학교의 한 과학자가 햇빛, 수분과 접촉하면 스모그로 변하는 화학물질이 자동차와 정유 공장에서 발생한다는 사실을 밝혀냈다. 석유와 가스 업계는 완강히 부인했다. 1956년이 되어서야 연구를 통해 자동차와 정유 공장이 범인이었다는 사실이 확실해졌다. 로스앤젤레스와 캘리포니아주는 (자동차나 고속도로가 아닌) 스모그와의 싸움에서 미국, 나아가 세계를 선도하는 지역이 되었다.[28]

교외 지역으로 점점 뻗어 나가는 전 세계의 도시들은 머지않아 스모그 속에서 숨을 헐떡이게 되었다. 석유 덕분에 석탄 연기가 사라진 하늘을 올려다보아도 이제는 자동차가 만들어 내는 스모그로 어두컴컴할 뿐이었다. 가장 쉬운 해결책은 대중교통을 되살리는 것이었지만, 이는 실현 가능성이 낮았다. 자동차를 포기하고 싶어 하는 이는 아무도 없었고, 자동차와 석유 업계는 자사의 상품에 적용될지도 모를 규제가 생기지 않도록 싸웠다. 대신 자동차 제조사들은 기술적인 해결책을 모색했다. 1954년 촉매 컨버터를 개발해 배기가스의 유해 화학물질을 제거했다. 하지만 유연휘발유가 컨버터를 망가뜨렸다. GM은 연료 첨가제 회사인 에틸사$^{\text{Ethyl Corporation}}$의 지분 50%를 소유하고 있었고, 유연휘발유에서 꽤 두둑한 이윤을 올리고 있었다. 자동차 업계는 1970년대까지 미국에서 스모그에 대한 기술적 해결책이 적용되는 것조차 방해했다. 미국 밖에서는 수십 년이 더 걸려서야 주유소에서 유연휘발유가 사라졌다.[29]

여기저기에서 타오르는 석유제품은 이제는 과학자들이 측정할 수 있게 된 완전히 다른 문제를 일으키고 있었다. 냉전 덕분에 1950년대와 60년대 미국 과학계에는 자금이 넘쳤다. 그중 일부가 당시에는 중요해 보이지 않았던 과학 연구 부문으로 흘러 들어갔다. 대기 이론을 연구하는 분야였다. 19세기 과학자들은 이산화탄소와 수증기가 태양으로부터 온 열이 우주로 방출되지 않도록 마치 담요 같은 역할을 하여 지구 대기 온도를 바꾼다는 사실을 발견했다. 화석 연료를 연소하면 이 과정을 심화할 정도로 이산화탄소 농도가 높아질 것으로 추정되었지만, 끊임없이 움직이고 변하는 대기에서 이산화탄소의 농도를 정확히 측정해 해당 이론을 증명할 방법을 아는 이는 없었다. 캘리포니아주 샌디에이고 인근, 라 호야의 스크립스 해양연구소의 로저 르벨$^{Roger\ Revelle}$이 이 문제를 고민하며 여러 지구 물리학자의 의견을 구했다. 그중 한 명인 찰스 데이비드 킬링$^{Charles\ David\ Keeling}$이 1957년, 해발 약 3,353미터 높이의 하와이 마우나로아산 정상에 고민감도 장치를 설치해 저고도 측정 시 발생하는 일시적인 농도 변화 없이 이산화탄소 농도를 정확하고 정밀하게, 안정적으로 측정하는 데 성공했다. 1960년, 킬링은 이산화탄소 농도가 실제로 매년 증가하고 있다고 보고했다. 농도 측정은 지금도 계속되고 있으며, 인간이 태우는 화석 연료의 양이 폭발적으로 증가함에 따라 이산화탄소가 지구를 따뜻하게 데우고 있음을 보여주고 있다.[30]

번영의 환경적 대가 - 토지

맥도날드 같은 식당 체인점들의 값싸고 양산된 식품은 소비자본주의가 어떤 식으로 식량의 재배·판매·소비 방식을 바꾸고 땅과 흙을 망치는지 잘 보여준다. 1950년 이후 25년 동안 세계 인구는 25억여 명에서 40억 명으로 증가했다.[31] 식량 생산도 그 어느 때보다 사람들이 식량을 풍족히 누릴 수 있도록 이에 발맞춰 발달했다. 미국의 경우, 소득에서 식료품비가 평균적으로 차지하는 비중은 1960년 17퍼센트에서 2022년 10퍼센트 미만으로 감소했다.[32] 어떻게 이것이 가능했을까? 1950년에는 세계에서 가장 비옥한 대부분의 땅에서 이미 곡물이 자라고 있었기 때문에 같은 자원으로 수확량을 늘리는 수밖에 없었다. 1968년, 전 세계로 확산된 이 농업 관행의 변화를 녹색혁명 Green Revolution 이라 한다.

녹색혁명은 미국에서 시작되었다. 1940년 미국 농부들은 이미 세계 최고의 생산성을 자랑했다. 1950년부터 1970년까지 미국 내 농업 노동력은 절반으로 줄었으나 밀, 옥수수, 면화, 우유 등 거의 모든 주요 농축산물 생산량은 두 배 증가했다. 지난 세기 동안 미국은 농무부의 감독과 승인 아래 개량종을 생산하고 보급하는 농업 학교와 대학, 실험 및 연구 기관, 농업 연구소로 구성된 네트워크를 구축했다. 19세기 이후부터 기계화 수준도 꾸준히 발전해 제2차 세계대전 이후에는 노새와 말이 끄는 쟁기로 고랑을 파는 농가는 모두 사라진 상태였다. 군수 물자를 만들며 생산 능력을 쌓은 화학기업들은 농민들에게로 눈을 돌려 최신 비료, 살충제, 살균제, 제초제를 판매할 영업사원들을 시장에 풀었다. 농업용 화학물질의 사용이 유례 없이 광범위하게 확산됐다.[33]

세계 농업의 미국화는 프랭클린 루스벨트 대통령이 1940년 헨리 월리스 Henry A. Wallace 부통령 당선인을 미국 대표로 마누엘 아빌라 카마초 Manuel Ávila Camacho 멕시코 대통령의 취임식에 보내면서 시작되었다. 카마초는 전직 농무부 장관이었던 월리스에게 멕시코 농업의 발전과 농촌 지역의 빈곤 종식을 위해 도움을 줄 것을 요청했다. 월리스는 멕시코의 농업 과학자들이 진행하는 농업 개선 사업을 록펠러 재단에서 감독하도록 지원했으며, 1940년대 말까지 여러 가지 문제를 해결해 주었다. 그중 하나가 노먼 볼로그$^{Norman\ Borlaug}$라는 연구원이 멕시코의 모든 지역에서 잘 자라는 다수확 밀 품종을 찾은 것이다. 대부분의 멕시코 농부들이 생계를 위해 재배하는 옥수수가 아닌 밀을 선택한 이유는, 멕시코 정부가 내수 소비가 아닌 수출용 밀 생산을 위한 대규모 농장을 원했기 때문이었다. 볼로그가 발견한 밀 품종은 자금, 기계, 관개 시설을 갖춘 대형 농장에서 화학 비료와 농약을 사용하여 단일재배를 하는 데 적합했다. 다른 국가들, 특히 인도에서 볼로그의 밀에 관심을 보였다. 이렇게 녹색혁명은 시작되었고 세계 밀 수확량은 가파르게 증가했다. 이내 동아시아와 동남아시아에서도 다수확 쌀과 옥수수 품종이 등장했다.[34]

이러한 다수확 식량 생산 시스템은 환경에 여러 영향을 미쳤다. 녹색혁명과 미국의 농업 시스템을 채택한 농부들은 엄청난 양의 화학 비료와 살충제를 사용했다. 높은 수확량이 토양을 고갈시켰고 넓은 밭으로 해충이 몰려들었기 때문이다. 수확량을 극대화하기 위해 농부들은 질소 비료를 빈번히 과도하게 살포했고, 비료는 수로와 지하수로 흘러 들어갔다. 하천과 호수, 만에는 유해한 해조류가 번식했고, 지하수에 섞인 질산염은 물을 마시는 이들의 건강을 해쳤다. 살충제는 농장 노동자의 건강과 생명을 위협했고 해충과 익충 구분할 것 없이 모든 곤충을 죽였다. 새와 물고기가 살충제 때문에 죽거나 중독된 곤충을 먹었고, 살충제는 먹이 사슬을 타고 최상위 포식자에게로 올라가면서 점점 더 농축되었다. 비료와 마찬가지로 살충제 역시 비가 오면 땅위로 흐르는 빗물에 유입되어 수생 먹이 사슬과 식수를 오염시켰다.

관개 시설은 지하수를 고갈시켜 지반이 침하되곤 했다. 따가운 햇볕에 관개수가 증발하며 광물이 농축되었고, 시간이 지남에 따라 염도가 높아지며 토양은 척박해졌다. 부주의하고 무질서한 화학물질 사용으로 과일과 채소에 잔류한 화학물은 결국 소비자가 섭취하게 되었다.[35]

소비자본주의는 빠르게 변화하는 미국 사회의 음식과 식생활도 바꿔놓았다. (반대로 유럽의 많은 지역은 각 지역의 전통적인 식생활을 유지했다.) 냉장고가 흔해지면서 그날 먹을거리를 위해 매일 슈퍼에 갈 필요가 없어졌다. 체인 식료품점은 동네 상점을 대체했고 진열대는 제2차 세계대전 당시 군용으로 개발된 기술로 오래 보존 가능한 통조림, 포장 제품, 냉동 제품, 건조 제품, 동결 제품으로 채워졌다. 알루미늄 식판에 담겨 화려하게 포장된 냉동 식품 'TV 디너$^{\text{TV dinenrs}}$'*는 맛을 버린 대신 간편함과 편리함을 보장했다. 소비자들이 간편식에 첨가된 다량의 소금과 지방, 설탕으로 건강에 악영향이 있을까 염려하자 식품기업들은 화학물질로 맛을 낸 저염, 저칼로리, 저지방의 대체 식품을 판매하기 시작했다.

포장 가공식품은 광고 덕분에 두 배나 늘었다. 대형 식품기업들은 감자칩이나 탄산음료 같이 양산되어 높은 수익을 남기는 포장 식품을 판매했고 제품의 인기는 날로 높아졌다. 판매가의 상당 부분이 판촉 광고에 투자된 덕분이었다. 판촉 광고를 통해 저렴하고 편리한 일회용 포장지와 용기를 내세운 맥도날드와 그 외 패스트푸드 프랜차이즈도 성장했다. 기업들은 매장에서 사용하던 일회용 포장재를 일반 가정을 대상으로도 판매하기 시작했다. 광고는 주부들에게 일회용 키친 타월, 냅킨과 더불어 일회용 유산지와 파라핀지, 알루미늄 포일, 비닐 랩, 파라핀지 혹은 비닐로 만든 식품 봉투의 사용법을 안내했다.[36]

---

* 간단하게 데우기만 하여 텔레비전 앞에서도 먹을 수 있는 데서 유래한 용어.

포장재는 가정에서 나오는 폐기물의 증가세를 부추겼다. 사람들은 냉장고가 있으니 먹을 수 있는 것보다 더 많은 양의 음식을 구매했고 상하거나 남은 음식물이 쓰레기에 추가되었다. 음식물 쓰레기를 분쇄해 도시 하수로 흘려보내는 GE의 제품 '디스포절'이 출시된 이후 음식물 분쇄기가 신축 주택 혹은 리모델링 주택에 점점 더 많이 설치되었다. 일회용품과 포장재는 버려진 옷가지와 가구, 가전제품, 고장 나거나 식상해진 온갖 물건과 함께 쓰레기통으로 들어갔다. 이제 소비자들은 필요한 물건을 직접 만들지 않으며, 물건을 만들거나 수리하는 기술도 잊었다. 플라스틱으로 만들어진 물건은 어떤 경우에도 고쳐 쓸 수 없다. 지자체와 계약한 폐기물 수거 업체가 모든 폐기물을 수거한 뒤 위생 매립지에 쏟아 버렸다. 그러나 공간이 부족했다. 1970년 무렵에는 넘쳐나는 쓰레기로 전국의 매립지가 가득 찼으며 소각로를 세우는 지역이 늘어났다.[37]

번영의 환경적 대가 - 수자원

댐은 소비자본주의의 성장과 확산에 결정적인 역할을 했다. 댐은 홍수를 조절하고, 관개수를 공급하며, 수력발전으로 전기를 공급하고, 경제 성장과 발전을 촉진한다. 더불어 근대성과 개발, 국민을 위해 사용되던 국가 권력을 상징하기도 한다. 미국은 1930년대에 후버 댐(볼더 댐이라고도 불린다), 그랜드쿨리 댐 등 서부와 테네시 밸리에 대형 댐을 건설하기 위한 운동을 주도했다. 소련도 미국 사례를 따랐다. 전쟁이 끝난 뒤 세계적으로 댐 열풍이 불었다.

서부에 있는 강을 활용하면 경제도 성장하고 인구도 늘 것이라는 기술적 낙관론으로 가득 찬 미국은 수량이 상당한 서부 지역의 유일한 유역, 콜로라도강 상류에 두 개의 대형 댐을 건설하는 데 착수했다. 1950년에 제안된 '콜로라도 강물 보존 프로젝트'와 1968년 '센트럴 애

리조나 프로젝트'에 따라 다섯 개 주에 수많은 댐과 수로, 운하, 관개 시설이 지어졌다.[38]

새로운 사람과 사회를 창조하고 자연을 통제하는 자국 전문가들의 능력에 자신이 있던 소련은 별 도움이 되지 않는 방향으로 흐르던 강들을 재건하는 전후 사업에 착수했다. 아랄해 유역은 소련의 기술이 빚어낸 최악의 생태적 재앙일 것이다. 이곳에는 두 개의 긴 강과 넓고 풍부한 생태계를 자랑하는 여러 삼각주가 있으며, 바다로 흘러 나가는 물이 없는 광대한 소금 호수였다. 재건 공사가 끝나자 한때 사막이었던 곳은 관개식 집단 농장이 조성되면서 광활한 펼쳐진 목화밭이 되었다. 물을 빼앗긴 아랄해는 점점 크기가 작아졌다. 풍요롭던 어장은 소금 사막이 되었다. 매년 발생하던 홍수가 나지 않자 삼각주는 생태계 붕괴와 사막화, 지하수 지층의 고갈, 염분 농축 등의 문제를 겪었다. 소금으로 가득한 먼지 폭풍은 오늘날에도 약 480킬로미터에 걸쳐 시골을 뒤덮고 농작물과 동식물, 인간의 건강을 해치고 있다. 반경 약 100킬로미터 주변 지역은 여름이면 더 건조하고 더우며 겨울에는 더 추워지는 기후로 변했다. 소련 시절 과다하게 뿌린 농약도 인간과 생태계 건강에 영향을 미쳤다. 소련은 시베리아의 여러 강에서 물을 끌어와 아랄해에 물을 채우기 위한 사업을 시작했지만, 막대한 비용으로 1986년 중단되었다. 1991년 소련이 해체되면서 카자흐스탄, 키르기스스탄, 타지키스탄, 투르크메니스탄, 우즈베키스탄이 아랄해 유역을 나누어 점유하게 되었고, 집단 농장을 자급자족형 농장과 일부 대규모 상업용 농장으로 나누었다. 그러나 수자원을 관리하고 아랄해 유역의 생태계를 되살리기 위한 협력 조직은 이제 막 구성하기 시작했을 뿐이다.[39]

제2차 세계대전 이후 댐에 내재한 경제적 잠재력과 강력한 상징성은 아시아, 아프리카, 남미에 있는 신흥국들의 야심 찬 지도자들에게 매력적으로 다가왔다. 예컨대 가말 압델 나세르Gamal Abdel Nasser는 1956년 미국이 지원을 거부한 후 소련이 지어준 아스완 댐을 통해 이집트의 위대함을 보여주고자 했다. 댐에서 생산된 전기는 이집트가 경제적으로 성장하는 데 상당한 역할을 했다. 댐 덕분에 전기를 공급받았고, 강은 안정적으로 흘렀으며, 강을 따라 이동하기도 한층 더 수월해졌다. 가장 큰 수혜를 입은 건 북부에서 면화를, 남부에서는 사탕수수를 재배하여 수출한 대지주들이었다. 하지만 댐은 심각한 환경 문제도 불러왔다. 계절에 따라 수위가 변하던 강이 일정한 수위로 흐르자 삼각주 지역의 농부들은 비타민 B 함량이 부족한 옥수수로 재배하던 작물을 바꿨고, 이로 인해 펠라그라*가 확산되었다. 또한 달팽이를 매개로 확산되는 주혈흡충증과 같은 고대의 기생충 질환이 발병하여 맨발로 관개 수로를 걸어 다니는 이집트인들에게 퍼졌다. 사람들은 관개수로에 황산구리를 뿌리고 새로운 약품을 도입해 병을 통제했다. 댐의 저수지인 나세르호에서는 이집트의 연간 나일강 점유율에 해당하는 20~30퍼센트의 물이 강력한 사하라의 태양 아래 증발했다. 나일강의 물로 관개수를 댄 밭의 염분이 높아지고 소금이 쌓였다. 계속된 관개 체계 때문에 수천 년 동안 서 있던 역사적인 건축물들이 물과 염분으로 훼손되었다. 매년 나일강 홍수 덕분에 풍부했던 토사가 부족해진 이집트의 밭에는 많은 양의 비료가 필요해졌으며, 비료 생산이 수력발전량의 대부분을 잡아먹었다. 토사가 부족해지자 지중해 동부의 정어리 양식장에는 영양분이 부족해져 양식장이 거의 다 사라질 뻔했다. 토사가 유입되지 않는 탓에 현재 나일강 삼각주는 가라앉고 깎여 나가고 있다. 그 토사들은 나세르호의 바닥에 쌓이고 있는데 거기에 사막의 사구에서 날아온 모래가 더해져 저수지의 용량이 줄고 있다.[40]

---

* 비타민B 부족으로 일어나는 비타민 결핍증.

댐 건설의 세계적인 동향은 7,511개의 대형 댐이 건설된 1970년대에 정점을 찍었다. 대부분이 인도와 중국의 강을 막고 있으며, 이는 전 세계 45,000개의 대형 댐 중 절반 이상을 차지한다. 세계에서 가장 큰 댐은 중국에 있는 싼샤댐으로 세계 최대의 저수지를 막고 있다. 오랜 기간 계획된 이 댐은 1994년 착공되어 10년이 조금 지나 대부분이 완성되었다. 댐의 목적은 선박의 통행로를 제공하고, 양쯔강의 범람을 조절하며, 오염을 일으키는 석탄 발전소를 청정 수력 발전으로 대체하는 것이었다. 그 결과 1,800만 명 이상의 주민이 강제로 이주해야 했고 1,300여 곳의 유적지가 침수되었다. 더불어 환경적 비용도 어마어마했다. 물에 잠긴 습지대는 시베리아 흰두루미 같은 희귀종 또는 멸종 위기종의 서식지였다. 싼샤댐은 양쯔강 돌고래의 멸종에도 일조했다. 싼샤댐 저수지는 삼각주를 비옥하게 유지하던 토사도 가둬 두었다. 게다가 이 댐은 단층 위에 자리하고 있다. 댐이 무너지면 상상조차 하기 힘든 재앙이 발생해 수많은 생명이 목숨을 잃을 수 있다. 더욱이, 싼샤댐 저수지는 거대하기는 하나 대규모 홍수 발생 시 물을 가둘 정도로 용량이 충분치 않다. 2010년 7월에 홍수로 인해 결국 댐이 범람한 적이 있다. 한편으로는 수력발전 덕분에 온실가스를 배출하는 석탄 발전소가 불필요해진 측면도 있다. 중국 정부는 저수지에 토사가 쌓이는 속도를 늦추기 위해 저수지 유역에 광범위한 재식림 사업에 착수했다.[41]

댐과 관개 시설이 강과 유역에 생태계 파괴와 의도치 않은 결과를 불러왔다면, 전후 산업 생산량의 증가는 수질 오염을 심화했다. 인구가 증가하고 경제가 성장하면서 전 세계의 강은 더럽고 유독한 하수구가 되어 버렸다. 제2차 세계대전 이후 대부분의 북미, 유럽, 일본의 마을과 도시에는 하수 처리장이 생겼다. 그러나 다른 국가에서는 하수 처리 시스템을 구축할 만한 예산이 충분치 않았다. 사람들은 오염된 물을 마셔 병에 걸렸고 이른 죽음을 맞이했다.

 산업 폐기물 처리는 더 어려운 문제였다. 1945년 이후, 유럽과 미국은 더 이상 해결을 미루고 있을 수 없었다. 전쟁으로 인해 산업 공해 문제가 더 심각해졌기 때문이다. 전쟁 물자를 만들어 내기 위해 전통 산업이 빠르게 확대되었고, 공해를 걱정하기보다는 생산량에 더 집중했다. 미국 이리호의 남쪽 기슭과 피츠버그에서 내려오는 오하이오강 하류의 오염 상태는 절망적인 수준이었다. 석유를 기반으로 플라스틱과 다른 새로운 물질을 생산하고 개발하는 속도도 더 빨라졌다. 석유 화학 공장은 석유와 가스를 생산하는 지역 근처에 있는 수로에 밀집해 있었다. 석유 화학 공장이 모여 있어 '화학 회랑 지대$^{Chemical\ Corridor}$'라 불리는 루이지애나주 뉴올리언스와 배턴루지 사이에 있는 미시시피강을 따라 있는 지역은 '암 유발 길$^{Cancer\ Alley}$'이라는 별명이 있을 정도로 대기 및 수질 오염이 심각했다.[42] 제조업과 화학 공장이 모두 몰려 있는 지역의 강은 두 배로 타격을 입었다. 고도로 산업화된 라인강 계곡은 오염 수준이 심각했다. 1971년 네덜란드의 한 사진기자가 라인강 물에서 필름을 현상한 적도 있었다. 새롭게 만들어진 화학물질과 화학 폐기물 다수는 인간 호르몬이 하는 작용을 모방한다. 섭취 시 암을 유발하거나 성적 성숙에 영향을 미칠 수 있다.[43]

 1945년이 지나자 새로운 플라스틱과 인공 물질로 만든 물건이 넘쳐났다. 오래 가고 저렴하며 다용도로 사용할 수 있는 플라스틱은 장난감, 가방, 컵, 옷, 자동차 인테리어, 가전제품, 심지어 마당에 놓는 분홍색 플라스틱 플라밍고 인형에도 들어갔다. 하지만 플라스틱은 썩지 않고 독성 화학물질과 미세한 플라스틱 입자로 분해된다. 제대로 폐기 처리하지 않으면 강으로 바다로 흘러 들어가고, 생물들이 플라스틱에 걸리거나 이를 섭취하여 질식하는 등 큰 혼란이 발생한다. 폐기물 처리가 적절히 되지 않는 가난한 국가에서도 플라스틱을 사용하게 되면서 바다로 엄청난 양(현재 연간 약 1,000만 톤으로 추정)의 플라스틱이 유입되고 있다. 미세 플라스틱은 해산물을 비롯하여 해양 생물의 몸에 누적되어 먹이사슬을 타고 올라간다. 종국에는 저녁 식사 테이블에 올라온 소금과 생선을 통해 우리 몸속으로 들어온다.[44]

번영의 환경적 대가 - 방사능

전 세계의 자본주의 국가와 공산주의 국가 모두 1945년 이후 수십 년 동안 에너지 수요가 급증할 것으로 예상했으며, 공급이 충분치 못할 것을 우려했다. 안정적이지 않은 해외 원유 수입에 의존하는 것 역시 많은 국가의 걱정거리였다. 이때 제2차 세계대전의 또 다른 산물인 원자력이 해결책을 제시했다. 전후는 동서양 과학자들의 명성이 절정에 달했던 시기였기 때문에, 미국 원자력위원회 위원장 루이스 스트로스Lewis L. Strauss가 1954년 말했던 것처럼 각국 과학 당국이 "우리 아이들은 사용량을 걱정할 필요도 없이 저렴한 전기 에너지를 누리게 될 것"이라고 약속했을 때 전력회사와 고객 들은 이를 믿었다. 미국 정부는 원자(1951년 이후부터는 '핵'으로 불림) 무기와 전력을 국민의 참여 하에 중앙 집중식으로 통제하고자 1947년 원자력위원회를 설립했다. 그러나 소련과의 핵무기 경쟁이 가속되면서 대기권에서의 실험이 늘어나고 발암성 방사능이 전 세계로 퍼지며 사람들은 점차 고통받았다. 원자력위원회는 무기 실험을 중단하라는 여론이 커질 것을 우려해 원자력을 무해하고 유익한 에너지라고 소개했다. 그럼에도 여전히 원자력 발전소는 매우 위험했기 때문에 1957년 프라이스-앤더슨법Price-Anderson Act은 원자력 사고로 인한 상해에 관한 소송으로부터 전력 회사들을 보호했다. 보험회사들은 발전소를 보장해 주지 않았기 때문에 정부의 보호와 지원이 없다면 발전소를 지을 수 없었다. 프랑스와 일본은 자체적인 에너지 공급이 부족했기 때문에 발전소를 적극적으로 지었다. 소련 역시 공격적으로 원자로를 건설했다. 다른 많은 국가에서도 원자력 발전소를 세웠다.

원자력위원회를 전신으로 하는 원자력규제위원회는 부정적인 소문과 여론을 막지 못했다. 식품이 방사능에 오염되었다는 증거가 쌓여갔다. 1979년에 발생한 미국 스리마일섬 원전 사고처럼 널리 알려진 여러 건의 사고와, 1986년 체르노빌, 2011년 후쿠시마에서 발생한 참사들 때문에 거의 모든 지역에서 원자력에 관한 인식이 악화되었다. 폭탄과 사고로 인해 방출된 방사능은 수만 년 동안 사라지지 않는다. 방사성 폐기물을 안전하게 처리하는 것도 극도로 어려운 일이다. 우라늄 광산과 광미사 때문에 노동자와 인근 주민들도 방사능에 노출된다. 또한, 핵연료와 사용후핵연료는 도난이나 테러 공격, 혹은 정부 주도의 핵무기 제작 등에 잘못 사용되지 않도록 보호되어야 한다.[45] 전쟁이 끝나고 정부에서 과장했던 원자력 낙관론은 1970년대와 80년대 무너졌다.

사라진 소비자 천국

제2차 세계대전의 공포와 파괴가 지나가고, 소비자본주의는 모든 좋은 것과 새로운 것, 놀라운 것으로 가득한 진정한 풍요의 세상, 소비자를 위한 지상 낙원, 새로운 에덴동산을 세상 사람들에게 약속했다. 햄버거와 감자튀김, 값싼 에너지, 기적의 화학물질, 플라스틱 장난감, 저렴하고 넘치는 음식, 전자제품과 온갖 기기들, 컴퓨터, 냉장고, 에어컨, 세련된 스타일의 자동차, 민주주의와 모두를 위한 번영……. 소비자본주의는 이 모든 것을 경이로운 세상에 쏟아냈다.

그리고 1970년, 에덴동산에 뱀이 나타났다. 창세기에 따르면 뱀은 최초의 성공적인 영업맨이었다. 금단의 열매를 먹음직스럽고 보기에 아름다우며 탐스러운 것으로 묘사하면서 먹으면 좋은 일이 있을 것이라 약속하며 아담과 이브를 현혹했다. 존 밀턴^{John Milton}의 《실낙원》에서 사탄은 탐욕을 상징하는 가마우지의 모습으로 에덴동산에 들어온다. 1970년에 이르자 소비자들이 눈을 떴고, 먹음직스럽고 보기에 아름다우며 탐스러운 열매 뒤에 숨겨진 저주를 보고야 말았다. 인구는 숨 막힐 정도로 빠르게 늘고 있었다. 농경지는 도시에 흡수되었다. 물을 마시는 것도, 숨을 쉬는 것도 불안했다. 바다 위에는 유출된 기름이 떠 있었다. 야생동물은 점차 사라졌다. 위험한 화학물질이 농장과 작물을 뒤덮었고, 땅은 염분으로 오염되어 황폐해져 갔다. 숲은 사라지고 치명적인 방사능이 온 세계에 흩뿌려져 있었다. 1970년, 저주는 주로 소비자본주의라는 '낙원'이 처음 자리를 잡은 미국과 유럽, 일본을 위협했다. 그러나 '소비자 지상낙원'은 이미 다른 곳에서도 하나둘 세워지기 시작했고, 뱀은 전 세계의 구석구석으로 스르르 나아가고 있었다.

제3부

자본주의의 끝

8장
세상의 모든 것을 팝니다

'세상의 모든 것을 팝니다'

20세기 초, 산업자본주의는 기업의 금고와 그 소유주의 주머니에 거대한 부를 담아주었다. 1901년 J. P. 모건은 세계에서 가장 큰 기업인 철강업체 US스틸 United States Steel Corporation을 설립했다. 10년 후에는 정유 기업인 스탠더드 오일[1]이, 20세기 중엽에는 자동차 제조사 GM이 그 자리를 이어받았다.[2] US스틸을 세우며 앤드루 카네기는 세계 최고의 부자가 되었고, 10년 후에는 스탠더드 오일의 존 록펠러가 그 자리에 올랐다. GM은 헨리 슬론이나 다른 기업가를 세계에서 가장 부유한 사람으로 만들어 주지는 못했지만, 자동차 기업을 소유했던 헨리 포드는 1947년 사망할 당시 세계에서 가장 부유한 사업가였다. 물건을 생산한다는 건 수익성이 무척 높은 일이었다.

21세기 초, 소비자본주의는 기업과 개인에게 다른 종류의 풍요로움을 가져다주었다. 2021년, 아마존닷컴은 세계에서 가장 가치 높은 기업이었으며[3] 설립자인 제프 베이조스는 세계 최고의 부자가 되었다. US스틸, 스탠더드 오일, GM과 달리 아마존닷컴은 제품을 생산하지 않는다. 정체성이 공장이나 정유소보다는 백화점에 더 가까운 아마존닷컴은 생산자와 소비자 사이에서 중간상 역할을 한다. 중간상 역할을 하는 또 다른 거대 기업, 월마트는 막대한 부를 자랑하는 월튼가의 소유이며 세계에서 가장 높은 매출을 올린다. 아마존닷컴과 어깨를 나란히 하며 기업 가치가 최상위권에 있는 다른 기업으로는 애플, 마이크로소프트, 알파벳(구글), 텐센트(텅쉰), 페이스북 등이 있다. 이 기업들은 주로 소프트웨어나 비디오게임 같은 서비스나 지적재산을 판매하며, 가전제품을 판매하는 경우도 있다. 이중 애플은 유일하게 기기 판매로 대부분의 수입을 얻지만, 제품 시장이 포화상태에 이르고 전체 수익에서 제품 판매가 차지하는 비중이 줄어듦에 따라 미래의 성장 분야로 서비스 부문을 바라보고 있다. 20세기 중반 에너지 전환의 흔적도 아직 남아 있다. 1911년 반독점 판결로 록펠러의 스탠더드 오일이 해체되면서 만들어진 기업 중 하나, 뉴저지 스탠더드 오일$^{Standard\ Oil\ of\ New\ Jersey}$의 직계 후손인 엑손^{Exxon}을 비롯하여 여러 석유 회사가 기업 목록의 상위권에 있다는 점은 기업들이 '생산자' 역할에서 벗어나고 있는 추세에서 주목할 만한 예외라 할 수 있다.

카네기, 록펠러, 포드와 달리, 베이조스나 그의 억만장자 동료인 마이크로소프트의 빌 게이츠, 페이스북의 마크 저커버그, 알파벳(구글)의 래리 페이지와 세르게이 브린, 월마트의 월튼가, 버크셔 해서웨이의 워런 버핏을 부자로 만든 건 물건 생산이 아니었다. 테슬라의 일론 머스크나 프랑스 명품 브랜드 그룹 LVMH*의 베르나르 아르노처럼

---

* 모에 헤네시·루이비통. 프랑스에 본사가 있는 다국적 기업으로 루이비통, 디올, 불가리, 티파니, 모엣 샹동, 헤네시, 베네피트 등 다양한 분야의 럭셔리 브랜드를 소유하고 있다.

물건을 생산하는 기업가는 아직 존재하나 그 수는 점점 줄어들고 있다. 베이조스는 J. P. 모건이나 윌리엄 듀런트처럼 월스트리트에서 자라났다. 그러나 모건과 듀런트가 월스트리트에서의 경험을 활용해 지주 회사 US스틸과 GM을 만들어 제조기업을 인수하고 조직화한 것과 달리, 베이조스는 월스트리트를 떠나 컴퓨터와 창고만 가지고 혁신적인 새로운 매체, 인터넷을 통해 물건을 판매하는 회사를 차렸다. 아이러니하게도, 1990년대에는 미래에 중간상이 사라질 것이라는 목소리가 있었다.

1920년대식의 소비자본주의가 쇠퇴면서 회사의 성격이 변하고 소비와 환경 문제는 더 심화되었다. GM과 포드 같은 거대 기업을 만들어 낸 것과 같은 소비자본주의는 사라졌다. 1970년경부터 자본주의와 환경을 위한 새 시대가 시작되었고 아마존닷컴을 비롯한 세계적 규모의 거대 기업들이 등장했다. 21세기의 주요 기업들은 소매상에게 팔던 물건을 소비자에게 직접 판매한다. 소비자본주의 기반 경제가 성장하려면 점점 더 빠르게 순환하는 경제 속에서 현금이 계속해서 돌아야 한다.

학자들은 전후 시대를 '대가속기$^{Great\ Acceleration}$'라고 칭했다.[4] 1970년 이후 그 속도는 더 빨라졌다. 하지만 환경은 그 비용을 더 이상 감당할 수 없다. '아마존'닷컴이라는 이름에 걸맞게 끝없이 쏟아지는 막대한 양의 소비재는 자원과 에너지 채굴 산업에 부담을 가중한다. 산업 폐기물이 흐르는 강물은 대기와 하천, 땅으로 흘러 들어간다. 숲, 생물종, 토양이 줄어들고, 독성 물질과 플라스틱이 쌓인다. 기후는 과학자들이 놀랄 정도로 빠르게 변하고 있다. 가장 깊은 해구부터 대기권 상층에 이르기까지, 소비자본주의는 지구의 겉과 속을 모두 망가뜨렸다.

베이조스, 그리고 새로운 소비자본주의

베이조스는 아마존닷컴을 통해 부자가 되고자 했다. 그는 월스트리트에 있는 D. E. 쇼^{D. E. Shaw}의 부사장이었다. 회사를 설립한 데이비드 쇼^{David Shaw}는 1986년 컬럼비아대학교의 컴퓨터공학 교수직을 내려놓고 J. P. 모건의 손자가 세운 투자은행인 모건 스탠리^{Morgan Stanley}로 들어갔다. 그리고 2년 뒤, 쇼는 인간의 판단이 아닌 수학 혹은 통계 공식에 따라 투자하는 초기 퀀트 헤지펀드^{quantitative hedge fund} 회사인 D. E. 쇼를 세웠다. 쇼는 고속 컴퓨터에서 실행되는 독점적인 컴퓨터 알고리즘을 고안해 글로벌 금융 시장의 패턴을 발견하고 수익을 창출했다. 그리고 최고의 학교에서 가장 똑똑하고 혁신적인 컴퓨터공학과 졸업생들을 고용했다. 1986년 프린스턴대학교 컴퓨터공학 학위를 받은 베이조스는 1990년 쇼가 그를 고용하기 전까지 월스트리트의 여러 기업을 전전했다. 새로 옮긴 회사에서 베이조스는 성공했고 빠르게 승승장구했다.

쇼는 인터넷의 초기 발전기에 주목했다. 그는 인터넷의 상업적인 잠재력을 다른 투자자들보다 더 일찍 간파했다. 쇼는 베이조스와 인터넷 벤처 사업에 관해 자주 논의했고, 베이조스는 그것을 기반으로 연구했다. 그리고 그는 인터넷으로 전송되는 정보량이 1993년 한 해 동안 무려 2,300배나 증가했다는 놀라운 사실을 발견했다. 이 비현실적인 수치는 거의 무한한 잠재력을 시사했다. 두 사람이 논의한 아이디어 중 하나가 바로 전 세계의 모든 물품을 파는 '만물상'이었다. 회사를 열자마자 모든 제품을 갖다 팔 수는 없었기 때문에 베이조스는 우선 한 가지 품목으로 시작하여 그것을 기반으로 사업을 키워가기로 했다. 베이조스는 온라인에서 수익을 낼 만한 잠재적 품목을 정리했고, 그중 서적 분야가 가장 사업성이 있어 보였다.[5]

베이조스는 D. E. 쇼를 떠나 시애틀로 자리를 옮겼다. 세금을 피하기 위해서였다. 시애틀이 위치한 워싱턴주는 어차피 인구가 적었다. 그는 온라인 서점을 열었고, 이 서점은 이후 세계에서 가장 큰 강의 이름을 따 아마존닷컴이 되었다. 야심차면서도 미래를 예견한 기업명이었다. 베이조스는 아마존닷컴이 "빠르게 성장해 규모를 키울$^{\text{Get Big Fast}}$" 수 있도록 쉬지 않고 일했다. 그래야 경쟁에서 앞서 나갈 수 있었다. (그러고 보니 "Relentless.com"은 베이조스가 '아마존'이라는 사명으로 최종 결정하기 전에 고려했던 회사명 중 하나였다. 지금도 웹브라우저 주소창에 'Relentless.com'을 치면 아마존닷컴으로 연결된다.) 베이조스는 가장 똑똑하고 창의적인 사람들을 고용했다. 그리고 인터넷의 상업적 가능성을 여전히 이해하지 못하고 옛날 방식으로 사업에 투자하던 마이크로소프트, 반스 앤드 노블, 월마트 등 다른 대기업을 앞서 나가기 위해 노력했다. 차고에서 물건을 팔던 회사에서 글로벌 기업이 되는 동안 아마존닷컴의 직원들은 정말 많은 것을 해냈다. 이들은 온라인 결제를 안전하게 처리하는 법을 배웠다. 그리고 '원클릭' 기술을 개발했다. 덕분에 고객은 이전 구매 시 기입한 주소와 결제 정보를 다음 구매에도 불러올 수 있었다. 고객의 구매 내역과 검색 기록을 활용해 책을 추천하는 프로그램도 개발했다. 미국인들이 독서율이 그리 높지 않은 탓에 사업 확장 기회가 제한적이라는 사실을 깨달은 베이조스는 아마존닷컴에 다양한 제품을 추가했다. 2006년, 아마존닷컴은 저장소와 연산 기능, 데이터베이스 컴퓨터 시스템을 이용할 수 있는 '클라우드'라는 서비스를 판매하기 시작했는데, 이것이 아주 수익성이 높은 사업이 되었다. 미래의 언젠가는 아마존닷컴이 정말 세상 만물을 팔게 되는 날이 올지도 모르겠다.

---

* 'relentless'는 '수그러들지 않는', '끈질긴', '끊임없는'이라는 뜻이다.

<그림 13> 알바로 이바녜스(Álvaro Ibáñez), 마드리드 산 페르난도 데 에나레스(San Fernando de Henares)에 있는 대규모 아마존 물류센터(2013년). 마드리드에 있는 아마존 풀필먼트 센터에는 수천 개의 상품이 입고되어 있으며 구매자의 현관 앞으로 신속하게 배송되기를 기다리고 있다. '풀필먼트' 센터라는 아주 적절한 이름처럼 해당 센터는 소비자의 주문을 충실히 이행한다. 동시에 구매자는 물건을 사면서 개인적인 만족감을 느끼기도 한다. (알바로 이바녜스, 위키피디아 커먼스 제공: https://commons.wikimedia.org/wiki/File:Amazon_Espa%C3%B1a_por_dentro_(San_Fernando_de_Henares).JPG)

아마존닷컴은 전통적인 사업과 소매업의 판도를 완전히 뒤집었다. 베이조스는 자비를 모르는 경쟁자였다. 아마존닷컴은 서점 판매원을 알고리즘과 프로그램으로 대체하여 출판업에 변화를 일으켰다. 이는 반독점법으로 인해 출판사들이 연합할 수 없었기 때문에 가능했다. 또한, 서적을 넘어 제품군을 확장하면서 소규모 서점과 전문점, 서점 체인인 보더스^{Borders}, 우편 주문 판매 부문 선구자인 시어스^{Sears}에 이르기까지 전국의 소매업체를 문닫게 만들었다.

아마존닷컴과 월마트, 애플, 구글, 페이스북 같은 기업들이 US스틸

---

* 'fulfil'이라는 단어에는 '이행하다', '만족시키다'의 의미가 있다.

과 GM이 이끌던 소비자본주의 시대로부터의 변화를 대표한다면, 이들 기업의 창업자들은 새로운 유형의 기업가를 대표했다. 이들 중 맥도날드 형제나 레이 크록처럼 산업자본주의를 형성한 뉴잉글랜드나 개혁주의 개신교 전통을 배경으로 자란 이는 거의 없다. 오히려 개인과 자유의 가치를 중시하고, 부와 자기만족에 대한 죄책감이 적고, 도덕주의의 영향력이 약한 남부 출신 개신교도와 가톨릭 및 유대인 이민자 문화를 바탕으로 자랐다(카네기나 록펠러처럼 헌신적으로 재산을 기부한 회중교도 출신의 빌 게이츠와 장로교 출신의 워런 버핏은 예외다).[6]

베이조스의 어머니는 텍사스 감리교 신자로 자랐고 양아버지는 예수회 교육을 받은 가톨릭 배경의 쿠바 이민자이자 엑손의 석유 엔지니어였다. 베이조스는 1964년에 태어났다. 어려서부터 매우 영리하고 주도적이었으며 승부욕이 강했던 어린 시절의 베이조스는 텍사스와 플로리다 교외에서 부유한 유년기를 보냈다. 특정 종교에 관심을 보였다는 증거는 없지만 베이조스는 가톨릭 신자로 알려져 있다. 양아버지의 영향으로 베이조스는 사업과 개인적인 영역에 대한 정부의 간섭에 강한 거부감을 갖게 되었다. 아마존닷컴의 초기 투자자 중 한 명이 관찰한 바에 따르면, "제프 베이조스는 철저한 자유주의자이며 …… 기업이 존재하는 유일한 목적, 주주들이 지닌 유일한 목적은 다른 어떤 것도 아닌 자신들을 부유하게 하는 것이라는 …… 주주 가치를 극대화하면 마법처럼 공익을 창출할 수 있다는 정석적인 신자유주의적 관점을 (지니고 있다)."[7] 자유주의 내지는 신자유주의 가치는 개인의 쾌락, 자기만족, 즐거움, 소비라는 소비자본주의가 추구하는 가치들과 훌륭한 조화를 이룬다. 젊었을 때 그는 두 가지 목표를 세웠다. 부유해지는 것, 그리고 우주로 나가는 것이었다. 아마존닷컴은 첫 번째 목표를 이뤄주었다. 베이조스는 2000년 민간 우주기업 '블루 오리진Blue

Origin'을 세웠고, 2021년 우주 여행에 성공하면서 두 번째 목표도 실현했다.[8]

소비와 정체성

1920년대식의 소비자본주의에서 아마존닷컴과 월마트로 대표되는 소비자본주의로의 전환은 1970년 무렵 시작되었다. 그 시기 문화, 사회, 정치, 경제는 체감할 수 있을 정도로 변하고 있었다. 바람이 바뀌었고 하늘은 어두웠으며, 세상은 미래에 대한 희망보다는 두려움으로 차오르고 있었다. 전후 시대에는 더 나은 세상을 위한 아이디어와 운동으로 넘쳐났다. 그러나 1970년에 들어서자 이상주의적이고 낙관적이던 사회·정치 운동은 좌절과 폭력으로 바뀌었다. 미국 시민 평등권 운동, 베트남전 반대 시위, 대학가 시위는 폭력적인 극단주의자들이 장악하거나 정부의 폭력적인 진압과 마주했다. 브라질과 그리스, 칠레, 아르헨티나에서는 미국의 지원을 받은 우익 군사 쿠데타가 일어나 민주 정부를 전복시켰다. 1968년 한 해에만 파리에서 프라하에 이르기까지 유럽에서 일어난 수많은 봉기와 혁명 운동이 폭력적으로 진압되었다. 독일과 이탈리아의 극좌파 단체들은 장기간에 걸친 폭력 활동을 시작했다. 중국의 이상주의적인 홍위병 청년들은 존재하지도 않는 적을 쫓는 과정에서 점점 더 폭력적으로 행동했다. 유럽과 라틴아메리카에서도 대학가 시위가 폭력 사태로 변했다. 아프리카와 아시아에서는 성급하고 무질서한 탈식민지화로 인해 정치적 혼란과 불안, 반란, 내전이 발생하는 경우가 많았다.

새로운 세력들은 소비자본주의의 발전에 제동을 거는 문화적 힘을 약화시켰다. 민영 방송은 텔레비전 앞에서 자란 첫 세대에게 소비자 가치를 심어 주었다. 당시 유명했던 '인간 잠재력 회복 운동'은 공동의 선을 위해 자아에 필요한 것은 통제나 억압이 아닌 잠재 능력을 실현하기 위한 충만감이라고 주장했다.[9] 1961년 등장한 피임약은 젊은이들을 임신의 공포에서 해방시키며 '성 혁명'을 불러일으켰고, 문화와 미디어는 계속해서 성의 상품화를 조장했다.

소비자본주의와 사회 세력이 공동체적 전통을 약화시키고 개인의 다양한 영적 실험을 장려함에 따라 서유럽과 북미 문화의 종교적 바탕은 점차 변화했다. 서유럽과 북미의 젊은이들은 전통적인 교구 기반의 교파를 버렸다. 종교는 개인적 요구에 따라 선택할 수 있는 대상이 되었다. 미국인들은 이제 종교와 교회를 '쇼핑'했다. 불교, 힌두교, 토착 영성(혹은 널리 알려진 유사 종교)이 많은 사람을 끌어모았다. 개인과 신과의 관계, 신을 경험하는 것을 강조하는 교파, 특히 1906년 로스앤젤레스에서 생겨난 황홀경을 특징으로 하는 개신교 분파 오순절 운동Pentacostalism이 다른 교회와 대중 문화에 깊은 영향을 미쳤다.[10] 1970년 이후 오순절 운동은 라틴아메리카와 아프리카에서 급속도로 퍼졌다. 이제 모든 교회는 신도들을 더 날씬하고 건강하고 부유하고 행복하게 만들어 줄 것을 약속하는 치료적 영성을 제공했다.[11]

소비중심주의적 문화 흐름은 진보·좌파 정치를 새로운 방향으로 이끌었다. 비개신교 이민자와 남부 출신 백인, 아프리카계 미국인으로 구성된 미국 민주당의 '루스벨트 연합'은 북부 개혁주의 개신교의 비교적 일관된 진보적인 사회적 목표에서 진보주의와 자유주의를 멀어지게 했다. 1970년 이후 개혁주의 개신교는 자유주의 지도부에서 자취를 감추었다. 자유주의는 개인의 권리와 정체성을 더 강조하는 방향으로 나아갔다. 남부 출신 백인 복음주의자들은 민주당을 떠났고, 1980년 이후 공화당에서 안정적인 투표 집단을 형성했다. 역사적으로 남부 출신 백인 기반의 복음주의 개신교는 사회 운동을 거의 독려하지 않았고 노예제와 분리 정책, 백인 우월주의를 지지했다.[12]

1970년 이후 문화적 힘은 서구 문명의 자신감을 떨어뜨렸다. 유럽은 세계 제국을 유지할 힘도 의지도 없었고, 미국이 세계 무대에서 부상하며 자존심도 떨어졌다. 서방의 종교와 문화, 심지어 과학에 대한 거부감이 확산되면서 이국적인 토착 종교 및 문화에 대한 관심이 커졌다. 자유주의, 노동, 사회민주주의 좌파 정당들은 자신들이 내세우는 원칙을 제대로 홍보하지 못했고 정치적 기반을 잃었다. 냉소주의, 자유주의 또는 신자유주의적 이상은 19세기에 특히 미국과 영국에서 피어난 발전들을 무력화했다. 마르크스의 자칭 '과학적 사회주의'는 힘을 잃었고 그 영향력도 차츰 축소됐다. 마르크스주의를 가장 오래 그리고 강력하게 지지했던 소련과 동맹국들도 서서히 세가 기울다가 1991년 돌연 붕괴했다. 마르크스주의 운동은 무의미해졌고, 중국과 북한, 쿠바에서만 겨우 명맥을 유지했다. 인간 이성에 대한 계몽주의적 믿음에서 비롯된 민주주의적, 사회주의적, 종교적 이상이 후퇴하면서 생긴 틈으로 비이성적인 보수 종교 세력이 급부상했다. 기독교, 유대교, 이슬람 근본주의는 미국과 이스라엘, 이란, 사우디아라비아 등지에서 인기를 얻었고 정치적 영향력도 넓혔다. 오일 머니는 미국과 이슬람권에 있는 종교적 극단주의 단체에 자금을 지원했다. 미래에 대한 믿음이 사라지며 1970년 이후에는 과거회귀적 향수가 만연했다. 많은 사람이 신화와도 같았던 과거에 대한 미련을 놓지 못하고 있었다. 산업혁명 이후 1960년대까지 사람들은 미래가 과연 어떤 경이를 가져다줄지 신이 나서 떠들어댔지만 새로운 밀레니엄은 그런 기대없이 도래했고 도처에는 냉소와 비관뿐이었다.

이제 사람들은 쇼핑과 구매, 소유, 소비를 통해 의미를 찾고 자신의 정체성을 표현한다.[13] 어디에나 있는 광고, 문화적으로 심각하게 축소된 진보주의와 좌파 정치의 지적·도덕적 기반, 기업들과 부유한 개인이 자금을 지원하는 정치·문화 선전 관계망의 확장으로 인해 소비자본주의는 어디에나 존재하게 되었다. 베이조스, 저커버그를 비롯하여 다른 인터넷 거물들과 마찬가지로 1970년대 이후 성인이 된 사람들은 이러한 자유주의적 정신을 흡수했다.

점차 느려지는 경제 성장 및 기술 혁신의 속도

1970년 무렵, 미국의 놀라운 경제 성장의 100년, 그리고 전 세계 기술 혁신의 100년이 막을 내렸다. 유럽과 일본의 경우 1970년대까지 미국의 뒤를 쫓았기 때문에 한동안 경제 성장이 지속되었다. 훨씬 낮은 수준에서 출발한 중국 경제는 1990년대 놀라운 속도로 성장하기 시작했고, 2010년대에 그 세가 꺾였다.

1970년 이후의 기술 혁신은 1870년 이후 100년, 특히 1920년 이후 50년 동안과 같이 일상생활의 혁명을 창출하지는 못했다. 최근의 혁신은 거의 전적으로 통신과 엔터테인먼트, 정보 기술에 국한돼 있다. 다른 거의 모든 분야는 1870년과 1970년 사이에 나타난 혁신적 발명이 그 수준을 높인 것에 불과하다. 오늘날 서구인이 1970년으로 돌아가는 일이, 1970년대 사람이 1870년 혹은 1920년으로 돌아가는 일보다 훨씬 쉬울 것이다. 반세기 전의 삶은 당연히 지금과는 다르겠지만 꽤 익숙하게 다가올 것이다. 스마트폰과 개인용 컴퓨터, 인터넷, 그리고 전자레인지는 그립겠지만 말이다. 그러나 1970년이면 이미 인간이 달 위를 걷고 온갖 인공위성이 지구 궤도를 돌며 익숙한 가전제품이 집 안을 가득 채우고 있었을 때다. 전기와 가스, 중앙 난방, 상하수도, 온수기, 욕조, 수세식 변기가 거의 모든 가정에 보급되어 있었을 때다. 쇼핑몰에는 플라스틱과 인공 섬유로 만든 소비재로 가득했고, 텔레비전 프로그램과 영화, 음반을 즐길 수 있었다. 항생제와 백신으로 전염병을 통제하고, 병원에서는 익숙한 약물과 화학요법, 방사선 치료법으로 환자를 치료하고 있었다. 자동차와 트럭은 일회용 용기와 컵에 패스트푸드를 담아 파는 프랜차이즈 식당이 늘어선 현대식 고속도로를 달리고 있었고, 제트 여객기가 전 세계 하늘을 가로지르며 날았다. 디젤 기관이 기차를 끌었고, 슈퍼탱커가 석유를 운반했으며, 컨테이너선이 바다를 누비고 있었다. 사람들은 신용카드로 슈퍼마켓에서 가공식품을, 쇼핑몰과 백화점에서 기성복을 샀다. 1920년에 이 모든 것을 누릴 수 있는 사람은 극소수에 불과했다. 1870년에는 아예 없었을 것이다.[14]

전후 미국 제조업체들의 지배력은 그들을 안주하게 만들었다. 유럽과 일본의 산업들이 재건되어 미국식 소비자본주의의 혜택을 누리는 동안 미국 제조업체들은 자본 투자율을 높게 유지하는 데 실패했다. US스틸의 사례가 대표적이다. 인프라가 모두 갖춰지며 내수 시장의 철강 수요는 줄었고 해외 경쟁이 치열해지며 해외 시장은 더 좁아졌다. 1950년 세계 철강 시장의 46.6퍼센트를 점유했던 미국은 1960년 26퍼센트, 1970년 20퍼센트로 점유율이 떨어졌다. 1970년 야와타 제철과 후지 제철이 일본제철로 합병하면서 US스틸은 세계 최대 철강업체라는 타이틀을 빼앗겼다.[15]

1970년 미국 경제는 침체되었다. 1971년 미국은 100년 만에 처음으로 무역 수지 적자를 기록했다. 서비스 부문이 성장하면서 제조업이 경제에서 차지하는 비중이 줄었다. 1973년부터 1981년까지 음식점 부문에서 늘어난 인력이 자동차와 철강업 종사자 수를 합한 것보다 더 많았다. 서비스업 종사자의 임금과 복리는 공장 노동자의 수준에 이르지 못했다. 1972년 다우존스 산업평균지수가 처음으로 1,000을 돌파했으나, 1973년과 1974년 유럽 증시가 무너지며 가치가 절반 가까이 폭락했다. 1973년과 1979년에는 중동발 위기로 인해 두 차례의 오일 쇼크를 겪으며 경제가 큰 타격을 입었고 인플레이션이 심화했다. 휘발윳값이 오른 탓에 소비자들이 높은 연비를 제공하는 외제 차로 눈을 돌리면서 디트로이트의 자동차 제조사들은 시장 점유율을 잃었다.[16]

정부의 경제 정책과 소비자본주의

1970년 이후 정부의 경제 정책 변화도 소비자본주의를 변화시켰다. 자유 시장이 모든 문제를 해결하리라는 베이조스의 신화적 믿음 같은 자유주의적 경제 이론들이 미국 정부의 실업률과 높은 인플레이션 대응 방식에 영향을 미쳤다. 1971년 닉슨은 제조업과 미국 상품에 대한 해외 수요를 늘리고자 제2차 세계대전 이후 국제 금융 시장을 안정시켰던 브레턴우즈 협정을 종료했다. 각국 통화는 서로 영향을 미쳐 투기와 환율 변동에 휘둘리기 쉬웠고, 이는 어느 나라에도 유익하지 않았다. 현금과 자본은 장기적인 투자 수요보다는 단기적인 고수익을 쫓아 국경을 넘나들었고, 덕분에 국제 자본 시장이 형성되어 D. E. 쇼와 같은 헤지 펀드가 가능해졌다. 1970년대와 80년대의 여러 행정부는 계획대로 효과를 보이지 않거나 시대에 뒤떨어진 경제 규제를 뜯어고친다는 명목 하에 이를 개선하는 대신 아예 규제를 하지 않겠다고 발표했다. 민주당 정권은 천연가스 가격, 트럭 운송업, 철도, 항공, 은행업을 대상으로 한 규제를 완화했으며 다른 산업에 적용되던 규제도 약화시켰다. 규제를 완화하자 경제 안정성은 하락했다. 1945년과 1970년 사이에는 한 번도 없던 금융위기가 주기적으로 미국을 강타했다. 1980년 이후 미국과 영국은 번영을 촉진하고 소득 평등을 도모했던 사회 안전망을 해체하고 노조의 힘을 약화하는 데 앞장섰다. 블루칼라 노동자와 중산층의 소득은 더 이상 증가하지 않았으며 감세와 규제 완화로 부유층의 재산은 급격히 늘어나면서 오늘날의 인터넷 억만장자가 탄생하는 발판이 마련되었다.

감세 덕분에 늘어난 현금은 기업의 자본금이나 제조업에 투자되었어야 했지만, 그 대신 금융 시장으로 흘러 들어갔다. 가령 US스틸은 오래된 공장 시설을 현대화하여 세계 시장 진출을 노리는 대신 공장을 닫고 보유 자산을 다각화하는 데 현금을 투자했다. 1986년에는 사명에서 '스틸'을 빼고 'USX'로 바꾸었다.[17] 기업이 제조업 대신 수익성 있는 기업에 자본을 투자하는 금융화 관행이 점점 더 흔해졌다. 거대 기업과 헤지 펀드는 수익성 있는 소규모 기업들을 인수했다. 식품업부터 제약업, 출판업 등 산업은 점차 점점 더 적은 수의 기업의 통제 아래로 모여들었고, 몇 안 되는 거대 기업들은 이윤과 경제적, 정치적 힘을 쌓았다. 반독점 규제 기관은 소비자가 직접적인 피해를 입지 않는 한 이를 못 본 척했다.

1980년대, 많은 기업이 생산성 향상이나 사회 발전이 아닌 이윤을 추구하는 금융 부문으로 넘어갔다. 기업 경영자들은 (그리고 베이조스와 같은 인터넷 억만장자도 마찬가지로) 1983년 처음 등장한 용어인 '주주 가치$^{shareholder\ value}$'와 주가를 최대한 높이고자 애썼다. 지금껏 경영진은 기업의 사회적 가치나 장기적인 성장 전략에 초점을 맞추었지 '주주 가치'를 중심으로 경영을 한 적이 없었다. 이제 경영진이 가장 신경 써야 할 대상은 주주였다. 자금은 은행과 투자자 단체로 들어갔다. 기업 매수자, 사모펀드, 헤지펀드는 고금리 채권("정크 본드*")을 통해 자금을 조달해 기업을 인수하고 자산을 매각해 채권자에게 자금을 상환한 다음, 가능하다면 쪼그라들고 뿔뿔이 흩어진 해당 기업의 주식을 팔아 수익을 남겼다.

GE의 잭 웰치$^{Jack\ Welch}$ 회장은 GE를 금융화하여 주주 가치를 극대화한 선구자로 널리 존경받았다. 보스턴 지역에서 가난한 아일랜드계 가톨릭 신자 가정에서 자랐으며 엔지니어링이나 설계에 특별한 재능은 없었던 잭 웰치는 1981년과 2001년 사이 빠르게 승진하여 회사를 이끄는 자리에 올랐다. GE는 공격적인 다운사이징을 하는 중에도

---

* 신용등급이 낮은 기업에서 발행하는 고위험·고수익 채권. 기업 신용이 낮아 회사채 발행 자체가 어려운 기업이 발행하는 회사채를 의미한다.

성장했다. 다운사이징이란 1982년 처음 등장한 용어로, 재무 성과 개선을 위해 직원 규모를 축소하는 일을 뜻한다. GE는 10만 명의 직원을 내보냈다. 연구 개발 부문은 완전히 초토화되었다. 주목할 만한 결과를 내보인 웰치의 전략을 따랐던 기업으로는 엔지니어링 중심 문화를 재무 중심 문화로 바꾼 보잉Boeing이 대표적이다. 그러나 웰치 전략의 유효성은 오래가지 못했다. 웰치가 은퇴한 후 주가와 기업 가치는 거꾸러졌고, GE는 2018년 다우존스 산업평균지수에서 퇴출당했다. 그러는 사이 보잉은 결함이 있는 보잉 737 맥스를 생산했고, 2018년과 2019년 승객을 태우고 추락하는 사고가 두 차례나 발생했다. 매출은 얼어붙었고, 조사 결과 보잉 조직 내에서 심각한 구조적 문제가 발견되었다.[18]

이와 같은 정부 정책, 기업 경영구조, 금융 시장의 변화는 소비자본주의 기반의 성장을 더 취약하게 만들었다. 공화당은 물론 민주당도 부유층과 기업을 위한 규제 완화와 감세안을 통과시켰다. 이러한 경제 시스템은 브로커와 투기꾼의 주머니만 불릴 뿐이다. 기업은 스톡옵션으로 점차 경영진에게 돌아가는 보상을 늘리고 있으며, 그럴수록 경영진은 주가를 보며 결정을 내리기 쉬워진다. 1990년대, 주식 시장은 전례 없는 수준의 고점을 찍다가 인터넷 및 기술 관련주의 폭락과 함께 2000년에 추락했다. 예상했던 바와 같이 규제가 완화되면서 위험성이 높은 은행 및 금융 관행이 횡행했고 미국 주택 시장에 거품이 형성됐다. 이 거품은 2008년에 터졌고 세계 경제를 거의 붕괴시킬 뻔했다.[19]

경제 성장이 1970년 이전 수준에 머무르도록 한 요인 중 하나는 현금 부족이었을 것이다. 안정적인 소비자본주의의 핵심은 소득에서 소비재에 사용하는 지출의 비중이 부유층보다 높은 중산층과 저소득층이다. 그러나 두 계층의 소득은 동결되었고 최빈층의 소득은 오히려 감소했다. 1973년 11퍼센트로 역사적으로 낮은 수준을 기록했던 빈곤율은 이후 계속해서 상승했다. 경제 성장을 자극했던 다른 요소들도 자유주의와 신자유주의 억만장자, 기업 지도자들의 정치력이 강화되며 힘을 쓰지 못했다. 특히 '빌 앤드 멀린다 게이츠 재단'과 월튼가족 재단 등 자유 시장 중심의 민간 재단에서 주도하는 교육 민영화에 대한 압력으로 공교육 투자가 위축되었다.[20] 정부는 세금을 낮게 유지하면서 인프라 관리는 소홀히 했다. 전 세계 부유한 국가의 젊은 층이 결혼을 늦게 하고 아이를 덜 낳는 것은 인구의 고령화를 의미하며, 이것은 1980년대 이후 미국으로 유입된 대규모 이민 행렬의 뒤에 감춰져 있던 문제이기도 하다. 점차 늘어날 고령 인구를 부양해야 할 근로자의 수는 줄어들 것이다. 미국의 젊은이들은 소득 정체는 물론 크게 늘어난 교육비 및 소비자 부채와 씨름해야 하며, 이런 이유로 이들은 부모 세대보다 더 가난한 첫 번째 세대가 되었다. 빈곤에서 벗어나지 못하는 편모 가정, 감옥에 수감된 젊은 남성(특히 흑인 남성)이 터무니없을 정도로 많다는 점도 미국의 경제 성장을 방해하는 요인이다.[21]

1970년대에는 정부 규제, 수익률 감소, 경제적 좌절감으로 인해 보수적인 사업가들과 부유한 투자자들이 정당이 아닌 로비스트(1980년에는 연방 공무원보다 수가 더 많았다), 싱크탱크, 사업 단체, '자유 시장'의 기부를 받은 대학 교수 및 기관으로 구성된 상호 연결된 체계를 정치적으로 조직화했다. 1976년 대법원이 정치 기부를 헌법상 보호되는 의사 표현으로 판결하면서 선거 기부금이 큰 폭으로 증가했다. 2010년 두 번째 판결에서 대법원은 기업의 선거 기부금에 대한 제한을 완화했다. 이후, 기업들은 익명의 '다크 머니'* 단체, 정치 활동 단체, 정치 캠페인에 막대한 금액을 쏟아부었다. 이는 정치 방향이 반정

---

* 투표 전 유권자에게 공개되지 않은 선거운동 자금.

부, 반규제 방향으로 전환되는 것뿐만 아니라 대법원이 기업의 손을 들어주고 정부 규제를 차단할 정도로 영향을 미쳤다.

다른 선진국, 특히 여타 영미권 국가에서도 유사한 패턴이 나타나면서 이 모든 변화는 세계적으로 소비자본주의에 피해를 입혔다. 1970년 이후 자본이 세계화되었고, 저렴해진 운송 수단 덕분에 제조업과 무역도 한층 더 빠르게 세계화되었다. 산업화된 모든 국가는 당대를 이끌던 산업 강국을 따라하며 더 값싼 노동력이나 향상된 제조 효율성, 혹은 두 요소 모두를 활용해 결국 산업 강국들을 뛰어넘었다. 제2차 세계대전 이후 미국의 제조업은 먼저 유럽의 도전을 받았고, 이후에는 일본, 한국, 대만, 중국이 미국과 유럽의 뒤를 바짝 추격했다. 방글라데시와 베트남과 같은 가난한 국가에는 노동력 착취를 기반으로 하는 산업이 생겨났다. 중국은 값싼 대규모의 노동력을 활용해 세계 시장에 저렴한 상품을 쏟아냈다. 미국과 유럽의 투자금은 해외로 빠져나갔다. 기업들은 해외 업체에 생산을 위탁했다. 미국에 있는 공장들은 문을 닫았다. 노동자들은 노조가 있으며 보수도 좋은 일자리를 잃고 저임금 서비스업에 취직했다. 미국과 유럽에서는 고부가가치를 내거나 숙련된 노동력이 필요한 산업만이 살아남았다.

농업과 식품 산업

1970년 이후 소비자본주의는 식품 산업을 완전히 뒤바꿨다. 공장식 농업은 식품 기업을 먹여 살렸고, 식품 기업은 포장된 가공식품으로 슈퍼마켓 진열대를 채웠다. 몇 안 되는 미국 거대 기업이 전 세계 식품 사슬의 대부분을 장악했다. '빅 푸드$^{Big\ Food}$'라고 불리는 글로벌 식품 대기업들은 미국에서 고수익 시스템을 만들어 이를 전 세계 여러 국가에 수출했다. 더불어 병에 든 탄산음료와 가공식품으로 이루어진 '미국식 식단$^{American\ diet}$'도 수출했다. 그 결과, 미국인의 대표적인 건강 문제, 오늘날에는 거의 모든 곳에서 문제가 되고 있는 비만이 뒤따랐다.

미국의 정부 정책은 농업의 기업화를 조장했다. 드와이트 아이젠하워, 닉슨, 레이건 공화당 정권의 정책은 가족 농장이 아닌 기업식 농업에 정부 지원을 제공했다. 여러 농장이 통합되었고, 10퍼센트도 안 되는 농장이 전체 농장 소득의 85퍼센트 이상을 벌어들였다. 전통적인 가족 농장은 살아남을 수가 없었다. 전체 농장 중 하위 80퍼센트는 가족을 부양할 정도의 소득을 얻지 못해 농장주 혹은 배우자가 부업을 해서 추가 수입을 얻어야 했다. 계절에 따라 이주하는 노동자를 제외하고, 농장 노동력에 대한 수요는 계속해서 줄었다. 1930년부터 2000년까지 농장 인구는 3분의 1로 감소했지만 동일 면적 생산량은 두 배 증가했다. 농가 소득도 증가했다. 1945년에는 소농들이 있는 농촌 빈곤이 심각한 문제였다. 21세기에 들어 이 문제는 거의 사라졌지만, 이주 노동자들에게 빈곤은 여전히 끔찍한 문제다. 유럽 연합의 정책은 유럽 전역에 유사한 변화를 유도했다.

미국 농장들은 막대한 양의 식량을 아주 저렴한 비용으로 생산한다. 이렇게 생산하려면 거의 모든 농지에 인공 비료와 살충제, 제초제, 살균제를 뿌려야 한다. 화학 대기업 실험실의 연구원들은 유전자 코드를 수정해 해충과 화학물질에 높은 저항성을 지닌 식물종을 만들어낸다. 농부들은 단일 작물만 재배한다. 미국에는 옥수수, 면화, 밀 등 하나의 작물이 끝없이 펼쳐진 넓은 들판이 여러 지역에 펼쳐져 있다. 남부 주에서는 수천 마리의 닭, 돼지, 소를 무자비한 환경에 몰아 넣고 키우다가 도축하고, 닭의 경우 달걀을 얻기 위한 수단으로 사육하는 공장식 사육방식이 개발됐다.[22]

전후 농업의 역사는 토머스 맬서스의 이론을 뒤집었다. 세계대전이 끝난 후 세계에는 유럽·미국식 농업 기술이 확산되며 생산성이 증대됐다. 세계 인구는 1950년과 2000년 사이 2.4배 증가했지만 농업 생산량은 3배 증가했다. 그 결과 일자리를 잃은 농업 노동자가 중국, 인도, 아프리카, 라틴아메리카의 여러 도시에 몰려 공장, 광산, 기타 비농업 부문에서 일했다. 국제적으로 바나나, 커피, 면화, 소고기, 팜유 같은 농산물 무역이 늘어났다. 제2차 세계대전 이전에는 세계 무역에서 15퍼센트의 비중을 차지하던 농업 생산량은 20세기 말 25퍼센트에서 33퍼센트로 늘어났다. 유럽, 미국, 일본의 슈퍼마켓에 진열되는 신선한 과일과 채소의 종류는 더 다양해졌다. 익숙한 농산물을 찾는 유럽과 미국 이민자들로 인해 슈퍼마켓의 농산물 진열대에는 더 다양한 상품이 놓이게 되었다.[23]

컴퓨터 혁명

의심의 여지 없이 1970년 이후 가장 혁명적이었던 경제 발전은 컴퓨터 기술 산업의 발전에 의한 것이었다. 그렇지 않았다면 아마존닷컴은 존재할 수 없었을 것이다. 컴퓨터 기술 산업은 제2차 세계대전과 냉전 중 미군이 이뤄낸 기술 혁신 또는 미군에서 제공한 자금을 바탕으로 성장했다. 캘리포니아 팔로알토에 있는 스탠퍼드대학교는 우수한 공과대학, 군사시설, 나사 에임스 연구센터^{NASA Ames Research Center}, 그리고 초기 전자 산업 지역 근처에 위치했던 덕분에 여러 혜택을 받았다. 인근에 있던 전자 기업으로는 제록스(당사의 연구소가 스탠퍼드대학교 소유의 스탠퍼드 연구 공원 안에 있다), 휴렛 팩커드^{HP}, 페어차일드 반도체(실리콘 반도체를 발명한 기업으로 처음에는 제품을 주로 군에 판매했다), 인텔, 비디오게임 제조사인 아타리 등이 있다. 전직 전자 회사 직원들이 자금을 지원한 초기 벤처 캐피털 회사들도 근처에 생겨났다. 1968년과 1969년 사이, 미 국방부 산하 고등연구계획국이 스탠퍼드를 비롯해 여러 대학에 있는 컴퓨터를 연결하는 아르파넷^{ARPANET}을 개발했고, 스탠퍼드대학교의 엔지니어들이 이 상호연결망 internetwork, 즉 인터넷^{Internet}을 발전시켰다.

실리콘 기반 반도체 기술이 밀집돼 있는 해당 지역은 1974년 '실리콘 밸리'라는 별명을 얻었다. 실리콘 밸리는 자유주의 성향의 문화에서 원동력을 얻었다. 멀지 않은 곳에 있는 샌프란시스코는 1950년대 비트닉^{Beatnik*} 운동과 1960년대 히피 반문화(스탠퍼드대학생 자원 봉사자를 대상으로 실시한 환각제 실험으로 촉발했다)의 발생지이자, 1970년대 급성장한 동성애자 인권 운동의 중심지였다. 비전문가와 엔지니어들은 모두 컴퓨터 기술에 대한 기업의 지배력을 약화해 민주적으로 모든 이에게 기술을 나눌 수 있기를 바랐다. 나중에는 월드와이드웹$^{World\ Wide\ Web,\ www}$을 통해 개인이 서로 연결되고 자유와 소통이 확대되며 기업의 중개 없이도 정보를 공유할 수 있는 시대가 열리기를 희망했다. 아이러니하게도 결국에는 컴퓨터 사용자와 이들의 컴퓨터 및 인터넷 사용량에 관한 개인 정보를 수집해 막대한 수익을 올리는 거대 중개 기업을 수많은 사람이 사용하게 되었지만 말이다.[24]

개인용 컴퓨터^{PC}를 세상에 내놓는 데 일조한 건 반기업적 이상주의였다. 증기기관, 전구, 자동차, 비행기와 마찬가지로 PC는 창고나 차고에서 하는 소소한 작업에서 탄생했다. 제록스는 최초의 PC를 개발했지만 상용화하지는 못했다. 팔로알토에서는 젊은 엔지니어 무리가 컴퓨터 기술을 실험하고 있었다. 1976년, 그중 두 명인 스티브 잡스와 스티브 워즈니악이 애플 컴퓨터를 설립했고 제록스와 아타리에서 아이디어를 빌리거나 훔쳐 와 1977년 최초의 개인용 컴퓨터인 애플 II를 출시했다. 1979년 워싱턴주 시애틀에서는 빌 게이츠가 컴퓨터 운영체

---

* 1920~1930년대에 태어나 20세기 중반 경제적 풍요 속에서 반물질주의적 생활방식을 추구했던 운동. 미국 주류 문화의 소비주의를 거부하고 문학, 시, 음악 등 예술을 통해 자신을 표현하려 했다.

제를 인수해 엠에스 도스$^{MS-DOS}$로 이름을 바꾼 뒤 1981년에 출시된 개인용 컴퓨터에 탑재될 수 있도록 아이비엠^{IBM}에 판매했다. 1991년에는 월드와이드웹이, 1993년에는 최초의 브라우저와 최초의 검색 엔진이 등장했다. 점점 더 많은 사람이 컴퓨터를 구입했고, 이메일을 전송하고 인터넷을 '서핑'했다. D. E. 쇼와 베이조스는 새롭게 등장한 인터넷이라는 공간에서 이윤을 창출할 방법을 모색하던 초기의 인물들이었다. 컴퓨터 기술 러시는 곧 투자 거품을 일으켰고 거품은 점점 커졌다. 아마존닷컴은 이 거품이 꺼진 2000년에 살아남은 기업 중 하나였다.[25]

 컴퓨터 시대는 금세 빛이 바랬다. 기업들은 컴퓨터가 생산성을 높여 주리라 기대했다. 그러나 1994년 이후 10년을 제외하면 생산성은 종전과 1970년 사이보다 더딘 성장세를 보였다. 2010년대부터 온라인 소매업이 오프라인 매장 사업에 적극적으로 진입하기 시작했다. 1980년대와 90년대에는 월마트, 케이마트$^{K-Mart}$, 타겟^{Target}, 홈디포$^{Home Depot}$, 반스 앤드 노블, 그리고 수많은 '대형 할인점$^{big-box}$'이 쇼핑과 소매업에 혁명을 일으켰다. 전통적인 백화점, 심지어 유서 깊은 J. C. 페니와 시어스도 이들을 상대로 고전했다. 대형 할인점들은 제품을 저렴하게 판매했지만 불안정한 시간제 직원들에게 낮은 급여와 적은 복지를 제공했기 때문에 대중의 지지를 받지 못했다. 많은 소규모 개인 소매점이 문을 닫았다. 아마존닷컴과 온라인 쇼핑은 낮은 간접비, 독보적으로 넓은 선택의 폭, 저렴한 가격, 구매 편의성, 빠른 배송으로 대형 할인점을 궁지로 몰았다. 넷플릭스가 스트리밍^{streaming}하는 영화와 드라마는 영화관을 찾는 고객과 전통적인 텔레비전 시청자들을 빼앗아 갔다. 21세기 들어 급속히 발전한 스마트폰 기술 덕분에 개인용 컴퓨터의 휴대성은 놀라울 정도로 높아졌고, 사람들의 주머니와 지갑 속으로 인터넷이 들어왔다. 광고, 데이터 수집, 원클릭 구매로 소비자에게 다가가는 것이 그 어느 때보다 쉬워졌다.[26]

<그림 14> 노르웨이 포르네부에 있는 모바일 결제 단말기. 노르웨이 통신 대기업 텔레노르Telenor의 근거리 통신 기술로 작동한다(2011년). 스마트폰만 있으면 이제 현금이나 신용카드 없이도 구매를 할 수 있게 되면서 소비 행위는 놀라울 정도로 쉬워졌다. 또한, 현금이나 신용카드로 사는 것과 달리 구매 행위에서 돈을 쓴다는 감각이 느껴지지 않기 때문에 소비를 부추기기도 한다. 소비주의가 지금처럼 사람들을 자극하던 때는 없었다. HLundgaard, 위키피디아 커먼스 제공: https://commons.wikimedia. org/wiki/File:Mobile_payment_03.jpg)

인터넷 상용화는 소비자본주의의 출력을 높이고 영향권도 넓혔다. 그러나 기술 산업은 그 과정에서 괴물을 만들어냈다. 모든 것을 무료로 제공하기 위해, 구글 검색 엔진을 제공하는 알파벳이나 페이스북 같은 SNS 서비스를 제공하는 기업들은 굉장히 개인적인 정보를 대량으로 수집해 판매한다. 광고주는 이 정보를 활용해 자사 제품에 관심을 가질 법한 사람들에게 광고를 맞춤 설정하고 타기팅한다. 이렇게 수집된 정보는 정치적 광고나 메시지 전달을 위해 타기팅하는 데에도 유용하다. 안타깝게도, 한때는 자유롭다고 여겨졌던 인터넷의 개방성은 범죄, 악성 행위자 및 소프트웨어, 음란물, 정치적 선전물, 허위 정

보, 오도, 악성 정보를 조장하고 있다.

세계 환경 위기를 심화한 '대가속기'

1970년 밀물처럼 밀려온 환경 문제는 반세기 후 해일만한 규모의 문제가 되었다. 인구가 증가하고 소비자본주의가 성장하며 채굴 사업을 기반으로 생산되는 상품의 수요는 점점 더 커졌고, 대기와 물과 땅에 버려지는 폐기물도 많아졌다. 산업자본주의는 본고장인 유럽과 미국을 뒤로하고 값싼 노동력이 풍부한 두 신흥 국가인 중국과 인도에서 낮은 원자재 수입 비용과 부품 및 완제품 수출 비용을 이용해 그들만의 산업자본주의를 발달시켰다. 산업이 새로운 대륙에서 발달하면서 종전의 환경 문제가 다시금 부상했다.[27]

소비자를 먹이고 소비자가 원하는 식품을 제공하기 위해선 농산물이 필요하다. 식품 대기업 크래프트 하인즈$^{Kraft\ Heinz}$, 제너럴 밀스, 코나그라^{Conagra}, 유니레버^{Unilever}, 델몬트^{Delmonte}는 전 세계의 식료품 사슬을 효과적으로 통제한다. 이 기업들은 농부들에게 무엇을 심으면 얼마를 벌 수 있는지 알려준다. 그리고 소비자에게는 광고와 홍보를 통해 무엇을 먹을 수 있으며 얼마를 내면 될지 알려준다. 다국적 기업 타이슨 푸드^{Tyson}, 제이비에스^{JBS}(브라질 기업), 카길^{Cargill}, 스미스필드^{Smithfield}(중국의 WH그룹 소유)이 소고기, 돼지고기, 양계업에서 비슷한 역할을 하고 있다.[28] 미국 중서부 농부들은 유전자 조작 옥수수를 키우기 위해 인공 비료와 화학 제초제, 살충제를 대량으로 쏟아부어야 하는 처지에 놓였다. 이렇게 생산된 옥수수 일부는 가축을 먹이고 살찌우는 데 사용되며, 대부분은 녹말가루, 기름, 고과당 시럽, 유화제, 안정제, 수천 가지 가공식품에 들어가는 점도 조절제, 그리고 자동차용 에탄올 등 수많은 제품을 제조하는 가공업체로 전달된다.[29]

열대 지방에서는 농업 때문에 숲이 파괴되고 있다. 브라질 아마존의 벌채된 지역은 소 사료용 콩을 재배할 밭이나, 유럽과 북미의 햄버거 패티를 위한 소를 키우기 위한 목장이 되었다.[30] 인도네시아, 말레이시아, 나이지리아, 태국, 콜롬비아의 삼림은 점점 팜유 농장으로 바뀌고 있다. 팜유 생산량은 1995년부터 2015년까지 네 배 증가했으며, 2050년이면 다시 네 배 더 늘어날 것으로 예상된다. 다용도로 쓰이는 팜유는 식용유, 포화 지방이나 트랜스 지방이 적은 빵류와 식품류의 재료, 세제, 액상 비누, 샴푸, 화장품, 식품 방부제, 접착제, 개인 위생용품, 바이오 연료 등 200여 가지 제품에 들어간다.[31] 열대 지역 바나나 농장은 도시화와 안정적으로 맛있는 과일을 먹고 싶어 하는 도시인들의 욕구 때문에 삼림을 대체하며 세계의 그 어떤 과일보다 더 많이 생산되고 있다. 바나나는 해충과 질병에 약하기 때문에 화학 살충제, 제초제, 살균제를 대량으로 사용해야 하는데, 이 물질들은 지하수면으로 침출되어 바닷가의 산호초에 피해를 입히고 노동자의 건강을 해친다. 제초제에 노출된 토양은 열대성 폭우를 맞으며 깎여 나가고 화학물질로 가득한 토사를 흘려보내 하천을 막는다. 토양의 고갈이나 곰팡이로 인해 생산자들은 주기적으로 농장을 버리고 숲을 다시 벌채하여 새로운 농장을 만들어야 한다.[32]

세계 인구 증가에 따른 단백질 수요의 대부분은 바다에서 충족한다. 대형 동물의 생물량은 급격하게 감소했다. 북해와 발트해, 대서양 북서부와 같이 오랜 기간 과도하게 어획을 해 왔던 어장은 지난 수 세기 동안 수산 자원량의 감소로 어려움을 겪어왔다. 19세기 증기 동력이 도입되며 문제는 더 악화됐다. 그럼에도 1955년 출간된 책《고갈되지 않는 바다$^{\text{The Inexhaustible Sea}}$》라는 제목처럼, 전후에 과학자와 어부 들이 바다의 잠재력에 대해 지녔던 낙관적인 기대는 컸다.[33]

포경업은 사라져가는 해양 생물에 대한 국제 사회의 경각심을 불러일으켰다. 19세기 말, 노르웨이인들은 대포로 발사하는 치명적인 폭발성 작살과 고래가 가라앉지 않도록 하는 부양 기술을 갖춘 효율적인 포경선을 개발했다. 등에 고래기름 대신 등유를 넣으면서 잠시 희망이 보이는 듯했으나, 고래기름에는 산업용 윤활유로 쓸 수 있는 독특한 특성이 있다. 1960년대 말이 되기 전까지는 자동변속장치가 달린 모든 자동차의 변속기 윤활유에 고래기름이 함유돼 있었다. 고래기름은 대륙간 탄도 미사일에도 사용되었다.[34] 1970년대, 많은 사람이 전 세계 고래 개체수의 감소에 항의하면서 대부분의 국가가 고래잡이를 중단하거나 대폭 줄이도록 조처를 취했다. 자동차 제조사들은 집중적인 연구 끝에 고래기름을 대체할 물질을 합성하는 데 성공했다. 1970년대 이후 고래의 개체 수는 꾸준히 증가했지만 여전히 1850년 이전의 수준에는 훨씬 못 미친다.[35]

그러나 이보다 더 중요한 건, 기술적 변화로 인해 바다에서 사실상 모든 어류가 사라질 위기에 처하게 된 것이었다. 1960년대 영국은 냉동 칸이 설치된 대형 트롤선을 개발했고, 어부들은 오랜 기간에 걸친 어획으로 고갈된 북해를 떠나 멀리 떨어진 북극해로 조업을 나갈 수 있게 됐다. 트롤선에는 그물을 끌어 올릴 수 있는 선미의 구조체와 대구 간유와 어분을 처리하는 장비가 탑재되어 있었다. 동유럽 국가들은 수상 어촌을 발달시켰다. 배에 의료진과 선원들을 위한 오락시설을 갖춰 항구로 자주 돌아올 필요를 없앤 공장식 거대 선박은 오늘날 소형 트롤선단과 함께 원양으로 나아가 물고기를 잡아 모선으로 가져와 가공한다. 일본과 대만에 있는 유사한 원양 어선단도 대열에 합류했다. 이 선단들은 수중 음파 탐지기로 물고기 떼를 찾아 바닷속에 있는 생명들을 모조리 빨아들인다. 새로운 저인망 기술과 신소재 그물이 개발되면서 어부들은 물고기 떼를 통째로 포획하고 해저를 생명 하나 없는 사막으로 만들 수 있게 되었다. 선박들은 죽거나 죽어가는 거북이, 바다 포유류, 해면동물, 산호 등 상품성이 없는 모든 것을 '부수 어획물'로 구분하여 바다에 버린다. 수천 킬로미터 길이에 달하는 버려진 그물과 어구는 선박이 떠난 뒤에도 오래도록 바다 위를 표류하며 생명을 죽인다. 하수와 비료 섞인 빗물의 유입으로 바닷물 속 질소가 증가하며 발생하는 부영양화로 데드존$^{dead\ zone*}$이 늘어나는 것처럼 해안 오염도 물고기를 죽이고 있다.[36]

육지의 생물다양성은 여러 면에서 심각한 위협과 마주하고 있다. 상업적 대규모·소규모 농장과 목초지가 확장되면서 숲은 파괴되고 다양한 생명이 서식지를 빼앗았다. 수집가, 애호가, 외래종 사냥감 목장은 많은 조류, 파충류, 포유류, 어류, 특히 희귀종에 대한 수요를 끌어올리고 있다. 플로리다에서는 아시아의 걷는 메기$^{walking\ catfish}$가, 텍사스 남부에서는 일본의 눈원숭이$^{snow\ monkey}$가, 그 외 많은 외래종이 새 대륙에서 탈출하거나 방생되었다. 플로리다주의 습지대인 에버글레이즈에 있는 미얀마 비단뱀처럼 지역 생태계에 대혼란을 일으키는 경우도 있다. 좋은 의도나 과학적으로 도움을 받기 위해 의도적으로 데려온 일부 종이 생태계에 급속히 퍼지거나 생태계를 뒤엎기도 한다. 인도에 있는 북미 손바닥 선인장$^{prickly\ pear}$, 영국에 있는 미국 회색 큰다람쥐, 미국에 있는 아시아 잉어가 대표적이다. 또한, 중국 경제가 점차 성장하며 발생한, 상아로 만든 사치품과 전통 의약품에 대한 수요 때문에 코끼리, 코뿔소, 호랑이 등 여러 동물이 국제 시장에서 불법으로 거래되면서 해당 종이 멸종 위기에 처했거나 이미 멸종했다.

저렴해진 국제 운송은 또 다른 골치 아픈 외래종의 유입을 촉발했다. 선박에 실린 화물과 평형수, 항공기 화물칸과 여객칸, 여행자의 신발과 옷, 짐, 신체, 온갖 상자와 선적 컨테이너에 다양한 미생물과 씨앗부터 해양 생물, 곤충 같은 작은 동물이 쉬지 않고 대륙에서 대륙으

---

* 수중 산소량이 부족해지며 생명체가 살 수 없게 된 해양 지역.

로 이동하고 있다. 일부는 지역 생물군과 별 탈 없이 섞이기도 한다. 그러나 19세기 북미의 대규모 밤나무 숲을 파괴한 곰팡이나 지금도 전 세계 양서류를 죽이고 있는 곰팡이처럼, 일부는 파괴적이고 끔찍한 결과를 낳기도 한다. 의도적이든 부주의에서 비롯되었든, 인간은 종의 멸종과 종의 이동 사이를 오가며 지구 생태계를 재편성해 왔고, 지금도 멈추지 않고 있다.[37]

일회용 자본주의

월마트나 이케아 같은 대형 할인점에 들어가는 건 값싼 제품으로 가득 찬 보물 창고에 발을 들여놓는 것과 같다. 계획적 구식화는 이전 세대가 오래 쓰고 싶어 했던 의류나 가구에도 적용되어 있다. 즉, 값도 싸지만 곧 버려지게끔 만들어졌다는 의미다. 패스트 패션fast fashion 산업에서 찾을 수 있는 빠른 속도, 낮은 생산 비용과 판매 가격, 높은 수익률, 거대한 환경적 영향의 조합은 자연을 희생하면서 한 주머니에서 다른 주머니로 돈이 빠르게 이동하며 이익을 좇는 소비자본주의의 동력을 완벽하게 보여준다. 패스트 패션은 공급 라인과 소매점을 통해 고객에게 의류를 신속하게 제공한다. 이제 미국인은 1980년보다 다섯 배 더 많은 옷을 사고, 평균 일곱 번 입는다.[38] 소비자 패션 사업은 면화의 씨(혹은 화학 공장)에서부터 폐기될 때까지 전 과정에 걸쳐 환경 문제를 야기한다. 면을 재배·가공하거나 인공 섬유를 만들고, 천을 처리하고 염색하는 데 전 세계에서 생산된 화학물질의 4분의 1이 사용된다. 미국에서는 옷이 싫증 날 경우 자선단체에 기부하거나 아프리카(케냐에서만 매년 11만 톤의 의류를 받아들인다)로 보내는 게 아니면, 연간 수천만 톤에 이르는 옷이 버려진다. 이는 20년 전 대비 2배가량 증가한 양이다. 더불어 제조업체와 소매업체는 판매되지 않은 의류의 20퍼센트를 매립하거나, 파쇄하거나, 소각한다.[39]

1970년 이후 일회용품이 늘어난 것도 문제다. 많은 일회용품이 1920년대나 19세기에 발명되었지만 뿌리 깊은 절약 정신과 낭비에 대한 거부감으로 인해 적극적으로 배포되지 않았고, 대공황과 전시 식량 배급 때문에 이러한 태도는 더 굳어졌다. 하지만 전후 시대의 번영은 이러한 거부감을 누그러뜨렸다. 광고는 내구성이 높거나 영구적으로 사용할 수 있다는 메시지 대신 '자유'와 '편리함'의 가치를 내세웠다. 1960년과 70년대에는 일회용품을 어디에서나 찾을 수 있었다. 맥도날드 같은 패스트푸드점에서는 용기, 컵, 접시, 식기, 냅킨 등 다양한 일회용품을 사용했다. 곧 기업들은 종이로 만든 접시, 컵, 냅킨, 타월, 식탁보부터 플라스틱 빨대와 식기, 스티로폼 컵, 개인 용품, 의료용 및 청소용 장갑, 치실, 기저귀, 비닐봉지, 쓰레기봉투 등 가정에서 사용할 수 있는 일회용품을 팔기 시작했다. 그러니 옷과 가구도 쓰고 버리면 된다는 생각이 자리 잡은 것도 이상할 게 없다.[40] 아마존닷컴의 창고에서는 매주 수백만 개의 중고 및 반품 제품을 심지어 포장된 상태 그대로 재활용 센터나 매립지, 소각장으로 보낸다. 제품이 창고 선반을 차지하고 있는 것보다 버리는 게 이득이기 때문이다.[41]

도시에는 버려진 물건을 쌓아 놓을 공간이 점차 사라지고 있다. 한편, 지난 75년 동안 미국 또는 유럽 가정에서 배출하는 쓰레기의 중량은 감소했다. 더 이상 석탄을 때는 난로에서 나오는 유리나 재처럼 무거운 물건을 버리지 않기 때문이다. 그러나 폐기물 매립지는 엄청난 양의 쓰레기로 가득 차오르고 있으며, 모든 도시는 언젠가는 폐기물을 버릴 또 다른 공간을 다시 찾아야 한다. 이는 물론 쉽지 않은 일이다. 우리 집 근처에 매립지가 들어서는 걸 달가워할 사람은 거의 없기 때문이다. 홍수나 침식, 기타 자연 현상 때문에 오래전 묻힌 쓰레기들이 땅 위로 드러나는 경우도 적지 않게 발생한다.[42]

플라스틱의 시대

1970년 이후는 플라스틱의 시대라 해도 과언이 아니다. 싸고, 오래가고, 성형도 쉽고, 투명색에서 검은색까지 어떤 색이든 입힐 수 있고, 필요에 따라 유연하게도 단단하게도 만들 수 있으며, 쉽게 상상할 수 없는 영역에도 다용도로 쓰일 수 있는 플라스틱은 우리 일상에서 수천 가지 용도로 사용되었다. 플라스틱의 뛰어난 내구성과 썩지 않는 성질은 심각한 환경 문제를 일으킨다. 플라스틱은 재사용하거나 고쳐 쓸 수 없기 때문에 대부분의 사람은 플라스틱을 버리거나 재활용한다. 그러나 폐기물 처리 서비스가 아직 제대로 발달하지 않았거나 아예 없는 가난한 나라도 플라스틱을 사용하게 되면서 2000년 이후 특히 해양 환경 문제가 급격히 악화됐다. 북태평양, 북대서양, 남태평양, 남대서양, 인도양의 중앙에는 보통의 국가보다도 더 큰 '쓰레기 섬'이 떠 있다. 바닷길에는 플라스틱 쓰레기가 끝도 없이 펼쳐져 있으며, 2019년에는 지구에서 가장 깊은 마리아나 해구를 조사하던 탐험대가 해구 바닥에서 비닐봉지를 발견했다. 플라스틱은 인간의 건강도 위협한다. 플라스틱에는 내분비계와 상호작용하는 화합물이 있는데, 이 화합물은 체내 호르몬과 똑같이 작용하여 성적 발육 및 성장, 기능을 방해하거나 암세포의 성장을 촉진한다.

플라스틱은 수천 년을 남는다. 물속에 떠다니는 비닐봉지는 먹이로 보일 수 있어 이를 섭취한 조류와 해양 동물을 질식시킬 수 있다. 플라스틱은 썩지 않고 아주 작은 조각으로 부서진다. 플라스틱이 작은 입자로 분해되면 먹이사슬의 가장 아래에 있는 수중 생물이 이를 섭취하고, 미세플라스틱 입자는 먹이사슬을 따라 올라가 농축된다. 세탁물에서 떨어져 나온 인공 극세사도 먹이사슬에 유입된다. 플라스틱의 시대는 플라스틱 쓰레기로 질식하고 있다.[43]

후기 소비자본주의의 풍경

산업자본주의, 소비자본주의가 세계화되면서 스프롤 현상도 세계로 확산되었다. 전 세계 인구의 10퍼센트에 불과했던 도시 거주자는 100년 만에 50퍼센트로 증가했다.[44] 인구는 증가했고, 점점 더 많은 사람이 농촌에서 도시로 이동했다. 소득이 늘었고, 수도권은 더 넓어졌다. 각 지역의 스프롤 현상 형태에는 고유한 특징이 있다. 유럽이나 아시아는 미국처럼 인구 밀도가 낮지 않다. 소득 수준이 낮은 아프리카의 경우 도시 밀도가 특히 높다. 밀도는 사람들이 이동하고 상품과 물건이 운송되는 방식과 부합한다. 사람들은 주로 걷거나 자전거를 타는 곳 근처에 더 모여 있다. 대중교통 시스템이 잘 구축되어 있거나 자동차를 보편적으로 소유하고 있는 곳에서는 사람들이 서로 더 멀리 떨어져 사는 경향을 보인다. 자동차를 소유하면 도로 건설 수요가 발생하며, 이는 땅을 차지하며 인구 밀도를 더 낮춘다. 교외로 확산된 도시들은 대개 무계획적이고, 비효율적이며, '저밀도, 일회성의 산발적인 비지적飛地的 개발'과 상업지역의 확산이라는 특징을 보인다. 이와는 반대로 1991년 이후 러시아의 도시들은 경제적·사회적 문제로 인해 규모가 축소된 역逆스프롤 현상을 보여왔다.[45]

스프롤 현상은 다양한 환경적 영향을 미친다. 기본적으로, 건물과 도로가 늘어나며 불투수성 면적을 넓혀 홍수를 일으키고 강수가 대수층으로 스며들지 못하도록 막는다. 도로 위로 빠르게 흐르는 물은 자동차에서 떨어져 나온 잔해, 쓰레기, 플라스틱, 기름을 하천과 강, 해만으로 흘려보낸다. 정부가 부패하거나 비효율적이거나 자금이 부족한 도시는 공공 서비스와 인프라 수준이 뒤처진다. 깨끗한 물, 하수도 시

---

* 개구리 뜀뛰기식 개발(leapfrog development)이라고도 하며, 개발제한구역을 건너뛰고 도시가 개발 및 확산되어 도시 공간이 단절되는 개발 형태를 의미한다.

설, 도로, 폐기물 처리 서비스를 누리지 못하는 이가 수백만 명에 달한다. 당국이 상수도와 위생 하수도 시스템을 구축하더라도 상수나 하수를 처리할 자금이 부족한 경우도 부지기수다. 스프롤 현상으로 확산된 대도시는 특성상 더 많은 오염 물질을 배출한다. 인구 밀도가 낮아질수록 냉난방에 들어가는 에너지양이 증가한다. 도시 지역은 전 세계 탄소의 약 78퍼센트를 배출하고, 생활용수의 60퍼센트를 사용하며, 산업용으로 목재의 76퍼센트를 태우고 있다. 대기 중 오염물질은 건강을 해치고 식물 성장을 방해한다. 급속한 도시 확장에는 엄청난 양의 목재, 시멘트, 석탄, 철, 기타 금속이 투입되며, 각 자원은 천연자원의 추출, 가공, 운송 측면에서 각각의 환경 비용을 발생시킨다. 게다가 도시는 낮에 열을 흡수해 밤에 대기로 방출하기 때문에 지역의 날씨 패턴을 바꾸고, 다량의 에너지를 소비하는 에어컨 수요를 높인다.[46]

에너지 - 석탄

소비자본주의가 성장하며 에너지 소비도 함께 증가했다. 화석 연료는 전 세계 에너지의 대부분을 생산하며, 값싸고 쉽게 얻을 수 있는 석탄이 주요 에너지원으로 사용된다. 유럽과 북미는 여전히 많은 양의 석탄을 태우고 있으며, 한창 산업화 중인 인도와 중국은 그보다 훨씬 더 많은 양을 사용한다. 두 거대 아시아 국가에 대규모로 매장된 석탄은 기업과 가정에 에너지를 공급한다. 중국의 석탄 생산량은 전 세계 생산량의 거의 절반을 차지한다. 양국의 철강 산업은 석탄에 의존하고 있으나, 인도산 석탄은 품질이 좋지 않아 제철업을 위한 더 나은 품질의 석탄을 수입해야 한다. 대체할 현지 연료가 없는 한 인도에 있는 발전소는 무르고 연기와 그을음을 많이 만들어 내는 석탄을 태울 수밖에 없다.

종전 후, 경제 성장을 위해서는 가장 오래되고 환경 파괴적인 채취 산업인 광산업이 더 활기를 띠어야 했다. 석유와 가스에 대한 미국의 탐욕에도 불구하고 1950년대와 60년대에는 석탄 에너지 수요가 급증했다. 1970년대 석유 파동으로 인해 불안정한 해외 공급원을 대체할 에너지원으로 석탄에 다시금 관심이 쏠렸다. 그 결과, 웨스트버지니아주와 켄터키주의 푸른 산맥은 끔찍한 대가를 치르게 된다. 1880년대, 이곳에 철도가 들어서면서 석탄 채굴이 시작되었고 양질의 탄층이 가로지르는 펜실베이니아주에서도 석탄을 가져올 수 있게 되었다. 1945년 이후, 광산 회사들은 전통적인 지하 광산보다 운영 비용이 저렴하고 더 적은 노동자만 있어도 되는 노천 광산으로 점차 눈을 돌렸다. 1970년대와 80년대에는 20층 높이의 거대한 드래그라인 굴삭기가 개발되면서 산 정상을 깎아내 그 아래에 있는 석탄을 채굴할 수 있게 되었고, 폐석은 계곡에 버렸다. 먼지 구름과 오염된 강 유역은 지역 사회에 재앙을 불러온다. 채굴로 석탄이 고갈되면 푸른 산이었던 자리는 황량한 평지가 된 채로 남겨진다.[47] 1970년대 미국 석탄 회사들은 새로운 채굴 지역을 발견했고 더 저렴하면서도 환경 파괴적인 노천 채굴 기법을 개발했다. 유황 가스 배출에 대한 규제와 함께 철도 운임이 떨어지자 와이오밍주와 몬태나주의 외딴곳에 있는 파우더 리버 밸리 Powder River Valley에서 얇은 층에 있는 두꺼운 저유황, 저회분 석탄층의 개발이 촉진되었다. 2000년대 초반에는 대형 굴삭기 덕분에 세계 최대 규모의 탄광을 비롯해 와이오밍주의 노천광 30곳에서만 매일 100만 톤 이상, 연간 5억 톤에 달하는 석탄이 채굴되었다.[48]

노천 채굴은 세계 다른 지역에서도 흔히 찾을 수 있다. 1970년대 독일에서는 다국적 에너지 기업 RWE가 지난 100년간 노천광 채굴이 흔하게 일어났던 쾰른 인근의 오래된 함바흐 숲을 매입했다. RWE는 숲을 밀어버리고 그 아래 묻힌 연갈색의 갈탄을 파내기 시작했다. 1990년대부터는 가장 키가 큰 육상 차량인 거대한 버킷 굴삭기가 땅을 깊숙이 파냈다. 일부 폐석은 쌓이고 쌓여 인공 산이 되었지만 대부분은 석탄이 고갈된 인근 노천광 구멍을 채웠다. 굴삭기는 해발 수백 미터 아래를 파헤쳤다. 광산을 건조한 상태로 유지하고자 지하수를 퍼 올린 결과 해당 지역의 지하수면이 낮아졌고 하천과 샘도 말라버렸다. 거대한 미세먼지 구름은 지금도 마을 주민의 건강을 해치고 있다. 인근의 발전소는 함바흐 숲에서 난 석탄을 태우며 유독성의 수은 성분을 대기로 내뿜는다. 아주 오래 전부터 존재하던 숲을 처참히 파괴한 결과 함바흐는 독일에서 가장 유명한 노천 갈탄 광산이 되었다. 그러나 독일, 특히 구 동독에는 다른 갈탄 광산도 많이 있다.

중국과 인도의 석탄 채굴이 환경에 미치는 영향 자체는 유럽이나 북미와 유사하지만, 더 많고 밀집한 인구에 비례하여 영향력은 훨씬 더 증폭되었다. 중국 서부 내몽골과 인도 동부와 동남부에는 거대 노천광이 운영되고 있으며 노동자의 건강과 안전은 물론 인근 지역 사회와 경제, 문화에도 영향을 미치고 있다. 모두가 광산에서 발생한 미세먼지를 마시고 있으며, 석탄 세척장에서 나오는 폐수는 돌조각과 기름을 하천과 강으로 흘려보낸다. 수로는 지하 및 노천 광산에서 올라온 중금속과 독성 물질이 섞인 물은 물론 산성 광산 배수로 가득하다. 유기물과 질소, 인, 칼륨이 부족한 광산 폐기물로 땅이 뒤덮이면 토지의 건강이 악화된다. 인도는 독성 금속으로 가득한 저품질 석탄에서 나오는 석탄재를 제대로 처리하지 못해 어려움을 겪고 있다. 인도 석탄에는 유황이 다량 함유되어 있어 산성비와 지표 오존을 유발하는 원인이 된다. 연기 때문에 대기가 탁해지는 일이 베이징과 뉴델리에서는 빈번하게 발생한다. 이는 수백만 명의 사람에게 유해한 호흡 환경을 안긴다.[49]

에너지 - 석유

소비자본주의의 생명줄인 석유에는 다양한 매력이 있었다. 연기와 그을음이 다량 발생하는 석탄 사용에서 벗어나고자 많은 국가가 석유를 개발했다. 석탄은 거의 없지만 석유 매장량이 많은 나라들도 있었다. 미국과 북해 주변국들은 변덕스러운 해외 지역의 석유 의존도를 낮추고 싶어 했다. 세계 여러 국가가 석탄에서 석유, 천연가스로 에너지를 전환하면서 1970년경 전 세계 석유 및 가스 생산량은 석탄 생산량을 추월했다.

석유 생산량 증가를 견인한 요인은 몇 가지가 있다. 1945년부터 1970년까지 페르시아만 지역, 미국, 소련, 리비아, 알제리에서 수십 개의 주요 신규 유전이 생산을 시작했다. 1973년, 1979년 오일 쇼크로 위기감이 더 커지자 미국 알래스카, 캐나다의 오일샌드* 매장지, 페르시아만 국가들, 북해 인근 국가들, 멕시코, 리비아, 러시아와 카자흐스탄, 나이지리아, 브라질, 중국 등지에서 주요 유전이 생산을 개시했다. 수압 파쇄fracking, 심해 시추, 오일샌드 가공법이 발달하며 오래된 유전에서도 석유와 가스를 생산할 수 있게 되었다. 특히 수압 파쇄법 덕분에 21세기 미국 석유 및 가스 생산량이 대폭 증가했으며, 1970년대 초 이래 처음으로 석유 순 수출국이 되었다. 그렇지만 1980년 이후 석유 생산량이 새롭게 발견된 유전의 생산량을 초과하면서 투자한 에너지당 에너지 수익률은 감소했다. 생산량은 앞으로도 계속 감소할 것이다.[50]

석유 생산은 환경적으로 무척 위험하다. 토리캐니언 호는 이후 차례차례 발생할 재앙과도 같은 유출 사고들의 시초였다. 1989년 엑손 발데스Exxon Valdez 호는 알래스카의 프린스 윌리엄 해협에 있는 암초에 부딪혀 생태적으로 가장 치명적인 원유 유출 사고를 일으켰다. 1979

---

* 원유를 포함하는 모래나 사암.

년 트리니다드토바고에서 발생한 애틀랜틱 엠프레스$^{\text{Atlantic Empress}}$ 호, 1991년 앙골라 해안에서 발생한 에이비티 서머$^{\text{ABT Summer}}$ 호, 1983년 남아프리카공화국에서 발생한 카스티요 델 벨리베르$^{\text{Castillo del Veliver}}$ 호, 1978년 프랑스 브르타뉴 해안에서 발생한 처참했던 아모코 카디즈$^{\text{Amoco Cadiz}}$ 호 사고 모두, 엑손 발데스 호보다 훨씬 더 많은 양의 기름을 유출했다. 1990년대부터 새로 건조되는 유조선은 의무적으로 이중 선각 구조로 만들어졌다. 이후 대규모 유출 사고의 규모와 횟수는 크게 감소했다.[51]

생태학적 측면에서 훨씬 더 심각한 문제는 해양 시추 장비와 유전에서 발생한 재해였다. 2010년 BP사의 딥워터 호라이즌$^{\text{Deepwater Horizon}}$ 호 폭발 사고는 멕시코만과 미국 걸프만의 어업과 생태계에 광범위한 피해를 입혔다. 1979년 멕시코 유정 익스톡 I$^{\text{Ixtoc I}}$에서 발생한 재해는 멕시코만 남서부에도 비슷한 피해를 입혔다. 육지에서는 1991년 제1차 걸프전쟁 중 쿠웨이트와 이라크의 유전들을 고의로 파괴하면서 환경 재앙에 기름을 부었다. 전 세계에서 일어난 크고 작은 수백, 수천 건의 원유 유출 사고는 거의 알려지지도 않았다. 원유 유출 사고보다 시각적으로는 덜 자극적이나 전 세계의 수많은 파이프라인과 철도 수송차량에서도 유출 사고는 무수히 발생해 왔으며, 일부는 국지적이지만 땅과 수로에 심각한 피해를 입혔다. 파이프라인은 의도적인 파괴나 절도, 누출, 사고에 취약하지만, 모든 국가와 기업이 정직하게 이를 보고하는 것은 아니므로 원유 유출 사고에 대한 통계를 내기는 어렵다.[52]

석유 에너지는 수많은 환경 문제를 일으킨다. 여러 도시에서 자동차 배기가스로 인한 오염을 줄이기 위해 노력하고 있음에도 불구하고 주기적으로 스모그와 높은 오존 수치로 고통받는다. 가난한 국가의 도시들은 구체적인 계획 없이 빠르게 성장했다. 도로에는 제대로 관리되지 않은 차량들로 가득하며, 하늘은 광화학 스모그로 뒤덮인다. 파키스탄 카라치, 인도 델리, 중국 베이징, 나이지리아 라고스, 그리고 로스앤젤레스는 배기가스로 인해 세계에서 대기질이 가장 나쁜 도시들로 손꼽힌다. 로스앤젤레스, 멕시코시티, 아프가니스탄 카불은 산으로 둘러싸여 있어 스모그가 잘 흩어지지 않는다. 스모그, 풍진, 쓰레기 소각, 가정에서 발생하는 화재, 석탄을 태우는 산업들로 인해 가난한 국가의 국민들은 세계 최악의 공기를 마신다. 그 결과 매년 수백만 명이 대기오염으로 조기 사망하고 있다.[53]

오염, 대기, 기후

유럽, 미국, 일본을 중심으로 산업자본주의가 전 세계로 확산되고 그 뒤를 소비자본주의가 따르면서, 전 세계의 지역 사회와 풍경, 바다는 크게 바뀌었다. 가장 큰 문제는 모든 생물에게 없어서는 안 될 대기가 변해버렸다는 점이다. 사람들은 대기오염이 그 지역만의 문제라며 무시한다. 그러나 대기 오염은 산성비, 오존층 파괴, 지구온난화를 유발하며, 이러한 현상들은 국경을 가리지 않는다.

유황 섞인 석탄에서 나는 연기는 바람을 타고 호수와 강, 숲에 영향을 미친다. 연소된 유황은 이산화황이 되어 대기의 수분과 결합해 황산을 만든다. 강수는 황산을 다시 땅으로 돌려보내 수생 생물과 숲에 피해를 입히거나 죽인다. 굴뚝을 더 높게 만들더라도 지역 오염이 완화되기는커녕 더 먼 곳까지 오염원이 확산될 뿐이다. 캐나다, 노르웨이, 스웨덴, 폴란드, 일본, 필리핀 등 바람이 향하는 방향에 있는 국가들이 타국의 발전소로 인해 피해를 입으면서 크게 항의한 적도 있다.[54]

1960년대와 70년대, 다양한 제품이 스프레이 통에 담겨 판매되었다. 스프레이는 사용하기 무척 편리했다. 스프레이에 사용된 프레온 등의 염화불화탄소[CFC]는 냉장고와 에어컨 냉매로도 사용되었으며, 화학적으로 안정적이고 반응성이 낮으며 독성도 없는 최고의 압축가스였다. 그러다가 1970년대 초, 배출된 CFC가 사라지지 않고 대기에 전부 잔류해 있다는 사실이 발견되었다. CFC는 성층권까지 올라가 태양열에 의해 화학적으로 반응하며 유해한 자외선으로부터 지구의 생명체를 보호하는 오존층을 파괴했다. 인공 비료 같은 화학물질에서도 오존층을 얇게 만드는 분자가 배출된다는 사실이 발견되었다. 1985년 인공위성으로 남극 상공의 오존층에 난 우려될 정도의 커다란 구멍을 눈으로 직접 본 뒤 오존층 파괴에 관한 이론들이 사실임이 확인되었다.[55]

지구가 더워지고 있다는 과학적 증거는 점점 더 탄탄해졌다. 온난화의 주범은 화석 연료 연소 시 발생하는 이산화탄소다. 그 외에 메탄을 비롯한 여타 온실가스가 온난화를 더 가속했다. 기온이 가장 가파르게 상승하는 곳은 극지방이다. 빙하가 녹으면서 여름철에 빙하에서 물을 공급받던 사람들이 피해를 입었다. 북극, 그린란드, 남극의 만년설이 녹고 있으며, 상승하는 해수면은 해안 도시와 거주 환경을 위협하고 있다. 영구 동토층이 녹으면 오랫동안 땅속에 묻혀 있던 메탄이 방출된다. 가뭄은 더 건조해지고, 우기는 더 습해지며, 허리케인 등 폭풍은 더 강력해진다. 겨울이 따듯해지면 해충이 는다. 덥고 건조해진 환경에 적응하지 못한 동식물은 서식지를 옮겨야만 한다. 숲이 건조해지면 화재는 더 빈번히 발생하고, 더 많은 탄소가 대기로 배출된다. 기후 재앙은 이미 전 세계에서 벌어지고 있다.

바다는 산업혁명 이래 인류가 배출한 이산화탄소 총량의 절반가량을 흡수했다. 물에 이산화탄소가 녹으면 탄산이 발생한다. 그렇게 만들어진 탄산으로, 현재 바다는 생물에게 실질적인 영향을 미칠 정도로 산성화되어 있다. 갑각류, 산호 등 많은 해양 생물의 껍질이나 골격은 탄산칼슘으로 구성되는데, 산성화된 물은 탄산칼슘을 녹인다. 수온이 상승하면 수많은 어류와 해양 포유류가 더 차가운 바다를 찾아 서식

지를 떠나야 한다. 해양 산성화는 해양 생태계 전체를 위협한다.[56]

이 모든 변화는 21세기 초부터 예견되어 있던 것으로, 상당수는 1990년에 과학자들이 예측했던 상한선까지 이미 올라와 있다. 변화의 추세는 눈덩이가 굴러 내려오다가 눈사태가 되듯 가속화되고 있다.[57]

"무한한 공간, 저 너머로!"

2018년, 제프 베이조스는 세계 최고 부자이자 현대에 들어 가장 부유한 사람으로 선정됐다. 2021년 7월 5일, 그는 아마존닷컴의 최고경영자 자리에서 물러나 이사회 의장이 되었다.

아마존닷컴과 중국의 유사한 온라인 쇼핑몰 알리바바Alibaba 같은 글로벌 기업들은 세계 경제가 돌아가는 속도를 높이는 데 주도적인 역할을 했다. 그리고 소비를 그 어느 때보다 쉽고 값싸게 만들며 상상 이상으로 많은 양의 상품을 공급업체로부터 소비자에게 실어 나른다. 주주들만을 걱정하는 아마존닷컴과 소수의 거대 다국적 기업은 이제 세계 경제의 광범위한 영역을 지배하고 있다.

9장

환경보호주의의 부상과 세계화

환경 운동의 시작

1960년대까지만 해도 미국인들은 정부와 제조업, 광고계, 판매 기술, 소비의 복잡한 상호작용에 관해 거의 알지 못했고, 이것이 환경에 미치는 영향은 더 몰랐다. 그러던 1962년의 어느 날, 미국에서 가장 유명하고 사랑받는 작가가 화학 산업을 신랄하게 고발하는 저서를 공개했다. 레이첼 카슨Rachel Carson의 《침묵의 봄》은 《더 뉴요커》지에 연재되다가 같은 해 여름 책으로 출간되었고 곧 커다란 반향을 일으켰다. 존 F. 케네디 대통령은 과학 자문위원들에게 카슨의 주장을 조사해달라 요청했고, 1963년 발행된 보고서는 그녀의 주장이 대부분 사실이라고 확인해 주었다. 화학 업계는 격분하며 책과 저자 개인에 대한 반대 캠페인을 벌였다. 일부 보수주의자들은 카슨이 미국의 농업 생산량을 공산주의 국가 수준으로 끌어내리려 한다며 비난했다. 여기저기에서 해당 책에 관한 논의, 토론, 찬사와 비난이 이루어지며《침묵의 봄》은 이전의 자원보존 운동이 미국발 환경보호 운동으로 전환되는 데 전환점 역할을 했다.[1]

10년 후, 환경보호주의environmentalism는《하나뿐인 지구: 작은 행성의 보호와 유지Only One Earth: The Care and Maintenance of a Small Planet》가 출간되며 세계 무대에 올랐다. 이 책은 스톡홀름에서 개최된 첫 번째 'UN 인간환경회의'의 캐나다인 사무국장 모리스 스트롱Maurice Strong의 요청으로 영국 경제학자 바버라 워드, 프랑스 생물학자 르네 뒤보가 저술했다.《하나뿐인 지구》는《침묵의 봄》의 내용을 인용하며 내용을 전개하면서도 더 넓은 맥락을 다루며 카슨의 저서와 조금은 다른 해결책을 제시했다. 워드는 범지구적 환경 문제를 해결하기 위해 남반구의 빈곤 문제를 고려해야 한다고 주장했다. 여기에서 '지속 가능한 개발sustainable development'이라는 개념이 처음 등장했는데, 워드는 이를 자본주의가 아닌 탈식민주의적 관점에서 설명했다.《하나뿐인 지구》는《침묵의 봄》보다 훨씬 더 깊은 통찰을 바탕으로 세계 환경보호 운동에 대한 전망을 제시했다.

자원보존 운동이 산업자본주의의 무분별한 자원 착취를 비판했던 것처럼 환경보호 운동은 소비자본주의가 야기하는 환경 문제를 비판했다. 환경보호 운동은 미국에서 가장 먼저 생겨났으며 10~20년 후에 유럽에도 나타났고 이후 전 세계 여러 국가로 퍼졌다. 공통된 의제 없이 파편화되어 있는 환경보호주의는 야생동물, 야생 환경, 오염, 댐, 환경 정의, 인구 등 다양한 주제에 집중한 여러 단체에서 이끄는 경향을 보인다. 자원보존 운동이 산업자본주의의 근본적인 핵심은 건드리지 않았듯 환경보호주의 역시 소비자본주의가 유발하는 환경 문제에만 대응하며, 소비자본주의 자체에 대한 일관성 있는 비판이나 현실적인 대안은 제시하지 않는다. 소비자 가치에 묶여 있는 다른 모든 것과 마찬가지로 그저 현안에 대한 해결책과 개선책을 던질 뿐이다. 그러나 어쩌면 이것이 우리가 바랄 수 있는 전부인지도 모른다.

내일을 위한 우화

카슨은 미국 문화에서 개혁주의 개신교의 힘이 약해져 1970년대 주변부로 사라지던 시기의 마지막 세대에 속해 있었다. 카슨은 피츠버그에서 상류 쪽으로 약 25킬로미터 떨어진 노동자 계급 마을인 펜실베이니아주 스프링데일에서 1907년 스코틀랜드계 아일랜드인 장로교 가정에서 태어났다. 장로교 목사의 손녀이자 조카인 카슨은 평생 진지한 목적 의식을 지니고 살았다. 어려서부터 마을 외곽에 있는 집에서 자연을 곁에 두고 자연 학습에 참여하며 자랐다. 개혁주의 개신교에서는 이러한 활동이 아이들에게 중요한 가치관을 부여할 것이라 믿었다. 카슨은 장로교 계열의 펜실베이니아 여자대학을 졸업하고 존스홉킨스대학교에서 생물학 석사 학위를 취득했다. 그러나 가난한 가정 형편과 아버지의 죽음, 대공황 등 여러 이유로 박사 학위를 받으려던 계획을 접어야 했다. 이후 카슨은 미국 어류 및 야생동물관리국의 전신인 한 공공 기관에서 홍보자료를 작성하는 일을 했고, 자유 시간에는 유명 간행물에 실을 과학 기사를 썼다. 당시 새롭게 떠오르던 해양 과학 분야는 카슨의 마음을 사로잡았다. 카슨은 바다를 주제로 베스트셀러를 세 권이나 냈다. 덕분에 카슨은 1952년 직장을 그만두고 전업 작가가 될 수 있었다.[2]

1950년대 후반, 카슨은 어떤 주제를 접하며 분노했다. 10년 전, 카슨은 DDT 등의 살충제가 의도치 않은 영향과 피해를 낳는다는 보고서를 읽은 적이 있었다. 해충 매개 전염병을 막고 생명을 살린다는 전쟁 당시의 호평에 힘입어 살충제들은 점점 더 많이 판매되고 있었다. 농부와 정부 기관이 생태계와 인간에게 미칠 위험을 고려하지 않은 채 무분별하게 살충제를 사용했다. 바다를 주제로 한 서적들을 기반으로 카슨은 국제 과학자 네트워크와 만났고 살충제에 관한 최신 지식을 접했다.

《침묵의 봄》이 성취한 가장 큰 공헌은 살충제 남용의 실태를 대중에 알린 것이었지만, 사실 책은 그보다 더 넓고 깊은 주제를 다룬다. 책은 기업 연구실에서 만들어진 독성 화학물질의 사용을 조장하는 교육 기관, 정부 기관, 기업으로 구성된 시스템을 고발했다. 농업 교육기관과 대학교는 기업의 기부를 받아 농업에 사용될 수도 있는 화학물질을 연구했다. 미국 농무부는 수확량을 늘리고 위험 요소는 줄인다는 오랜 목적을 달성하고자 농부들에게 화학 살충제, 제초제, 살균제, 비료 사용을 권장했다. 수수료가 곧 수입이 되는 화학기업 영업사원들은 많은 농부에게 화학물질을 팔수록 자신에게 떨어지는 돈이 더 많아졌다. 기업들은 위험하고 때로는 치명적인 화학물질을 뿌려 앞마당의 해충을 박멸하라며 밝고 경쾌한 분위기의 광고를 내보냈다.

그 결과 화학물질이 무분별하게 남용되고 있다고 카슨은 주장했다. 지방과 주 정부는 해충 방제를 위해 당시에는 인체에 무해하리라 여겼던 DDT를 사람이 사는 곳에 살포했다. 돈을 내라고 하는 것도 아닌데 꺼릴 이유가 없다며 주민들은 살포를 반대하지 않았다. 많은 살포되는 화학물질의 양과 살포 주기에 대한 경고를 무시했다. 해충을 박멸하고 나자 이전에는 문제가 되지 않던 곤충이 해충이 되었다. 살충제가 곤충의 천적까지 죽였기 때문이다. 몇 년이 지나자 살충제에 취약한 개체는 도태되고 유전적 저항성을 지닌 소수의 곤충이 살아남아 번식하기 시작했다. 이를 박멸하기 위해 농부들은 더 강력하고 치명적인 화학물질을 사용해야 했다.

《침묵의 봄》은 그 피해를 고스란히 설명하고 있다. 화학물질의 남용이나 사고 때문에 생명이 병들고 죽었다. 살충제와 제초제는 생태계를 교란했다. 물고기와 새는 중독된 곤충을 먹고 함께 중독되거나 생식 능력에 문제가 생겼다. 중독 범위는 그 포식자까지 올라갔다. 먹이 사슬의 각 단계에서 화학물질은 농축되었고 치명적으로 발전했다. 인간 역시 작물에 잔류한 화학물질을 섭취했고 그것은 암을 유발했다.

카슨은 방제 시 화학물질을 신중히 사용해야 한다며 책을 마무리한다. 책은 해충을 자연적으로 방제하는 비화학적 방식에 관해 논의한다. 그리고 생태계에 대혼란을 일으키는 폭력적인 방식에서 벗어나 자연적으로 해결할 수 있는 방법을 향해 연구 방향을 전환할 것을 촉구한다.

새가 사라지고 있음을 암시하는 제목의 《침묵의 봄》은 처음으로 암의 발병을 비롯해 인간 건강에 대한 위협을 경고하며 대중에게 충격을 안겼다. 관련 업계에서는 《침묵의 봄》의 독자들을 과학과 경제의 복잡성을 이해하기에는 지나치게 낭만적이고 감성적인 조류 관찰자와 자연을 사랑하는 사람들로 치부하려 했다. 카슨의 책은 농약이 유발하는 문제에 관한 연구에 활기를 불어넣었고 농약을 제한하거나 금지해야 한다는 주장에 힘을 실어주었다. 그래도 화학기업과 협력사들은 새로운 화학물질을 만들어 판매했고, 여전히 전 세계에서 대량으로 판매되고 있다. 카슨이 1962년 제기한 문제들은 지금도 벌어지고 있다.

《침묵의 봄》을 읽은 자원보존 운동가들은 놀랐다. 수질, 토양, 자원보존, 자연 또는 야생 보호와 같은 전통적인 주제는 거의 다루지 않았기 때문이다. 인간과 자연계의 생태적 상호연결성을 설파하는 이 책은 전통적인 자원보존 운동보다 훨씬 더 넓은 범위의 교훈을 알려주었다. 그렇지만 역시 조지 P. 마시가 쓴 《인간과 자연》과 시어도어 루스벨트, 기포드 핀쇼의 자원보존 운동의 중심에 있는 도덕적 핵심에 다시금 귀를 귀울이도록 만들었다. 《침묵의 봄》은 설교에 가까웠으며 마지막에는 생태적 구원과 화학적 저주 중 하나를 선택해야 한다는 설교자의 외침으로 끝난다. 책은 인간의 탐욕이 모든 환경적 악의 근원이라고, 탐욕 때문에 정부, 교육 기관, 과학계가 타락했다고 주장했다. 도덕성에 바탕을 둔 카슨의 주장이 통한 까닭은, 미국 문화와 정치에 아직 개혁주의 개신교적 영향력이 남아 있었으며 미국 환경보호주의 운동 초기에 활동하던 주요 인물들이 카슨의 장로교적 도덕관을 공유했기 때문이었다.[3]

《침묵의 봄》은 현대 소비자본주의 원리를 따라 살충제 문제를 추적했지만, 정작 직접적으로 표현하지는 않았다. 냉전시대에는 자본주의에 대한 침묵이 필요한 전략이었을 수 있다고 해도, 카슨은 소비자본주의의 대안을 전혀 고민하지 않았다. 그저 시스템의 부패를 폭로했을 뿐이었다.[4] 살충제의 영향력에 대한 공포가 확산되자 의회에서도 카슨이 지목한 모든 물질의 사용을 금지하거나 엄격하게 규제했지만, 정부 기관, 학계, 기업 사이의 유착 관계를 해결하거나 근본적인 개혁책을 모색하지는 않았다. 환경보호주의 운동권에서도 마찬가지로 공해부터 지구온난화까지, 자본주의가 유발한 환경 문제를 해결하기 위해 꾸준히 노력했으나 자본주의 자체를 문제삼지 않았다. 마치 슈퍼맨이 크립토나이트를 무서워하듯이 말이다.

개발과 환경

카슨보다 일곱 살 어렸던 워드에게는 카슨이 부러워할 만한 점이 있었다. 워드는 1914년 영국 요크의 중상류층 가정에서 태어났다. 퀘이커교도였던 아버지는 당시 이례적으로 신실한 가톨릭 신자와 결혼한 변호사였다. 차츰 신앙을 잃은 카슨과 달리 워드는 평생 독실한 가톨릭 신자로 살았으며 정의로움과 가난한 자에게 관심을 두는 아버지의 신념을 물려받았다. 파리에 있는 수녀원 부속 학교와 소르본 대학,

그리고 독일에서 교육을 받은 워드는 옥스퍼드대학교에서 철학, 정치학, 경제학을 공부하며 사회 운동과 가톨릭 모임에 참여했다. 1935년 학교를 졸업한 워드는 기간제 대학 강사로 일하며 여러 나라를 돌아다녔고, 각국의 정치 상황을 연구하면서 신문과 잡지에 글을 기고했다. 워드는 국제 정치와 식민주의를 주제로 한 유명한 저서를 여러 권 출간했다. 재능 있는 작가였던 레이첼 카슨처럼 워드의 저서도 주목을 끌었다. 제2차 세계대전이 발발했을 때 워드는 《더 이코노미스트》지에 취직했다. 1942년 정보부에서 워드를 전쟁 지원을 위한 대변인으로 지목했고, 그녀는 미국으로 날아가 백악관부터 지역 가톨릭 모임에 이르기까지 다양한 사람과 대화를 나눴다. 종전 후 워드는 뉘른베르크 재판을 참관했고 유럽의 경제 통합과 협력을 주창하는 책을 내기도 했다.[5] 국제 협력은 그녀가 평생에 걸쳐 한 모든 일을 관통하는 주제였다.

1950년, 36세였던 워드는 전후 국제연합[UN]과 호주, 영국에서 경제 개발과 관련해 다양한 직책을 맡았던 호주인과 결혼했다. 결혼은 워드의 인생 방향 자체를 바꾸었다. 남편의 직업으로 인해 부부는 호주는 물론, 인도, 가나 등 식민주의에서 탈피해 경제 개발을 원하는 신흥 국가로 떠났고, 그곳에서 1950년대의 대부분을 보냈다. 자녀가 없는 카슨과 달리 워드는 1956년 아들을 낳았다. 1957년 워드는 카슨과 마찬가지로 유방암 진단을 받았다. 암은 두 여성을 모두 사망에 이르게 했다. 카슨은 1964년에 워드는 1981년에 사망했다.[6]

워드는 경제학 부문의 전문 지식과 식민지 이후 경제 개발 경험을 바탕으로 유명한 대학 강사가 되었고, 케네디 대통령과 존슨 대통령을 비롯한 지도자들이 의견을 구하는 자문가가 되었다. 또한, 제2회 바티칸 공의회에서 교회의 사회적 가르침이 도덕적, 종교적 문제로서 세계 빈곤에 초점을 맞추도록 하는 데 영향을 미쳤다. 1960년대에는 환경 위기, 그리고 환경 위기와 남반구 국가의 빈곤과의 연관성, 가난한 나라에 대한 북반구 국가들의 책임에 관심을 가졌고, 이는 1960년대와 70년대 그녀의 저서를 관통하는 주제가 되었다. 스톡홀름에서 개최된 환경 회의 이후에는 국제 환경 및 개발 연구소 International Institute for Environment and Development의 초대 소장으로 임명되었고, 사망할 때까지 활발히 저술과 강연 활동을 이어갔다.

워드의 업적은 지구의 북반구와 남반구에서 서로 별개의 주제로 여겨졌던 환경과 개발의 개념을 연결한 것이었다. 비개신교도로서 가난한 자를 위한 정의와 환경보호주의 사이의 관계에 관심을 두던 그녀는 1970년 이후 세계화된 환경보호 운동의 변화에 주목했다. 그러나 워드는 카슨처럼 형식적으로라도 소비자본주의가 어떤 식으로 빈곤과 개발, 환경 문제를 야기했는지에 대해서는 분석하지 않았다. 《하나뿐인 지구》라는 제목에서 알 수 있듯 워드가 제시한 해결책은 세계 각국이 선의와 이해를 바탕으로 한데 모여 공통의 문제를 해결하는 데 초점을 두고 있었다.[7]

전간기戰間期의 자원보존 운동

환경보호주의 운동은 소비자본주의가 가장 발달한 미국에서 처음 시작되었으며, 선구적 활동을 한 주요 인물들을 중심으로 부상했다.

미국의 자원보존 운동은 19세기 말부터 20세기 초까지 혁신주의 시대Progressive Era 이후의 보수적인 반응에도 멈추지 않고, 제1차 세계대전과 제2차 세계대전 사이 미국인들의 머릿속에 남아 있었다. 1910년과 20년대 경제가 발전하여 사람들이 여유로워지고, 자동차가 늘어 도로 인프라가 개선되면서 캠핑, 사냥, 낚시를 즐기는 인구가 늘어났다. 레저용 차량, 캠핑카, 존슨Johnson 선외 모터, 콜맨Coleman 등유 랜턴 등 새로운 제품들이 사람들을 야외로 이끌었다. 전쟁이 끝난 뒤 남겨진 수많은 군용 소총은 한 세대 동안 사냥꾼들의 손에 전해졌다. 동시에 경제가 급속히 발전했다. 낚시꾼들은 즐겨 찾던 낚시터가 막히거나 오염된 것을 발견했다. 사냥꾼들은 미국에서 얼마나 많은 야생동물이 사냥됐는지 깨달았다. 무기 제조업체들은 사냥감이 없으면 총과 탄약이 팔리지 않을 것을 걱정했다. 여러 문제의식에 반응하여 1920년대부터 30년대까지 자원보존 운동 단체가 급증했다.[8] 자동차 접근성을 위해 외딴 지역에 도로를 개발하는 데 대응하고자 1937년 야생보호협회 Wilderness Society가 조직되었다.[9]

프랭클린 루스벨트 대통령과 해럴드 익스 Harold Ickes (서부 펜실베이니아 출신 장로교도) 내무부 장관이 행정부에 있던 대공황 시대의 주요 정책들은 이러한 민간의 노력을 보완하고 강화했다. 루스벨트는 민간자원보존단 CCC을 조직해 실직 청년들을 공원 시설 건설, 침식 방지, 나무 심기, 국가 기관 사업을 위한 자연보호 활동 등에 투입했다. CCC는 청년들에게 자연보호 활동에 관해 가르쳤고, 이들은 종전 후 정부 주도로 진행하는 환경 사업의 적극적인 지지자가 되었다. 루스벨트 대통령은 철새 보호와 전국의 야생동물 보호 시스템을 대대적으로 확대하는 사업도 감독했다. 익스 장관은 관광이나 휴양이 아닌 야생 생태계 보존을 위해 네 곳의 국립공원 신설을 추진했다.[10]

1930년대 초 미국 대평원의 생태 위기는 인간의 토지 파괴 행위에 대한 국제적인 경각심을 불러일으켰다. 겨우 몇십 년 전에 개간된 땅에 극심한 가뭄과 더위가 찾아왔다. 바람은 헐벗은 밭을 사정없이 때렸고, 어둡고 무서운, 때로는 목숨까지도 위협하는 먼지 폭풍이 휘몰아쳤다. 이에 대응하여 루스벨트 대통령과 익스 장관은 토양보호청 Soil Conservation Service을 설립했다. 1930년대의 더스트볼 현상은 생태학에도 자극제가 되었다. 1935년 식물학자 폴 시어스 Paul Sears가 출간한 고전 《3

월의 사막Deserts on the March》은 여러 생태학적 개념을 알리며 더스트볼이 전형적으로 보여준 사막화의 세계적 위험을 경고했다. 더스트볼은 호주, 아프리카, 소련 등지에서도 경고의 효과를 보였다.[11]

환경에 대한 전후 인식

전후 번영기에 접어들면서 미국은 생태학, 자연계, 자원보존 운동을 더 뚜렷이 인식하게 되었다. 1950년대만큼 미국인이 에드윈 웨이틸Edwin Way Teale, 시거드 올슨Sigurd Olson, 로렌 아이슬리Loren Eiseley의 저서를 비롯해 자연을 주제로 한 책을 열심히 읽은 때도 없었다. 레이첼 카슨의 1951년 작 《우리를 둘러싼 바다》는 무려 86주 동안 《뉴욕 타임스》 베스트셀러 목록에 올랐다. 《바닷바람을 맞으며》와 《바다의 가장자리》 역시 베스트셀러가 되었다.

《침묵의 봄》에 서술된 생태학적 아이디어는 상호연결성을 주제로 진행하는 국제적 대담의 주제로 떠올랐다. 전쟁의 잔혹함과 원자 폭탄 투하로 끝난 전쟁을 겪은 서구권의 지도자들은 또 다른 재앙을 막으려면 서로 협력해야 한다는 데 뜻을 모았다. 파시즘과 군사적 침략이 뿌리내릴 토양을 제공한 건 경제 및 생태계 위기였다. 연합국은 국제 평화와 안보 강화를 위해 1944년 UN을 결성했다. 브레턴우즈 협정과 관세 및 무역에 관한 일반 협정은 국제 사회 번영을 위한 토대를 마련했다. UN의 교육과학문화기구인 유네스코UNESCO는 과학과 인문학 분야에서 국제주의를 증진하고자 노력했다.[12]

상호연결, 상호관계, 시스템에 대한 개념은 다른 부문에서도 인기를 얻었다. 일례로, 1935년 영국 생태학자 아서 탠슬리Arthur Tansley가 만든 '생태계ecosystem'라는 용어는 생물학 분야에 큰 영향을 미쳤다. 다른 사람들은 이러한 새로운 용어들을 기계와 '피드백 루프feedback loop'*, 사회에도 적용했다. 1940년대 말에는 인공두뇌학cybernetics과 컴퓨터 시스템이 발전했다. 1960년대에는 '시스템', '시스템 분석', 그리고 이와 유사한 용어들이 학계, 정부, 사업 문화에서 널리 사용되었다.[13] 당시 '하나의 세계one world'라는 이상적 개념이 유행하면서 환경environment이라는 단어가 더 많이 사용되었다. 이 용어는 인간 주변의 자연계를 의미하며 자연과학자와 생태학자 사이에서 1948년 사용되기 시작했다. 카슨은 '환경'이라는 단어를《침묵의 봄》의 핵심 용어로 사용했다. "환경을 향한 인간의 모든 폭력 중 가장 우려되는 바는 위험하고 심지어 치명적이기까지 한 물질로 대기와 땅, 강과 바다를 오염하는 것이다."[14] 시스템과 인공두뇌학은 1970년대 제임스 러브록James Lovelock과 린 마굴리스Lynn Margulis가 주창한 가이아 이론에 영향을 미쳤다.[15]

동시에 반체제적 사고도 확산되었다. 기술 시스템과 사회 시스템은 통제력을 가지고 있다. 많은 전후 사상가에게 통제는 전체주의적인 것으로 보였다. 미국 농무부, 농업 연구 기관, 화학 기업이 이윤을 목표로 상호 연결되어 있다는 카슨의 고발은 군산복합체의 힘을 경고한 드와이트 D. 아이젠하워 대통령을 떠올리게 했다. 또한, 인종차별과 빈곤, 전쟁을 야기하는 군대와 산업의 유착 관계를 비난하는 1960년대 급진주의자의 출현을 예고한 것이기도 했다.《침묵의 봄》과 이후 출간된 반문화적 서적은 자연계를 선으로, 이윤과 정부을 악으로 그렸다.[16]

《침묵의 봄》은 핵전쟁으로 인한 종말에 대한 두려움을 이용했다. 종말론적 사고는 1948년 출간된 두 베스트셀러, 윌리엄 보그트William Vogt의《생존으로 향하는 길Road to Survival》과 페어필드 오스본Fairfield Osborn

---

* 결과의 일부(혹은 전체)가 다음 작업을 위한 입력값으로 사용되는 순환 반복 체계.

의 《약탈당한 우리의 행성Our Plundered Planet》에도 스며들어 있었다. 보그트에게 전시 그리고 종전 직후의 기근, 식량 부족, 전염병의 유행은 미래를 보여주는 것 같았다. 그는 인구 과잉이 토양을 황폐화하고 자원을 고갈할 것이라고 썼다. 《생존으로 향하는 길》은 인간 활동과 지구 환경 사이의 관계를 처음으로 연결 지은 책이었다. 생물학자인 오스본은 최근의 전쟁과 인류가 자연을 대상으로 벌이는 전쟁 사이에 유사점이 있음을 발견했다. 《약탈당한 우리의 행성》은 인류가 지구에서 너무 많은 자원을 추출한 바 그것이 "최초의 대규모 지질학적 힘이 되고 있다"[17]고 경고했다. '대규모 지질학적 힘'은 인류세의 개념을 표현한 초기의 용어였다.

1949년 소련이 원자 폭탄 실험에 성공하고 핵무기 경쟁이 시작되면서 종말론적 분위기는 더 심화했다. 문명의 종말이 곧 다가올 것만 같았다. 이와 동시에, 또 다른 종말 시나리오가 조용히 구체화되고 있었다. 외딴 지역에서 진행된 핵무기 실험은 실험장을 방사능으로 뒤덮었을 뿐만 아니라 방사성 입자를 상공으로 올려보냈다. 방사성 입자는 예상보다 빠르게 낙진이 되어 지상으로 떨어졌다. 이 방사성 물질은 먹이사슬에 유입되어 식물에서 동물로, 인간 소비자로 올라가는 과정에서 농축되었다. 인간의 근육, 뼈, 치아, 장기에 발암성 방사성 물질이 쌓여갔다. 이를 우려한 여러 국가의 정부는 1963년 핵무기의 야외 실험을 금지하기로 했다. 《침묵의 봄》은 방사능과 같은 화학물질은 어디에나 존재하고, 조용하며 보이지 않고 맛도 없으며, 사람의 목숨을 위협할 수 있음을 확실히 보여주었다.[18]

정치 및 사회 운동의 탄생

케네디 대통령이 과학 고문들에게 《침묵의 봄》에 서술된 주장의 진위를 평가해 달라고 요청하면서 환경문제는 정치적 주제로 부상했다.

의회는 청문회를 열었고 카슨이 증인으로 참석했으며, 1960년대부터 1970년대까지 환경 문제에 대한 청문회는 계속되었다. 스튜어트 유달Stewart Udall 내무부 장관은 1963년 《조용한 위기The Quiet Crisis》라는 책을 발표하며 환경 문제가 어떻게 정부의 관점을 형성하는지 보여주었다.[19] 민주당 대선 후보였던 린든 존슨은 1964년 '위대한 사회'라는 무공해 사회를 목표로 선포하며 1965년 수질정화법Water Quality Act, 1966년 청정수질법Clean Waters Act, 1967년 대기질법Air Quality Act 등 주요 환경 입법을 위한 토대를 마련했다.

환경 문제는 전에 없던 빈도로 전국 신문의 헤드라인을 장식했다. 이는 환경 문제가 늘었다기보다는 대중의 문제의식이 커졌음을 시사했다. 신문들은 정부의 행동을 촉구했다. 1966년 뉴욕에서 나흘에 걸쳐 치명적인 스모그를 동반한 기온 역전 현상이 발생하자 대기질법이 제정되었다. 토리캐니언 호와 여타 사고로 원유 유출에 대한 경각심이 높아진 상태에서 1969년 캘리포니아주 산타바바라 유출 사고와 1972년 오하이오주 클리블랜드에 있는 정유 공장 인근 쿠야호가강 화재 사고가 발생하자 수질오염관리법Water Pollution Control Act 개정안의 규제가 강화되었다. 1973년 오일 쇼크를 겪은 뒤에는 지미 카터 대통령이 1977년 의회에 종합 에너지 계획을 제출하고 에너지부를 신설했다. 1970년대 중반에는 유독성 폐기물 처리장 문제가 반복적으로 헤드라인에 등장했다. 나이아가라 폭포의 러브 운하Love Canal에 있던 오래된 유독성 폐기물 처리장 위에 학교와 주택이 세워졌다는 사실이 밝혀지며 큰 충격을 안긴 사건도 있었다. 의회는 1980년 포괄적 환경대응 책임 보상법Environmental Response, Compensation, and Liability Act에 따라 유해 '슈퍼펀드Superfund'를 조성해 오염된 지역의 정화를 지원했다.

댐 건설 반대 시위는 환경보호주의 운동이 대중적으로 알려지는 데 큰 역할을 했다. 1955년 국립 공룡 화석 유적지Dinosaur National Monument

의 댐 건설 계획이 시위로 중단되었고, 1968년에는 그랜드 캐니언 일부를 침수시킬 수도 있었던 두 개의 댐 건설이 무산되었다. 대형 댐의 생태적, 사회적 비용에 반대하는 운동들은 이후 인도의 나라다 댐, 중국의 싼샤댐, 그리고 소련, 유럽, 아프리카, 남미에 있는 여러 대형 댐과 관련한 환경 인식과 활동을 자극했다.[20]

원자력 발전소를 반대하는 지역 단체도 나타나기 시작했다. 첫 번째 성공 사례는, 산 안드레아스 단층과 가까운 캘리포니아주 보데가만에 지어질 예정이었던 원전 건설 계획에 반대하는 운동을 펼쳐 결국 중단시킨 것이었다. 1970년대에는 뉴햄프셔주 시브룩 스테이션 발전소과 뉴욕시 인근의 쇼어햄 발전소의 건설을 반대하는 운동이 있었지만 실패했다. 그러나 1979년 펜실베이니아주 스리마일섬 원자력 발전소에서 악명 높은 사고가 발생하면서 2000년 이후까지 미국 내 신규 원전 건설은 추진되지 않았다. 반면 유럽에서는 발전소가 건설되면서 원전 반대 운동이 활발히 일어났고, 이것이 1980년대 녹색 정당의 기반이 되었다.[21]

대중의 환경 의식이 높아지면서 환경 단체의 회원 수도 급격히 증가했다. 국립야생동물연맹National Wildlife Federation, 오듀본 협회, 시에라클럽Sierra Club은 1960년대 각각 수만 명, 1970년대에는 수십만 명의 회원이 가입했다. 새로운 자원보존 운동 단체도 생겨났다. 1967년에는 환경보호기금Environmental Defense Fund이 설립되었으며, 1969년에는 국제 환경 단체 지구의 벗Friends of the Earth이 설립되었다. 1970년에는 국립자원보호위원회National Resources Defense Council가 조직되었으며, 같은 해 캐나다에 있는 미국인 국외 거주자들이 그린피스Greenpeace를 만들었다. 급진적인 회원들은 그린피스에서 분리되어나와 1977년 씨 셰퍼드Sea Shepherd Conservation Society를, 1980년에는 야생보호협회에서 분리되어 나온 이들이 어스퍼스트Earth First를 조직했다.[22]

《침묵의 봄》은 1960년대, 70년대 반문화 운동 가치관을 형성하는 데 기여했다. 비교적 편하고 안정적인 사회에서 자란 세대는 1940년대와 50년대의 기업적이며 소비중심적이고 순응적인 미국 교외 사회에 대한 비판을 받아들이고 삶과 일에 더 큰 의미를 부여할 수 있는 대안은 무엇이 있을지 고민했다. 카슨은 현대 소비자본주의 사회가 자연과 인간의 건강 모두를 해치고 있다는 우려를 고조시켰다. 반문화는 '시스템', '플라스틱' 등으로 대표되는 현대 교외 생활을, 천연 섬유, 자연 식품, 자연 분만, 천연 의약품, 천연 소재의 개인 용품, 자연주의(나체주의), 신 이교도적 의식과 토착 영성으로 표현되는 자연 종교 같은 '자연적인' 것과 대비시켰다. 양산된 소비재에 대한 거부감, 귀촌 운동의 인기, 자연으로 돌아가고자 하는 열망이 이를 뒤따랐다. 1970년에는 젊은이들 사이에서 캠핑, 백패킹, 하이킹 붐이 일기 시작했다.[23]

미국발 환경보호주의의 시대, 1970년대

1970년 4월 22일, 미국의 환경, 정치, 사회, 문화적 흐름들이 한데 모였다. 게이러드 넬슨^{Gaylord Nelson} 상원의원과 그의 참모진의 촉구로 수백만 명의 사람이 지역 시위, 강의, 토론회 등의 평화로운 행사를 직접 조직했다. 격앙되어 있는 분열의 시대에 정치적 성향이 다른 사람들이 모여 환경에 관해 논의하는 자리는 실로 특별한 순간이었다. 놀란 정치인들은 빠르게 반응했다. 리처드 닉슨 대통령은 환경보호청을 세웠다. 이후 10년 동안 의회는 수많은 환경 관련 법안을 통화시켰다. 1970년에는 전미 철도여객수송공사, 암트랙^{Amtrak}을 세워 여객 철도를 복원했다. 1970년 제정된 산업보건안전법^{Occupational Health and Safety Act}은 작업장 내 위험 요소들로부터 노동자를 보호했다. 1979년 두 번째 오일 쇼크 이후 의회는 합성연료조합^{Synthetic Fuels Corporation}과 태양에너지연구소^{Solar Energy Research Institute, SERI}에 자금을 지원하기 시작했다.

1970년은 미국뿐만 아니라 국제 사회에도 전환점이 된 해였다. 미국의 문화적 영향력은 여러 경로를 통해 전후 유럽과 세계를 휩쓸었다. 수십만 명의 미군이 유럽, 일본, 한국의 청년들에게 미국 음악을 소개했다. 미국의 미술, 음악, 문학, 텔레비전 프로그램, 영화는 물론 청바지 같은 패션 스타일까지, 대서양과 태평양을 건너 엄청난 속도로 쏟아져 들어왔다. 유럽의 청년들도 미국에서 일어난 시민 평등권 운동, 대학가 시위, 반전 시위를 잘 알고 있었다. 비슷한 시기 유럽에도 유사한 운동들이 벌어지고 있었다.

제2차 세계대전이 끝나고 경제를 회복하느라 다소 늦어졌지만 유럽에도 환경 문제에 관한 관심이 확산했다. 《침묵의 봄》은 수십 개 언어로 번역돼 출간되었다. 국가별로 반응은 달랐지만, 유럽에서 《침묵의 봄》은 베스트셀러에 오르지는 못했는데, 스웨덴의 반응은 미국을 뛰어넘을 정도였다. 스웨덴에는 유럽에서 가장 오래되고 잘 알려진 자연 보호 단체가 여럿 있었을 뿐 아니라 실용적이고 체계적인 접근법을 통해 문제에 신속한 대응이 가능했다. 스웨덴은 1967년 최초의 종합 환경 규제 기관인 환경보호위원회Environmental protection Board를 설립하고, 1968년 최초의 종합 환경 보호 법률인 환경보호법Environmental Protection Law을 통과시켰다. 스웨덴은 그 어떤 국가보다 잔류성 농약에 광범위하게 대응했다.[24] 영국의 농부들은 미국만큼 화학물질을 사용하지 않았다. 영국은 이미 10년 전부터 해당 문제를 다뤄 왔으며, 별다른 공론화 없이 대응에 나섰다. 1964년에는 업계와 조용히 합의하여 가장 위험한 살충제를 금지했다. 영국 정부는 1985년의 식품환경보호법Food and Environment Protection Act과 1986년 살충제 관리 규정Control of Pesticides Regulations으로 이와 같은 자발적 시스템에 법적인 근거를 부여했다.[25] 《침묵의 봄》은 네덜란드의 과학자와 공무원에게 큰 인상을 남겼다. 그러나 1966~1967년 사이 DDT로 인해 맹금류 개체수가 급감하고 살충제 때문에 수천 마리의 제비갈매기가 죽기 전까지 네덜란드 정부의 규제 체계는 느리게 움직였다. 규제는 점차 더 효과적으로 발전했지만 크게 공론화되지 않았다.[26] 서독의 하원은 1971년에야 종합 환경법을 통과시켰고, 1980년대까지도 환경보호주의의 정치적 역할은 꽤 미약했다.[27] 덴마크, 이탈리아, 스페인, 프랑스에서는 언론이 《침묵의 봄》과 미국에서의 논쟁에 주목했지만, 화학물질 과다 사용은 미국만의 문제라고 결론지은 게 다였다.[28]

1970년 무렵에는 꾸준히 나오는 목소리를 무시할 수 없었다. 1968년, 스웨덴은 스톡홀름에서 환경에 관한 UN 회의를 개최하자고 제안했다. 유럽평의회는 1970년을 유럽 자연보호의 해^{European Conservation Year}로 선포했다. 독일의 유력 주간지 《슈피겔》이 환경을 주제로 한 최초의 커버 스토리를 실었다. 미국의 지구의 날인 1970년 4월 22일이 지나자 진행 속도가 빨라졌다. 1971년 프랑스 알자스주 페센하임에서 수천 명이 원자력 발전소 건설에 반대하는 대규모 시위를 처음으로 벌였다. 동독과 프랑스는 1972년 환경부를 신설했다(동독 환경부는 경제가 쇠퇴하면서 1970년대 말부터 힘을 잃었다). 1972년, 스웨덴이 제안한 'UN 인간환경회의'가 마침내 열렸다. 최초의 지구 정상회의였다. 회의에는 여러 산업 국가와 함께 모임에 회의적인 남반구 국가 대표들이 모였고, 공산주의 국가 중에서는 중국만 참석했다. 남반구 국가들은 환경을 생각하기 전에 빈곤부터 퇴치해야 한다고 주장했다. 중국 대표단은 이번 모임에서 깨달음을 얻었고, 중국의 환경보호주의는 바로 이 회의에서 시작되었다. 워드와 뒤보는 회의를 준비하는 과정에서 《하나뿐인 지구》를 출간했다. 인간환경회의를 계기로 같은 해 유엔환경계획^{UNEP}이 창설되었다. 1974년, 농학자 르네 뒤몽은 세계 최초의 생태학자 대선 후보가 되었다.[29]

워드의 《하나뿐인 지구》보다 더 비관적인 《성장의 한계^{The Limits to}

Growth》를 로마클럽The Club of Rome이 공개하자 전 세계가 놀랐다. 《성장의 한계》는 MIT에서 개발한 컴퓨터 프로그램을 활용해 유한한 자원과 기하급수적인 성장 사이의 상호 작용을 탐구했다. 지구 시스템과 컴퓨터 시스템이라는 개념이 만나면서 가능해진 일이었다. 미국 생태학자 하워드 오덤H. T. Odum은 1948년 노버트 위너Norbert Wiener가 인공두뇌학, 즉 '사이버네틱스'라는 용어를 만들자마자 생태학에 사이버네틱스의 개념을 도입했고,[30] 미군은 기상 예측 전산화 연구에 자금을 지원했다. 로마클럽은 이 방식들을 미래 자원에 대한 전후 시대의 우려와 더불어 코그트와 오스본의 과잉 인구('과잉 인구' 개념은 미국 생물학자 폴 에얼릭Paul Ehrlich의 1968년 베스트셀러 《인구 폭탄The Population Bomb》에 의해 더 구체화되었다)에 대한 우려에 적용했다. 《성장의 한계》는 21세기 중엽이 되면 인류가 경제적·인구통계학적 붕괴를 맞이할 것이라고 예측했다. 이 책은 산업화된 세계에서 화제의 중심에 섰고, 30개 이상 언어로 옮겨져 수백만 부가 팔려나갔다. 자유 시장 경제학자들은 줄어드는 자원의 대안을 찾아내는 시장의 힘을 과소평가했다며 책을 비판했다. 그럼에도 불구하고 《성장의 한계》는 특히 1973년 오일 쇼크와 그에 수반된 석유 부족 현상으로 인해 사람들이 이미 자원의 한계에 도달한 듯한 느낌을 받으면서 환경보호주의에 큰 힘을 실어주었다. 최근 재평가된 바에 따르면 세계는 《성장의 한계》의 예측을 놀랄 정도로 비슷하게 따라가고 있다.[31]

환경보호주의의 부상

1980년까지 환경 문제에 관한 세계적 인식은 높아졌지만 환경보호주의가 정치적 힘을 갖게 된 건 미국뿐이었다. 1970년대 서독에서는 산성비로 산림이 고사하면서 환경오염에 대한 관심이 높아졌지만 별다른 움직임은 일어나지 않았다. 몇몇 산업 재해로 인해 독성 화학물질에 관한 우려가 제기되었고, 같은 문제가 미국에서도 열띤 논쟁의 중심에 있었다. 1976년 이탈리아 세베소의 한 화학 공장에서 유독성의 다이옥신 가스가 누출되는 사고가 발생했다. 1986년 스위스 바젤의 화학 공장에서는 화재를 진압하며 뿌린 물에 살충제와 화학물질이 섞여 라인강으로 흘러 들어가며 물고기를 죽이고 상수원인 하류를 오염시키며 바다까지 흘러 내려갔다. 1984년 인도 보팔에서 발생한 화학 공장 사고는 3,500명 이상의 사망자와 15만 명 이상의 부상자를 낳으며 전 세계의 분노를 불러일으켰지만 지속되는 정치적 영향은 거의 없었다.[32]

프랑스와 독일에서 변화를 주도한 것은 반핵 운동이었다. '1968년 좌파 세대'는 대중이 참여하는 이 반핵 운동이 결국 목표가 같은 정치 운동이라는 사실을 깨닫고 이에 참여하며 정치적 힘과 자본주의에 대한 의심, 진보적 성향의 사회적 태도를 불러왔다. 《침묵의 봄》에서와 마찬가지로 핵무기로 인한 방사능과 암에 대한 두려움이 동기를 부여했다. 1986년 체르노빌에서 발생한 재앙은 유럽 전역에 방사능과 공포심을 퍼뜨렸고 정치적 환경보호주의를 대중화시켰다. 핀란드와 뉴질랜드 사이에 있는 거의 모든 민주주의 국가에서 프랑스와 독일의 뒤를 이어 녹색당이 창당했다.[33]

미국에서는 개혁주의 개신교도들이 환경보호주의 운동을 형성했다. 이와는 달리, 과거 노예제에 찬성한 남부의 여러 주나 남부에 있는 디아스포라의 뿌리는 환경보호주의에 대한 무관심과 밀접한 연관이 있다. 유럽에서도 문화와 종교적 역사는 친환경 운동의 강도와 방식에 영향을 미쳤다. 개신교 기반의 북부는 환경 정치와 법안이 가장 강력했다. 개신교 신자가 소수에 불과한 프랑스의 경우, 주요 친환경 사상가와 인물들 중 일부만이 개혁주의 개신교 출신이다. 프랑스의 비개신교 녹색당 지도자는 대개 1968년 베트남전 참전 용사였다.[34] 서독

루터교의 성직자들은 1950년대부터 환경 문제에 관여해 왔으며 《침묵의 봄》에 누구보다 적극적으로 반응했다.[35] 동독에서는 루터교 교회가 정권의 산업 정책에 반대하는 환경 비평가들이 만나고 조직을 꾸릴 수 있는 정치적 보호 공간을 제공했다.[36] 가톨릭 기반의 알프스 인근 독일과 오스트리아 지역에서는 강력한 비종교적, 비도덕주의적 환경 운동이 일어났고, 그 결과 1970년 독일에는 최초의 국립공원인 바이에른발트 국립공원이 조성되었다.[37] 전통적으로 야외 활동을 많이 하며 개신교 네덜란드인과 스위스인 인구가 있는 루터교 기반 스칸디나비아 국가에서도 강력한 환경친화적 정서가 널리 퍼져 있었다. 노르웨이는 1973년 철학자 아르네 내스$^{\text{Arne Naess}}$가 창시한 심층 생태주의 운동이 조성되며 일종의 환경보호주의의 모범국으로 예기치 않게 부상했다.[38]

환경보호주의의 국제화

《하나뿐인 지구》는 1980년대부터 1990년대까지 확장된 환경보호주의를 미리 보여주었다. 환경보호주의는 사회 정의적 요소를 포함하게 되면서 더 깊어졌으며 전 세계로 확대되었다. 그 10년 동안 자본주의의 세계적 영향력에 대한 의식이 높아진 것도, 1990년대 주요 국제 경제 정상회의를 할 때마다 세계화에 반대하는 시위가 벌어진 것도 결코 우연이 아니다. 그럼에도 불구하고 소비자본주의의 환경적 영향을 해결할 수 있는 총체적인 제안 없이 단일 문제를 주장하는 운동이 세계 환경보호주의를 지배하는 양상이 계속되었다.

환경 정의를 위한 운동은 1978년 러브 운하 사태 당시 병에 걸린 주민들이 자신의 집과 학교가 과거에 버린 독성 폐기물 처리장 위에 지어졌다는 사실을 알게 되면서 촉발된 지역 운동에서 자라났다.[39] 4년 후, 노스캐롤라이나주는 대부분 흑인이 거주하는 가난한 시골 마을에 PCB, 즉 폴리염화바이페닐로 오염된 흙의 폐기장을 만들었다. 흑인 침례교 교회 단체와 시민권 단체가 주도하는 항의 시위가 일어났다. 이후 10~20년 동안 미국 전역에 있는 빈곤 지역과 소수 민족 지역에서 비슷한 오염 및 폐기물 처리장 반대 시위가 일어났다. 루이지애나주 배턴루지와 뉴올리언스 사이에 있는 미시시피강을 따라 늘어선 석유화학 공장들은 가난하고 힘없는 사람들이 짊어져야 하는 독성 물질의 부담을 보여주는 특히 극심한 사례였다.[40] 일부 시위는 개선으로 이어졌지만, 기업들은 법의 허점을 이용해 처벌이나 책임을 면했다.[41]

전 세계의 다른 지역에서도 개발에 반대하는 토착민과 농민의 권리를 지키기 위한 유사 문제가 발생했다. 특히 인도의 칩코 운동은 마을 주민들이 생존권을 지니는 삼림 벌채를 막기 위해 단합하며 유명해졌는데, 이는 농민과 정부 사이에 오래도록 있어 왔던 긴장이 최근 들어 재현된 사례다. 아마존이나 보르네오 섬의 자생림에 사는 원주민이 겪는 곤경은 유럽과 북미의 환경보호 운동가들 사이에서도 분노를 불러일으켰다. 하지만 경험에 따르면 삼림 자원을 이용할 권리를 성공적으로 방어하는 이들이 항상 서구의 환경보호 운동가들이 지속 가능하다고 생각하는 방식으로 삼림 자원을 관리하는 건 아니다.[42]

워드는 식민지에서 독립한 남반구의 가난한 국가들도 부유한 북반구 국가들처럼 공평하게 누릴 수 있어야 한다는 개념을 일찍이 지지했으며, 스톡홀름에서 개최된 국제회의 이후 수년간 이 생각은 더욱 강해졌다. 1990년대에는 자연보호 채무상계제도가 일반적인 해결책으로 나왔다. 일부 국가에서는 공원과 야생동물 보호구역을 조성하는 대가로 빚을 갚거나 탕감받기도 했지만, 결국 국가들을 단속하고 이에 대한 비용을 지불해야 했기 때문에 이 해결책은 점차 힘을 잃었다. 또한, 북반구의 환경보호 운동가들은 영향권 내 지역의 원주민이나 자원에 대한 권리가 박탈될 것을 걱정했다. 그렇기에 현재는 이 해결책을 지지하는 사람은 많지 않다. 남반구와 북반구 사이의 공평성이라는 개념도 희미해졌다. 도리어 최근에는 소비 수준이 낮기 때문에 기후변화에 대한 책임이 가장 적은 빈곤층에 미칠 지구온난화의 영향에 대한 우려가 커지고 있다. 이 부문에서 워드의 활동은 가톨릭 기반의 환경적 사상이 발달하며 결실을 맺었고, 이는 프란치스코 교황의 2015년 회칙 〈찬미받으소서: 인류 공동의 집을 돌보는 것에 관하여〉와 유사한 성명서를 통해 정점에 이르렀다.[43]

〈그림 15〉 브루나 프라도(Bruna Prado). 2019년 8월 23일 브라질 리우데자네이루, 브라질 사람들이 아마존을 지키기 위해 모여 삼림 벌채와 산불에 반대하는 시위를 벌이고 있다. 1980년대부터 환경보호 운동은 세계화되었다. 정치적 시위와 지역 활동은 더 이상 서유럽과 미국에서만 벌어지는 일이 아니다.(Getty)

특히 《하나뿐인 지구》는 한 장에서 대기와 바다가 공유하는 환경을 통찰력 있게 설명했다(그리고 지구온난화를 경고했다).[44] 1980년대에는 지구 최초로 환경 위기가 목격되었다. 첫 번째 위기는 이례적으로 성공적인 결과를 불러왔다. 과학자들은 1970년대에 스프레이, 냉장고, 에어컨, 소화기 등에 사용되는 CFC, 즉 염화불화탄소가 오존층을 위협한다는 사실을 밝혀냈다. CFC 제조업체들은 부인했지만 1985년 인공위성 데이터가 남극 상공의 오존층에 커다란 구멍이 뚫렸다는 확실한 증거를 제시하며 더 이상 부인할 수 없게 되었다. 국제 협상이 빠르게 시작되었고 대기 중 CFC 농도를 줄이는 규제 프레임워크를 만든 1987년 몬트리올 의정서로 이어졌다.

또한, 워드는 1970년대 후반부터 1980년대까지 열대 우림의 감소를 경고하며 경각심을 불러일으켰다.[45] 급진적인 환경보호주의 단체인 '열대우림 행동 네트워크'Rainforest Action Network'는 1985년 조직되어 열대지역 삼림 벌채에 가담한 기업의 제품에 대한 불매 운동을 촉구했으며, 조직이 형성되고 초기 10년 동안 놀라운 성공을 거두었다.[46] 하버드대학교의 생물학자 에드워드 윌슨E. O. Wilson은 1988년 《생물다양성Biodiversity》을 출간하며 생물다양성이라는 개념을 대중에 알렸으며, 환경보호 운동가들에게 미개발 삼림을 보호할 근거를 제공했다. 21세기 들어 가속화되는 기후 변화로 인해 열대우림의 탄소 저장 가치가 부각되면서 생물다양성은 주요 논제에서 다소 멀어졌다. 그러나 아마존과 같은 열대우림의 개발이 중단되는 것은 대개 일시적이었으며, 정권이 바뀌면 벌목꾼, 광부, 목장주, 그 외 삼림 벌채꾼들이 다시 활동을 시작하곤 했다.

1972년 스톡홀름 국제회의부터 가난한 국가들은 환경 문제보다 경제 개발에 우선순위를 두고 있다는 점을 명확히 해 왔다. 이는 당연히 환경을 살리기 위해 자본주의를 해체해야 한다는 부유한 북반구 국가의 국민들이 하는 제안에 큰 장애물이 되었다. 1983년 UN은 전 노르웨이 총리이자 위원장인 그로 할렘 브룬트란Gro Harlem Brundtland의 이름을 따 브룬트란 위원회라고도 불리는 환경과 개발에 관한 위원회Commission on Environment and Development를 설립했다. 위원회가 1987년 공개한 보고서 〈우리들 공동의 미래〉는 미래의 필요를 희생시키지 않으면서도 현재의 필요를 충족하는 개발, 즉 '지속 가능한 개발'이라는 표현을 대중화했다.

1992년 브라질 리우데자네이루, 2002년 남아프리카공화국 요하네스버그, 2012년 다시 리우데자네이루에서는 각각 지속 가능한 개발을 주제로 10년마다 지구 정상회의가 이어지고 있다. 미국은 소극적으로 지구 정상회의에 참여했는데, 1972년, 1982년(케냐 나이로비에서 개최될 예정이었던 지구 정상회의 개최를 방해했다), 1992년, 2002년에 친기업 성향의 공화당 행정부가 집권한 영향이 컸고, 부분적으로는 2012년 민주당 내 신자유주의 정서가 커졌기 때문이었다. 그럼에도 첫 번째 리우데자네이루에서 개최된 국제회의를 시작으로 기후 변화, 생물 다양성, 열대지역 목재, 사막화, 유해 물질의 국제적인 이동, 식물 유전 자원, 해양 어업, 재생 가능 에너지에 관한 새로운 국제 환경 협정이 다수 체결되었다.[47]

결국 마주하게 된 기후 온난화

환경 문제 해결을 위한 이러저러한 국제적 노력이 있었지만 기후 변화를 멈추거나 속도를 늦추는 데 실패했다. 환경보호 운동가들은 화석 연료에 의존하는 기업과 국가 들의 저항을 극복하지 못했다. 1980년, 지구온난화는 이미 과학자들을 괴롭히고 있었지만, 대중이나 정치인들에게는 영향이 없었다. 시간이 지나며 과학자들은 더 많은 증거를 확보했고, 예측은 점점 더 정교해졌으며, 여러 국제 과학 기후 회의에서 불안감을 일으키는 미래의 시나리오가 등장했다. 과학자들은 21세기 전반기에 기후 재앙이 닥칠 것으로 판단하고 이를 막기 위해 각국 정부를 절박한 심정으로 설득했다.

1988년 한 해 동안 미국은 기록적인 폭염과 극심한 가뭄, 파괴적인 산불, 강력한 허리케인을 모두 겪었다. 그리고 미국 대중과 언론은 이 자연재해의 원인을 지구온난화에서 찾기 시작했다. 일반 대중을 대상으로 나온 기후 변화를 주제로 한 책으로는 최초였던 빌 맥키번$^{Bill\ McKibben}$의 1989년 작 《자연의 종말$^{The\ End\ of\ Nature}$》도 기후에 관한 논의를 촉발했다.[48] 화학자 출신으로 과학을 이해했던 마가렛 대처$^{Margaret\ Thatcher}$ 영국 총리는 더 많은 연구와 행동을 촉구했다. 공화당 출신의 로널드 레이건 미국 대통령은 (공화당원들의 바람에 의하면) 정부가 정치적으로 영향력을 행사할 수 있기를 바라는 독립 기관 설립을 요구했다. UN 기관들은 '기후변화에 관한 정부간 협의체^{IPCC}'를 설립하며 문제에 대응했다. 비록 사우디아라비아 같은 산유국 출신 과학자들도 참여하면서 결론이 신중론과 보수주의로 치우치기는 했지만, IPCC의 규모와 국제적 규모의 구성은 기관의 연구 작업에 큰 신뢰성을 부여했다. 1990년, IPCC는 정기 보고서를 발표하기 시작했다. 이후로 신중했던 표현들은 정부의 조치를 요구하는 더 완강한 표현으로 발전했다. 보고서에 나오는 최악의 예측은 놀라울 정도의 높은 정확도를 보이며 현실화되어 왔다.[49]

1992년 기후변화에 관한 리우 협약은 1997년 교토 의정서로 이어졌고, 서명국들은 온실가스 배출량을 줄이기로 약속했다. 민주당 소속 빌 클린턴 대통령은 이에 비준하지 않았고 후임 대통령인 공화당 소속 조지 W. 부시 대통령은 이를 전면 거부했다. 2009년 코펜하겐에서 개최된 후속 회의에서는 성공을 거두지 못했지만, 2015년 파리에서 야심 차게 진행된 후속 협정에는 거의 모든 국가가 참여했다. 이후 거센 비판과 저항에도 불구하고 공화당 소속 도널드 트럼프 대통령은 파리 협정에서 2020년 탈퇴했고, 2021년 민주당 소속 조 바이든 대통령이 취임하며 협정에 다시 복귀했다. 파리 협정은 각국이 성공과 실패를 가늠할 수 있는 기준은 제시했지만, 온실가스 감축을 위한 확약을 강요하지는 않았다.[50]

기후변화 문제는 세계 환경보호주의의 본질을 바꿔버렸다. 기후변화는 환경 오염에 대해 초기에 지녔던 우려를 현저히 뛰어넘은 문제가 되었다. 현재 우선순위는 화석 연료에서 재생 가능 에너지로 가능한 한 빨리 전환하는 것이다. 2021년까지만 해도 재앙은 환경보호주의자의 과장된 걱정 같았다. 하지만 걱정은 현실이 되어갔다. 시베리아, 미국 서부, 그리스, 터키에서 산불이 걷잡을 수 없이 확산됐다. 자이르 보우소나루 대통령은 브라질 아마존 열대우림을 신속히 개간할 수 있도록 허용했다. 기록적인 가뭄으로 일부 지역은 타들어 갔고, 또 다른 지역은 기록적인 폭우로 홍수가 발생했다. 허리케인, 태풍, 사이클론의 규모는 점점 커지고 있으며 더 많은 비를 뿌리고 있다. 극지방과 그린란드의 만년설은 과학자들이 예측한 것보다 더 빠르게 녹고 있다. 저지대 도시와 섬 들은 해수면 상승에 직면했다. 기후변화는 멸종위기종도 위협한다. 거의 모든 곳의 생태계가 혼란에 빠져있다. 그 어떤 환경 위기도 이처럼 강력히 인간 문명을 위협한 적은 없었다.

기업식 농업의 환경 문제

환경보호주의는 화학물질에 의존하는 유전자 변형 식물의 단일 재배와 공장식 동물성 제품 생산을 하는 산업-농업 복합체에 대한 반발을 일으켰다. 특히 아이젠하워, 닉슨, 레이건 공화당 행정부의 미국 정부 정책이 국내 농장들의 규모를 키우도록 장려했고, 농무부는 생산성 향상을 위해 기계화, 인공 비료, 화학 살충제, 제초제, 살균제 사용을 권장했다. 녹색혁명*은 이러한 추세를 남반구 전역에 확산시켰다. 《하나뿐인 지구》는 세계에 더 많은 음식을 제공할 수 있는 녹색혁명의 능

---

* 품종 개량, 화학 비료, 살충제 등 여러 혁신적인 농업 기술을 적용해 식량을 획기적으로 증산하는 것.

력을 칭찬하면서도, 동시에 화학물질, 침식, 염류화 문제를 경고했다.[51]

유럽에서는 1957년 유럽 공동 시장$^{European\ Common\ Market}$이 형성되면서 농업의 자유무역이 촉진되었고, 각국은 경쟁으로부터 자국의 농민들을 보호할 수 있게 되었다. 가격이 보장되면서 효율성이 높지 않은 소규모 농가를 보호할 수 있었다. 유럽인들은 《침묵의 봄》이 미국에나 해당하는 문제이지 유럽의 문제는 아니라는, 어느 정도 타당한 주장을 펼쳤다. 1970년, 유럽공동체$^{European\ Community}$는 유럽 농장의 경쟁력을 높이고 비용이 많이 드는 자금 지원에 대한 의존도를 낮추고자 '만스홀트 제안$^{Mansholt\ Plan}$'을 채택했다. 하지만 비용이 많이 드는 자금 지원은 사라지지 않았고, 유럽인이 미국인보다 더 비싸게 돈을 주고 음식을 먹으면서도 생산성 높은 대규모 농장들은 더 큰 흑자를 창출했다. 프랑스는 미국에 이어 세계에서 두 번째로 식량을 많이 수출하는 나라가 되었다. 정치적으로 경직되고 복잡하고 느린 유럽의 농업 규제 시스템은 1990년 이후 세계화와 유럽연합의 동진東進, 소비자·환경단체에서 오는 압박으로 변화할 수밖에 없었다. 그러나 농업은 여전히 규제가 심하고 비용이 많이 드는 산업이다. 유럽과 미국 모두 농업과 대규모 농업 기업이 거의 모든 식료품을 통제하고 있다.[52]

이에 반발하여 유기농 육류와 농산물에 대한 운동이 전개됐다. 20세기 전반, 독일, 영국, 미국 주변부에서 일어난 선구적인 운동이 인근 국가로 확산되었다. 독일의 바이오 다이나믹 시스템, 즉 생물역학적 시스템과 영국의 유기농 운동은 거름과 작물 순환 방식으로 토양의 건강을 증진하여 더 비옥하게 만들었고, 간혹 영적, 신비주의적, 종교적 맥락에서 진행되기도 했다. 영국의 유기농 운동은 영국령 인도에서 경험한 것에서 영감을 얻었다. 제롬 어빙 로데일$^{Jerome\ Irving\ Rodale}$ 등이 《프리벤션^{Prevention}》에서 주장했듯, 미국에서 진행되는 운동은 인간 건강에 집중했다. 《침묵의 봄》은 건강한 생태계와 인간 건강 사이의 관계를 대중의 머릿속에 확실히 각인했다. 1960년대 후반, 연구자들은 일반적으로 쓰이는 식품 첨가물과 인공 감미료도 암과 관련이 있다는 사실을 알아냈다. 미국의 유기농 운동은 화학물질 없이 자란 건강한 식품을 먹고 농업과 식품 대기업의 영향력에서 벗어나고자 하는 사람들이 일으킨 반문화에서 비롯되었다.

1980년대와 90년대에는 유기농 식품을 먹는 젊은 세대가 성장하고 번성했다. 식품 대기업들은 여기에서 또 다른 시장 가능성을 발견했다. 여기에, 유전자 변형 식품의 도입에 대한 반발이 더해지면서 유기농 식품 생산량 수요가 증가했다. 유기농 식품이 체인형 슈퍼마켓과 월마트 같은 대형 유통업체의 진열대에 등장하기 시작했다. 여기에 더해 소비자들은 육류 및 유제품 생산 시 항생제와 호르몬을 남용하는 것에도 불편해했다. 2000년 이후 탄소 중립적인 농업 시스템을 향한 바람은 현지에서 생산된 식재료의 인기 상승과 더불어 유기농 제품의 수요 증가를 촉진했다. 게다가 2010년대에는 살충제로 인해 곤충, 특히 꿀벌과 같은 주요 수분 매개체가 급격히 감소했다는 연구 결과가 널리 보고되었다. 화학물질에 의존하는 단일 재배 문화가 초래한 대혼란은 《침묵의 봄》 이후 더 악화되었다.

소비자본주의는 이내 소규모 유기농 식품 분야를 장악했다. 1980년 주류 소비자들이 유기농 식품을 사게 되면서, 정부와 민간 단체는 생산자나 판매자가 기존의 식품을 더 비싸게 팔기 위해 유기농이라고 허위 표시하지 않았음을 인증하는 시스템을 만들었다. 유기농 시스템을 믿으려면 규칙이 필요했지만, 관료 체제로 인해 대규모 농가와 기업도 유기농 시장에 진입할 수 있었다. 미국과 유럽의 건강 식품 매장과 유기농 농장이 농업 업계와 기업형 농장과 닮아가기 시작했다. 전통 방식을 사용하는 세심한 농부들은 사라졌다. 기업식 농업과 기업들이 그 자리를 꿰찼다. 다국적 기업들은 소규모 유기농 브랜드를 인수했다. 사회가 음식을 생산하고 먹는 방식을 개혁하고자 했던 사회 운동은 결국 소비자 시장을 위한 또 다른 양산 시스템으로 바뀌었다.

산업적으로 사육된 육류의 품질을 보증하는 문제는 골칫거리였다. 유럽인들은 호르몬과 항생제가 들어간 육류를 건강에 해로운 것으로 여기고 생산자에게 유리하도록 규제가 적용되는 미국에서 육류 수입을 제한하려 했다. 1997년, 연구자들이 소해면상뇌증, 즉 광우병에 감염된 소고기를 먹으면 고칠 수 없는 뇌 질환이 발생할 수 있다는 사실을 밝혀냈다. 오염된 양의 조직(누가 봐도 소가 자연적인 환경에서 접할 만한 먹이는 아니다)을 먹인 영국산 소고기가 광우병에 오염되었다. 영국산 소고기 수출은 중단되었고, 감염된 소들은 살처분되었다. 이와 함께 동물 밀집 사육장의 비인간적인 환경에 관한 끔찍한 이야기들이 언론을 통해 퍼졌다. 이 사건은 기업 생산 식품에 대한 의구심을 일으켰고 전통적으로 사육된 육류의 수요를 높였다.

라틴아메리카, 아프리카, 아시아에서 일어난 녹색혁명으로 인해 경제적 효율성이 떨어지는 소규모 농부들은 성장하고 있는 도시로 이주해야 했다. 미국인과 유럽인은 현지에 적응한 오래된 농업 기술, 종자 다양성, 농촌 문화가 사라지는 것을 안타까워했다. 미국과 유럽의 활동가들은 가난한 나라에 보상도 하지 않고 유전 물질과 식물 품종을 가져와 상업용 종자에 포함시켜 되파는 미국, 유럽 대기업들을 공격했다.[53]

환경에 덜 해롭고, 덜 착취적이며, 덜 오염된 유기농 농업의 국제 수요는 처음에는 유럽과 미국에서 늘었지만, 이후 일본, 호주, 뉴질랜드에서도 증가했다. 이들 국가로 수출되는 바나나, 커피, 차를 키우는 플랜테이션은 시장 수요가 변하며 유기농 농법을 도입했다. 때로는 소비자의 요구가 시스템을 바꾸기도 한다.

기업과 환경

소비자본주의는 환경 문제를 일으키는 주요한 원인이지만, 본질적으로 친환경적인 세상에 적대적인 시스템은 아니다. 환경 문제에 대응하는 기업의 양상은 꽤 다양하다. 물론 환경 개선을 더디게 하거나 가로막는 강력한 요인들도 작용하고 있다. 주주 가치를 유지해야 하는 의무 때문에 기업들은 분기별·연간 보고서에는 온 신경을 쏟지만 장기적인 목표에는 거의 관심을 갖지 않는다. 게다가 대기업에 녹아 있는 타성과 보수성은 민첩하고 창의적인 대응을 어렵게 만든다. 기존의 물적 자산에 대한 대규모 투자도 빠른 변화에 제약을 가한다. 가령 글로벌 화석 연료 업계의 경우 석유 및 석탄 매장지, 생산 장비, 파이프라인, 정제 공장 및 기타 공장, 서비스 시설에 수조 달러를 투자하고 있으며, 이는 쉽게 처분하거나 포기할 수 있는 것이 아니다.

소유주나 최고경영자가 보수·자유주의적 신념이 강한 경우, 경영진이 정부 규제를 반대 혹은 방해하기 위해 로비를 하거나 법정 소송을 통해 규제 적용을 지연시킬 수도 있다. 더욱이 미국 석유 시추 전통의 특성상, 그리고 아마 채취 산업 자체의 특성상, 찰스 코크$^{Charles\ Koch}$ 같은 석유 기업의 소유주와 경영진은 정부 규제에 강력하게 반대한다. 독일과 같이 비교적 친환경적인 국가에서도 환경 규제는 장애물에 부딪힌다. 독일의 경우, 자동차를 사랑하는 문화와 독일 자동차 제조사들이 지닌 힘 때문에 정부는 1996년까지 유연휘발유의 단계적인 폐지, 촉매 컨버터 의무화, 속도 제한 부여를 실행하지 못했다.[54]

그러나 규제 때문에 제조 방법이나 제품을 변경해야 하는 기업도 환경 목표를 달성하여 이익을 얻을 수 있다면 그 목표를 수용할 수도 있다. 급격한 기후변화로 유발되는 재앙을 막기 위해 에너지원을 바꿔야 한다는 필요성은 특히 캘리포니아에서 많은 혁신을 일으켰다. 일론 머스크와 같은 기업가들이 전기 자동차와 개선된 배터리 개발을 위해 실리콘밸리의 부유한 투자자들을 모았다. 머스크가 성공하자 다른 자동차 제조사에서도 전기 자동차를 생산하기 시작했다. 실리콘밸리 투자자들의 지원을 받은 또 다른 사업가 조벤 베버트$^{JoeBen\ Bevirt}$는 조비 에비에이션$^{Joby\ Aviation}$을 설립해 우버나 리프트와 비슷한 수직 이착륙하는 통근용 에어 택시 서비스를 설계해 2024년부터 승객 서비스를 제공할 계획이다. 태양열과 풍력 에너지가 보편화되면서 규모의 경제로 인해 화석 연료 에너지보다 저렴하고 깨끗한 대안이 되었고, 전력 회사와 투자자들의 눈에 들기 시작했다. 정부의 지원은 물론 부분적으로 보조금까지 수령하는 이러한 기업들은 생태적으로 더 나은 미래로 나아가는 길을 선도할 것이다.

정부의 법률, 규제, 세금, 보조금, 인센티브는 혁신을 유도하고 자극한다. 환경 정책은 기업의 이해관계, 정부 목표, 미디어가 형성한 여론이라는 힘 사이의 상호 작용에서 비롯된다. 미디어나 과학 보고서는 환경에 대한 경각심을 자극하지 못한다. 특히 주목할 만한 위기가 발생해 문제에 관심이 집중되어야 대중은 행동을 요구한다. 여론에 책임을 다하는 민주 정부는 중앙집권적이고 권위주의적인 정부보다 환경 문제에 훨씬 더 잘 대응하는 것으로 나타난다. 그렇기에 1991년 이전 유럽의 사회주의 국가들에서는 환경 문제가 심각할 정도로 해결되지 않는 경향이 있었다. 중국은 환경 문제를 해결할 능력이 없었던 소련과 민주적 환경 정책을 추구하는 서구 사이에 있는 길을 걷고 있다. 중국은 국토가 넓고 인구도 많기 때문에 정부에서 강제하는 것만으로는 통제하기 어렵다. 그래서 중국의 공산주의 정부는 지방 정부에 상당한 권한을 위임하면서도 중대한 문제가 발생하면 직접 대응하고 있다.[55]

기업, 대중, 정부 사이의 관계는 동등하지 않다. 기업은 홍보, 로비, 정치 기부금으로 막대한 비용을 지출한다. 이를테면 싱크탱크, 재단, 연구소, 로비 단체로 구성된 코크^{Koch}의 효율적인 네트워크는 부유층

이 어떻게 여론을 형성하고 민주적 절차를 타락시키는지 잘 보여준다.[56]

　기업은 책임을 회피하며 환경 문제를 소비자 선택의 결과인 양 묘사할 수도 있다. 예를 들어 소비자가 쓰레기와 폐기물을 버린 자신들을 비난한다면 (만화가 월트 켈리[Walt Kelly]가 그린 유명 만화 시리즈에 나오는 대사 "우린 적을 만났어. 바로 우리야[We have met the enemy and he is us]."처럼)[57] 일회용품으로 이윤을 얻는 기업들을 그냥 지나치고 말 것이다. 아메리칸 캔 컴퍼니[American Can Company], 코카콜라 등의 기업들은 이를 목표로 1960년대 '미국을 아름답게[Keep America Beautiful]'라는 광고 캠페인을 전개했다. 다른 광고 캠페인을 통해서는 재활용 플라스틱 시장이 제한되어 있음에도 불구하고 플라스틱 쓰레기를 재활용하라거나 비행기를 덜 타거나 운전을 덜 하거나 소고기를 덜 먹음으로써 생태 '발자국'을 줄이도록 촉구했다. 화석 연료 회사들은 청정 에너지 솔루션에 의문을 던지며 '청정 천연가스' 내지는 '청정 석탄'을 선전하는 광고를 내보냈다. 또한 이 기업들은 재생 가능 에너지나 전기 자동차에 세금을 부과하거나, 경쟁 에너지원에 대한 정부 보조금이나 세금 감면 제도를 없애기 위해 입법 기관에 로비를 벌였다.[58]

　기업들은 다양한 전략을 사용해 환경 규제를 지연하거나 방해하거나 약화시킨다. 기업에 동조하는 과학자 네트워크를 활용해 환경 문제의 기저에 있는 과학적 사실에 대한 의심을 퍼뜨려 산성비, 오존층, 지구온난화에 대응하는 정부 조치를 지연시키거나,[59] 조사 청문회에 참석해 관행을 바꾸겠다고 약속한 뒤 실질적인 변화를 실행하지 않거나, 정부 조치를 사전에 막기 위해 정보나 산업 현장 접근을 제한하거나, 자유시장이 문제 해결을 위한 기술 발전을 촉진할 것이라고 주장하거나, 법의 허점을 이용해 규제를 묶어두고 기업 친화적인 정권을 기다리거나, 이도저도 안되면 정부 규제가 경제에 해를 끼친다고 큰

목소리로 항의하는 등의 전략이다.[60]

자본주의와 환경 운동

세계적인 환경보호 운동에도 승전보가 없었던 것은 아니다. 많은 국가의 공기와 물이 훨씬 깨끗해졌고, 여러 종이 멸종 위기에서 구출되었고, 문제를 일으키는 물질의 오남용을 막는 제도가 마련되고 있다. 하지만 여전히 세계는 갖가지 환경 위기 사이에서 휘청이고 있다.

레이첼 카슨의 《침묵의 봄》은 이윤 추구의 타락을 비판했다. 그러나 카슨이 제안한 해결책들은 살충제 사용을 무책임하게 조장하는 기업과 학계, 정부 사이의 긴밀한 유착 관계 해결에는 아무런 도움이 되지 않았다. 《침묵의 봄》은 기업식 농업의 성장으로 인구 감소와 빈곤에 시달리던 작은 시골 마을에서 벌어지는 가상의 사건으로 시작된다. 종교적 성장 배경으로 도덕주의가 뿌리 깊게 박혀 있었던 카슨은 화학 살충제와 제초제의 사용을 소비자본주의 사회의 산물이 아닌 도덕적 선택으로 보았다. 마찬가지로 개혁주의 개신교 배경을 지닌 미국의 많은 환경보호 운동가도 자본주의 자체는 전혀 언급하지 않은 채 탐욕과 이기심이 야생 파괴의 원인이라고 비난했다.

유럽의 녹색 운동은 좌파 급진주의와 반핵 시위가 결합하며 등장했다. 이들도 초반에는 자본주의를 강력히 비판했다. 하지만 1990년대 이후 녹색 운동이 성숙해지고 정부에 진입하면서 반자본주의적 수사가 부드러워졌다. 프랑스의 브라이스 라롱드[Brice Lalonde]나 독일의 요슈카 피셔[Joschka Fischer] 같은 초기 녹색당 지도자 중 일부는 나이가 들면서 우익화되었다. 라롱드는 원자력 발전을 반대하던 입장에서 지지자로 돌아섰다. 피셔는 정계 은퇴 후 원자력 발전을 지지하는 지멘스나 고급 자동차 제조사인 비엠더블유[BMW], 에너지 및 석탄 채굴 대기업 RWE를 위해 로비 활동을 했다.[61]

환경보호 운동가들은 한목소리를 낸 적이 없다. 전기차를 사고, 재활용을 하고, 유기농 식품을 먹겠다고 선택하는 것 자체가 마치 지구를 구하는 행동인 양, 많은 이가 소비를 개인의 도덕적 선택인 양 공격한다. 그러면 환경 문제의 책임이 기업이 아닌 소비자에게 전가되기 때문에 기업은 이와 같은 관점을 선호한다. 보수주의적인 일부 미국 환경보호 운동가들, 특히 데이브 포어먼[Dave Foreman]과 마이클 셸런버거[Michael Shellenberger]는 자유시장 메커니즘이 환경 문제를 해결할 수 있다고 주장한다. 극좌파 쪽에서는 특히 머레이 북친[Murray Bookchin]을 비롯한 소수의 무정부주의자들이 기업 자본주의 시스템을 거부하고 자연과 조화를 이루며 생태적으로 책임감 있게 살아가는 소규모 공동체를 꿈꾼다. 미국의 진보적 환경보호주의는 많은 지지자를 확보하지는 못했다. 생물학자 배리 카머너[Barry Commoner]는 예외였다. 그렇지만 카머너의 1971년 베스트셀러인 《원은 닫혀야 한다》는 자본주의의 비판과 사회주의의 옹호보다는 '생태의 법칙'을 다룬 내용이 더 많이 인용되었다. 오늘날에도 제이슨 무어를 비롯한 일부 사람들은 환경 위기의 책임을 자본주의에 돌리며 사회주의를 옹호한다. 《하나뿐인 지구》는 막대했던 영향력에도 불구하고 확실한 해결책을 제시하지 못했다. 다가오는 위기에 직면하여 전 세계가 함께 대응하기를 바랐던 워드의 희망은 여섯 차례의 지구 정상회의에도 불구하고 결실을 내지 못했다. 가난한 사람들에 대한 도덕적 의무는 부국과 빈국 사이의 격차를 좁히기는커녕 더 벌어지는 것조차 막지 못했다.

그렇다면, 우리는 무엇을 할 수 있는가?

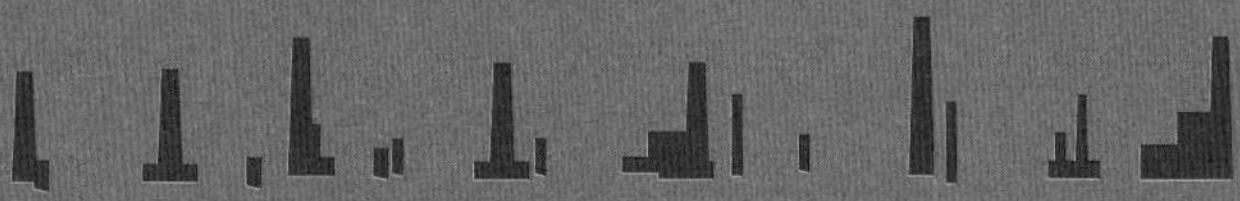

마치며

희망은 있다.
시간이 없다.

다른 사람이 이익을 보면 나도 이익을 얻게 될까? 답은 알 수 없다. 근대 이전 서구 기독교 문화권에서는 금전적 이익에 도덕적 책임이 따랐다. 농경 사회에서 사람들은 누군가 잃어야 다른 이가 얻음을 목격했다. 도덕적 측면에서 탐욕은 누군가를 빈곤에 처하게 만들어 다른 이를 부유하게 해주었다. 도덕적 저울의 추를 맞추기 위해서는 부유한 자가 사회에 환원하며 다른 이들도 이익을 얻을 수 있도록 해야 한다. 앤드루 카네기 등의 자본가들이 자신의 부를 기부함으로써 더 큰 사회적 이익을 얻은 것도 비슷한 계산에서 비롯된 것이다. 존 록펠러도 같은 계산을 했고, 스탠더드 오일도 기부가 대외적인 이미지를 향상시킨다는 것을 깨달았다. 부의 환원이라는 동기는 오늘날 일부 초부유층에게는 여전히 유효하지만 모두에게 그런 것은 아니다.

현대 경제학은 경제가 제로섬 게임이 아니라는 사실을 안다. 그리고 산업화 이후로는 불평등하게나마, 1945년부터 1970년대까지는 조금 더 평등하게 그러했듯, 가난한 이와 부유한 이의 소득이 모두 오를 수 있다는 사실도 안다. 전후의 도덕적 계산은 빈부 격차가 벌어지지 않도록 하는 데 초점을 맞췄다. 1970년대와 80년대 신자유주의적 신념이 기업 지도자들을 휩쓸면서 태도는 다시 바뀌었다. 규제 완화, 부유층과 기업의 세금 감면, 주주 가치에 초점을 맞춘 정책들은 일부의 번영이 모두의 번영으로 이어진다는 가정을 기반으로 둔다. 그러나 부유층의 소득은 빠르게 증가하고 중산층의 소득은 정체되어 있으며 하위 20퍼센트의 소득은 오히려 감소하는 등, 이 가정은 틀린 것으로 드러났다. 그리고 홍보라는 더 포괄적인 형태의 기업 선전이 광고 부서를 대체하고 자선 기부 업무를 흡수했다. 자선 활동은 홍보 캠페인의 일부로 또 다른 사업 비용이 되었고, 그것이 수익을 높이는 정도에 비례해서만 집행의 타당성이 부여되었다. 기업의 자선 기부는 1980년 이후 절반으로 줄어들었다. 기업 이사회에서는 도덕적 계산의 자리를 이익적 계산에 내어주었다. 소비자 가치가 전통적인 종교적 가치를 대체하는 사회 전반에서 이기적인 탐욕은 이제 부끄럼 없이 활보하고 있다.[1]

그렇다면 자본주의가 내는 이익은 우리 모두에게도 이익이 될까? 자본주의 옹호자들은 코로나19 팬데믹 이전에 세계 빈곤이 감소[2](불평등이 감소한 것은 아니라 하더라도)하고 있던 추세를 증거로 내민다. 물론 이 책의 평범한 독자인 당신은 소비자본주의의 혜택을 많이 받았을 것이다. 우선 안락하고 잘 지어진 주택에 살고 있을 것이다. 매일 아침 옷장에 걸린 깨끗하게 관리된 여러 벌의 옷 중 하나를 골라 입는다. 거리와 물, 음식은 거의 항상 위생적이고 깨끗하다. 건강은 거의 늘 안전하고 효과적으로 관리되고 있으며, 병을 고치는 데 거머리, 아편, 마법 의식 같은 건 필요하지 않다. 업무 관련 사고로 사망하거나 불구가 된 사람은 주변에 별로 없다. 저렴하고 몸에 잘 맞는 옷을 입고, 음식은 저렴하게 넉넉히 먹을 수 있다. 대부분이 냉난방이 되는 차량이나 편리한 교통수단을 타고 슈퍼마켓부터 대륙 끝까지 편안하고 합리적인 비용으로 이동할 수도 있다. 하루나 이틀이면 11킬로미터 상공에서 쿠션 등받이가 있는 의자에 앉아 평상시와 다를 바 없는 공기를 마시며 지구상의 거의 모든 곳을 놀라울 정도로 낮은 가격에 여행할 수 있다. 휴대용 전자기기를 열어 지구 반대편에서 벌어지는 사건을 확인하거나, 책이나 시를 읽고, 메시지를 주고받고, 고르기 힘들 정도로 많은 선택지 중에서 하나의 영화나 음악을 골라 즐기거나, 지금 내가 하고 있는 것처럼 책을 쓸 수도 있다.

이 책을 통해 알게 되었겠지만, 안타깝게도 우리는 언제나 자연의 희생으로 이익을 얻어왔다. 여기에는 조지 퍼킨스 마시와 윌리엄 스탠리 제번스의 도덕적 계산법이 적용된다. 지구는 이제 더 이상 소비자본주의라는 기계를 돌리기 위해 원자재를 공급하고 폐기물을 받아들이는 부담을 감당할 수 없다. 바닷속 가장 깊은 곳부터 지구 밖 저궤도까지, 적도에서 극지방까지 지구는 인간의 쓰레기통이 되었다. 온갖 종류의 환경적 재앙이 연쇄적으로 발생하며 인류 문명을 위협하고 있다. 지구는 더러워지면 버릴 수 있는 일회용품이 아니다. 일부 억만장자들은 여전히 환상을 품고 있지만, 도망칠 수 있는 오염되지 않은 행성은 존재하지 않는다. 우주에 떠 있는 외계인이 만든 스타게이트가 우리를 더 행복한 미래로 데려다 줄 수도 없다.

어쩌다 이 지경에 이르렀을까? 현대 소비자본주의는 역사의 산물이기는 하나 필연적인 것은 아니었다. 역사는 우연과 기회로 가득했기 때문이다. 키오자 전쟁에서 제노바가 승리했다면, 포르투갈 해안에서 배가 침몰했을 때 콜럼버스가 익사했다면, 제임스 와트가 글래스고대학교에서 천문학 장비 수리공으로 취직하지 못했다면, 스탠퍼드대학교가 아르파넷에 연결되지 않았다면, 그 외 셀 수 없을 정도로 많은 인간 사건 중 하나라도 다른 방향으로 진행되었다면 오늘날 세계는 다른 곳이 되었을 것이다. 그렇지만 자본주의는 어떤 형태로든 세상에 존재했을 것이다. 자본주의는 인간 본성과 인류의 역사에 뿌리를 두고 있다. 가장 먼 조상에게로 거슬러 올라가는 이 깊은 뿌리 때문에 자본주의는 시대와 상황에 따라 탄력적으로 적응할 수 있으며, 시대와 장소에 따라 변할 수 있는 것이다. 바로 이 뿌리 때문에 바꾸기가 어렵다. 역사를 통틀어 자본주의를 없애거나 제한하려 했던 이들은 언제나 자본주의가 다시 자라나는 것을 발견했다. 성경의 표현을 빌리자면, '자본주의는 항상 우리와 함께 있으리니.'

이 책은 인류의 역사를 통해 자본주의의 시작과 성장이 환경에 미친 영향을 추적한다. 인류가 출현한 이래 호모 사피엔스의 성공은·인류의 증가와 번식을 가능케 했다. 인구가 증가하면서 사람들은 서로를 먹이고 돌볼 새로운 방법을 찾아야 했다. 여러 도구 덕분에 더 효율적으로 동물과 식물을 수렵하고 채집할 수 있었지만, 동식물의 수가 줄어들었다. 자원이 부족해지면 집단은 더 많은 자원이 있는 지역으로 이동했다. 혹은 더 약한 집단을 공격해 학살하거나 노예로 삼거나 다른 곳으로 내쫓고 생산성 높은 그들의 땅을 빼앗았다. 일부 집단은 가치 높은 암석과 광물을 발견하고 이를 채굴해 거래하여 직접 생산할 필요가 없는 물품을 얻었다. 선택의 여지가 없어지자 인류는 농업이나 목축을 통해 자원을 더 집중적으로 활용하여 의식이나 장식, 기타 용도를 위한 재료와 잉여물을 교환하는 재주를 발휘했다.

이와 같은 순환은 수십만 년간 반복되었다. 그 동안 인구 밀도가 높아졌고 무역은 더 복잡해졌으며, 자원을 더 효율적으로 활용하는 새로운 방법들이 등장했다. 잉여물은 무역, 생산, 혹은 부와 권력을 과시할 수 있는 수단에 투자할 수 있는 자본이 되었다. 물, 바람, 나무, 가축은 상품을 가공하고 제조하는 데 필요한 에너지를 공급했다. 특히 문자가 생긴 후에는 더 빠르고 안정적으로 소통하고 기록을 보존할 수 있게 되었다. 전 세계의 사람들은 씨앗을 빵과 맥주로, 진흙을 화분으로, 식물, 동물, 곤충에서 얻은 섬유를 옷과 밧줄로, 바위를 금속으로, 식물, 곤충, 광물, 갑각류를 염료로, 그 외 다양한 것을 만드는 방법을 알아냈다. 모든 것이 욕망과 거래의 대상이 되었다. 상품을 더 멀리 운반하기 위해 배는 더 크고, 효율적이고, 안정적으로 개량되었을 뿐만 아니라, 전쟁과 식민화를 위한 도구로도 더 적합해졌다. 화폐는 무역을 간소화하고 촉진했다. 아라비아 숫자는 정확한 부기를 가능케 했다. 자본을 모은 무역 동업 관계는 영구적인 무역 회사로 발전했고, 적절한 법적 지원을 통해 더 큰 자본을 지니는 기업의 토대를 마련했다. 인쇄술 덕분에 정보는 더 쉽고 저렴하게 전파되었다.

18세기에 이르러 (노예제가 사라지지는 않았지만) 임금 노동이 강제 노동을 대체하기 시작했다. 화석 연료를 태우는 기계의 에너지와 힘은 생산과 운송에 무궁무진한 가능성을 열어주었다. 물건의 제조는 비용이 점차 덜 들고 표준화되었다. 육지와 바다를 통한 운송은 더 빨라졌다. 다용도로 활용할 수 있으며 적응성이 뛰어난 전력은 가정, 직장, 차량, 그리고 오늘날에는 주머니와 가방 속 작은 기기에 에너지를 공급했다. 통신은 전선과 전파를 통해 빛의 속도로 이루어졌다. 기업들은 인쇄 및 전자 매체를 활용해 제품을 광고하고 사람들이 자사에서 생산한 수많은 제품을 구매하도록 유도하거나 조종했다. 은행가들은 소비를 위해 사람들에게 돈을 빌리게 할 새로운 방법을 찾아냈다. 소비자본주의가 도래하며 세계 무대에서 승리의 행진을 시작했다.

사람들이 더 많이 소비하도록 유도하는 소비자본주의의 본질은 지구의 비옥함, 자원, 생물 다양성을 고갈시키고 오염, 멸종, 지구온난화라는 방식으로 다가 올 미래를 우려하게 만든다. 자원보존 운동이 산업자본주의에 문제를 제기하지 않고 그저 해결책만을 제안했듯, 환경보호주의 역시 소비자본주의를 받아들이면서 동시에 그 지나침에 문제를 제기한다. 레이첼 카슨과 바버라 워드는 도덕적 측면에서 문제를 진단했지만 효과적인 해결책은 제시하지 못했다. 환경보호주의는 자본주의가 낳을 수 있는 최악의 폐해 일부만을 억눌렀을 뿐이다. 아직 기후 변화를 억제할 수 있을는지도 모른다. 그러나 화석 연료 사업이 퍼뜨리는 선전과 정부에 미치는 영향력은 이를 지연시켜 인간이 재앙의 벼랑 끝에 몰리게 만들었다. 위기가 심화되어야만 마침내 정치적 의지가 필요한 행동을 취하는 지점에 서게 될지도 모른다.

그러나 아무리 야생동물을 살리고 땅과 물, 공기를 정화할 수 있다고 해도, 소비자본주의라는 기계를 멈추면 우리가 위험에 처한다. 자본주의가 속도를 늦추거나 거의 붕괴될 위기에 처할 때마다 사람들은 일자리를 잃고 굶주리고, 집을 잃고 희생양과 극단적인 해결책을 찾는다. 대공황, 그리고 그로 인해 촉발된 파시즘과 전쟁의 물결은 우리에게 경고의 메시지를 보낸다. 2008년 은행 및 금융 부문의 규제 완화가 세계 경제를 거의 붕괴시킬 뻔했을 때도 우리는 재앙을 목전에 두고 있었다. 2020년 코로나19 팬데믹이 전 세계를 집어삼켰을 때도 아직 완전히 회복하지 못한 상태였다. 팬데믹은 전 세계 도시의 하늘을 맑게 만들었지만 경제를 혼란에 빠뜨리고 사람들을 실직으로 내몰았다.[3]

자본주의를 비판하는 이들은 자본주의를 환경 파괴, 지구온난화, 인종차별, 제국주의, 노동자 억압 등 수많은 죄악을 저지른 이윤 중심 시스템으로 여긴다. 사실이다. 하지만 이러한 문제는 문명 발생 이후 혹은 그 이전부터 다양한 형태로 세계에 존재해 왔다. 그렇다고 자본주의가 사라진다고 해서 지구에 평화가 찾아오고 사랑이 별들을 조종할 것*

---

* 더 피프스 디멘션(The 5th Dimension)의 곡 〈Aguarius〉의 가사의 표현을 빌려온 구절.

이라고 기대해서는 안 된다.

안타깝지만 현실적인 대안은 거의 없다. 20세기 국가 사회주의는 사회 정의나 환경 정의적 관점에서 볼 때 온전히 신뢰받지 못하고 있다. 머레이 북친은 자연과 가까이 사는 소규모 민주적 공동체를 꿈꿨다. 그러나 북친은 현재의 상태에서 어떻게 하면 그가 상상하는 소규모 공동체로 옮길 수 있는지 전혀 구체적으로 제시하지 않으며, 어떤 방식으로 공동체를 독립적인 소규모 형태로 유지할 수 있는지에 대해서도 정확히 설명하지 못한다. 1960년대 말과 70년대 초 캘리포니아, 오리건, 버몬트 등지에서 자급자족 공동체가 잠시 인기를 끌던 시절에 북친이 꿈꾸는 미래와 비슷한 것을 시도하는 사례들이 있었다. 구성원들은 자본주의 사회의 폐해에서 벗어나 개인적인 충만감을 찾고 자연과 조화롭게 살기를 열망했다. 이와 같은 공동체 중 오래 유지된 곳은 거의 없다. 냉혹한 현실과 낭만적인 개념에 환멸을 느낀 이들은 곧 소비자본주의 사회로 돌아갔다. 1970년대 후반 샌프란시스코에 살고 있을 때 이와 같은 공동체에 살다가 결국 도시로 돌아온 몇몇 사람들을 나 역시 알고 있다. 어떤 무리는 인도까지 가서 자급자족 농장에서 살았다는 이야기를 들은 게 기억난다. 그들은 원숭이가 과일을 훔쳐 가고 코브라가 현관 앞에 보금자리를 튼 것을 보고는 모두 포기하고 원래 살던 곳으로 돌아왔다.

소비자본주의의 유혹을 거부하는 일은 거의 불가능하다. 1920년대 후반과 1930년대에 소년이었을 아버지의 삶은 소비자본주의에 거의 영향을 받지 않았다. 아버지는 농장에서 자랐다. 시어스사에서 만든 조립식 주택에서 살았고, 트랙터로 농사를 지어 시장에 내다 팔았다. 아버지 가족은 포드를 타고 매주 토요일이면 시내로 나갔지만, 자본주의적 소비 세계와 접촉한 적이 거의 없었다. 크리스마스에는 트리 아래 놓인 책 한 권을 받는 게 다였다. 집에는 실내 배관이 없었고 전기도 들어오지 않았으며, 일주일에 한 번 모두 같은 목욕물(마당에 있는 펌프에서 물을 끌어 올려 장작 난로로 데운 물)로 목욕을 했고, 여름에는 내내 습한 캔자스 남동부의 더위 아래서 일했다. 농장에서 일어난 사고로 아버지의 사촌과 새어머니의 첫 번째 남편이 사망했다. 아버지는 간절하게 그 집을 떠나고 싶어 했고 다시는 돌아가고 싶지 않아 했다.

그렇다면, 우리는 무엇을 할 수 있는가?

소비자본주의는 마치 상어처럼 살기 위해 계속 움직여야 한다. 속도가 느려지거나 멈추면 혼란, 실업, 불안, 전쟁이 지구를 괴롭힌다. 그러나 우리는 상어가 다른 길을 택해야 한다는 것을 알고 있다. 소비자본주의가 계속 작동하기 위한 유일한 요건은 가능한 많은 이의 주머니에 돈이 들어가게 하는 것이다. 문제는, 최소한의 자원 수요로 그것을 실행하는 것이다.

일시적일지라도 우리는 그 방향으로 나아가고 있는지도 모른다. 2016년 1월, 가구 대기업 이케아의 최고지속가능책임자 스티브 하워드$^{Steve\ Howard}$는 사람들이 더 이상 가구를 필요로 하지 않는 물질 풍요 지점$^{peak\ stuff}$에 도달하는 때가 올 것이라고 선언했다. 사람들은 이미 휘발유, 소고기, 설탕을 덜 구매하고 있으며, 가구 판매도 정체기에 들어서고 있다고 말했다.[4] 우리는 물건이 아닌 다른 것을 구매하기 시작했다. 지난 반세기 동안 사람들은 물건이 아니라 경험을 구매하기 시작했다. 크루즈를 타고, 외국으로 여행을 가고, 산을 오르고, 산호초 사이로 스쿠버 다이빙을 즐기고, 다른 '모험'(모험이라고는 해도 대부분이 잘 조직되어 있고 안전하다는 부분을 강조하기 위해 따옴표를 붙였다)을 떠난다. 자주 레스토랑에 나가 식사를 하고 바에서 술을 마신다. 물리적인 자원을 거의 필요로 하지 않는 엔터테인먼트를 모든 스마트폰과 태블릿 PC, 가정용 컴퓨터에서 즐길 수 있다. 소비자는 실물을 구매하지 않고도 비디오 게임과 영화, 텔레비전 드라마 시리즈, 그 외 다양한 것에 돈을 쓸 수 있다. 소비자본주의의 근간이 되는 중요한 활동을 할 수가 있다. 유감스럽게도 이러한 소비 패턴의 변화는 남반구로 돈을 거의 보내지 않는다. 티셔츠를 사는 대신 '마인크래프트' 게임을 해도 도미니카공화국의 가난한 공장 노동자가 돈을 벌 수는 없다. 그렇지만, 물건을 덜 사는 건 인간과 지구의 미래에 중요하다.

좋든 싫든, 우리는 점점 속도가 빨라지는 소비자본주의라는 회전목마에 올라타 있다. 지구온난화의 속도를 늦추려면 재생 가능 에너지를 채택하는 것이 가장 중요한 첫걸음인 듯하다. 그리고 막대한 경제적, 정치적 힘을 지닌 대기업을 해체시키고 그들의 선전에 제동을 거는 것이 종합적인 해결책의 핵심이 될 것이다. 그저 대책이 유효하기를 바라는 수밖에 없다. 50년 전《성장의 한계》에서 예측한 문명의 붕괴는 더 이상 먼 미래의 위협이 아니다. 우리에게 남은 시간은 그리 많지 않다.

후주

들어가며

1 Mariana Mazzucato, The Entrepreneurial State: Debunking Public vs. Private Sector Myths, rev. edn. (New York: PublicAffairs, 2015), 93–120; Elizabeth Jardim, From Smart to Senseless: The Global Impact of 10 Years of Smartphones (Washington, D.C.: Greenpeace, 2017); Jason C. K. Lee and Zongguo Wen, "Rare Earths from Mines to Metals: Comparing Environmental Impacts from China's Main Production Pathways," Journal of Industrial Ecology 21(5) (October 2017): 1277–1290; Amnesty International, "This Is What We Die For": Human Rights Abuses in the Democratic Republic of the Congo Power the Global Trade in Cobalt (London: Amnesty International, 2016).

2 Andrea Murphy, Eliza Haverstock, Antoine Gara, Chris Helman, and Nathan Vardi, "Global 2000: How the World's Biggest Public Companies Endured the Pandemic," Forbes (May 13, 2021), https://www-statista-com.lib-e2.lib.ttu .edu/statistics/263264/top-companies-in-the-world-by-market-capitalizatison/. See Leslie Sklair, "Sleepwalking through the Anthropocene," British Journal of Sociology 68(4) (2017): 775–784.

3 For example, see Bill McKibben, Eaarth: Making a Life on a Tough New Planet (New York: Times Books, 2010); Edward O. Wilson, Biophilia (Cambridge: Harvard University Press, 1984); Elizabeth Kolbert, The Sixth Extinction: An Unnatural History (New York: Holt, 2014).

4 See Raj Patel and Jason W. Moore, A History of the World in Seven Cheap Things: A Guide to Capitalism, Nature, and the Future of the Planet (Oakland: University of California Press, 2017); Andreas Malm, Fossil Capital: The Rise of Steam-Power and the Roots of Global Warming (London: Verso, 2016); and Naomi Klein, This Changes Everything: Capitalism vs. the Climate (New York: Simon & Schuster, 2014).

5 Yinon M. Bar- On, Rob Phillips, and Ron Milo, "The Biomass Distribution on Earth," Proceedings of the National Academy of Sciences 115(25) (June 2018): 6508.

6 Vaclav Smil, "Harvesting the Biosphere: The Human Impact," Population and Development Review 37 (December 2011): 618.

7 Patel and Moore's clever A History of the World in Seven Cheap Things overlooks the vital roles of communication and transportation in the history of capitalism.

8 Fernand Braudel proposed the idea of layers in Civilization and Capitalism, 15th–18th Century, vol. 1, The Structures of Everyday Life: The Limits of the Possible, trans. by Siân Reynolds (New York: Harper & Row, 1982), 23–26.

9 Why industrial capitalism developed in the West and not elsewhere is a question famously raised by Kenneth Pomeranz in The Great Divergence: China, Europe, and the Making of the Modern World Economy (Princeton: Princeton University Press, 2000). Perhaps the most important factors were environmental. In England and nowhere else, waterpower sites, coal and iron deposits, water transportation, and harbors lay very near to each other and to suitable workers.

10 Damian Carrington, "'Extraordinary' levels of pollutants found in 10km deep Mariana trench," Guardian (London), February 13, 2017.

1부 자본주의의 시작

1장 인류가 자본을 만났을 때

1 Stanley Kubrick and Arthur C. Clarke, 2001: A Space Odyssey, film (MGM, 1988); Arthur C. Clarke, 2001: A Space Odyssey (New York: New American Library, 1968); Michael Benson, Space Odyssey: Stanley Kubrick, Arthur C. Clarke, and the Making of a Masterpiece (New York: Simon & Schuster, 2018). The opening scene is dated differently in the movie and the book.

2 Sabine Gaudzinski- Windheuser, et al., "Evidence for Close- Range Hunting by Last Interglacial Neanderthals," Nature Ecology and Evolution 2 (July 2018): 1087–1092; Kwang Hyun Ko, "Origins of Human Intelligence: The Chain of Tool- Making and Brain Evolution," Anthropological Notebooks 22(1) (2016): 5–22; Vaclav Smil, Harvesting the Biosphere: What We Have Taken from Nature (Cambridge, Mass.: MIT Press, 2013), 74.

3 Ian Gilligan, "The Prehistoric Development of Clothing: Archaeological Implications of a Thermal Model," Journal of Archaeological Method and Theory 17(1) (2010): 38–39.

4 Ibid., 15–80; Ralf Kittler, Manfred Kayser, and Mark Stoneking, "Molecular Evolution of Pediculus humanus and the Origin of Clothing," Current Biology 13 (August 19, 2003): 1414–1417.

5 Chris Clarkson, et al., "Human Occupation of Northern Australia by 65,000 Years Ago," Nature 547 (7663) (2017): 306–310; Curtis W. Marean, "Archaeology: Early Signs of Human Presence in Australia," Nature 547 (7663) (2017): 285–287.

6 Eliso Kvavadze, et al., "30,000- Year- Old Wild Flax Fibers," Science 325 (5946) (September 11, 2009): 1359.

7 Xiaohong Wu, et al., "Early Pottery at 20,000 Years Ago in Xianrendong Cave, China," Science 336(6089) (June 29, 2012): 1696–1700.

8 See Jacques Ellul, The Technological Society (New York: Vintage Books, 1964), 24–27.

9 Rosalia Gallotti, et al., "First High Resolution Chronostratigraphy for the Early North African Acheulean at Casablanca (Morocco)." Scientific Reports 11(1) (2021), https://www.proquest.com/scholarly-journals/first-high-resolution-chronostratigraphy-early/docview/2555779192/se-2.

10 Robert G. Bednarik, "Early Subterranean Chert Mining," The Artefact 15 (1992): 11–24. Observers in 1834 saw native Tasmanians mine for ocher using hammer stones and pointed sticks; the miners were women (15).

11 Alison S. Brooks, John E. Yellen, Richard Potts, et al., "Long- Distance Stone Transport and Pigment Use in the Earliest Middle Stone Age," Science 360 (April 2018): 90–94. The inference is based on knowledge that in agricultural societies, and by implication long before, trade formed part of complex intergroup interactions which involved status, power, and politics.

12 Jack Goody, Metals, Culture and Capitalism: An Essay on the Origins of the Modern World (Cambridge: Cambridge University Press, 2012), 5; Tammy Hodgskiss, "Identifying Grinding, Scoring and Rubbing Use- Wear on Experimental Ochre Pieces," Journal of Archaeological Science 37(12) (December 2010): 3344–3358. See also Susan C. Vehik, "Conflict, Trade, and Political Development on the Southern Plains," American Antiquity 67(1) (2002): 37–64.

13 Jessica E. Tierney, Peter B. deMenocal, and Paul D. Zander, "A Climatic Context for the Out- of- Africa Migration," Geology 45(11) (2017): 1023–1026. The authors note that the supposed Toba bottleneck around 75,000 years ago remains in dispute (p. 1023; cp. Smil, Harvesting the Biosphere, 67).

14 For a detailed history of the influence of climate change on prehistoric peoples, see William James Burroughs, Climate Change in Prehistory: The End of the Reign of Chaos (Cambridge: Cambridge University Press, 2005).

15 Smil, Harvesting the Biosphere, 74.

16 Lars Werdelin and Margaret E. Lewis, "Temporal Change in Functional Richness and Evenness in the Eastern African Plio- Pleistocene Carnivoran Guild," PLoS ONE 8(3) (2013): e57944.

17 Felisa A. Smith, Rosemary E. Elliott Smith, S. Kathleen Lyons, and Jonathan L. Payne, "Body Size Downgrading of Mammals Over the Late Quaternary," Science 20 (April 2018): 311.
18 Smith, et al., "Body Size Downgrading," 310.
19 Patrick Roberts, Chris Hunt, Manuel Arroyo-Kalin, Damian Evans, and Nicole Boivin, "The Deep Human Prehistory of Global Tropical Forests and Its Relevance for Modern Conservation," Nature Plants 3 (2017): 17093.
20 See Richard B. Lee, "Hunter-Gatherers and Human Evolution: New Light on Old Debates," Annual Review of Anthropology 47(1) (2018): 513-531, on reasons for increasing incidence of deadly conflict over time.
21 See Raymond C. Kelly, "The Evolution of Lethal Intergroup Violence," Proceedings of the National Academy of Sciences of the United States of America 102(43) (2005): 15294-15298; Richard W. Wrangham, "Two Types of Aggression in Human Evolution," Proceedings of the National Academy of Sciences 115(2) (January 2018): 245-253; and Leland Donald, "Slavery in Indigenous North America," and Neil L. Whitehead, "Indigenous Slavery in South America, 1492-1820," in David Eltis and Stanley L. Engerman, The Cambridge World History of Slavery, vol. 3, AD 1420-AD 1804 (Cambridge: Cambridge University Press, 2011), 217-271.
22 Graeme Barker, The Agricultural Revolution in Prehistory: Why Did Foragers Become Farmers? (Oxford: Oxford University Press, 2006), 109-128. Barker thoroughly examines and judiciously evaluates all available evidence. Amaia Arranz-Otaegui, Lara Gonzalez Carretero, Monica N. Ramsey, Dorian Q. Fuller, and Tobias Richter, "Archaeobotanical Evidence Reveals the Origins of Bread 14,400 Years Ago in Northeastern Jordan," Proceedings of the National Academy of Sciences 115(31) (2018): 7925-7930.
23 In Central Europe, for example, Mesolithic hunter-gatherers apparently contentedly lived alongside Neolithic farmers for 2000 years. Ruth Bollongino, et al., "2000 Years of Parallel Societies in Stone Age Central Europe," Science 342(6157) (2013): 479-481.
24 Alfred W. Crosby, Ecological Imperialism: The Biological Expansion of Europe (New York: Cambridge University Press, 1986), 177.
25 Ruth Bollongino, et al., "Modern Taurine Cattle Descended from Small Number of Near-Eastern Founders," Molecular Biology and Evolution 29(9) (September 1, 2012): 2101-2104; Jared E. Decker, et al., "Worldwide Patterns of Ancestry, Divergence, and Admixture in Domesticated Cattle," PLoS Genetics 10(3) (2014): e1004254.
26 Barker, The Agricultural Revolution in Prehistory, 384-386.
27 R. J. Fuller, and Lu Aye, "Human and Animal Power—The Forgotten Renewables," Renewable Energy 48 (2012): 326-332.
28 Maria Ivanova, "The 'Green Revolution' in Prehistory: Late Neolithic Agricultural Innovations as a Technological System," in Appropriating Innovations: Entangled Knowledge in Eurasia, 5000-1500 BCE, ed. by Joseph Maran and Philipp Stockhammer (Oxford: Oxbow Books, 2017), 40-49.
29 Jared Diamond, Guns, Germs, and Steel: The Fates of Human Societies (New York: Norton, 1999), 176-191. See also Crosby, Ecological Imperialism, 18.
30 Melinda A. Zeder, "Domestication and Early Agriculture in the Mediterranean Basin: Origins, Diffusion, and Impact," Proceedings of the National Academy of Sciences 105(33) (August 19, 2008): 11597-11604. See Crosby, Ecological Imperialism.
31 Lucas Stephens, Dorian Fuller, Nicole Boivin, et al., "Archaeological Assessment Reveals Earth's Early Transformation Through Land Use," Science 365(6456) (August 30, 2019): 897-902.
32 William F. Ruddiman, "The Anthropogenic Greenhouse Era Began Thousands of Years Ago," Climatic Change 61(3) (2003): 261-293. Ruddiman's thesis set off a huge debate, which he assesses in William Ruddiman, "Geographic Evidence of the Early Anthropogenic Hypothesis," Anthropocene 20 (2017): 4-14. He concludes that evidence has grown stronger for an anthropogenic source of Holocene warming.
33 Barker, The Agricultural Revolution in Prehistory, 167.
34 Svend Hansen, "Key Techniques in the Production of Metals in the 6th and 5th Millennia BCE: Prerequisites, Preconditions and Consequences," in Appropriating Innovations: Entangled Knowledge in Eurasia, 5000-1500 BCE, ed. by Joseph Maran and Philipp Stockhammer (Oxford: Oxbow Books, 2017), 136-148; Verena Leusch, Barbara Armbruster, Ernst Pernicka, and Vladimir Slavčev, "On the Invention of Gold Metallurgy: The Gold Objects from the Varna I Cemetery (Bulgaria)—Technological Consequence and Inventive Creativity," Cambridge Archaeological Journal 25(1) (February 2015): 353-376.

35 María Eugenia Aubet, Commerce and Colonization in the Ancient Near East (Cambridge: Cambridge University Press, 2013), 161–162.
36 Aubet, Commerce and Colonization, 157–199, 222–223, 236–238, 283–296, 336–343.
37 On ancient Mesopotamian capitalism, see Michael Jursa, "Babylonia in the First Millennium BCE—Economic Growth in Times of Empire," in The Cambridge History of Capitalism, ed. by Larry Neal and Jeffrey G. Williamson, vol. 1 (Cambridge: Cambridge University Press, 2014), 24–42.
38 George Modelski, World Cities: 3000 to 2000 (Washington, D.C.: Faros 2000, 2003), 20–32.
39 Jianjun Mei, Yongbin Yu, Kunlong Chen, and Lu Wang, "The Appropriation of Early Bronze Technology in China," in Appropriating Innovations: Entangled Knowledge in Eurasia, 5000–1500 BCE, ed. by Joseph Maran, and Philipp Stockhammer (Oxford: Oxbow Books, 2017).
40 Elizabeth C. Stone, "The Trajectory of Social Inequality in Ancient Mesopotamia," and Timothy A. Kohler, et al., "Deep Inequality: Summary and Conclusions," in Ten Thousand Years of Inequality: The Archaeology of Wealth Differences, ed. by Timothy A. Kohler and Michael Ernest Smith (Tucson: University of Arizona Press, 2018), 230–261, 289–218.
41 Richard W. Yerkes and Ran Barkai, "Tree- Felling, Woodworking, and Changing Perceptions of the Landscape during the Neolithic and Chalcolithic Periods in the Southern Levant," Current Anthropology 54(2) (April 2013): 222–231.
42 J. P. Grattan, D. D. Gilbertson, and C. O. Hunt, "The Local and Global Dimensions of Metalliferous Pollution Derived from a Reconstruction of an Eight- Thousand- Year Record of Copper Smelting and Mining at a Desert- Mountain Frontier in Southern Jordan," Journal of Archaeological Science 34 (2007): 83–110.
43 Sing C. Chew, "Ecological Relations and the Decline of Civilizations in the Bronze Age World- System: Mesopotamia and Harappa 2500 BC–1700 BC," in Ecology and the World-System, ed. by Walter L. Goldfrank, David Goodman, and Andrew Szasz (Westport, Conn.: Greenwood Press, 1999), 87–106.
44 In 2018, the International Commission on Stratigraphy officially ratified this event as the beginning of the Meghalayan, the last age of the Holocene.
45 David M. Schaps, The Invention of Coinage and the Monetization of Ancient Greece (Ann Arbor: University of Michigan Press, 2010).
46 Alain Bresson, "Capitalism and the Ancient Greek Economy," in The Cambridge History of Capitalism, ed. by Larry Neal and Jeffrey G. Williamson, vol. 1 (Cambridge: Cambridge University Press, 2014), 43–74. See Edmund S. Morgan, American Slavery, American Freedom: The Ordeal of Colonial Virginia (New York: Norton, 1975).
47 Willem M. Jongman, "Re- Constructing the Roman Economy," in The Cambridge History of Capitalism, ed. by Larry Neal and Jeffrey G. Williamson, vol. 1 (Cambridge: Cambridge University Press, 2014), 75–100.
48 A. H. V. Smith, "Provenance of Coals from Roman Sites in England and Wales," Britannia 28 (1997): 297–324; Martin J. Dearne and Keith Branigan. "The Use of Coal in Roman Britain," Antiquaries Journal 75 (1995): 71–105.
49 Modelski, World Cities, 39–59; Walter Scheidel, "Demography," in The Cambridge Economic History of the Greco-Roman World, ed. by Walter Scheidel, Ian Morris, and Richard P. Saller (Cambridge: Cambridge University Press, 2007), 38–86.
50 J. Donald Hughes, Pan's Travail: Environmental Problems of the Ancient Greeks and Romans (Baltimore: Johns Hopkins University Press, 1994), 149–168; Dearne and Branigan, "The Use of Coal in Roman Britain," 86–87.
51 Kyle Harper, The Fate of Rome: Climate, Disease, and the End of an Empire (Princeton: Princeton University Press, 2017).
52 Frederic L. Cheyette, "The Disappearance of the Ancient Landscape and the Climatic Anomaly of the Early Middle Ages: A Question to Be Pursued," Early Medieval Europe 16(2) (2008): 127–165.
53 Arie S. Issar and Mattanyah Zohar, Climate Change: Environment and Civilization in the Middle East (Berlin: Springer, 2004), 165–176, 212–219, 226–228.
54 R. B. Wong, "China before Capitalism," 125–164; and Karl Gunnar Persson, "Markets and Coercion in Medieval Europe," 225–235; both in The Cambridge History of Capitalism, ed. by Larry Neal and Jeffrey G. Williamson, vol. 1 (Cambridge: Cambridge University Press, 2014).

2장 무역과 제국

1 Bartolomé de las Casas, quoted in Rebecca Catz, Christopher Columbus and the Portuguese, 1476-1498 (Westport, Conn.: Greenwood Press, 1993), 12.
2 Henry Kamen, Spain, 1469-1714: A Society of Conflict, 3rd edn. (Harlow, England: Pearson/Longman, 2005), 16.
3 William D. Phillips and Carla Rahn Phillips, The Worlds of Christopher Columbus (Cambridge: Cambridge University Press, 1992), 134.
4 Sven Beckert, Empire of Cotton: A Global History (New York: Knopf, 2014), 9.
5 Columbus, quoted in Phillips and Phillips, Worlds of Christopher Columbus, 183-185.
6 See Alfred W. Crosby, The Columbian Exchange: Biological and Cultural Consequences of 1492 (Westport, Conn.: Greenwood Press, 1972); Crosby, Ecological Imperialism.
7 Phillips and Phillips, Worlds of Christopher Columbus, 194-211, 223-224, 96.
8 Brian Graham, "The Mediterranean in the Medieval and Renaissance World," in The Mediterranean: Environment and Society, ed. by Russell King, L. J Proudfoot, and Bernard J. Smith (London: Arnold, 1997); on Italian capitalism, especially Venetian, see Fernand Braudel, Civilization and Capitalism, 15th-18th Century, vol. 3, Perspective of the World, trans. by Siân Reynolds (New York: Harper & Row, 1982), 116-138.
9 Gino Luzzatto, Breve Storia Economica dell'Italia Medievale: Dalla Caduta dell'Impero Romano al Principio del Cinquecento (Torino: Einaudi, 1966), 137-141.
10 Patrick McCray, Glassmaking in Renaissance Venice: The Fragile Craft(Aldershot, Hants, England: Ashgate, 1999), 136; Steven Epstein, Genoa and the Genoese, 958-1528 (Chapel Hill: University of North Carolina Press, 1996), 275; Helen Nader, "Desperate Men, Questionable Acts: The Moral Dilemma of Italian Merchants in the Spanish Slave Trade," Sixteenth Century Journal 33(2) (2002): 405-406.
11 Adam Smith, The Wealth of Nations, Book 1, Chapter 1.
12 François Menant, L'Italie des Communes: 1100-1350 (Paris: Belin, 2005), 283-286.
13 Braudel, Civilization and Capitalism, vol. 3, 550-552; Carlo Poni, "The Circular Silk Mill: A Factory Before the Industrial Revolution in Early Modern Europe," History of Technology 21 (1999): 65-85. Technical challenges for silk thread were not as difficult as those for making cotton thread, though.
14 William Gervase Clarence- Smith and David Eltis, "White Servitude," in The Cambridge World History of Slavery, vol. 3, AD 1420-AD 1804, ed. by David Eltis and Stanley L. Engerman (Cambridge: Cambridge University Press, 2011), 132.
15 Daniel Hershenzon, The Captive Sea: Slavery, Communication, and Commerce in Early Modern Spain and the Mediterranean (Philadelphia: University of Pennsylvania Press, 2018), 2.
16 Epstein, Genoa and the Genoese, 266-270; and Michel Balard, "Slavery in the Latin Mediterranean (Thirteenth to Fifteenth Centuries): The Case of Genoa," and Danuta Quirini- Poplawska, "The Venetian Involvement in the Black Sea Slave Trade (Fourteenth to Fifteenth Centuries)," in Slavery and the Slave Trade in the Eastern Mediterranean (c.1000-1500 CE), ed. by Reuven Amitai and Christoph Cluse (Turnhout, Belgium: Brepols, 2017).
17 Thomas Allison Kirk, Genoa and the Sea: Policy and Power in an Early Modern Maritime Republic, 1559-1684 (Baltimore: Johns Hopkins University Press, 2005), 12.
18 W. Rothwell, "Sugar and Spice and All Things Nice: From Oriental Bazar to English Cloister in Anglo- French," Modern Language Review 100 (2005): 38-50; Stefan Halikowski Smith, "Demystifying a Change in Taste: Spices, Space, and Social Hierarchy in Europe, 1380-1750," International History Review 29(2) (June 2007): 237-257.
19 J. H. Galloway, "The Mediterranean Sugar Industry," Geographical Review 67(2) (April 1977): 179-190.
20 Ibid., 188-189.
21 William D. Phillips Jr., "Sugar in Iberia," in Tropical Babylons: Sugar and the Making of the Atlantic World, 1450-1680, ed. by Stuart B. Schwartz (Chapel Hill: University of North Carolina Press, 2004), 28-31; Adela Fabregas- Garcia, "Commercial Crop or Plantation System? Sugar Cane Production from the Mediterranean to the Atlantic," in From Al-Andalus to the Americas (13th-17th Centuries): Destruction and Construction of Societies, ed. by Thomas F. Glick, Antonio Malpica Cuello, Fèlix Retamero, and Josep Torró Abad (Leiden: Brill, 2018), 301-307.

22 Nicholas Coureas, "Hospitaller Estates and Agricultural Production on Fourteenth- and Fifteenth- Century Cyprus," in Islands and Military Orders, c.1291-c.1798, ed. by Emanuel Buttigieg and Simon Phillips (London: Taylor and Francis, 2016), 215-224.

23 Arie S. Issar and Mattanyah Zohar, Climate Change: Environment and Civilization in the Middle East (Berlin: Springer, 2004), 165-176, 212-219, 226-228.

24 Marina Solomidou- Ieronymidou, "Sugar Mills and Sugar Production in Medieval Cyprus," Medieval Cyprus: A Place of Cultural Encounter: Conference in Münster, 6-8 December 2012, ed. by Sabine Rogge and Michael Grünbart (Münster: Waxmann, 2015), 147-173.

25 Juan Garcia Latorre, Andrés Sánchez Picón, and Jesús García Latorre, "The Man- Made Desert: Effects of Economic and Demographic Growth on the Ecosystems of Arid Southeastern Spain," Environmental History 6(1) (January 2001): 75-94.

26 Gonzalo Anes, "The Agrarian 'Depression' in Castile in the Seventeenth Century," and Enrique Llopis Agelán, "Castilian Agriculture in the Seventeenth Century: Depression, or 'Readjustment and Adaptation'?," in The Castilian Crisis of the Seventeenth Century: New Perspectives on the Economic and Social History of Seventeenth-Century Spain, ed. by I. A. A. Thompson and Bartolomé Yun Casalilla (Cambridge: Cambridge University Press, 1994), 60-76, 77-100; María Valbuena- Carabaña, Unai López de Heredia, Pablo Fuentes- Utrilla, Inés González- Doncel, and Luis Gil, "Historical and Recent Changes in the Spanish Forests: A Socio- Economic Process," Review of Palaeobotany and Palynology 162(3) (October 2010): 496-497; Richard C. Hoffmann, An Environmental History of Medieval Europe (Cambridge: Cambridge University Press, 2014), 176-180.

27 Karl W. Butzer and Sarah E. Harris, "Geoarchaeological Approaches to the Environmental History of Cyprus: Explication and Critical Evaluation," Journal of Archaeological Science 34(11) (November 2007): 1932-1952.

28 McCray, Glassmaking in Renaissance Venice, 145-146. 29 Ibid., 101-114; David Jacoby, "Raw Materials for the Glass Industries of Venice and the Terraferma, about 1370-about 1460," Journal of Glass Studies 35 (1993): 65-90.

30 Harald Thomasius, "The Influence of Mining on Woods and Forestry in the Saxon Erzgebirge up to the Beginning of the 19th Century," GeoJournal 32(2) (1994): 122-123. See also Saúl Guerrero, Silver by Fire, Silver by Mercury: A Chemical History of Silver Refining in New Spain and Mexico, 16th to 19th Centuries (Leiden: Brill, 2017), 78-101.

31 Thomasius, "Influence of Mining," 113-119; Boško Bojoviⓧ, "Entre Venise et L'Empire Ottoman: Les Métaux Précieux des Balkans (XVe-XVIe Siècle)," Annales. Histoire, Sciences Sociales 60(6) (2005): 1277-1297; Elisabeth Breitenlechner, Marina Hilber, Joachim Lutz, Yvonne Kathrein, Alois Unterkircher, and Klaus Oeggl, "Reconstructing the History of Copper and Silver Mining in Schwaz, Tirol," RCC Perspectives 10 (2012): 7-20; Laura Hollsten, "Mercurial Activity and Subterranean Landscapes: Towards an Environmental History of Mercury Mining in Early Modern Idrija," RCC Perspectives 10 (2012): 21-38; Jeannette Graulau, "Finance, Industry and Globalisation in the Early Modern Period: The Example of the Metallic Business of the House of Fugger," Rivista di Studi Politici Internazionali 75(4) (300) (2008): 554-598.

32 Francis N. N. Botchway, "Pre- Colonial Methods of Gold Mining and Environmental Protection in Ghana," Journal of Energy and Natural Resources Law 13(4) (1995): 299-311; Eugenia W. Herbert, "Elusive Frontiers: Precolonial Mining in Sub- Saharan Africa," in Mining Frontiers in Africa: Anthropological and Historical Perspectives, ed. by Werthmann, Katja, and Tilo Grätz (Cologne, Germany: Rüdiger Köppe, 2012), 23-32.

33 A. R. Disney, Twilight of the Pepper Empire: Portuguese Trade in Southwest India in the Early Seventeenth Century (Cambridge: Harvard University Press, 1978), 32-36; John Keay, The Spice Route: A History (Berkeley: University of California Press, 2006), 215.

34 Ruth Pike, Enterprise and Adventure: The Genoese in Seville and the Opening of the New World (Ithaca, N.Y.: Cornell University Press, 1966), 48.

35 Count of Osorono to the Crown (1523), quoted in Pike, Enterprise and Adventure, 19.

36 Possibly Corsica: Karl Appuhn, personal communication, September 14, 2018.

37 Phillips, "Sugar in Iberia," 31-34.

38 William D. Phillips, Slavery in Medieval and Early Modern Iberia (Philadelphia: University of Pennsylvania Press, 2014), 10-27; Epstein, Genoa and the Genoese, 310-311.

39 Catz, Christopher Columbus, 1-9; David B. Quinn, "Columbus and the North: England, Iceland, and

Ireland," William and Mary Quarterly 49(2) (1992): 278-297.
40 Ibid., 293.
41 Pike, Enterprise and Adventure, 48-83, 99-100; Delno West, "Christopher Columbus and his Enterprise to the Indies: Scholarship of the Last Quarter Century," William and Mary Quarterly 49(2) (1992): 260-261; Phillips and Phillips, Worlds of Christopher Columbus, 230. See also D. B. Quinn, "The Italian Renaissance and Columbus," Renaissance Studies 6(3/4) (1992): 352-359.
42 Nader, "Desperate Men, Questionable Acts," 401-404, 407-409, 415-421.
43 Antonio de Almeida Mendes, "Portugal, Morocco and Guinea: Reconfiguration of the North Atlantic at the End of the Middle Ages," in From Al-Andalus to the Americas (13th-17th Centuries): Destruction and Construction of Societies, ed. by Thomas F. Glick, Antonio Malpica, Fèlix Retamero, and Josep Torró (Leiden: Brill, 2018), 405.
44 For a different perspective on Portuguese expansion, see Braudel, Civilization and Capitalism, vol. 3, 138-143.
45 See J. H. Parry, The Age of Reconnaissance (Cleveland, Ohio: World, 1963), 53-68, 83-113.
46 De Almeida Mendes, "Portugal, Morocco and Guinea," 407-408.
47 Anna Unali, Alla Ricerca dell'Oro: Mercanti, Viaggiatori, Missionari in Africa e nelle Americhe (secc. XIII-XVI) (Roma: Bulzoni, 2006), 207-250; Braudel, Civilization and Capitalism, vol. 3, 430-441.
48 Alberto Vieira, "Sugar Islands: The Sugar Economy of Madeira and the Canaries, 1450-1650," in Stuart B. Schwartz, Tropical Babylons: Sugar and the Making of the Atlantic World, 1450-1680 (Chapel Hill: University of North Carolina Press, 2004), 42-43.
49 Kirk, Genoa and the Sea, 15.
50 António de Almeida Mendes, "Les Réseaux de la Traite Ibérique dans l'Atlantique Nord (1440-1640)," Annales. Histoire, Sciences Sociales 63(4) (2008): 755.
51 Vieira, "Sugar Islands," in Schwartz, Tropical Babylons, 42-84; J. H. Galloway, The Sugar Cane Industry: An Historical Geography from Its Origins to 1914 (Cambridge: Cambridge University Press, 1989), 50-55; Alberto Vieira, Os Escravos no Arquipélago da Madeira: Séculos XV a XVII (Funchal, Madeira: Centro de Estudos de História do Atlântico, 1991).
52 Catz, Christopher Columbus, 21-36; Vieira, Os Escravos.
53 Genero Rodríguez Morel, "The Sugar Economy of Española in the Sixteenth Century," in Schwartz, Tropical Babylons, 87, 92-93; Galloway, Sugar Cane Industry, 55-58.
54 Arlindo Manuel Caldeira, "Learning the Ropes in the Tropics: Slavery and the Plantation System on the Island of São Tomé," African Economic History 39 (2011): 36-37.
55 Caldeira, "Learning the Ropes," 37-43, 45.
56 De Almeida Mendes, "Les Réseaux," 756; Caldeira, "Learning the Ropes," 50-51.
57 Paul E. Lovejoy, Transformations in Slavery: A History of Slavery in Africa, 3rd edn. (Cambridge: Cambridge University Press, 2011), 42.
58 H. A. Gemery and J. S. Hogendorn, "Comparative Disadvantage: The Case of Sugar Cultivation in West Africa," Journal of Interdisciplinary History 9(3) (1979): 429-449.
59 Caldeira, "Learning the Ropes," 51-63; Galloway, Sugar Cane Industry, 58-61.
60 Barbara L. Solow, "Slavery and Colonization," in Slavery and the Rise of the Atlantic System, ed. by Barbara Solow (Cambridge: Cambridge University Press, 1991). Jason Moore ascribes a much more prominent place to Madeira, which I present as a way-station between the Italian Mediterranean model and the full-blown sugar plantations of São Tomé. See Jason W. Moore, "Madeira, Sugar, and the Conquest of Nature in the 'First' Sixteenth Century, Part I: From 'Island of Timber' to Sugar Revolution, 1420-1506," Review (Fernand Braudel Center) 32(4) (2009): 345-390; and "Madeira, Sugar, and the Conquest of Nature in the 'First' Sixteenth Century, Part II: From Regional Crisis to Commodity Frontier, 1506-1530," Review (Fernand Braudel Center) 33(1) (2010): 1-24. His argument rests on the pace of deforestation.
61 Cortez, quoted in David Watts, The West Indies: Patterns of Development, Culture, and Environmental Change Since 1492 (Cambridge: Cambridge University Press, 1987), 78.
62 Ibid., 71-72.
63 Antonio de Almeida Mendes, "Portugal, Morocco and Guinea," 412.
64 Watts, West Indies, 121-127; Galloway, Sugar Cane Industry, 61-70.

65 Gilberto Freyre, The Masters and the Slaves (Casa-Grande and Senzala): A Study in the Development of Brazilian Civilization, 2nd English language edn., rev edn. (New York: Knopf, 1956), 12–77; Arnold Wiznitzer, "The Jews in the Sugar Industry of Colonial Brazil," Jewish Social Studies 18(3) (1956): 189–198.
66 See Barbara L. Solow, "Slavery and Colonization."
67 João Fragoso and Ana Rios, "Slavery and Politics in Colonial Portuguese America: The Sixteenth to the Eighteenth Centuries," in Eltis and Engerman, Cambridge World History of Slavery, vol. 3, 350; Galloway, Sugar Cane Industry, 70–77, 83; de Almeida Mendes, "Les Réseaux," 764–766. See also Andrés Reséndez, The Other Slavery: The Uncovered Story of Indian Enslavement in America (Boston: Houghton Mifflin Harcourt, 2016).
68 Warren Dean, With Broadax and Firebrand: The Destruction of the Brazilian Atlantic Forest (Berkeley: University of California Press, 1995), 1–90; Thomas D. Rogers, The Deepest Wounds: A Labor and Environmental History of Sugar in Northeast Brazil (Chapel Hill: University of North Carolina Press, 2010), 21–36; Shawn William Miller, Fruitless Trees: Portuguese Conservation and Brazil's Colonial Timber (Stanford: Stanford University Press, 2000), 9.
69 Alonso de la Mota y Escobar, quoted in P. J. Bakewell, Silver Mining and Society in Colonial Mexico: Zacatecas, 1546–1700 (Cambridge: Cambridge University Press, 1971), 1.
70 Guerrero, Silver by Fire, 9–12.
71 Nicholas A. Robins, Mercury, Mining, and Empire: The Human and Ecological Cost of Colonial Silver Mining in the Andes (Bloomington: Indiana University Press, 2011).
72 See also Kris E. Lane, Potosí: The Silver City That Changed the World (Oakland: University of California Press, 2019).
73 Tetsuya Ogura et al., "Zacatecas (Mexico) Companies Extract Hg from Surface Soil Contaminated by Ancient Mining Industries," Water, Air, and Soil Pollution 148 (2003): 167–177; Irma Gavilán- García et. al., "Mercury Speciation in Contaminated Soils from Old Mining Activities in Mexico Using a Chemical Selective Extraction," Journal of the Mexican Chemical Society 52(4) (October–December 2008): 263–271; D. A. De la Rosa et al., "Survey of Atmospheric Total Gaseous Mercury in Mexico," Atmospheric Environment 38(29) (September 2004): 4839–4846.
74 See Bakewell, Silver Mining and Society in Colonial Mexico, 1–173; Guerrero, Silver by Fire, 75–101, 316–360.
75 Bakewell, Silver Mining and Society in Colonial Mexico, 173–186; Robins, Mercury, Mining, and Empire, 29–31; Stanley J. Stein and Barbara H. Stein, Silver, Trade, and War: Spain and America In the Making of Early Modern Europe (Baltimore: Johns Hopkins University Press, 2000), 260–266.
76 Elinor G. K. Melville, A Plague of Sheep: Environmental Consequences of the Conquest of Mexico (Cambridge: Cambridge University Press, 1994); Richard J. Salvucci, Textiles and Capitalism in Mexico: An Economic History of the Obrajes, 1539–1840 (Princeton: Princeton University Press, 1987).
77 Stein and Stein, Silver, Trade, and War, 266.
78 Braudel, Civilization and Capitalism, vol. 3, 157–174.
79 Dean, Broadax and Firebrand, 91–99.
80 Antonio de Almeida Mendes, "Portugal, Morocco and Guinea," 402–403.
81 Harry E. Cross, "South American Bullion Production and Export, 1550–1750," in Precious Metals in the Later Medieval and Early Modern Worlds, ed. by John F. Richards (Durham, N.C.: Carolina Academic Press, 1983), 418, 420.

3장 석탄과 기계라는 경이

1 A. R. Mitchell, "The European Fisheries in Early Modern History," in The Cambridge Economic History of Europe, vol. 5, The Economic Organisation of Early Modern Europe, ed. by E. E. Rich and Charles Wilson (Cambridge: Cambridge University Press, 1977), 147-148.
2 Paul Crutzen and Eugene F. Stoermer, "Opinion: Have we entered the 'Anthropocene'?" http://www.igbp.net/news/opinion/opinion/haveweenteredt heanthropocene.5.d8b4c3c12bf3be638a8000578.html (October 31, 2010).
3 Tom Boden, Bob Andres, and Gregg Marland, "Global CO2 Emissions from Fossil-Fuel Burning, Cement Manufacture, and Gas Flaring: 1751-2014," Carbon Dioxide Information Analysis Center, Oak Ridge National Laboratory, Oak Ridge, Tennessee, March 3, 2017, https://cdiac.ess-dive.lbl.gov/ftp/ndp030/global.1751_2014.ems.
4 E. Patricia Dennison, "Glasgow to 1700," in The Oxford Companion to Scottish History, ed. by Michael Lynch (Oxford: Oxford University Press, 2001), 267.
5 Gabri van Tussenbroek, "The Great Rebuilding of Amsterdam (1521-1578)," Urban History 46(3) (August 2019): 427; Liên Luu, Immigrants and the Industries of London, 1500-1700 (Abingdon, Oxon: Routledge, 2016), 34.
6 Jan Bieleman, Five Centuries of Farming: A Short History of Dutch Agriculture, 1500-2000 (Wageningen, Netherlands: Wageningen Academic Publishers, 2010), 35-76; Guus J. Borger and Willem A. Ligtendag, "The Role of Water in the Development of the Netherlands: A Historical Perspective," Journal of Coastal Conservation 4(2) (1998): 109-114; William H. TeBrake, "Taming the Waterwolf: Hydraulic Engineering and Water Management in the Netherlands during the Middle Ages," Technology and Culture 43(3) (2002): 475-499; Arne Kaijser, "System Building from Below: Institutional Change in Dutch Water Control Systems," Technology and Culture 43(3) (2002): 521-548; Petra J. E. M. Van Dam, "Ecological Challenges, Technological Innovations: The Modernization of Sluice Building in Holland, 1300-1600," Technology and Culture 43(3) (2002): 500-520; Jan De Vries and A. M. Van Der Woude, The First Modern Economy: Success, Failure, and Perseverance of the Dutch Economy, 1500-1815 (Cambridge: Cambridge University Press, 1997), 195-210; Fernand Braudel, Civilization and Capitalism, 15th-18th Century, vol. 3, Perspective of the World, trans. by Siân Reynolds (New York: Harper & Row, 1982), 175-206.
7 De Vries and Van Der Woude, First Modern Economy, 329.
8 Dagomar Degroot, The Frigid Golden Age: Climate Change, the Little Ice Age, and the Dutch Republic, 1560-1720 (Cambridge: Cambridge University Press, 2018), 75-79.
9 Robert Greenhalgh Albion, Forests and Sea Power: The Timber Problem of the Royal Navy, 1652-1862 (Cambridge: Harvard University Press, 1926), 139-156.
10 Degroot, Frigid Golden Age.
11 Robert Siebelhoff, "The Demography of the Low Countries 1500-1990: Facts and figures," Canadian Journal of Netherlandic Studies 14(1) (Spring 1993): 127.
12 On Antwerp's rise and fall, see Braudel, Civilization and Capitalism, vol. 3, 143-157.
13 De Vries and Van Der Woude, First Modern Economy, 270-349, 665-710; Braudel, Civilization and Capitalism, vol. 3, 235-276.
14 Edmund S. Morgan, American Slavery, American Freedom: The Ordeal of Colonial Virginia (New York: Norton, 1975), 28-31, 85-87; Carville Earle, Geographical Inquiry and American Historical Problems (Stanford: Stanford University Press, 1992), 67-69.
15 DeGroot, Frigid Golden Age, 244-245.
16 B. H. Slicher van Bath, "Agriculture and the Vital Revolution," in The Cambridge Economic History of Europe, vol. 5, The Economic Organisation of Early Modern Europe, ed. by E. E. Rich and Charles Wilson (Cambridge: Cambridge
University Press, 1977), 110-113.
17 Margrit Schulte Beerbühl et al., "War England ein Sonderfall der Industrialisierung? Der ökonomische Einfluß der Protestantischen Immigranten auf die Entwicklung der Englischen Wirtschaft vor der Industrialisierung," Geschichte und Gesellschaft 21(4) (1995): 479-505; Sydney John Chapman, The

Lancashire Cotton Industry: A Study in Economic Development (Manchester: Manchester University Press, 1904), 1; Braudel, Civilization and Capitalism, vol. 3, 558–564.

18 John Robert McNeill, Mosquito Empires: Ecology and War in the Greater Caribbean, 1620–1914 (New York: Cambridge University Press, 2010), 137–191.

19 Pieter C. Emmer and Stanley L. Engerman, "The Non- Hispanic West Indies," in The Cambridge World History of Slavery, vol. 4, AD 1804–AD 2016, ed. by David Eltis, Stanley L. Engerman, Seymour Drescher, and David Richardson (Cambridge: Cambridge University Press, 2017), 73. The venerable, foundational study of sugar is Sidney W. Mintz, Sweetness and Power: The Place of Sugar in Modern History (New York: Viking, 1985).

20 Ralph A. Austen and Woodruff D. Smith, "Private Tooth Decay as Public Economic Virtue: The Slave–Sugar Triangle, Consumerism, and European Industrialization," Social Science History 14(1) (1990): 98–102. For an assessment of Europe's economic relationship with the Americas, see Braudel, Civilization and Capitalism, vol. 3, 387–429.

21 Morgan, American Slavery, American Freedom, 295–315; Philip D. Morgan, "Virginia Slavery in Atlantic Context, 1550 to 1650," in Virginia 1619: Slavery and Freedom in the Making of English America, ed. by Paul Musselwhite, Peter C. Mancall, and James Horn (Chapel Hill: University of North Carolina Press, 2019), 85.

22 See, for example, John Hughes (later Catholic archbishop of New York) in Revd. John Hughes and Revd. John Breckinridge, A Discussion of the Question, Is the Roman Catholic Religion, in Any or All Its Principles or Doctrines, Inimical to Civil or Religious Liberty?: And of the Question, Is the Presbyterian Religion, in Any or All Its Principles or Doctrines, Inimical to Civil or Religious Liberty? (Philadelphia: Carey, Lea, and Blanchard, 1836), 391.

23 Trevor G. Burnard, Planters, Merchants, and Slaves: Plantation Societies in British America, 1650–1820 (Chicago: University of Chicago Press, 2015), 55.

24 Quoted in Iain Whyte, Scotland and the Abolition of Black Slavery, 1756–1838 (Edinburgh: Edinburgh University Press, 2006), 61.

25 Richard K. Fleischman, David Oldroyd, and Thomas N. Tyson, "Plantation Accounting and Management Practices in the US and the British West Indies at the End of Their Slavery Eras," Economic History Review 64(3) (2011): 765–797; Caitlin Rosenthal, Accounting for Slavery: Masters and Management (Cambridge: Harvard University Press, 2018).

26 Kenneth M. Stampp, The Peculiar Institution: Slavery in the Ante-Bellum South (New York: Knopf, 1956), 192–236; Winthrop D. Jordan, White over Black: American Attitudes toward the Negro, 1550–1812 (Chapel Hill: University of North Carolina Press, 1968), 3–135, 204–212; Stanley M. Elkins, Slavery: A Problem in American Institutional and Intellectual Life, 3rd edn. (Chicago: University of Chicago Press, 1976), 52–80; Eugene D. Genovese, Roll, Jordan, Roll: The World the Slaves Made (New York: Pantheon Books, 1974), 88–93; Philip J. Greven, The Protestant Temperament: Patterns of Child-Rearing, Religious Experience, and the Self in Early America (New York: Knopf, 1977), 32–42. The complex interaction between culture, morality, capitalism, and racial prejudice receives discussion in Robin Blackburn, The Making of New World Slavery: From the Baroque to the Modern, 1492–1800 (London: Verso, 1997), 350–363.

27 Philip D. Morgan, "Slavery in the British Caribbean," in The Cambridge World History of Slavery, vol. 3, AD 1420–AD 1804, ed. by David Eltis and Stanley L. Engerman (Cambridge: Cambridge University Press, 2011), 378–406.

28 Seymour Drescher, "The Long Goodbye: Dutch Capitalism and Antislavery in Comparative Perspective," American Historical Review 99(1) (1994): 44–69. Curiously, in stark contrast with Britain and America, no significant abolitionist movement ever arose in the Netherlands.

29 Blackburn, New World Slavery, 188–195, 362–363.

30 Whyte, Scotland and the Abolition of Black Slavery, 9–40. A truly consistent Calvinist who defended slavery could not accept it uncritically. See Marilyn J. Westerkamp, "James Henley Thornwell, Pro- Slavery Spokesman within a Calvinist Faith," The South Carolina Historical Magazine 87(1) (1986): 49–64; and Tommy W. Rogers, "Dr. Frederick A. Ross and the Presbyterian Defense of Slavery," Journal of Presbyterian History 45(2) (1967): 112–124.

31 Marie Houllemare, "Procedures, Jurisdictions and Records: Building the FrenchEmpire in the Early Eighteenth Century," Journal of Colonialism and Colonial History 21(2) (2020): 13.

32 Galloway, Sugar Cane Industry, 102, 103.
33 Ibid., 103-104; Watts, West Indies, 211.
34 Galloway, Sugar Cane Industry, 74-77.
35 David Watts, West Indies, 219-223.
36 Ibid., 222.
37 Ibid., 400-401.
38 Galloway, Sugar Cane Industry, 94-105; Watts, West Indies, 401-403, 411.
39 Richard Grove, Green Imperialism: Colonial Expansion, Tropical Island Edens, and the Origins of Environmentalism, 1600-1860 (Cambridge: Cambridge University Press, 1995), esp. 153-308.
40 Quoted in Burnard, Planters, Merchants, and Slaves, 55-56.
41 Ibid., 20. "Anthropocene" has inspired a proliferation of names ending in "-cene," including the awkward "capitalocene," coined by Andreas Malm and promoted by Jason Moore, and the even more ungainly "plantationocene," coined in 2014 and championed (perhaps tongue in cheek) by Donna Haraway. See Donna Haraway, Noboru Ishikawa, Scott F. Gilbert, Kenneth Olwig, Anna L. Tsing, and Nils Bubandt, "Anthropologists are Talking—About the Anthropocene," Ethnos 81(3) (2016): 535-564. Haraway et al. do not include the steam engine in their discussion of the environmental impact of the plantation.
42 Albert E. Cowdrey, This Land, This South: An Environmental History (Lexington: University Press of Kentucky, 1983), 24-63; Timothy Silver, A New Face on the Countryside: Indians, Colonists, and Slaves in the South Atlantic Forests, 1500-1800 (Cambridge: Cambridge University Press, 1990), 67-185.
43 On the Carolinas, see Peter H. Wood, Black Majority: Negroes in Colonial South Carolina from 1670 through the Stono Rebellion (New York: Knopf, 1974); Mart A. Stewart, "What Nature Suffers to Groe": Life, Labor, and Landscape on the Georgia Coast, 1680-1920 (Athens: University of Georgia Press, 1996). On African origins of rice, see David Eltis, Philip Morgan, and David Richardson, "Black, Brown, or White? Color-Coding American Commercial Rice Cultivation with Slave Labor," American Historical Review 115(1) (2010): 164-171.
44 Roger Emerson, "The Contexts of the Scottish Enlightenment," in The Cambridge Companion to the Scottish Enlightenment, ed. by Alexander Broadie (Cambridge: Cambridge University Press, 2003), 9-30.
45 Christopher Smout, "The Culture of Migration: Scots as Europeans 1500-1800," History Workshop Journal 40 (1995): 108-117.
46 John M. Mackenzie, "Essay and Reflection: On Scotland and the Empire," International History Review 15(4) (1993): 721-728.
47 Alan McKinlay and Alistair Mutch, "'Accountable Creatures': Scottish Presbyterianism, Accountability and Managerial Capitalism," Business History 57(2) (2015): 241-256.
48 See T. M. Devine, "The Colonial Trades and Industrial Investment in Scotland, c.1700-1815," Economic History Review 29(1) (1976): 1-13.
49 Ibid., 1; J. E. Inikori, Africans and the Industrial Revolution in England: A Study in International Trade and Economic Development (New York: Cambridge University Press, 2002), 330.
50 "Alexander Macfarlane," Legacies of British Slave-ownership database, https:// www.ucl.ac.uk/lbs/person/view/2146644157.
51 See Ben Marsden, Watt's Perfect Engine: Steam and the Age of Invention (New York: Columbia University Press, 2002), 9-16; James Black to Watt, and John Robison to Watt, in James Watt and Joseph Black, Partners in Science: Letters of James Watt and Joseph Black, ed. by Eric Robinson and Douglas McKie (Cambridge: Harvard University Press, 1970), 253-257.
52 James Patrick Muirhead, The Life of James Watt: With Selections from His Correspondence, 2nd rev. edn. (London: John Murray, 1859), 46-49.
53 Richard Leslie Hills, Power from Steam: A History of the Stationary Steam Engine (Cambridge: Cambridge University Press, 1989), 16-30.
54 Hills, Power from Steam, 51-54, 59.
55 Andrew Carnegie, James Watt (Edinburgh: Oliphant, Anderson, and Ferrier, 1903), 7-8, 13, 138-139, 143; George Williamson, Memorials of the Lineage, Early Life, Education, and Development of the Genius of James Watt (Edinburgh: Constable, 1856), 41n1, 46, 48-49, 94-101, 147.
56 Muirhead, The Life of James Watt, 19, 45.

57 Quoted in David Philip Miller, The Life and Legend of James Watt: Collaboration, Natural Philosophy, and the Improvement of the Steam Engine (Pittsburgh, Pa.: University of Pittsburgh Press, 2019), 176.

58 Crosbie Smith, The Science of Energy: A Cultural History of Energy Physics in Victorian Britain (Chicago: University of Chicago Press, 1998), 33. Max Weber's Protestant Ethic and the Spirit of Capitalism proposed more narrowly a sense of duty toward wealth, which he ascribed to anxiety over predestination. Weber, The Protestant Ethic and the Spirit of Capitalism, trans. by Talcott Parsons (New York: Scribner, 1930). Both ethic and spirit were broader in scope and the mechanism much more ingrained in Calvinist theology than Weber described.

59 Rudyard Kipling, "M'Andrew's Hymn," The Seven Seas (London: Methuen, 1896), 40, 31. Institutio Christianae Religionis was Calvin's classic theological work.

60 That religious belief correlated with certain economic attitudes seems incontrovertible. How and why it did so is complicated. See, for example, Barry Supple, "The Nature of Enterprise," in The Cambridge Economic History of Europe, vol. 5, The Economic Organisation of Early Modern Europe, ed. by E. E. Rich and Charles Wilson (Cambridge: Cambridge University Press, 1977), 402-407.

61 Braudel, Civilization and Capitalism, 277-297, 353-385.

62 Richard Leslie Hills, James Watt, vol. 1, His Time in Scotland, 1736-1774 (Ashbourne: Landmark, 2002), 150-154; Brian Watters, Where Iron Runs Like Water!: A New History of Carron Iron Works, 1759-1982 (Edinburgh: John Donald, 1998), 1.

63 Hills, Power from Steam, 70.

64 A. E. Musson, "Industrial Motive Power in the United Kingdom, 1800-70," Economic History Review, n.s. 29(3) (1976): 417-418.

65 Sven Beckert, Empire of Cotton: A Global History (New York: Knopf, 2014), 19, 32.

66 Michael Herbert Fisher, An Environmental History of India: From Earliest Times to the Twenty-First Century (Cambridge: Cambridge University Press, 2018), 93-134.

67 Patrick Verley, L'Échelle du Monde: Essai sur l'Industrialisation de l'Occident (Paris: Gallimard, 1997), 160-164.

68 Broadberry and Gupta, "Lancashire, India, and Shifting Competitive Advantage," 298; Ian Wendt, "Writing the Rich Economic History of the South Asian Textile Industry: Spinners in Early Modern South India," in Global Economic History Network Conference, Pune (2005), http://www.lse.ac.uk/Econ omic-History/Assets/Documents/Research/GEHN/GEHNConferences/conf8/PUNEWendt.pdf, 8-9.

69 Stephen Broadberry and Bishnupriya Gupta, "Lancashire, India, and Shifting Competitive Advantage in Cotton Textiles, 1700-1850: The Neglected Role of Factor Prices," Economic History Review, n.s. 62(2) (2009): 288-291. On India and Europeans, see also Braudel, Civilization and Capitalism, vol. 3, 489-524.

70 John Lord, Memoir of John Kay, of Bury: Inventor of the Fly-Shuttle (Rochdale: Aldine Press, 1903). "Presbyterian": inferred, due to lack of specific information in surviving records; see 130 and passim.

71 R. S. Fitton, The Arkwrights: Spinners of Fortune (Manchester: Manchester University Press, 1989), 11-17; Presbyterian, 9.

72 Gilbert J. French, The Life and Times of Samuel Crompton, Inventor of the Spinning Machine Called the Mule (London: Simpkin, Marshall, 1859), 23-25, 120; Broadberry and Gupta, "Lancashire, India, and Shifting Competitive Advantage," 298.

73 Ibid., 284-286; Braudel, Civilization and Capitalism, vol. 3, 474.

74 Andreas Malm, Fossil Capital: The Rise of Steam-Power and the Roots of Global Warming (London: Verso, 2016), 96-193. Malm argues for the superiority of water over steam power, discounts other problems with waterpower, and believes it was primarily owners' desire to control labor that led them to abandon waterpower.

75 Richard Leslie Hills, James Watt, vol. 3, Triumph through Adversity, 1785-1819 (Ashbourne: Landmark, 2006), 63-68.

76 Musson, "Industrial Motive Power," 415-439; Boulton quoted on 429.

77 Beckert, Empire of Cotton, 136-174.

78 Henry Laufenburger, Cours d'économie alsacienne (Paris: Sirey, 1930-1932), vol. 1 97-114, vol. 2 133-235; Robert Fox, "Science, Industry, and the Social Order in Mulhouse, 1798-1871," British Journal for the History of Science 17(2) (1984): 127-168; Michael Stephen Smith, The Emergence of Modern Business

Enterprise in France, 1800-1930 (Cambridge: Harvard University Press, 2006), 131-144; Verley, L'Échelle du Monde, 168-170, 177; Serge Chassagne, Le Coton et ses Patrons: France, 1760-1840 (Paris: Editions de l'École des Hautes Études en Sciences Sociales, 1991), 45-57, 75-80.
79 Barbara M. Tucker, "The Merchant, the Manufacturer, and the Factory Manager: The Case of Samuel Slater," Business History Review 55(3) (1981): 297-313.
80 See Chaim M. Rosenberg, The Life and Times of Francis Cabot Lowell, 1775-1817 (Lanham, Md.: Lexington Books, 2011).
81 Thomas Dublin, Women at Work: The Transformation of Work and Community in Lowell, Massachusetts, 1826-1860 (New York: Columbia University Press, 1979), 14-85; Theodore Steinberg, Nature Incorporated: Industrialization and the Waters of New England (Cambridge: Cambridge University Press, 1991), 21-96.
82 Ronald Bailey, "The Other Side of Slavery: Black Labor, Cotton, and Textile Industrialization in Great Britain and the United States," Agricultural History 68(2) (1994): 35-50; Ronald Bailey, "The Slave(ry) Trade and the Development of Capitalism in the United States: The Textile Industry in New England," Social Science History 14(3) (1990): 373-414; Richard L. Roberts, Two Worlds of Cotton: Colonialism and the Regional Economy in the French Soudan, 1800-1946 (Stanford: Stanford University Press, 1996), 66.
83 Cowdrie, This Land, This South, 65-80; Mark Fiege, The Republic of Nature: An Environmental History of the United States (Seattle: University of Washington Press, 2012), 100-138; Erin Stewart Mauldin, Unredeemed Land: An Environmental History of Civil War and Emancipation in the Cotton South (New York: Oxford University Press, 2018).
84 Jonathan E. Robins, Cotton and Race across the Atlantic: Britain, Africa, and America, 1900-1920 (Rochester, N.Y.: University of Rochester Press, 2016), 135-138.
85 A. Stowers, "Watermills, c.1500-c1850," in A History of Technology, vol. 4, The Industrial Revolution c.1750 to c.1850, ed. by Charles Singer, Eric John Holmyard, A. Rupert Hall, and Trevor Illtyd Williams (Oxford: Oxford University Press, 1958), 201.
86 Robert B. Gordon, "Cost and Use of Water Power during Industrialization in New England and Great Britain: A Geological Interpretation," Economic History Review, n.s. 36(2) (1983): 245.
87 See Theodore Steinberg, Nature Incorporated: Industrialization and the Waters of New England (Cambridge: Cambridge University Press, 1991).

4장 증기와 철강의 시대

1 Adolph S. Cavallo, "To Set a Smart Board: Fashion as the Decisive Factor in the Development of the Scottish Linen Damask Industry," Business History Review 37(1/2) (1963): 49-58; David Nasaw, Andrew Carnegie (New York: Penguin Press, 2006), 1-23.
2 Alasdair Roberts, America's First Great Depression: Economic Crisis and Political Disorder After the Panic of 1837 (Ithaca: Cornell University Press, 2012), 45; Marc- Antoine Longpré, John Stix, Cosima Burkert, Thor Hansteen, and Steffen Kutterolf, "Sulfur budget and global climate impact of the AD 1835 eruption of Cosigüina volcano, Nicaragua," Geophysical Research Letters 41(19) (2014): 6667-6675.
3 Stephen W. Campbell, "The Transatlantic Financial Crisis of 1837," in Oxford Research Encyclopedia of Latin American History (2017), ed. by William Beezley, https://oxfordre.com/latinamericanhistory/view/10.1093/ acrefore/97801993664 39.001.0001/acrefore-9780199366439-e-399.
4 Nasaw, Carnegie, 24-53.
5 Barry Eichengreen, Globalizing Capital: A History of the International Monetary System, 3rd edn. (Princeton: Princeton University Press, 2019), 5-40.
6 Benjamin Mountford and Stephen Tuffnell, "Seeking a Global History of Gold," 4-5, and Elliott West, "California, Coincidence, and Empire,"42-62, both in A Global History of Gold Rushes, ed. by Benjamin Mountford and Stephen Tuffnell (Oakland: University of California Press, 2018); H. Michell, "The Gold Standard in the Nineteenth Century," Canadian Journal of Economics and Political Science / Revue Canadienne d'Economique et de Science Politique 17(3) (1951): 369-376; David Vogel, California Greenin':

How the Golden State Became an Environmental Leader (Princeton: Princeton University Press, 2018), 22–47.
7 David W. Miller, "Religious Commotions in the Scottish Diaspora: A Transatlantic Perspective on 'Evangelicalism' in a Mainline Denomination," in Ulster Presbyterians in the Atlantic World: Religion, Politics and Identity, ed. by David A. Wilson and Mark G. Spencer (Dublin: Four Courts, 2006), 25.
8 Nasaw, Carnegie, 33–41, 54–57; Quentin R. Skrabec, The Carnegie Boys: The Lieutenants of Andrew Carnegie That Changed America (Jefferson, N.C.: McFarland, 2012), 32.
9 Andrew Carnegie, Autobiography of Andrew Carnegie (Boston: Houghton Mifflin, 1920), 40.
10 Justice Levi Woodbury, Smith v. Downing, in James D. Reid, The Telegraph in America: Its Founders, Promoters and Noted Men (New York: Derby Brothers, 1879), 110.
11 Richard B. Du Boff, "Business Demand and the Development of the Telegraph in the United States, 1844–1860," Business History Review 54(4) (1980): 459–479; James Schwoch, Wired into Nature: The Telegraph and the North American Frontier (Urbana: University of Illinois Press, 2018), 25–26.
12 Richard B. Du Boff, "The Telegraph in Nineteenth- Century America: Technology and Monopoly," Comparative Studies in Society and History 26(4) (1984): 572, 585.
13 Daniel Headrick, "A Double- Edged Sword: Communications and Imperial Control in British India," Historical Social Research / Historische Sozialforschung 35(1) (2010): 53–54; Daniel R. Headrick and Pascal Griset, "Submarine Telegraph Cables: Business and Politics, 1838–1939," Business History Review 75(3) (2001): 546–550; Claudia Steinwender, "Real Effects of Information Frictions: When the States and the Kingdom Became United," American Economic Review 108(3) (2018): 657–696.
14 Alfred D. Chandler, The Visible Hand: The Managerial Revolution in American Business (Cambridge: Harvard University Press, 1977), 197–200.
15 Sidney E. Morse to Samuel F. B. Morse, quoted in Reid, Telegraph in America, 89.
16 B. W. Clapp, An Environmental History of Britain Since the Industrial Revolution (London: Longman, 1994), 177–179.
17 Bode J. Morin, The Legacy of American Copper Smelting: Industrial Heritage Versus Environmental Policy (Knoxville: University of Tennessee Press, 2013), 7–14; Colin A. Russell and S. A. H. Wilmot, "Metal Extraction and Refining," in Chemistry, Society and Environment: A New History of the British Chemical Industry, ed. by Colin A. Russell (Cambridge: Royal Society of Chemistry, 2000), 295–300; quotation, Report from the Select Committee of the House of Lords on Injury from Noxious Vapors, 1862, in Russell and Wilmot, "Metal Extraction," 298.
18 Morin, Legacy of American Copper Smelting, 15–42; Duncan Maysilles, Ducktown Smoke: The Fight Over One of the South's Greatest Environmental Disasters (Chapel Hill: University of North Carolina Press, 2011), 14–35.
19 Margaret Hindle Hazen and Robert M. Hazen, Wealth Inexhaustible: A History of America's Mineral Industries to 1850 (New York: Van Nostrand Reinhold, 1985), 101.
20 Morin, Legacy of American Copper Smelting, 36.
21 Ibid., 16–36.
22 David Hochfelder, The Telegraph in America, 1832–1920 (Baltimore: Johns Hopkins University Press, 2013), 186; William Henry Preece and James Sivewright, Telegraphy (London: Longman, Green, and Co., 1876), 8–38.
23 R. G. Coyle, The Riches Beneath Our Feet: How Mining Shaped Britain (New York: Oxford University Press, 2010), 74–92; Russell and Wilmot, "Metal Extraction and Refining," 308–309.
24 W. Ross Yates, "Samuel Wetherill, Joseph Wharton, and the Founding of the American Zinc Industry," Pennsylvania Magazine of History and Biography 98(4) (1974): 475.
25 Yates, "Samuel Wetherill," 479.
26 Cheryl M. Seeger, "History of Mining in the Southeast Missouri Lead District and Description of Mine Processes, Regulatory Controls, Environmental Effects, and Mine Facilities in the Viburnum Trend Subdistrict," in Hydrologic Investigations Concerning Lead Mining Issues in Southeastern Missouri, ed. by Michael J. Kleeschulte (Reston, Va.: U.S. Geological Survey, 2008); Jill McNew- Birren, The Impacts of Lead Contamination on the Community of Herculaneum, Missouri (PhD diss., Washington University, 2011), 97–98.

27 Henry Rowe Schoolcraft, Journal of a Tour into the Interior of Missouri and Arkansaw, from Potosi, or Mire À Burton, in Missouri Territory, in a SouthWest Direction, Toward the Rocky Mountains, Performed in the Years 1818-1819 (London: Sir Richard Phillips, 1821), 4. See also Schoolcraft, A View of the Lead Mines of Missouri; Including Some Observations on the Mineralogy, Geology, Geography, Antiquities, Soil Climate, Population, and Productions of Missouri and Arkansaw, and Other Sections of the Western Country (New York: Wiley, 1819), 65.

28 B. H. Schockel, "Settlement and Development of the Lead and Zinc Mining Region of the Driftless Area with Special Emphasis Upon Jo Daviess County, Illinois," The Mississippi Valley Historical Review 4(2) (1917): 169-192; Robin Wall Kimmerer, "Vegetation Development on a Dated Series of Abandoned Lead and Zinc Mines in Southwestern Wisconsin," American Midland Naturalist 111(2) (1984): 332-341; Hazen and Hazen, Wealth Inexhaustible, 153-155.

29 Jie Ma et al., "Fractions and Colloidal Distribution of Arsenic Associated with Iron Oxide Minerals in Lead-Zinc Mine- Contaminated Soils: Comparison of Tailings and Smelter Pollution," Chemosphere 227 (July 2019): 614-623; Bob Faust, "Lead in the Water: Power, Progressivism, and Resource Control in a Missouri Mining Community," Agricultural History 76(2) (2002): 413.

30 John Tully, "A Victorian Ecological Disaster: Imperialism, the Telegraph, and Gutta-Percha," Journal of World History 20(4) (2009): 559-579.

31 Cai Guise- Richardson, "Redefining Vulcanization: Charles Goodyear, Patents, and Industrial Control, 1834-1865," Technology and Culture 51(2) (2010): 357-387.

32 Warren Dean, Brazil and the Struggle for Rubber: A Study in Environmental History (Cambridge: Cambridge University Press, 1987), 4, 9, 38-41; John A. Tully, The Devil's Milk: A Social History of Rubber (New York: Monthly Review Press, 2011), 63-130; Corey Ross, Ecology and Power in the Age of Empire: Europe and the Transformation of the Tropical World (Oxford: Oxford University Press, 2017), 106-129; Gregg Mitman, Empire of Rubber: Firestone's Scramble for Land and Power in Liberia (New York: New Press, 2021).

33 Jean Gelman Taylor, Global Indonesia (Abingdon, Oxon: Routledge, 2013); G. Roger Knight, Sugar, Steam and Steel: The Industrial Project in Colonial Java, 1830-1885 (Adelaide, Australia: University of Adelaide Press, 2014).

34 Barbara Watson Andaya and Leonard Y. Andaya, A History of Malaysia, 2nd edn. (Honolulu: University of Hawai'i Press, 2001), 133-204; Ross, Ecology and Power in the Age of Empire, 136-163.

35 Nasaw, Carnegie, 547-566, 603-604, 619-620, 648-649, 653-654.

36 Ernest Mahaim, "Les débuts de l'établissement John Cockerill à Seraing," Vierteljahrschrift für Sozial- und Wirtschaftsgeschichte 3(4) (1905): 627-648; Rainer Fremdling, "John Cockerill: Pionierunternehmer der Belgischniederländischen Industrialisierung," Zeitschrift für Unternehmens geschichte / Journal of Business History 26(3) (1981): 179-193; A. Lecocq, Description de l'établissement John Cockerill à Seraing (Liège, Belgium: Gouchon, 1854), 13-18.

37 George Rogers Taylor, The Transportation Revolution, 1815-1860 (White Plains, N.Y.: M. E. Sharpe, 1951), 74-90.

38 Ibid., 56-73.

39 Peter A. Shulman, Coal and Empire: The Birth of Energy Security in Industrial America (Baltimore: Johns Hopkins University Press, 2015), 125-163.

40 Taylor, Transportation Revolution, 396-398.

41 Nasaw, Carnegie, 54-65.

42 Chandler, Visible Hand, 79-133.

43 Nasaw, Carnegie, 66-88.

44 Ibid., 89-114.

45 Rainer Fremdling, "Transfer Patterns of British Technology to the Continent: The Case of the Iron Industry," European Review of Economic History 4(2) (2000): 196; Morgan Kelly, Joel Mokyr, and Cormac Ó Gráda, "Could Artisans Have Caused the Industrial Revolution?," in Reinventing the Economic History of Industrialisation, ed. by Kristine Bruland, Anne Gerritsen, Pat Hudson, and Giorgio Riello (Montreal: McGill-Queen's University Press, 2020), 25 -43.

46 Norbert C. Soldon, John Wilkinson, 1728-1808: English Ironmaster and Inventor (Lewiston, N.Y.: Edwin Mellen Press, 1998), 24.

47 Soldon, John Wilkinson, 17-25; Tom Williamson, Gerry Barnes, and Toby Pillatt, Trees in England: Management and Disease Since 1600 (Hatfield: University of Hertfordshire Press, 2017), 132-162.
48 William Stanley Jevons, The Coal Question, 2nd edn. (London: Macmillan, 1866), 312-324; Chris Evans, Owen Jackson, and Göran Rydén, "Baltic Iron and the British Iron Industry in the Eighteenth Century," Economic History Review, 55(4) (2002): 645.
49 Alfred D. Chandler, "Anthracite Coal and the Beginnings of the Industrial Revolution in the United States," Business History Review 46(2) (1972): 141-148.
50 Christopher F. Jones, Routes of Power: Energy and Modern America (Cambridge: Harvard University Press, 2014), 23-87.
51 Lewis, W. David. "The Early History of the Lackawanna Iron and Coal Company: A Study in Technological Adaptation," Pennsylvania Magazine of History and Biography 96(4) (1972): 424-468; Chandler, "Anthracite Coal," 142-149, 156-158, 176-181; quotation on 149; Jones, Routes of Power 23-88.
52 James Parton, "Pittsburgh," Atlantic Monthly, January 21, 1868, 21.
53 Hazen and Hazen, Wealth Inexhaustible, 206-211; Joel A. Tarr and Karen Clay, "Pittsburgh as an Energy Capital: Perspectives on Coal and Natural Gas Transitions and the Environment," in Energy Capitals: Local Impact, Global Influence, ed. by Joseph A. Pratt, Martin V. Melosi, and Kathleen A. Brosnan (Pittsburgh, Pa.: University of Pittsburgh Press, 2014), 5-11.
54 Chandler, Visible Hand, 91-93.
55 Nasaw, Carnegie, 105-136.
56 Ibid., 137-144.
57 Thomas J. Misa, A Nation of Steel: The Making of Modern America, 1865-1925 (Baltimore: Johns Hopkins University Press, 1995), 1-15; Geoffrey Tweedale, "Metallurgy and Technological Change: A Case Study of Sheffield Specialty Steel and America, 1830-1930," Technology and Culture 27(2) (1986): 189-222.
58 Misa, Nation of Steel, 15-21.
59 Krupp'sche Gußstahlfabrik, Krupp 1812-1912: zum 100 jährigen Bestehen der Firma Krupp und der Gußstahlfabrik zu Essen-Ruhr (Essen, Germany: Krupp, 1912), 268.
60 Harold James, Krupp: A History of the Legendary German Firm (Princeton: Princeton University Press, 2012), 15-51.
61 Jim Clifford, "Mapping Supply Chains for 19th Century Leather" (August 12, 2014), http://www.jimclifford.ca/2014/08/12/mapping-supply-chains-for-19th-century-leather/.
62 M. Scott Taylor, "Buffalo Hunt: International Trade and the Virtual Extinction of the North American Bison," American Economic Review 101(7) (2011): 31623171, 3189; see also Dan Flores, "Bison Ecology and Bison Diplomacy: The Southern Plains from 1800 to 1850," Journal of American History 78(2) (1991): 465-485; Andrew C. Isenberg, The Destruction of the Bison: An Environmental History, 1750-1920 (Cambridge: Cambridge University Press, 2000); and Jennifer Hansen, "A Tanner's View of the Bison Hunt: Global Tanning and Industrial Leather," in Bison and People on the North American Great Plains: A Deep Environmental History, ed. by Geoff Cunfer and W. A. Waiser (College Station: Texas A&M University Press, 2016), 227-244.
63 William Cronon, Nature's Metropolis: Chicago and the Great West (New York: Norton, 1991), 218-259. On environmental impacts of transcontinental railroads, see also Mark Fiege, The Republic of Nature: An Environmental History of the United States (Seattle: University of Washington Press, 2012), 228-280.
64 Cronon, Nature's Metropolis, 97-147. See also Richard White, Railroaded: The Transcontinentals and the Making of Modern America (New York: Norton, 2011).
65 Cronon, Nature's Metropolis, 313-318, 148-206, 324-340, 263-295.
66 Sergei Witte, Vorlesungen über Volks- und Staatswirtschaft, quoted in Steven G. Marks, Road to Power: The Trans-Siberian Railroad and the Colonization of Asian Russia, 1850-1917 (Ithaca, N.Y.: Cornell University Press, 1991), 126.
67 Marks, Road to Power, 125-169, 196-219.
68 Nasaw, Carnegie, 144-150.
69 Misa, Nation of Steel, 21-28.
70 Nasaw, Carnegie, 150-183.
71 Misa, Nation of Steel, 45-89; Ken Kobus, City of Steel: How Pittsburgh Became the World's Steelmaking

Capital during the Carnegie Era (Lanham, Md.: Rowman & Littlefield, 2015), 149–256; Nasaw, Carnegie, 247, 361–363, 377–378, 405, 469.

72 Robert Marks, The Origins of the Modern World: A Global and Environmental Narrative from the Fifteenth to the Twenty-First Century, 3rd edn. (Lanham, Md.: Rowman & Littlefield, 2015), 144; David S. Landes, The Unbound Prometheus: Technological Change and Industrial Development in Western Europe from 1750 to the Present (Cambridge: Cambridge University Press, 1969), 6; Michael Stephen Smith, The Emergence of Modern Business Enterprise in France, 1800–1930 (Cambridge: Harvard University Press, 2006), 137–142.

73 Herbert Kisch, From Domestic Manufacture to Industrial Revolution: The Case of the Rhineland Textile Districts (New York: Oxford University Press, 1989); Elaine Glovka Spencer, "Rulers of the Ruhr: Leadership and Authority in German Big Business before 1914," Business History Review 53(1) (1979): 40–64; Jonathan Sperber, "The Shaping of Political Catholicism in the Ruhr Basin, 1848–1881," Central European History 16(4) (1983): 347–367; Marks, The Origins of the Modern World, 145–146; Mark Cioc, The Rhine: An Eco-Biography, 1815–2000 (Seattle: University of Washington Press, 2002), 47–107.

74 Marks, The Origins of the Modern World, 146–147; Boris Kagarlitsky, Empire of the Periphery: Russia and the World System, trans. by Renfrey Clarke (London: Pluto Press, 2008), 223–282; Roman Adrian Cybriwsky, Along Ukraine's River: A Social and Environmental History of the Dnipro (Dnieper) (Budapest: Central European University Press, 2018), 64–65, 71.

75 Nasaw, Carnegie, 513–523.

76 Duane A. Smith, Mining America: The Industry and the Environment, 1800–1980 (Lawrence: University Press of Kansas, 1987), 86–88, 110–111, 114–116.

77 Klaus H. Wolff, "Textile Bleaching and the Birth of the Chemical Industry," Business History Review 48(2) (1974): 144–150.

78 Ibid., 150–161.

79 Christian Simon, "The Rise of the Swiss Chemical Industry Reconsidered," in The Chemical Industry in Europe, 1850–1914: Industrial Growth, Pollution, and Professionalization, ed. by Ernst Homburg, Anthony S. Travis, and Harm G. Schröter (Dordrecht, Netherlands: Kluwer Academic, 1998), 9–28.

80 Arne Andersen, "Pollution and the Chemical Industry: The Case of the German Dye Industry," in The Chemical Industry in Europe, 183–186.

81 Carnegie, quoted in Nasaw, Andrew Carnegie, 113–114.

82 Nasaw, Andrew Carnegie, 345–354.

83 Ibid., 589–614, 712–717.

84 Ibid., 543–566, 641–711, 724–756, 770–801; see also Misa, Nation of Steel, 270–278.

2부 자본주의의 대가

5장 자원보존 운동의 시작

1 W. Stanley Jevons, The Coal Question, 2nd edn. (London: Macmillan, 1866), 371.
2 George P. Marsh, Man and Nature, or, Physical Geography As Modified by Human Action (New York: C. Scribner, 1864), 43.
3 Ibid., 48.
4 Ibid., 55.
5 Ibid., 326. (284쪽)
6 Ibid., 122, 123.
7 Ibid., 37n, 113.
8 Jevons, Coal Question, 1.
9 Ibid., 101-137.
10 Ibid., xxvi.
11 Ibid., 376.
12 Nuno Luis Madureira, "The Anxiety of Abundance: William Stanley Jevons and Coal Scarcity in the Nineteenth Century," Environment and History 18(3) (2012): 395-421; Rosamond Könekamp, "Biographical Introduction," in William Stanley Jevons, Papers and Correspondence, vol. 1, Biography and Personal Journal, ed. by R. D. Collison Black and Rosamond Könekamp (London: Macmillan, 1972), 44-45.
13 David Lowenthal, George Perkins Marsh: Prophet of Conservation (Seattle: University of Washington Press, 2000), 1-21.
14 Lowenthal, Marsh, 21-369. See also George P. Marsh, Address Delivered Before the Agricultural Society of Rutland County, Sept. 30, 1847 (Rutland, Vt., 1848).
15 Jevons, Letters and Journal of W. Stanley Jevons, ed. by Harriet A. Jevons (London: Macmillan, 1886) (quotations on 144, 146); Könekamp, "Biographical Introduction," 1-52; Bert Mosselmans, William Stanley Jevons and the Cutting Edge of Economics (London: Routledge, 2007), 1-6.
16 Lowenthal, Marsh, 7-11, 20-21, 63-67, 375-377; quotation, 377.
17 Jevons, Papers, 1, 2-3, 29, 52; Mosselmans, William Stanley Jevons, 63-82.
18 See David D. Hall, A Reforming People: Puritanism and the Transformation of Public Life in New England (New York: Knopf, 2011); Brian Donahue, The Great Meadow: Farmers and the Land in Colonial Concord (New Haven: Yale University Press, 2004).
19 Mark Stoll, "The Other Scientific Revolution: Calvinist Scientists and the Origins of Ecology," in After the Death of Nature: Carolyn Merchant and the Future of Human-Nature Relations, ed. by Kenneth Worthy, Elizabeth Allison, and Whitney Bauman (New York: Routledge, 2018).
20 See Susan Elizabeth Schreiner, The Theater of His Glory: Nature and the Natural Order in the Thought of John Calvin (Durham, N.C.: Labyrinth Press, 1991); and Mark R. Stoll, Inherit the Holy Mountain: Religion and the Rise of American Environmentalism (Oxford: Oxford University Press, 2015), 10-76.
21 Marsh, Man and Nature, 35-36.
22 Ibid., 54n.
23 Ibid., 8.
24 Ibid., 35.
25 Ibid., 35.
26 Ibid., 303.
27 Mosselmans, William Stanley Jevons, 3-6; H. L. Short, "Presbyterians under a New Name," in C. Gordon Bolam, Jeremy Goring, H. L. Short, and Roger Thomas, The English Presbyterians: From Elizabethan Puritanism to Modern Unitarianism (London: Allen & Unwin, 1968).

28 Jevons, Coal Question, xxiii, xxv, xxvi.
29 Henri Gourdin, Olivier de Serres: "Science, expérience, diligence" en agriculture au temps de Henri IV (Arles, France: Actes Sud, 2001); Jean Boulaine, "Innovations agronomiques d'Olivier de Serres," Bulletin de l'Association d'étude sur l'humanisme, la réforme et la renaissance 50 (2000): 11–19; Danièle Duport, "La 'science' d'Olivier de Serres et la connaissance du 'naturel,'" Bulletin de l'Association d'étude sur l'humanisme, la réforme et la renaissance 50 (2000): 185–95; Denise le Dantec and Jean-Pierre le Dantec, Reading the French Garden: Story and History, trans. by Jessica Levine (Cambridge: MIT Press, 1990), 64–74; Henry Heller, The Conquest of Poverty: The Calvinist Revolt in Sixteenth-Century France (Leiden: Brill, 1986); Mark Stoll, "'Sagacious' Bernard Palissy: Pinchot, Marsh, and the Connecticut Origins of American Conservation," Environmental History 16(1) (2011): 4–37.
30 Samuel Gardiner, Doomes-Day Booke: or, an Alarum for Atheistes, a Watchword for Worldlinges, a Caueat for Christians (London, 1606), 107. See Nicholas Tyacke, Anti-Calvinists: The Rise of English Arminianism, c.1590–1640 (Oxford: Clarendon Press, 1987), 254–256.
31 Paul Warde, The Invention of Sustainability: Nature and Destiny, c.1500–1870 (Cambridge: Cambridge University Press, 2018), 102–143; Warde, "The Idea of Improvement, c.1520–1770," in Custom, Improvement and the Landscape in Early Modern Britain, ed. by R. W. Hoyle (Farnham, Surrey: Ashgate, 2011), 127–148; Stoll, "'Sagacious' Palissy," 18, 19–20.
32 Patricia James, Population Malthus: His Life and Times (London: Routledge & Kegan Paul, 1979), 19–23.
33 Vernon W. Ruttan, Agricultural Research Policy (Minneapolis: University of Minnesota Press, 1982), 72–73.
34 Gregory T. Cushman, Guano and the Opening of the Pacific World: A Global Ecological History (Cambridge: Cambridge University Press, 2013), 23–74; Warde, Invention of Sustainability, 297–307; Steven Stoll, Larding the Lean Earth: Soil and Society in Nineteenth-Century America (New York: Hill and Wang, 2002), 187–194; Deborah Fitzgerald, Every Farm a Factory: The Industrial Ideal in American Agriculture (New Haven: Yale University Press, 2003).
35 Mark Overton, Agricultural Revolution in England: The Transformation of the Agrarian Economy, 1500–1850 (Cambridge: Cambridge University Press, 1996), 193–207; J. D. Chambers and G. E. Mingay, The Agricultural Revolution, 1750–1880 (New York: Schocken Books, 1966); Ruttan, Agricultural Research Policy, 67–68; Richard Perren, Agriculture in Depression, 1870–1940 (Cambridge: Cambridge University Press, 1995), 1–16.
36 Erin Stewart Mauldin, Unredeemed Land: An Environmental History of Civil War and Emancipation in the Cotton South (New York: Oxford University Press, 2018).
37 Perren, Agriculture in Depression, 17–30.
38 Margaret W. Rossiter, The Emergence of Agricultural Science: Justus Liebig and the Americans, 1840–1880 (New Haven: Yale University Press, 1975); Ruttan, Agricultural Research Policy, 76–77.
39 Conrad D. Totman, The Green Archipelago: Forestry in Preindustrial Japan (Berkeley: University of California Press, 1989); Mark Elvin, The Retreat of the Elephants: An Environmental History of China (New Haven: Yale University Press, 2004), 9–39; Meng Zhang, Timber and Forestry in Qing China: Sustaining the Market (Seattle: University of Washington Press, 2021); Chetan Singh, "Forests, Pastoralists and Agrarian Society in Mughal India," in Nature, Culture, Imperialism: Essays on the Environmental History of South Asia, ed. by David Arnold and Ramachandra Guha (Delhi, India: Oxford University Press, 1995); J. R. McNeill, "Woods and Warfare in World History," Environmental History 9(3) (2004): 405; Madhav Gadgil and Ramachandra Guha, This Fissured Land: An Ecological History of India (Berkeley: University of California Press, 1993), 85–90, 106–108.
40 Clarence J. Glacken, Traces on the Rhodian Shore: Nature and Culture in Western Thought from Ancient Times to the End of the Eighteenth Century (Berkeley: University of California Press, 1967), 126–137, 311–351; Warde, Invention of Sustainability, 58–101.
41 See Karl Richard Appuhn, A Forest on the Sea: Environmental Expertise in Renaissance Venice (Baltimore: Johns Hopkins University Press, 2009).
42 Alan Mikhail, Under Osman's Tree: The Ottoman Empire, Egypt, and Environmental History (Chicago: University of Chicago Press, 2017), 153–168.
43 John T. Wing, "Keeping Spain Afloat: State Forestry and Imperial Defense in the Sixteenth Century," Environmental History 17(1) (January 2012): 116–145.
44 McNeill, "Woods and Warfare," 396–398.

45 Warde, Invention of Sustainability, 61–65, 91–92; Greg Barton, Empire Forestry and the Origins of Environmentalism (Cambridge: Cambridge University Press, 2002), 12.
46 Warde, Invention of Sustainability, 88–90; Barton, Empire Forestry, 13–15.
47 Warde, Invention of Sustainability, 153–159, 165–171, 175–182, 200–227; Jan Oosthoek, "Worlds Apart? The Scottish Forestry Tradition and the Development of Forestry in India," Journal of Irish and Scottish Studies 3(1) (2010): 71; S. Ravi Rajan, Modernizing Nature: Forestry and Imperial Eco-Development 1800–1950 (Oxford: Oxford University Press, 2006), 21–54.
48 John M. MacKenzie, "Scots and the Environment of Empire," in Scotland and the British Empire, ed. by John M. MacKenzie and T. M Devine (Oxford: Oxford University Press, 2011), 150–160, 162; see also V. H. Heywood, "The Changing Rôle of the Botanic Gardens," in Botanic Gardens and the World Conservation Strategy: Proceedings of an International Conference, 26–30 November 1985, Held at Las Palmas De Gran Canaria, ed. by D. Bramwell, O. Hamann, V. Heywood, and H. Synge (London: Academic Press, 1987), 3–18.
49 Lowenthal, George Perkins Marsh, 304, 509n33. On Grove's dismissal of Marsh's influence, see 421–422. Overall, Grove claims too much significance for islands and for indigenous Indian notions.
50 Oosthoek, "Worlds Apart?," 72–78; Grove, Green Imperialism, 380–473. See also Barton, Empire Forestry, 38–129.
51 Arthur A. Ekirch, "Franklin B. Hough: First Citizen of the Adirondacks," Environmental Review 7(3) (1983): 271–274.
52 Edna L. Jacobsen, "Franklin B. Hough: A Pioneer in Scientific Forestry in America," New York History 15(3) (1934): 311–325.
53 Char Miller, "Amateur Hour: Nathaniel H. Egleston and Professional Forestry in Post- Civil War America," Forest History Today (Spring/Fall 2005): 20–26.
54 Char Miller, Gifford Pinchot and the Making of Modern Environmentalism (Washington, D.C.: Island Press, 2001).
55 Ibid., 77–176; Barton, Empire Forestry, 130–143; Uwe E. Schmidt, "German Impact and Influences on American Forestry Until World War II," Journal of Forestry 107(3) (Apr. 2009): 139–145.
56 Thomas R. Dunlap, Saving America's Wildlife (Princeton: Princeton University Press, 1988), 1–61; Jeff Schauer, Wildlife Between Empire and Nation in Twentieth–Century Africa (Cham, Switzerland: Palgrave Macmillan, 2018), 17–70.
57 William M. Cavert, The Smoke of London: Energy and Environment in the Early Modern City (Cambridge: Cambridge University Press, 2016).
58 Harold L. Platt, Shock Cities: The Environmental Transformation and Reform of Manchester and Chicago (Chicago: University of Chicago Press, 2005), 24–48.
59 Javier Abellán, "Water Supply and Sanitation Services in Modern Europe: Developments in 19th–20th Centuries" (paper presented at the 12th International Congress of the Spanish Association of Economic History, University of Salamanca, September 2017).
60 Christopher Hamlin, Public Health and Social Justice in the Age of Chadwick: Britain, 1800–1854 (Cambridge: Cambridge University Press, 1998), 156–187.
61 Martin V. Melosi, The Sanitary City: Urban Infrastructure in America from Colonial Times to the Present (Baltimore: Johns Hopkins University Press, 2000), 43–174. For Manchester, see Platt, Shock Cities.
62 See Leo Marx, The Machine in the Garden: Technology and the Pastoral Ideal in America (New York: Oxford University Press, 1964); Eric Purchase, Out of Nowhere: Disaster and Tourism in the White Mountains (Baltimore: Johns Hopkins University Press, 1999).
63 Jere Stuart French, "The First 'People's Park' Movement," Landscape Architecture 62(1) (1971): 25–29; Hilary A. Taylor, "Urban Public Parks, 1840–1900: Design and Meaning," Garden History 23(2) (1995): 201–203; John W. Henneberger, "Origins of Fully Funded Public Parks," George Wright Forum 19(2) (2002): 13–17; Brent Elliott, "Loudon, John Claudius (1783-1843), Landscape Gardener and Horticultural Writer," Oxford Dictionary of National Biography, September 23, 2004, https://www-oxforddnb-com.lib-e2.lib.ttu.edu/view/10.1093/ref:odnb/9780198614128.001.0001/odnb-9780198614128-e-17031.
64 Ophélie Siméon, Robert Owen's Experiment at New Lanark: From Paternalism to Socialism (London: Palgrave Macmillan, 2017).
65 Anthony Sutcliffe, Towards the Planned City: Germany, Britain, the United States, and France, 1780–1914

(New York: St. Martin's Press, 1981), 146-148, 151, 191; John S. Garner, The Model Company Town: Urban Design through Private Enterprise in Nineteenth-Century New England (Amherst: University of Massachusetts Press, 1984), 111-113; Henry Roberts, The Dwellings of the Labouring Classes, Their Arrangement and Construction (London: Society for Improving the Condition of the Labouring Classes, 1850), 24; Eliseu Gonçalves and Rui J. G. Ramos, "Primeiras Propostas de Habitação Operária no Porto: A Casa Unifamiliar, o Carré Mulhousien e a Cité-jardin," Ciudades (Valladolid, Spain) 19 (2016): 77-82.
66 Hardy Green, The Company Town: The Industrial Edens and Satanic Mills That Shaped the American Economy (Boulder, Colo.: Basic Books, 2010), 57-89; Thomas G. Andrews, Killing for Coal: America's Deadliest Labor War (Cambridge: Harvard University Press, 2008).
67 Sarah Bilston, The Promise of the Suburbs: A Victorian History in Literature and Culture (New Haven: Yale University Press, 2019), 20-36.
68 Stanley Buder, Visionaries and Planners: The Garden City Movement and the Modern Community (Oxford: Oxford University Press, 1990); Michael Bally and Stephen Marshall, "Centenary Paper: The Evolution of Cities: Geddes, Abercrombie and the New Physicalism," Town Planning Review 80(6) (2009): 551-574; Helen Elizabeth Meller, Patrick Geddes: Social Evolutionist and City Planner (London: Routledge, 1989).
69 Marsh, Man and Nature, 235.
70 Terrie, Philip G., Forever Wild: Environmental Aesthetics and the Adirondack Forest Preserve (Philadelphia: Temple University Press, 1985), 92-108.
71 Frank Uekötter, The Age of Smoke: Environmental Policy in Germany and the United States, 1880-197 (Pittsburgh, Pa.: University of Pittsburgh Press, 2009), 20-66; Andrew Lees, Cities, Sin, and Social Reform in Imperial Germany (Ann Arbor: University of Michigan Press, 2002), 45-48.
72 Antoine Missemer, Les Économistes et la fin des énergies fossiles (1865-1931) (Paris: Classiques Garnier, 2017), 49-51.
73 Robert Morse Crunden, Ministers of Reform: The Progressives' Achievement in American Civilization, 1889-1920 (New York: Basic Books, 1982); Stoll, Inherit the Holy Mountain, 137-171, appendix.
74 See Gregg Mitman, The State of Nature: Ecology, Community, and American Social Thought, 1900-1950 (Chicago: University of Chicago Press, 1992); Ronald C. Tobey, Saving the Prairies: The Life Cycle of the Founding School of American Plant Ecology, 1895-1955 (Berkeley: University of California Press, 1981); Joel B. Hagen, An Entangled Bank: The Origins of Ecosystem Ecology (New Brunswick, N.J.: Rutgers University Press, 1992).
75 Douglas Brinkley, The Wilderness Warrior: Theodore Roosevelt and the Crusade for America (New York: HarperCollins, 2009); Martin W. Holdgate, The Green Web: A Union for World Conservation (Cambridge: Earthscan, 1999), 11.
76 Holdgate, Green Web, 6-13.
77 Stephen R. Fox, The American Conservation Movement: John Muir and his Legacy (Madison: University of Wisconsin Press, 1985), 148-182.
78 Douglas Brinkley, Rightful Heritage: Franklin D. Roosevelt and the Land of America (New York: Harper, 2016); Neil M. Maher, Nature's New Deal: The Civilian Conservation Corps and the Roots of the American Environmental Movement (New York: Oxford University Press, 2008); Donald Worster, Dust Bowl: The Southern Plains in the 1930s (New York: Oxford University Press, 1979).
79 Holdgate, Green Web, 11-38.
80 B. W. Clapp, An Environmental History of Britain Since the Industrial Revolution (London: Longman, 1994), 16; David Stradling, Smokestacks and Progressives: Environmentalists, Engineers and Air Quality in America, 1881-1951 (Baltimore: Johns Hopkins University Press, 1999), 13 Table 1, 187 Table 4.

6장 구매 먼저, 결제는 나중에

1 Alfred D. Chandler, Giant Enterprise: Ford, General Motors, and the Automobile Industry: Sources and

Readings (New York: Harcourt Brace & World, 1964), 3.
2 Richard P. Scharchburg, Carriages Without Horses: J. Frank Duryea and the Birth of the American Automobile Industry (Warrendale, Pa.: Society of Automotive Engineers, 1993), 89–100, 141–160.
3 Peter Dauvergne, The Shadows of Consumption: Consequences for the Global Environment (Cambridge: MIT Press, 2008), 37–38; William Pelfrey, Billy, Alfred, and General Motors: The Story of Two Unique Men, a Legendary Company, and a Remarkable Time in American History (New York: AMACOM, 2006), 51–75; Sally H. Clarke, Trust and Power: Consumers, the Modern Corporation, and the Making of the United States Automobile Market (Cambridge: Cambridge University Press, 2007), 3.
4 Pelfrey, Billy, Alfred, and General Motors, 43–49.
5 Ibid., 17–36, 93–236; Lawrence R. Gustin, Billy Durant: Creator of General Motors, 3rd edn. (Ann Arbor: University of Michigan Press, 2008), 26–222. Unlike Ford or Sloan, Durant was a Presbyterian (33).
6 Stuart W. Leslie, Boss Kettering (New York: Columbia University Press, 1983), 90–97.
7 David R. Farber, Sloan Rules: Alfred P. Sloan and the Triumph of General Motors (Chicago: University of Chicago Press, 2002), 1–105; Pelfrey, Billy, Alfred, and General Motors, 237–272.
8 Robert Sobel, The Great Bull Market: Wall Street in the 1920s (New Yrk: Norton, 1968), 45.
9 Frank Trentmann, Empire of Things: How We Became a World of Consumers, from the Fifteenth Century to the Twenty-First (New York: HarperCollins, 2016), 21–118; Peter N. Stearns, Consumerism in World History: The Global Transformation of Desire, 2nd edn. (London: Routledge, 2006), 1–43.
10 Patrick Verley, L'Échelle du Monde: Essai sur l'industrialisation de l'Occident (Paris: Gallimard, 1997), 136–139.
11 William Leach, Land of Desire: Merchants, Power, and the Rise of a New American Culture (New York: Pantheon Books, 1993), 3–150; Boris Emmet and John E. Jeuck, Catalogues and Counters: A History of Sears, Roebuck and Company (Chicago: University of Chicago Press, 1950), 9–99.
12 Susie Pak, Gentlemen Bankers: The World of J. P. Morgan (Cambridge: Harvard University Press, 2014), 13; Kenneth Warren, Big Steel: The First Century of the United States Steel Corporation, 1901–2001 (Pittsburgh, Pa.: University of Pittsburgh Press, 2001), 7–21; Robert Hessen, Steel Titan: The Life of Charles M. Schwab (New York: Oxford University Press, 1975), 111–122; David Nasaw, Andrew Carnegie (New York: Penguin Press, 2006), 580–588; Thomas Philippon, "Has the US Finance Industry Become Less Efficient? On the Theory and Measurement of Financial Intermediation," American Economic Review 105(4) (2015): 1408–38. See Gerald F. Davis, Managed by the Markets: How Finance Reshaped America (Oxford: Oxford University Press, 2009). Durant's financial activities are a major theme in Pelfrey, Billy, Alfred, and General Motors.
13 Emmet and Jeuck, Catalogues and Counters, 338–357; Leach, Land of Desire, 263–285.
14 Rowena Olegario, The Engine of Enterprise: Credit in America (Cambridge: Harvard University Press, 2016), 49–50.
15 Norton Reamer and Jesse Downing, Investment: A History (New York: Columbia University Press, 2016), 62–98.
16 Peter Lester Payne, British Entrepreneurship in the Nineteenth Century, 2nd edn. (Houndmills, Basingstoke, Hampshire: Macmillan Education, 1988), 55–57; Youssef Cassis, "British Finance: Success and Controversy," in Capitalism in a Mature Economy: Financial Institutions, Capital Exports and British Industry, 1870–1939, ed. by J. J. Van Helten and Youssef Cassis (Aldershot, Hants, England: Elgar, 1990), 1–22.
17 Olegario, Engine of Enterprise, 67.
18 Ibid., 108.
19 Ibid., 97.
20 Ibid., 133–136.
21 Sobel, The Great Bull Market, 45.
22 Olegario, Engine of Enterprise, 132–133; Susan Porter Benson, "Gender, Generation, and Consumption in the United States: Working-Class Families in the Interwar Period," in Getting and Spending: European and American Consumer Societies in the Twentieth Century, ed. by Susan Strasser, Charles McGovern, and Matthias Judt (Cambridge: Cambridge University Press, 1998), 238–239.
23 Leach, Land of Desire, 124–125; Olegario, Engine of Enterprise, 143–144.
24 Daniel Yergin, The Prize: The Epic Quest for Oil, Money, and Power (New York: Simon & Schuster, 1991), 543–546; Peter A. Shulman, Coal and Empire: The Birth of Energy Security in Industrial America (Baltimore: Johns Hopkins University Press, 2015), 164–213; Timothy Mitchell, Carbon Democracy: Political Power in the Age of Oil (London: Verso, 2011), 12–42.

25 Christian Pfister, "The 'Syndrome of the 1950s' in Switzerland: Cheap Energy, Mass Consumption, and the Environment," in Getting and Spending, ed. by Strasser, McGovern, and Judt, 359-377.
26 Vaclav Smil, Energy and Civilization: A History (Cambridge: MIT Press, 2017), 245-247.
27 Nasaw, Andrew Carnegie, 74-79, 141.
28 Darren Dochuk, Anointed with Oil: How Christianity and Crude Made Modern America (New York: Basic Books, 2019), 21-138; Yergin, The Prize, 19-95.
29 Yergin, The Prize, 111.
30 Smil, Energy and Civilization, 259, 261-262.
31 Vaclav Smil, Creating the Twentieth Century: Technical Innovations of 1867-1914 and Their Lasting Impact (Oxford: Oxford University Press, 2005), 33-97.
32 Sobel, Great Bull Market, 36.
33 Trentmann, Empire of Things, 248-249.
34 See James C. Williams, Energy and the Making of Modern California (Akron: University of Akron Press, 1997).
35 Kathryn Steen, The American Synthetic Organic Chemicals Industry: War and Politics, 1910-1930 (Chapel Hill: University of North Carolina Press, 2014), 156-171, 237-238, 255, 262-267, 280.
36 Ibid., 282-285; Jeffrey L. Meikle, "Into the Fourth Kingdom: Representations of Plastic Materials, 1920-1950," Journal of Design History 5(3) (1992): 173-182. See also Stephen Fenichell, Plastic: The Making of a Synthetic Century (New York: HarperBusiness, 1996), 1-223.
37 Steen, American Synthetic Organic Chemicals Industry, 263-264; John Robert McNeill, Something New Under the Sun: An Environmental History of the Twentieth-Century World (New York: Norton, 2000), 111-113.
38 Giles Slade, Made to Break: Technology and Obsolescence in America (Cambridge: Harvard University Press, 2006), 29-55.
39 Leonard S. Reich, "Lighting the Path to Profit: GE's Control of the Electric Lamp Industry, 1892-1941," Business History Review 66(2) (1992): 305-334; Slade, Made to Break, 31; Wyatt C. Wells, Antitrust and the Formation of the Postwar World (New York: Columbia University Press, 2002), 19-22.
40 Trentmann, Empire of Things, 280-283.
41 Slade, Made to Break, 78-81.
42 Ibid., 15-17; Randal C. Picker, "The Razors- and- Blades Myth(s)," University of Chicago Law Review 78(1) (2011): 225-255; Gordon McKibben, Cutting Edge: Gillette's Journey to Global Leadership (Boston: Harvard Business School Press, 1998), 5-22.
43 Herbert Hoover, Remarks of President Hoover at the Dinner of the Association of National Advertisers: Washington, D.C., November 10, 1930 (Washington: U.S. Government Printing Office, 1930), 1.
44 This is Jacques Ellul's concept of "sociological propaganda." See Ellul, Propaganda: The Formation of Men's Attitudes, trans. by Konrad Kellen and Jean Lerner (New York: Knopf, 1965), 62-70.
45 Daniel Navon, "Truth in Advertising: Rationalizing Ads and Knowing Consumers in the Early Twentieth- Century United States," Theory and Society 46(2) (2017): 149.
46 Roland Marchand, Creating the Corporate Soul: The Rise of Public Relations and Corporate Imagery in American Big Business (Berkeley: University of California Press, 1998), 202-203, 233-235, 238-239.
47 Trentmann, Empire of Things, 317-321; Douglas A. Galbi, "U.S. Annual Advertising Spending Since 1919," https://www.galbithink.org/ad- spending .htm.
48 Navon, "Truth in Advertising," 169-172.
49 Roland Marchand, Advertising the American Dream: Making Way for Modernity, 1920-1940 (Berkeley: University of California Press, 1985), 117-163.
50 Navon, "Truth in Advertising," 158, 148.
51 Trentmann, Empire of Things, 317-321; Victoria de Grazia, "Changing Consumption Regimes in Europe, 1930-1970: Comparative Perspectives on the Distribution Problem," in Getting and Spending, ed. by Strasser, McGovern, and Judt, 66-68; Stearns, Consumerism in World History, 79-136.
52 Compare Warren Susman, Culture as History: The Transformation of American Society in the Twentieth Century (New York: Pantheon Books, 1985), 131-149.
53 Nathan O. Hatch, The Democratization of American Christianity (New Haven: Yale University Press, 1989), 128, 141-144; R. Laurence Moore, Selling God: American Religion in the Marketplace of Culture (New York: Oxford University Press, 1994), 17-20. See also Roger Finke and Rodney Stark, The Churching of America, 1776-2005:

Winners and Losers in Our Religious Economy (New Brunswick, N.J.: Rutgers University Press, 2005).
54 Joel A. Tarr, The Search for the Ultimate Sink: Urban Pollution in Historical Perspective (Akron, Ohio: University of Akron Press, 1996), 323–333.
55 Martin V. Melosi, Garbage in the Cities: Refuse, Reform, and the Environment: 1880–1980 (College Station: Texas A&M University Press, 1981), 169.
56 See, for example, prewar residential patterns in Gary, Indiana, a steel town founded by U.S. Steel in 1906. Andrew Hurley, Environmental Inequalities: Class, Race, and Industrial Pollution in Gary, Indiana, 1945–1980 (Chapel Hill: University of North Carolina Press, 1995), 28–34.
57 Robert Bruegmann, Sprawl: A Compact History (Chicago: University of Chicago Press, 2005), 33–40; Oxford English Dictionary, "urban."
58 Simon Gunn and Susan C. Townsend, Automobility and the City in Twentieth-Century Britain and Japan (London: Bloomsbury Academic, 2019), 17–26; Thomas Zeller, Driving Germany: The Landscape of the German Autobahn, 1930–1970, trans. by Thomas Dunlap (New York: Berghahn Books, 2010), 48, 51–78.
59 Bruce L. Gardner, American Agriculture in the Twentieth Century: How it Flourished and What it Cost (Cambridge: Harvard University Press, 2002), 10 –16.
60 Robert L. Mikkelsen and Thomas W. Bruulsema, "Fertilizer Use for Horticultural Crops in the U.S. during the 20th Century," HortTechnology 15(1) (2005): 24–30.
61 Edmund Russell, War and Nature: Fighting Humans and Insects with Chemicals from World War I to Silent Spring (Cambridge: Cambridge University Press, 2001), 74–88.
62 Kenneth Warren, Bethlehem Steel: Builder and Arsenal of America (Pittsburgh: University of Pittsburgh Press, 2008), 116–131.
63 Warren Dean, Brazil and the Struggle for Rubber: A Study in Environmental History (Cambridge: Cambridge University Press, 1987), 67–86; Greg Grandin, Fordlandia: The Rise and Fall of Henry Ford's Forgotten Jungle City (London: Icon, 2010); William Rosenau, Corporations and Counterinsurgency (Santa Monica, Cal.: RAND, 2009), 17–24; Gregg Mitman, "Forgotten Paths of Empire: Ecology, Disease, and Commerce in the Making of Liberia's Plantation Economy," Environmental History 22 (January 2017): 1–22.
64 Michael A. Bernstein, "The American Economy of the Interwar Era: Growth and Transformation from the Great War to the Great Depression," in Calvin Coolidge and the Coolidge Era: Essays on the History of the 1920s, ed. by John Earl Haynes (Washington, D.C.: Library of Congress, 1997), 192.
65 Brian Black, Petrolia: The Landscape of America's First Oil Boom (Baltimore: Johns Hopkins University Press, 2000), 60–81; Christopher W. Wells, Car Country: An Environmental History (Seattle: University of Washington Press, 2012), 178–181.
66 Bernstein, "The American Economy of the Interwar Era," 192.
67 Marc Reisner, Cadillac Desert: The American West and Its Disappearing Water, rev. and updated edn. (New York: Penguin Books, 1993), 1–168, 472–483, 486–487.
68 Melosi, Garbage in the Cities, 168–189; Martin V. Melosi, The Sanitary City: Urban Infrastructure in America from Colonial Times to the Present (Baltimore: Johns Hopkins University Press, 2000), 158–167.
69 Stéphane Frioux, "Settling Urban Waste Disposal Facilities in France c.1900–1940: A New Source of Inequality?," in Environmental and Social Justice in the City: Historical Perspectives, ed. by Geneviève Massard-Guilbaud and Richard Rodger (Cambridge: White Horse Press, 2011), 189–207. See also Sabine Barles, L'invention des Déchets Urbains: France 1790–1970 (Seyssel, France: Champ Vallon, 2005).
70 Melosi, Sanitary City, 135–146.
71 Olegario, Engine of Enterprise, 139–140; Ali Kabiri, The Great Crash of 1929: A Reconciliation of Theory and Evidence (Basingstoke, Hampshire: Palgrave Macmillan, 2015), 188.
72 Christina D. Romer, "The Great Crash and the Onset of the Great Depression," Quarterly Journal of Economics 105(3) (1990): 597–624; Stephen G. Cecchetti and Georgios Karras, "Sources of Output Fluctuations During the Interwar Period: Further Evidence on the Causes of the Great Depression," The Review of Economics and Statistics 76(1) (1994): 80–102; "Steel Production Continues to Lag," New York Times (July 7, 1932): 31; Timothy F. Bresnahan and Daniel M. G. Raff, "Intra-Industry Heterogeneity and the Great Depression: The American Motor Vehicles Industry, 1929–1935," Journal of Economic History 51(2) (1991): 322; Trentmann, Empire of Things, 279.

7장 발 아래 검은 황금, 석유

1 See Darren Dochuk, From Bible Belt to Sunbelt: Plain-Folk Religion, Grassroots Politics, and the Rise of Evangelical Conservatism (New York: Norton, 2011).
2 Eric Schlosser, Fast Food Nation: The Dark Side of the All-American Meal (Boston: Mariner Books, 2001).
3 See Jan Van Bavel and David S. Reher, "The Baby Boom and Its Causes: What We Know and What We Need to Know," Population and Development Review 39(2) (2013): 257-88.
4 Robert J. Gordon, The Rise and Fall of American Growth: The U.S. Standard of Living since the Civil War (Princeton, N.J.: Princeton University Press, 2016), 18-19, 535-565.
5 See Gordon, Rise and Fall of American Growth.
6 See Kim Phillips- Fein, Invisible Hands: The Businessmen's Crusade against the New Deal (New York: Norton, 2010).
7 Frank Trentmann, Empire of Things: How We Became a World of Consumers, from the Fifteenth Century to the Twenty-First (New York: HarperCollins, 2016), 287-288.
8 See Darren E. Grem, The Blessings of Business: How Corporations Shaped Conservative Christianity (New York: Oxford University Press, 2016).
9 See Kevin Michael Kruse, One Nation Under God: How Corporate America Invented Christian America (New York: Basic Books, 2015); Jane Mayer, Dark Money: The Hidden History of the Billionaires Behind the Rise of the Radical Right (New York: Doubleday, 2016), 38-78; and Nancy MacLean, Democracy in Chains: The Deep History of the Radical Right's Stealth Plan for America (New York: Viking, 2017), 1-111.
10 Daniel Pope, The Making of Modern Advertising (New York: Basic Books, 1983), 254-257.
11 Paul Rutherford, The New Icons? The Art of Television Advertising (Toronto: University of Toronto Press, 1994), 38-44.
12 Kerwin C. Swint, Dark Genius: The Influential Career of Legendary Political Operative and Fox News Founder Roger Ailes (New York: Union Square Press, 2008), 1-30.
13 Daniel Yergin, The Prize: The Epic Quest for Oil, Money, and Power (New York: Simon & Schuster, 1991), 541-546; Christian Pfister, "The 'Syndrome of the 1950s' in Switzerland: Cheap Energy, Mass Consumption, and the Environment," in Getting and Spending: European and American Consumer Societies in the Twentieth Century, ed. by Susan Strasser, Charles McGovern, and Matthias Judt (New York: Cambridge University Press, 1998), 359-377.
14 Li Guoyu, World Atlas of Oil and Gas Basins (Chichester, West Sussex: Wiley- Blackwell, 2011), xvi., 158, 388.
15 Yergin, The Prize, 499-500.
16 Ibid., 425.
17 Ibid., 480, 488.
18 Ibid., 479-498.
19 Brian J. Cudahy, Box Boats: How Container Ships Changed the World (New York: Fordham University Press, 2006), 13-41.
20 Marc Levinson, Outside the Box: How Globalization Changed from Moving Stuff to Spreading Ideas (Princeton: Princeton University Press, 2020), 66.
21 Trentmann, Empire of Things, 326-337.
22 Ibid., 366-368, 372-399.
23 Christopher W. Wells, Car Country: An Environmental History (Seattle: University of Washington Press, 2012), 178-179.
24 John Sheail, "'Torrey Canyon': The Political Dimension," Journal of Contemporary History 42(3) (2007): 485-504; Robin J. Law, "The Torrey Canyon Oil Spill, 1967," in Oil Spill Science and Technology: Prevention, Response, and Cleanup, ed. by Mervin F. Fingas (Burlington, Mass.: Gulf Professional, 2011), 1103-1106.
25 Teresa Sabol Spezio, Slick Policy: Environmental and Science Policy in the Aftermath of the Santa Barbara Oil Spill (Pittsburgh, Pa.: University of Pittsburgh Press, 2018), xv-xvii, 1-4, 121-175.
26 Robert Bruegmann, Sprawl: A Compact History (Chicago: University of Chicago Press, 2005), 42-50.
27 Adam Rome, The Bulldozer in the Countryside: Suburban Sprawl and the Rise of American Environmentalism (Cambridge: Cambridge University Press, 2001).

28 Tom McCarthy, Auto Mania: Cars, Consumers, and the Environment (New Haven: Yale University Press, 2007), 116–121.

29 McCarthy, Auto Mania, 122–129.

30 Spencer R. Weart, The Discovery of Global Warming, rev. and exp. edn. (Cambridge: Harvard University Press, 2008), 1–37.

31 United States Census Bureau, International Data Base, https://www.census.gov/programs-surveys/international-programs/data/tools/international-data-base.html.

32 United States Department of Agriculture, Economic Research Service, drawing from the Food Expenditure Series by Eliana Zeballos and Wilson Sinclair, February 2022, https://www.ers.usda.gov/amber-waves/2020/november/avera ge-share-of-income-spent-on-food-in-the-united-states-remained-relatively-steady-from-2000-to-2019/.

33 Paul Keith Conkin, A Revolution Down on the Farm: The Transformation of American Agriculture Since 1929 (Lexington: University Press of Kentucky, 2008), 97–99; R. Douglas Hurt, The Green Revolution in the Global South: Science, Politics, and Unintended Consequences (Tuscaloosa: University of Alabama Press, 2020), 9–10.

34 Hurt, Green Revolution in the Global South, 8–101.

35 Ibid., 177–183; Conkin, Revolution Down on the Farm, 168–173.

36 Susan Strasser, Waste and Want: A Social History of Trash (New York: Metropolitan, 1999), 266–271.

37 Ibid., 271–274; Trentmann, Empire of Things, 624–627.

38 Reisner, Cadillac Desert, 120–305.

39 Philip Micklin, "The Future Aral Sea: Hope and Despair," Environmental Earth Sciences 75 (May 2016): 844; Iskandar Abdullaev, Kai Wegerich, and Jusipbek Kazbekov, "History of Water Management in the Aral Sea Basin," in The Aral Sea Basin: Water for Sustainable Development in Central Asia, ed. by Stefanos Xenarios, Dietrich Schmidt-Vogt, Manzoor Qadir, Barbara Janusz-Pawletta, and Iskandar Abdullaev (Abingdon, Oxon: Routledge, 2020).

40 Jennifer L. Derr, The Lived Nile: Environment, Disease, and Material Colonial Economy in Egypt (Stanford: Stanford University Press, 2019); Hesham Abd-El Monsef, Scot E. Smith, and Kamal Darwish, "Impacts of the Aswan High Dam After 50 Years," Water Resources Management 29(6) (2015): 1873–1885.

41 Mark Everard, The Hydropolitics of Dams: Engineering or Ecosystems? (London: Zed Books, 2013), 12–14, 20–22.

42 See Barbara L. Allen, Uneasy Alchemy: Citizens and Experts in Louisiana's Chemical Corridor Disputes (Cambridge: MIT Press, 2003).

43 Joel A. Tarr, The Search for the Ultimate Sink: Urban Pollution in Historical Perspective (Akron, Ohio: University of Akron Press, 1996), 373–379; François Jarrige and Thomas Le Roux, The Contamination of the Earth: A History of Pollutions in the Industrial Age, trans. by Janice Egan and Michael Egan (Cambridge: MIT Press, 2020), 237–244; John Robert McNeill, Something New Under the Sun: An Environmental History of the Twentieth-Century World (New York: Norton, 2000), 122–135; "Film Developed in Polluted Water," Washington Post, November 17, 1971, A24; Nancy Langston, Toxic Bodies: Hormone Disruptors and the Legacy of DES (New Haven: Yale University Press, 2010), 1–16.

44 Jarrige and Le Roux, Contamination of the Earth, 238–244; Julien Boucher and Guillaume Billard, "The Challenges of Measuring Plastic Pollution," Field Actions Science Reports, Special Issue 19 (March 1, 2019), http://journals.open edition.org/factsreports/5319; Susanne Kühn, Elisa L. Bravo Rebolledo, and Jan A. van Franeker, "Deleterious Effects of Litter on Marine Life," in Marine Anthropogenic Litter, ed. by Melanie Bergmann, Lars Gutow, and Michael Klages (Cham, Switzerland: Springer, 2015), 75–116.

45 Sonja D. Schmid, Producing Power: The Pre-Chernobyl History of the Soviet Nuclear Industry (Cambridge: MIT Press, 2015), 17–40; McNeill and Engelke, The Great Acceleration, 27–32; James C. Williams, Energy and the Making of Modern California (Akron: University of Akron Press, 1997), 284–288 (quotation on 284).

3부 자본주의의 끝

8장 세상의 모든 것을 팝니다

1 In 1911, a court antritrust decree divided Standard Oil into 35 companies, the largest of which, Standard Oil of New Jersey, alone was nearly as valuable as U.S. Steel.
2 David Halberstam, The Fifties (New York: Villard Books, 1993), 118.
3 Measured by brand value, according to the Kantar Group's "BrandZ™ Top 100 Most Valuable Global Brands 2020," 66, https://www.brandz.com/admin/up loads/files/2020_BrandZ_Global_Top_100_Report.pdf. The next nine companies in order were Apple, Microsoft, Google, Visa, Alibaba, Tencent, Facebook, McDonald's, and Mastercard. There are many measures of company value or size but Amazon always ranks at or near the top.
4 "Great Acceleration" of the twentieth century was probably first used in this sense by David Christian in Maps of Time: An Introduction to Big History (Berkeley: University of California Press, 2004), 440–464. Referring to the postwar era, J. R. McNeill, Peter Engelke, and others have popularized the term among environmental historians. See John Robert McNeill and Peter Engelke, The Great Acceleration: An Environmental History of the Anthropocene Since 1945 (Cambridge: Harvard University Press, 2016), originally published as chapter 3 of Akira Iriye, ed., Global Interdependence: The World After 1945 (Cambridge: Harvard University Press, 2014).
5 This and following paragraphs draw from Brad Stone, The Everything Store: Jeff Bezos and the Age of Amazon (New York: Little, Brown, 2013), 17–29.
6 James Wallace and Jim Erickson, Hard Drive: Bill Gates and the Making of the Microsoft Empire (New York: HarperBusiness, 1993), 6–7; Roger Lowenstein, Buffett: The Making of an American Capitalist (New York: Random House, 1995), 3.
7 Nick Hanauer, quoted in Alec MacGillis, Fulfillment: Winning and Losing in One-Click America (New York: Farrar, Straus, and Giroux, 2021), 193.
8 Stone, Everything Store, 139–159; Bezos married his first wife in a Catholic ceremony in 1993. J. K. Trotter, "What We Know, and Don't Know, About Jeff Bezos' Religious Beliefs," Insider, January 22, 2019, https://www.insider.com/wh at-we-know-about-jeff-bezos-religious-beliefs-after-divorce-2019-1. His mother Jaclyn Gise Jorgensen Bezos's upbringing inferred from her father's obituary: "Lawrence P. Gise," Victoria Advocate (Victoria, Texas), November 16, 1995.
9 Jessica Grogan, Encountering America: Humanistic Psychology, Sixties Culture, and the Shaping of the Modern Self (New York: Harper Perennial, 2013). On religion, see the following footnotes.
10 Randall J. Stephens, The Devil's Music: How Christians Inspired, Condemned, and Embraced Rock 'n' Roll (Cambridge: Harvard University Press, 2018).
11 Robert Wuthnow, The Restructuring of American Religion: Society and Faith Since World War II (Princeton: Princeton University Press, 1988), Wuthnow, After Heaven: Spirituality in America Since the 1950s (Berkeley: University of California Press, 1998); Steven P. Miller, The Age of Evangelicalism: America's Born-Again Years (New York: Oxford University Press, 2014); The Transformation of the Christian Churches in Western Europe (1945–2000) / La Transformation des Églises Chrétiennes en Europe Occidentale, ed. by Leo Kenis, Jaak Billiet, and Patrick Pasture (Leuven, Belgium: Leuven University Press, 2010).
12 See Daniel K. Williams, God's Own Party: The Making of the Christian Right (Oxford: Oxford University Press, 2010).
13 Frank Trentmann, Empire of Things: How We Became a World of Consumers, from the Fifteenth Century to the Twenty-First (New York: HarperCollins, 2016), 6.
14 See the brilliantly insightful Robert J. Gordon, The Rise and Fall of American Growth: The U.S. Standard of Living since the Civil War (Princeton, N.J.: Princeton University Press, 2016).
15 Kenneth Warren, Big Steel: The First Century of the United States Steel Corporation, 1901–2001 (Pittsburgh, Pa.: University of Pittsburgh Press, 2001), 193–200, 214–215, 241, 245–258.

16 Jonathan Levy, Ages of American Capitalism: A History of the United States (New York: Random House, 2021), 544.
17 Warren, Big Steel, 309–339.
18 Janet Lowe, Welch: An American Icon (New York: Wiley, 2001); Peter Robison, Flying Blind: The 737 Max Tragedy and the Fall of Boeing (New York: Doubleday, 2021); Christopher Byron, Testosterone Inc.: Tales of CEOs Gone Wild (Hoboken, N.J.: Wiley, 2005).
19 The previous paragraphs draw upon Levy, Ages of American Capitalism, 544–632; John Ehrenreich, Third Wave Capitalism: How Money, Power, and the Pursuit of Self-Interest Have Imperiled the American Dream (Ithaca, N.Y.: Cornell University Press, 2016), 11; Youn Ki, "Large Industrial Firms and the Rise of Finance in Late Twentieth- Century America," Enterprise and Society 19(4) (2018): 903–945; Per H. Hansen, "From Finance Capitalism to Financialization: A Cultural and Narrative Perspective on 150 Years of Financial History," Enterprise and Society 15(4) (2014): 605–642.
20 Andrea Gabor, "Media Capture and the Corporate Education- Reform Philanthropies," in Media Capture: How Money, Digital Platforms, and Governments Control the News, ed. by Schiffrin Anya (New York: Columbia University Press, 2021), 117–140.
21 Gordon, Rise and Fall of American Growth, 605–634.
22 On American agriculture, see Gardner, American Agriculture in the Twentieth Century, 339–349.
23 Giovanni Federico, Feeding the World: An Economic History of Agriculture, 18002000 (Princeton: Princeton University Press, 2008), 19–21, 28, 31–68.
24 Levy, Ages of American Capitalism, 637–640. See John Markoff, What the Dormouse Said: How the Sixties Counterculture Shaped the Personal Computer Industry (New York: Viking Penguin, 2005).
25 Levy, Ages of American Capitalism, 640–643.
26 Gordon, Rise and Fall of American Growth, 566–585.
27 For a short account of postwar global environmental change, see McNeill and Engelke, The Great Acceleration.
28 Nina Lakhani, Aliya Uteuova, and Alvin Chang, "Revealed: The True Extent of America's Food Monopolies, and Who Pays the Price," Guardian (London), July 14, 2021, https://www.theguardian.com/environment/ng-interactive/2021/jul/14/food-monopoly-meals-profits-data- investigation.
29 Michael Pollan, The Omnivore's Dilemma: A Natural History of Four Meals (New York: Penguin Press, 2006), 85–90.
30 Raoni Rajão, et al., "The Rotten Apples of Brazil's Agribusiness," Science 369(6501) (July 17, 2020): 246–248.
31 Paul Tullis, "How the World Got Hooked On Palm Oil," Guardian (London), February 19, 2019, https://www.theguardian.com/news/2019/feb/19/palm-oil- ingredient-biscuits-shampoo-environmental..
32 Dan Koeppel, Banana: The Fate of the Fruit That Changed the World (New York: Plume, 2009)
33 Callum Roberts, The Unnatural History of the Sea (Washington: Island Press, 2007), 168.
34 James E. Scarff, "The International Management of Whales, Dolphins, and Porpoises: An Interdisciplinary Assessment," Ecology Law Quarterly 6(2) (1977): 341–342, 344n86.
35 Kurkpatrick Dorsey, Whales and Nations: Environmental Diplomacy on the High Seas (Seattle: University of Washington Press, 2013).
36 Roberts, Unnatural History, 188–198, 203–213, 328–334, 338–339.
37 McNeill, Something New, 262–264; McNeill and Engelke, The Great Acceleration, 88–97; Elizabeth Kolbert, The Sixth Extinction: An Unnatural History (New York: Holt, 2014).
38 Pietra Rivoli, The Travels of a T-Shirt in the Global Economy: An Economist Examines the Markets, Power, and Politics of World Trade, 2nd edn. (Hoboken, New Jersey: Wiley, 2015).
39 Dana Thomas, Fashionopolis: The Price of Fast Fashion—And the Future of Clothes (New York: Penguin Press, 2019), 1–13.
40 See Susan Strasser, Waste and Want: A Social History of Trash (New York: Metropolitan, 1999), 161–201, 265–271; Kendra Smith- Howard, "Absorbing Waste, Displacing Labor: Family, Environment, and the Disposable Diaper in the 1970s," Environmental History 26(2) (April 2021): 207–230.
41 Ben Webster, "Amazon Destroys Lorry- loads of Unsold TVs and Computers," The Times (London), June 22, 2021.
42 Trentmann, Empire of Things, 622–675; Martin V. Melosi, The Sanitary City: Urban Infrastructure in America from Colonial Times to the Present (Baltimore: Johns Hopkins University Press, 2000), 240–258.

43 McNeill and Engelke, The Great Acceleration, 136-140; Anthony L. Andrady, Plastics and Environmental Sustainability (Somerset: Wiley, 2015), 145-254.
44 Nancy B. Grimm, et al., "Global Change and the Ecology of Cities," Science 319 (February 8, 2008): 756.
45 Lu Liu and Lina Meng, "Patterns of Urban Sprawl from a Global Perspective," Journal of Urban Planning and Development 146(2) (2020): 4020004; quotation on 2.
46 Grimm, et al., "Global Change and the Ecology of Cities," 756-760.
47 Shelby Gerking and Stephen F. Hamilton, "What Explains the Increased Utilization of Powder River Basin Coal in Electric Power Generation?," American Journal of Agricultural Economics 90(4) (2008): 933-950; Shirley Stewart Burns, Bringing down the Mountains: The Impact of Moutaintop Removal Surface Coal Mining on Southern West Virginia Communities (Morgantown: West Virginia University Press, 2007), 9-18.
48 Joseph R. Gaudet, "The Energy Capital of the World: A History of Grass, Oil, and Coal in the Powder River Basin" (Ph.D. diss., University of Michigan, 2019), 220-281.
49 Shrabani Mukherjee, "Environmental Costs of Coal- Based Thermal Power Generation in India: Notion and Estimation," in Environmental Scenario in India: Successes and Predicaments, ed. by Sacchidananda Mukherjee and Debashis Chakraborty (London: Routledge, 2014).
50 Christopher J. Rhodes, "The Global Oil Supply—Prevailing Situation and Prognosis," Science Progress 100(2) (2017): 231-240; Johannes Peter Gerling, and Friedrich- Wilhelm Wellmer, "Wie Lange Gibt Es Noch Erdöl und Erdgas? Reserven, Ressourcen und Reichweiten," Chemie in Unserer Zeit 39(4) (2005): 236-245.
51 International Tanker Owners Pollution Federation, Oil Tanker Spill Statistics 2020 (London: ITOPF, 2021), 6.
52 "Crude Calamities—the Biggest Offshore Oil Spill Disasters," Progressive Digital Media Oil and Gas, Mining, Power, CleanTech and Renewable Energy News, September 11, 2014; Graeme MacDonald, "Containing Oil: The Pipeline in Petroculture," in Petrocultures: Oil, Politics, Culture, ed. by Sheena Wilson, Adam Carlson, and Imre Szeman (Montreal: McGill- Queen's University Press, 2017), 62, 76n6.
53 Katherine Kornei, "Here Are Some of the World's Worst Cities for Air Quality," Science (March 21, 2017).
54 McNeill, Something New Under the Sun, 99-102.
55 See Stephen O. Andersen and K. Madhava Sarma, Protecting the Ozone Layer: The United Nations History (London: Earthscan, 2002), 1-41.
56 Scott C. Doney, "The Dangers of Ocean Acidification," Scientific American 294(3) (March 2006): 58-65.
57 See Weart, The Discovery of Global Warming, 63-113, 177-196.

9장 환경보호주의의 부상과 세계화

1 Michael B. Smith, "'Silence, Miss Carson!' Science, Gender, and the Reception of 'Silent Spring,'" Feminist Studies 27(3) (2001): 733-752; Maril Hazlett, "'Woman vs. Man vs. Bugs': Gender and Popular Ecology in Early Reactions to Silent Spring," Environmental History 9(4) (2004): 701-729.
2 Linda J. Lear, Rachel Carson: Witness for Nature (New York: Holt, 1997), 7-80.
3 Mark Stoll, Inherit the Holy Mountain: Religion and the Rise of American Environmentalism (Oxford: Oxford University Press, 2015), 172-201.
4 Yaakov Garb, "Rachel Carson's Silent Spring," Dissent 42 (Fall 1995): 539-546.
5 Jean Gartlan, Barbara Ward: Her Life and Letters (London: Continuum, 2010), 1-25.
6 Ibid., 27-95.
7 Ibid., 97-204. See also Barbara Ward, "Only One Earth, Stockholm 1972," and Brian Johnson, "The Duty to Hope: A Tribute to Barbara Ward," both in Evidence for Hope: The Search for Sustainable Development, ed. by Nigel Cross (London: Taylor & Francis Group, 2003), 3-9, 10-18; and Cedric Pugh, "Introduction," in Sustainability, the Environment and Urbanization, ed. by Cedric D. J. Pugh (London: Earthscan, 1996), 15-16.
8 Fox, American Conservation Movement, 148-182, 190-199.
9 Paul S. Sutter, Driven Wild: How the Fight against Automobiles Launched the Modern Wilderness Movement (Seattle: University of Washington Press, 2002).
10 Neil M. Maher, Nature's New Deal: The Civilian Conservation Corps and the Roots of the American Environmental

Movement (Oxford: Oxford University Press, 2008); Douglas Brinkley, Rightful Heritage: Franklin D. Roosevelt and the Land of America (New York: Harper, 2016); T. H. Watkins, Righteous Pilgrim: The Life and Times of Harold L. Ickes, 1874-1952 (New York: H. Holt, 1990).

11 Donald Worster, Dust Bowl: The Southern Plains in the 1930s (New York: Oxford University Press, 1979); Paul B. Sears, Deserts on the March (Norman: University of Oklahoma Press, 1935); Paul Warde, Libby Robin, and Sverker Sörlin, The Environment: A History of the Idea (Baltimore: Johns Hopkins University Press, 2018), 35, 73-78.

12 Ibid., 25-72.

13 Howard Brick, Age of Contradiction: American Thought and Culture in the 1960s (New York: Twayne, 1998), 124-131.

14 Warde, Robin, and Sörlin, Environment, 6-24; Rachel Carson, Silent Spring (Boston: Houghton Mifflin, 1962), 6.

15 See Bruce Clarke, Gaian Systems: Lynn Margulis, Neocybernetics, and the End of the Anthropocene (Minneapolis: University of Minnesota Press, 2020).

16 Brick, Age of Contradictions, 131-136.

17 Warde, Robin, and Sörlin, Environment, 8-14; Osborn quoted on 14.

18 Ralph H. Lutts, "Chemical Fallout: Rachel Carson's Silent Spring, Radioactive Fallout, and the Environmental Movement," Environmental Review 9 (Fall 1985): 211-225; Jimmie M. Killingsworth and Jacqueline S. Palmer, "Millennial Ecology: The Apocalyptic Narrative from Silent Spring to Global Warming," in Green Culture: Environmental Rhetoric in Contemporary America, ed. by Carl G. Herndl and Stuart C. Brown (Madison: University of Wisconsin Press, 1996). See also Jacob Darwin Hamblin, Arming Mother Nature: The Birth of Catastrophic Environmentalism (Oxford University Press, 2013).

19 Stewart L. Udall, The Quiet Crisis (New York: Holt, Rinehart and Winston, 1963).

20 Mark W. T. Harvey, A Symbol of Wilderness: Echo Park and the American Conservation Movement (Albuquerque: University of New Mexico Press, 1994); Byron E. Pearson, Still the Wild River Runs: Congress, the Sierra Club, and the Fight to Save Grand Canyon (Tucson: University of Arizona Press, 2002); Marc Reisner, Cadillac Desert: The American West and Its Disappearing Water, rev. and updated edn. (New York: Penguin Books, 1993), 241-254; Joachim Radkau, The Age of Ecology: A Global History, trans. by Patrick Camiller (Cambridge: Polity, 2014), 137-148.

21 Thomas Raymond Wellock, Critical Masses: Opposition to Nuclear Power in California, 1958-1978 (Madison: University of Wisconsin Press, 1998); Henry F. Bedford, Seabrook Station: Citizen Politics and Nuclear Power (Amherst: University of Massachusetts Press, 1990); Joan Aron, Licensed to Kill? The Nuclear Regulatory Commission and the Shoreham Power Plant (Pittsburgh: University of Pittsburgh Press, 1997); J. Samuel Walker, Three Mile Island: A Nuclear Crisis in Historical Perspective (Berkeley: University of California Press, 2004).

22 Fox, American Conservation Movement, 250-329.

23 Adam Rome, The Bulldozer in the Countryside: Suburban Sprawl and the Rise of American Environmentalism (Cambridge: Cambridge University Press, 2001), 119-128; Brick, Age of Contradictions, 1-22, 113-119; Richard H. Pells, The Liberal Mind in a Conservative Age: American Intellectuals in the 1940s and 1950s (New York: Harper & Row, 1985), 183-261; Roderick Nash, Wilderness and the American Mind, 5th edn. (New Haven: Yale University Press, 2014), 251-254; Catherine L. Albanese, Nature Religion in America: From the Algonkian Indians to the New Age (Chicago: University of Chicago Press, 1980), 153-198; Russell Duncan, "The Summer of Love and Protest: Transatlantic Counterculture in the 1960s," in The Transatlantic Sixties: Europe and the United States in the Counterculture Decade, ed. by Grzegorz Kosc, Clara Juncker, Sharon Monteith, and Britta Waldschmidt- Nelson (Bielefeld: Transcript Verlag, 2013), 144-173.

24 Andrew Jamison, Ron Eyerman, and Jacqueline Cramer, The Making of the New Environmental Consciousness: A Comparative Study of the Environmental Movements in Sweden, Denmark and the Netherlands (Edinburgh: Edinburgh University Press, 1990), 18-22; Martin Kylhammar, Nils Dahlbeck: En Berättelse om Svensk Natur och Naturvårdshistoria (Stockholm: Carlsson, 1992), 56-60; Frank Graham, Jr., Since Silent Spring (Boston: Houghton Mifflin, 1970), 119-121. See also Lennart J. Lundqvist, Environmental Policies in Canada, Sweden, and the United States: A Comparative Overview (Beverly Hills, Calif.: Sage, 1974).

25 Graham, Since Silent Spring, 81-86, 117-119; John Scheail, An Environmental History of Twentieth-Century Britain (Basingstoke, Hampshire: Palgrave, 2002), 222, 235-45; G. R. Conway, D. G. R. Gilbert, and J. N. Pretty, "Pesticides in the UK: Science, Policy and the Public," in Britain Since 'Silent Spring': An Update on the Ecological Effects of Agricultural Pesticides in the UK, ed. by D. J. L. Harding (London: Institute of Biology, 1988).

26 Jamison, et al., Making of the New Environmental Consciousness, 129, 133, 136; Graham, Since Silent Spring, 21, 23,

51-52, 81, 88-89; C. J. Briejèr, Zilveren Sluiers en Verborgen Gevaren: Chemische Preparaten die het Leven Bedreigen (Leiden: Sijthoff, 1968), ch. 12; Jacqueline Cramer, De Groene Golf: Geschiedenis en Toekomst van de Milieubeweging (Utrecht: Jan van Arkel, 1989), 19-23, 36; J. L. van Zanden and S. W. Verstegen, Groene Geschiedenis van Nederland (Utrecht: Het Spectrum, 1993), 77-78.
27 Winfried Kösters, Umweltpolitik: Themen, Funktionen, Zuständigkeiten (Munich: Olzog, 1997), 12, 33; Kai F. Hünemörder, Die Frühgeschichte der globalen Umweltkrise und die Formierung der deutschen Umweltpolitik (1950-1973) (Stuttgart: Steiner, 2004), 121-126; Andrea Westermann, "Chemisierung der Landwirtschaft und Problemwahrnehmung durch den hauptamtlichen Naturschutz in den 1960er und 1970er Jahren: Die Rezeption von Carsons 'Der stumme Frühling' (1962) als ein exemplarischer Fall für das Verhältnis von Wissenschaft und Öffentlichkeit" (unpublished paper); Raymond H. Dominick, The Environmental Movement in Germany: Prophets and Pioneers, 1871-1971 (Bloomington: Indiana University Press, 1992), 122-123, 152, 156.
28 Jamison et al., Making of the New Environmental Consciousness, 73.
29 Radkau, Age of Ecology, 79-113, 365-377; Frank Uekotter, The Greenest Nation? A New History of German Environmentalism (Cambridge: MIT Press, 2014), 59-100.
30 Joel Bartholemew Hagen, An Entangled Bank: The Origins of Ecosystem Ecology (New Brunswick, N.J.: Rutgers University Press, 1992), 100-121.
31 Warde, Robin, and Sörlin, Environment, 21-22, 47-72, 108-119. See, for example, Graham M. Turner, "A Comparison of The Limits to Growth with 30 Years of Reality," Global Environmental Change 18(3) (August 2008): 397-411; Gaya Herrington, "Update to Limits to Growth: Comparing the World3 Model with Empirical Data," Journal of Industrial Ecology 25(3) (2021): 614-626.
32 Armin Rosencranz, Shyam Divan, and Antony Scott, "Legal and Political Repercussions in India," and Josée van Eijndhoven, "Disaster Prevention in Europe," in Learning from Disaster: Risk Management After Bhopal, ed. by Sheila Jasanoff (Philadelphia: University of Pennsylvania Press, 1994), 44-65, 113-132.
33 John McCormick, Reclaiming Paradise: The Global Environmental Movement (Bloomington: Indiana University Press, 1989), 137-143; Joachim Radkau, Nature and Power: A Global History of the Environment, trans. by Thomas Dunlap (Cambridge: Cambridge University Press, 2008), 264-265; Radkau, Age of Ecology, 148-155, 158-162, 167-169; Uekotter, Greenest Nation, 113-155.
34 Mark Stoll, "Les influences religieuses sur le mouvement écologiste français," in Une protection de la nature et de l'environnement à la française, ed. by Charles- François Mathis and Jean- François Mouhot (Seyssel, France: Champ Vallon, 2013).
35 Dominick, Environmental Movement in Germany, 207-208. See also H. Merbitz, "Wenn der Acker zur Fabrik wird: Eine Diskussion über unbekannte Gefahren des chemischen Pflanzenschutzes," Christ und Welt 16(19) (May 10, 1963):30; Richard Kaufmann, "Sind sie wirklich harmlos? Die Frage der Pflanzenschutzmittel im Licht eines amerikanischen Regierungsberichts," Christ und Welt 16(23) (June 7, 1963): 21; and Hans- J. Wasserburger, "Das Gift im Boden: Schädlingsbekämpfung muß 'integriert' erfolgen," Christ und Welt 16(46) (November 15, 1963): 22. The controversy spilled over into side columns and the letters to the editor.
36 Julia E. Ault, "Defending God's Creation? The Environment in State, Church and Society in the German Democratic Republic, 1975-1989," German History 37(2) (June 2019): 205-226.
37 Radkau, Age of Ecology, 80, 85.
38 Jamison, et al., Making of the New Environmental Consciousness, 13-53, 66-114; Peder Anker, The Power of the Periphery: How Norway Became an Environmental Pioneer for the World (Cambridge: Cambridge University Press, 2020).
39 Elizabeth D. Blum, Love Canal Revisited: Race, Class, and Gender in Environmental Activism (Lawrence: University Press of Kansas, 2008).
40 Barbara L. Allen, Uneasy Alchemy: Citizens and Experts in Louisiana's Chemical Corridor Disputes (Cambridge: MIT Press, 2003).
41 See Robert D. Bullard, Dumping in Dixie: Race, Class, and Environmental Quality (Boulder: Westview Press, 1990); Ellen Griffith Spears, Baptized in PCBs: Race, Pollution, and Justice in an All-American Town (Chapel Hill: University of North Carolina Press, 2014); Linda Lorraine Nash, Inescapable Ecologies: A History of Environment, Disease, and Knowledge (Berkeley: University of California Press, 2006).
42 Radkau, Age of Ecology, 377-401.
43 Ibid., 377-382; Pope Francis, Laudato Si': On Care for Our Common Home (Huntington, Ind.: Our Sunday Visitor, 2015).

44 Barbara Ward and René J. Dubos, Only One Earth: The Care and Maintenance of a Small Planet (New York: Norton, 1972), 191–208.
45 Ibid., 158–159.
46 Jennifer Krill, "Rainforest Action Network," in Good Cop/Bad Cop: Environmental NGOs and Their Strategies Toward Business, ed. by Thomas P. Lyon (Washington, D.C.: RFF, 2010), 208–220.
47 Pamela S. Chasek and Lynn M. Wagner, "An Insider's Guide to Multilateral Environmental Negotiations since the Earth Summit," in The Roads from Rio: Lessons Learned from Twenty Years of Multilateral Environmental Negotiations, ed. by Pamela Chasek and Lynn M. Wagner (New York: Routledge, 2012), 1–15; Radkau, Age of Ecology, 386–390.
48 Bill McKibben, The End of Nature (New York: Random House, 1989).
49 Spencer R. Weart, The Discovery of Global Warming, rev. and expanded edn. (Cambridge: Harvard University Press, 2008), 138–176.
50 Keith E. Peterman, "Contentious Journey from Rio to Paris and the Path Beyond," in Global Consensus on Climate Change: Paris Agreement and the Path Beyond, ed. by Keith E. Peterman, Gregory P. Foy, and Matthew R. Cordes (Washington, D.C.: American Chemical Society, 2019), 1–9.
51 Ward and Dubos, Only One Earth, 156–170.
52 Isabelle Garzon, Reforming the Common Agricultural Policy: History of a Paradigm Change (Basingstoke: Palgrave Macmillan, 2006), 21–40; Venus Bivar, Organic Resistance: The Struggle Over Industrial Farming in Postwar France (Chapel Hill: University of North Carolina Press, 2018).
53 Matthew Reed, Rebels for the Soil: The Rise of the Global Organic Food and Farming Movement (London: Earthscan, 2010); William Lockeretz, ed., Organic Farming: An International History (Wallingford: CABI, 2007).
54 Darren Dochuk, Anointed with Oil: How Christianity and Crude Made Modern America (New York: Basic Books, 2019); Radkau, Age of Ecology, 270–271.
55 Hartmut Berghoff, "Shades of Green: A Business- History Perspective on Eco- Capitalism"; and Hugh S. Gorman, "The Role of Businesses in Constructing Systems of Environmental Governance," both in Green Capitalism? Business and the Environment in the Twentieth Century, ed. by Hartmut Berghoff and Adam Rome (Philadelphia: University of Pennsylvania Press, 2017); Radkau, Age of Ecology, 270–271.
56 See Jane Mayer, Dark Money: The Hidden History of the Billionaires Behind the Rise of the Radical Right (New York: Doubleday, 2016).
57 A play on words on the famous message of American Commodore Perry after the Battle of Lake Erie in the War of 1812: "We have met the enemy and he is ours."
58 Michael E. Mann, The New Climate War: The Fight to Take Back the Planet (New York: PublicAffairs, 2021).
59 The essential book is Naomi Oreskes and Erik M. Conway, Merchants of Doubt: How a Handful of Scientists Obscured the Truth on Issues from Tobacco Smoke to Global Warming (New York: Bloomsbury Press, 2010).
60 Gorman, "Role of Businesses," 44–45.
61 Berghoff, "Shades of Green," 24.

마치며 - 희망은 있다. 시간이 없다.

1 Inger L. Stole, "Philanthropy as Public Relations: A Critical Perspective on Cause Marketing," International Journal of Communication 2 (2008): 20–40; Al Ries and Laura Ries, The Fall of Advertising and the Rise of PR (New York: HarperBusiness, 2004), xi–xxi.
2 Homi Kharas and Wolfgang Fengler, "Global Poverty is Declining but Not Fast Enough," Future Development [BLOG], November 17, 2017, https://www.bro okings.edu/blog/future-development/2017/11/07/global-poverty-is-declining-but-not-fast-enough/.
3 Jonathan Watts, "Blue- Sky Thinking: How Cities Can Keep Air Clean after Coronavirus," Guardian (London), June 7, 2020.
4 "IKEA Executive on Why the West Has Hit 'Peak Stuff,'" All Things Considered, NPR Radio, January 22, 2016.

거의 모든 것을 망친 자본주의
역사학자가 파헤친 환경 파괴의 시작과 끝

초판 1쇄 발행 · 2024년 11월 1일

지은이 · 마크 스톨
옮긴이 · 이은정
디자인 · 서승연
펴낸이 · 박준우
펴낸곳 · 선순환
출판등록 · 제2019-00003호 2019년 12월 12일
주소 · 서울시 도봉구 도봉로108길 89, 401호
전화 · 02 992 2210
팩스 · 02 6280 2210
이메일 · sshbooks@naver.com

ISBN 979-11-975780-4-5 03300

· 잘못 만들어진 책은 구입한 서점에서 바꿔 드립니다.